Voyage autour du monde, par la frégate du roi La Boudeuse, et la flûte L'Étoile; en 1766, 1767, 1768 & 1769

VOYAGE
AUTOUR
DU MONDE.

VOYAGE
AUTOUR DU MONDE,
PAR LA FRÉGATE DU ROI
LA BOUDEUSE,
ET
LA FLÛTE L'ÉTOILE;
EN 1766, 1767, 1768 & 1769.

A PARIS,

Chez SAILLANT & NYON, Libraires, rue S. Jean-de-Beauvais.

De l'Imprimerie de LE BRETON, premier Imprimeur ordinaire du ROI.

___

M. DCC. LXXI.

AVEC APPROBATION ET PRIVILEGE DU ROI.

AU ROI.

IRE,

Le Voyage dont je vais rendre compte, est le premier de cette espece entrepris par les François & exécuté par les Vaisseaux de VOTRE MAJESTÉ. Le monde entier lui devoit déjà la connoissance de la figure de la terre. Ceux de vos Sujets à qui cette

ÉPITRE.

importante découverte étoit confiée, choisis entre les plus illustres Savans François, avoient déterminé les dimensions du globe.

L'Amérique, il est vrai, découverte & conquise, la route par mer frayée aux Indes & aux Moluques, sont des prodiges de courage & de succès qui appartiennent sans contestation aux Espagnols & aux Portugais. L'intrépide Magellan, sous les auspices d'un Roi qui se connoissoit en hommes, échappa au malheur si ordinaire à ses pareils, de passer pour un visionnaire; il ouvrit la barriere, franchit les pas difficiles &, malgré le sort qui le priva du plaisir de ramener son vaisseau à Séville d'où il étoit parti, rien ne put lui dérober la gloire d'avoir le premier fait le tour du globe. Encouragés par son exemple, des Navigateurs Anglois & Hollandois trouverent de nouvelles terres & enrichirent l'Europe en l'éclairant.

Mais cette espece de primauté & d'aînesse en matiere de découvertes, n'empêche pas les Navigateurs François de revendiquer avec justice une partie de la gloire attachée à ces brillantes, mais pé-

ÉPITRE.

nibles entreprises. Plusieurs régions de l'Amérique ont été trouvées par des Sujets courageux des Rois vos Ancêtres ; & Gonneville, né à Dieppe, a le premier abordé aux terres australes. Différentes causes tant intérieures qu'extérieures ont paru depuis suspendre à cet égard le goût & l'activité de la nation.

VOTRE MAJESTÉ a voulu profiter du loisir de la paix pour procurer à la Géographie des connoissances utiles à l'humanité. Sous vos auspices, SIRE, nous sommes entrés dans la carriere ; des épreuves de tout genre nous attendoient à chaque pas, la patience & le zele ne nous ont pas manqué. C'est l'Histoire de nos efforts que j'ose présenter à VOTRE MAJESTÉ ; votre approbation en fera le succès.

Je suis avec le plus profond respect,

DE VOTRE MAJESTÉ,

SIRE,

Le très-humble & très-soumis serviteur
& sujet, DE BOUGAINVILLE.

DISCOURS

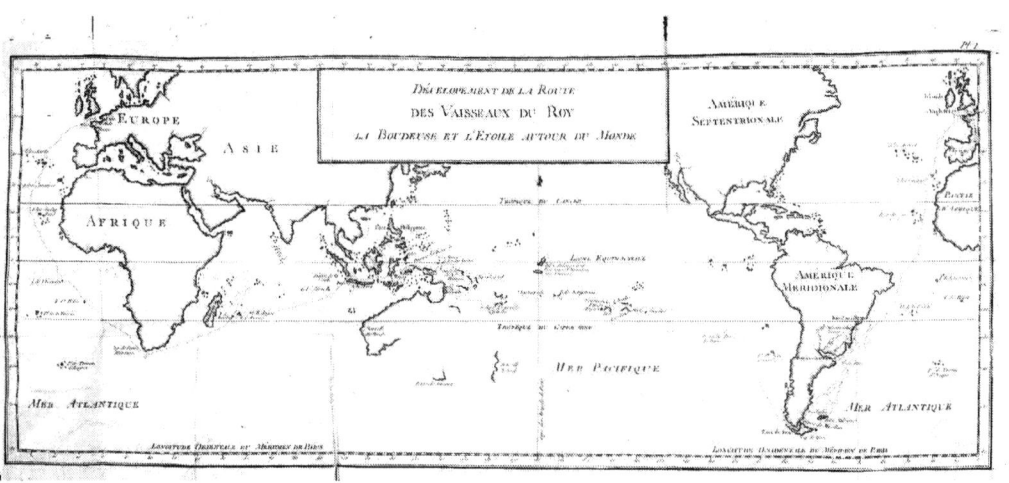

DISCOURS PRÉLIMINAIRE.

J'AI pensé qu'il seroit à-propos de présenter à la tête de ce récit, l'énumération de tous les voyages exécutés autour du Monde, & des différentes découvertes faites jusqu'à ce jour dans la mer du Sud ou Pacifique.

Ce fut en 1519 que Ferdinand Magellan, Portugais, commandant cinq vaisseaux Espagnols, partit de Séville, trouva le détroit qui porte son nom, par lequel il entra dans la mer Pacifique, où il découvrit deux petites îles désertes dans le Sud de la ligne, ensuite les *îles Larrones*, & enfin les *Philippines*. Son vaisseau, nommé *la Victoire*, revenu en Espagne, seul des cinq, par le cap de Bonne Espérance, fut hissé à terre à Séville, comme un monument de cette expédition, la plus hardie peut-être que les hommes eussent encore faite. Ainsi fut démontrée physiquement, pour la premiere fois, la sphéricité & l'étendue de la circonférence de la terre. Premier Voyage autour du Monde.

Drack, Anglois, partit de Plymouth avec cinq vaisseaux, le 15 Septembre 1577, y rentra avec un seul le 3 Novembre 1580. Il fit, le Second Voyage.

A

second, le tour du globe. La Reine Elifabeth vint manger à fon bord, & fon vaiffeau, nommé *le Pélican*, fut foigneufement confervé à Deptfort dans un baffin avec une infcription honorable fur le grand mât. Les découvertes attribuées à Drack font fort incertaines. On marque fur les Cartes dans la mer du Sud une côte fous le cercle Polaire, plus quelques îles au Nord de la ligne, plus auffi au Nord la *nouvelle Albion*.

Troifieme Voyage. Le Chevalier Thomas Candihs, Anglois, partit de Plymouth le 21 Juillet 1586, avec trois vaiffeaux, y rentra avec deux le 9 Septembre 1588. Ce voyage, le troifieme fait autour du monde, ne produifit aucune découverte.

Quatrieme Voyage. Olivier de Nord, Hollandois, fortit de Rotterdam le 2 Juillet 1598, avec quatre vaiffeaux, paffa le détroit de Magellan, cingla le long des côtes occidentales de l'Amérique, d'où il fe rendit aux Larrones, aux Philippines, aux Moluques, au cap de Bonne-Efpérance, & rentra à Rotterdam avec un feul vaiffeau, le 26 Août 1601. Il n'a fait aucune découverte dans la mer du Sud.

Cinquieme Voyage. Georges Spilberg, Hollandois, fit voile de Zélande le 8 Août 1614, avec fix navires, per-

PRÉLIMINAIRE.

dit deux vaisseaux avant que d'être rendu au détroit de Magellan, le traversa, fit des courses sur les côtes du Pérou & du Mexique, d'où, sans rien découvrir dans sa route, il passa aux Larrones & aux Moluques. Deux de ses vaisseaux rentrerent dans les ports de Hollande le 1ᵉʳ Juillet 1617.

Presque dans le même tems, Jacques Lemaire & Shouten immortalisoient leur nom. Ils sortent du Texel le 14 Juin 1615, avec les vaisseaux *la Concorde* & *le Horn*, découvrent le détroit qui porte le nom de Lemaire, entrent les premiers dans la mer du Sud en doublant le cap de Horn; y découvrent par quinze degrés quinze minutes de latitude Sud, & environ cent quarante-deux degrés de longitude occidentale de Paris, *l'île des Chiens*; par quinze degrés de latitude Sud à cent lieues dans l'Ouest, *l'île sans Fond*; par quatorze degrés quarante-six minutes Sud, & quinze lieues plus à l'Ouest, *l'île de Water*; à vingt lieues de celle-là dans l'Ouest, *l'île des Mouches*; par les seize degrés dix minutes Sud, & de cent soixante-treize à cent soixante-quinze degrés de longitude occidentale de Paris, deux îles, *celle des Cocos*, & *celle des Traîtres*; cinquante lieues plus Ouest, *celle d'Espérance*, puis *l'île*

Sixieme Voyage.

de *Horn*, par quatorze degrés cinquante-six minutes de latitude Sud, environ cent soixante-dix-neuf degrés de longitude orientale de Paris. Ensuite ils cinglent le long des côtes de la Nouvelle Guinée, passent entre son extrémité occidentale & Gilolo, & arrivent à Batavia en Octobre 1616. Georges Spilberg les y arrête, & on les envoie en Europe sur des vaisseaux de la Compagnie : Lemaire meurt de maladie à Maurice, Shouten revoit sa patrie. *La Concorde* & *le Horn* rentrerent après deux ans & dix jours.

Septieme Voyage.   Jacques Lhermite, Hollandois, commandant une flotte de onze vaisseaux, partit en 1623 avec le projet de faire la conquête du Pérou ; il entra dans la mer du Sud par le cap de Horn, & guerroya sur les côtes Espagnoles, d'où il se rendit aux Larrones, sans faire aucune découverte dans la mer du Sud, puis à Batavia. Il mourut en sortant du détroit de la Sonde, & son vaisseau, presque seul de sa flotte, territ au Texel le 9 Juillet 1626.

Huitieme Voyage.   En 1683, Cowley, Anglois, partit de la Virginie ; il doubla le cap de Horn, fit diverses courses sur les côtes Espagnoles, se rendit aux Larrones, & revint par le cap de Bonne Espé-

PRÉLIMINAIRE.

rance en Angleterre, où il arriva le 12 Octobre 1686. Ce navigateur n'a fait aucune découverte dans la mer du Sud ; il prétend avoir découvert dans celle du Nord, par quarante-sept degrés de latitude australe, & à quatre-vingts lieues de la côte des Patagons, *l'île Pepis*. Je l'ai cherchée trois fois, & les Anglois deux, sans la trouver.

Wood Roger, Anglois, sortit de Bristol le 2 Août 1708, passa le cap de Horn, fit la guerre sur les côtes Espagnoles jusqu'en Californie, d'où par une route frayée déjà plusieurs fois, il passa aux Larrones, aux Moluques, à Batavia, & doublant le cap de Bonne Espérance, il territ aux Dunes le 1ᵉʳ Octobre 1711.

Neuvieme Voyage.

Dix ans après, Rogewin, Hollandois, sortit du Texel avec trois vaisseaux ; il entra dans la mer du Sud par le cap de Horn, y chercha *la terre de Davis* sans la trouver ; découvrit dans le Sud du Tropique austral *l'île de Pâques*, dont la latitude est incertaine ; puis, entre le quinzieme & le seizieme parallele austral, les *îles Pernicieuses*, où il perdit un de ses vaisseaux ; puis à-peu-près dans la même latitude, les *îles Aurore*, *Vespres*, *le Labyrinthe* composé de six îles, & l'île de *la Récréation*, où il relâcha. Il découvrit ensuite sous le

Dixieme Voyage.

A iij

douzieme parallele Sud trois îles, qu'il nomma *îles de Bauman*, & enfin fous le onzieme parallele auftral, les *îles de Tienhoven* & *Groningue*; navigeant enfuite le long de la Nouvelle Guinée & des Terres des Papous, il vint aborder à Batavia, où fes vaiffeaux furent confifqués. L'Amiral Roggewin repaffa en Hollande de fa perfonne fur les vaiffeaux de la Compagnie, & arriva au Texel le 11 Juillet 1723, fix cents quatre-vingts-jours après fon départ du même lieu.

Onzieme Voyage.

Le goût des grandes navigations paroiffoit entiérement éteint, lorfqu'en 1741 l'Amiral Anfon fit autour du globe le voyage dont l'excellente relation eft entre les mains de tout le monde, & qui n'a rien ajouté à la Géographie.

Douzieme Voyage.

Depuis ce voyage de l'Amiral Anfon, il ne s'en eft point fait de grand pendant plus de vingt années. L'efprit de découverte a femblé récemment fe ranimer. Le Commodore Byron part des Dunes le 20 Juin 1764, traverfe le détroit de Magellan, découvre quelques îles dans la mer du Sud, faifant fa route prefque au Nord-Oueft, arrive à Batavia le 28 Novembre 1765, au Cap le 24 Février 1766, & le 9 Mai aux Dunes, fix cents quatre-vingt-huit jours après fon départ.

PRÉLIMINAIRE.

Deux mois après le retour du Commodore Byron, le Capitaine Wallas part d'Angleterre avec les vaisseaux *le Delfin* & *le Swallow*, il traverse le détroit de Magellan, est séparé du *Swallow*, que commandoit le Capitaine Carteret, au débouquement dans la mer du Sud; il y découvre une île environ par le dix-huitieme parallele à-peu-près en Août 1767; il remonte vers la ligne, passe entre les terres des Papous, arrive à Batavia en Janvier 1768, relâche au cap de Bonne-Espérance, & enfin rentre en Angleterre au mois de Mai de la même année.

Treizieme Voyage.

Son compagnon Carteret, après avoir essuyé beaucoup de miseres dans la mer du Sud, arrive à Macassar au mois de Mars 1768, avec perte de presque tout son équipage, à Batavia le 15 Septembre, au cap de Bonne-Espérance à la fin de Décembre. On verra que je l'ai rencontré à la mer le 18 Février 1769, environ par les onze degrés de latitude septentrionale. Il n'est arrivé en Angleterre qu'au mois de Juin.

On voit que de ces treize voyages (1) autour du Monde, aucun n'appartient à la nation Fran-

(1) Dom Pernetty, dans sa *Dissertation sur l'Amérique*, parle d'un Voyage autour du Monde, fait en 1719 par le Capitaine Shelwosk, je n'ai aucune connoissance de ce voyage.

çoife, & que six seulement ont été faits avec l'esprit de découverte ; sçavoir, ceux de Magellan, de Drack, de Lemaire, de Roggewin, de Byron & de Wallas ; les autres navigateurs, qui n'avoient pour objet que de s'enrichir par les courses sur les Espagnols, ont suivi des routes connues sans étendre la connoissance du globe.

En 1714, un François, nommé *la Barbinais le Gentil*, étoit parti sur un vaisseau particulier, pour aller faire la contrebande sur les côtes du Chili & du Pérou. De-là il se rendit en Chine, où après avoir séjourné près d'un an dans divers comptoirs, il s'embarqua sur un autre bâtiment que celui qui l'y avoit amené, & revint en Europe, ayant à la vérité fait de sa personne le tour du Monde, mais sans qu'on puisse dire que ce soit un voyage autour du Monde fait par la Nation Françoise.

Parlons maintenant de ceux qui partant, soit d'Europe, soit des côtes occidentales de l'Amémérique méridionale, soit des Indes orientales, ont fait des découvertes dans la mer du Sud, sans avoir fait le tour du Monde.

Il paroît que c'est un François, *Paulmier de Gonneville*, qui a fait les premieres en 1503 & 1504;

1504; on ignore où font fituées les terres auxquelles il a abordé, & dont il a ramené un habitant, que le Gouvernement n'a point renvoyé dans fa patrie, mais auquel Gonneville, fe croyant alors perfonnellement engagé envers lui, a fait époufer fon héritiere.

Alfonfe de Salazar, Efpagnol, découvrit en 1525 l'*île de Saint-Barthelemi* à quatorze degrés de latitude Nord, & environ cent cinquante-huit degrés de longitude à l'Eft de Paris.

Alvar de Saavedra, parti d'un port du Mexique en 1526, découvrit entre le neuvieme & le onzieme parallele Nord, un amas d'îles qu'il nomma les *îles des Rois*, à-peu-près par la même longitude que l'île Saint-Barthelemi ; il fe rendit enfuite aux Philippines & aux Moluques ; & en revenant au Mexique, il eut le premier connoiffance des îles ou terres nommées *Nouvelle Guinée* & *Terre des Papous*. Il découvrit encore par douze degrés Nord, environ à quatre-vingts lieues dans l'Eft des îles des Rois, une fuite d'îles baffes, nommées les *îles des Barbus*.

Diégo Hurtado & Fernand de Grijalva, partis du Mexique en 1433 pour reconnoître la mer du Sud, ne découvrirent qu'une île fituée par vingt degrés trente minutes de latitude Nord, environ à cent degrés de longitude Ouest de Paris. Ils la nommerent *île Saint-Thomas*.

Jean Gaëtan, appareillé du Mexique en 1542, fit aussi sa route au Nord de la ligne. Il y découvrit entre le vingtieme & le neuvieme parallele, à des longitudes différentes, plusieurs îles ; sçavoir, *Rocca Partida*, les *îles du Corail*, celles *du Jardin*, *la Matelote*, l'*île d'Arézise*, & enfin il aborda à la Nouvelle Guinée, ou plutôt, suivant son rapport, à la *Nouvelle Bretagne* ; mais Dampierre n'avoit pas encore découvert le passage qui porte son nom.

Le voyage suivant est plus fameux que tous les précédens.

Alvar de Mendoce & Mindana, partis du Pérou en 1567, découvrirent les îles célebres que leur richesse fit nommer *îles de Salomon* ; mais, en supposant que les détails rapportés sur la richesse de ces îles ne soient pas fabuleux, on ignore où elles sont situées, & c'est vainement qu'on les a recherchées depuis. Il paroît seulement qu'elles sont dans la partie australe de la ligne entre le huitieme & le douzieme parallele. L'*île Isabella* & *la terre de Guadalcanal*, dont les mêmes voyageurs font mention, ne font pas mieux connues.

En 1595, Alvar de Mindana, compagnon de Mendoce dans le voyage précédent, repartit du Pérou avec quatre navires pour la recherche des îles de Salomon. Il avoit avec lui Fernand de Quiros, devenu depuis célebre par ses propres découvertes. Mindana découvrit entre le neuvieme & le onzieme parallele méridional, environ par cent huit degrés à l'Ouest de Paris, les *îles Saint-Pierre, Magdelaine, la Dominique & Christine*, qu'il nomma *les Marquises de Mendoce*, du nom de Dona Isabella de Mendoce, qui étoit du voyage ; environ vingt-quatre degrés plus à l'Ouest, il découvrit les *îles Saint-Bernard*; presque à deux cents lieues dans l'Ouest de celles-ci, l'*île Solitaire*, & enfin l'*île Sainte-Croix*, située à-peu-près par cent quarante degrés de longitude orientale de Paris. La flotte navigea de-là aux Larrones, & enfin aux Philippines, où n'arriva pas le Général Mindana : on n'a pas sçu ce qu'étoit devenu son navire.

Fernand de Quiros, compagnon de l'infortuné Mindana, avoit ramené au Pérou Dona Isabella. Il en repartit avec deux vaisseaux le 21 Décembre 1605, & prit sa route à-peu-près dans

B ij

l'Oueſt-Sud-Oueſt. Il découvrit d'abord une petite île vers le vingt-cinquieme degré de latitude Sud, environ par cent vingt-quatre degrés de longitude occidentale de Paris; puis entre dix-huit & dix-neuf degrés Sud, ſept ou huit autres îles baſſes & preſque noyées, qui portent ſon nom ; & par le treizieme degré de latitude Sud, environ cent cinquante-ſept degrés à l'Oueſt de Paris, l'île qu'il nomma *de la belle Nation*. En recherchant enſuite l'*île Sainte-Croix* qu'il avoit vue dans ſon premier voyage, recherche qui fut vaine, il découvrit par treize degrés de latitude Sud, & à-peu-près cent ſoixante-ſeize degrés de longitude orientale de Paris, l'*île de Taumaco*, puis à environ cent lieues à l'Oueſt de cette île, par quinze degrés de latitude Sud, une grande terre qu'il nomma la *terre auſtrale du Saint-Eſprit*, terre que les divers Géographes ont diverſement placée. Là, il finit de courir à l'Oueſt, & reprit la route du Mexique, où il ſe rendit à la fin de l'année 1606, après avoir encore infructueuſement cherché l'île *Sainte-Croix*.

Abel Taſman, ſorti de Batavia le 14 Août 1642, découvrit par quarante-deux degrés de latitude auſtrale, & environ cent cinquante-cinq

PRELIMINAIRE. 13

degrés à l'Eſt de Paris, une terre qu'il nomma *Vandiemen*; il la quitta faiſant route à Oueſt, & environ à cent ſoixante degrés de notre longitude orientale, il découvrit la *Nouvelle Zélande* par quarante-deux degrés dix minutes Sud. Il en ſuivit la côte environ juſqu'au trente-quatre degré de latitude Sud, d'où il cingla au Nord-Eſt, & découvrit par vingt-deux degrés trente-cinq minutes, environ cent ſoixante-quatorze degrés à l'Eſt de Paris, les *îles Pylſtaart, Amſterdam & Roterdam*. Il ne pouſſa pas ſes recherches plus loin, & revint à Batavia en paſſant entre la Nouvelle Guinée & Gilolo.

On a donné le nom général de *Nouvelle Hollande* à une vaſte ſuite, ſoit de terres, ſoit d'îles, qui s'étend depuis le ſixieme juſqu'au trente-quatrieme degré de latitude auſtrale, entre le cent cinquieme & le cent quarantieme degré de longitude orientale du méridien de Paris. Il étoit juſte de la nommer ainſi, puiſque ce ſont preſque tous navigateurs Hollandois qui ont reconnu les différentes parties de cette contrée. La premiere terre découverte en ces parages, fut la terre de *Concorde*, autrement appellée *d'Endracht*, du nom de celui qui l'a trouvée en 1616, par le vingt-quatre & vingt-cinquieme degré de latitude Sud. En 1618, une autre partie de cette terre, située à-peu-près sous le quinzieme parallele, fut découverte par *Zéachen*, qui lui donna le nom d'*Arnhem* & de *Diemen* ; & ce pays n'est pas le même que celui nommé depuis *Diemen* par Tasman. En 1619, Jean d'*Edels* donna son nom à une portion méridionale de la Nouvelle Hollande. Une autre portion, située entre le trentieme & le trente-troisieme parallele, reçut celui de *Leuwin*. Pierre *de Nuitz* en 1627, imposa le sien à une côte qui paroît faire la suite de celle de Leuwin dans l'Ouest. Guillaume *de Witt* appella de son nom une partie de la côte occidentale, voisine du tropique du Capricorne, quoiqu'elle dût porter celui du Capitaine *Viane*, Hollandois, qui en 1628, avoit payé l'honneur de cette découverte par la perte de son navire & de toutes ses richesses.

Dans la même année 1628, entre le dixieme & le vingtieme parallele, le grand golfe de la *Carpentarie* fut découvert par Pierre *Carpenter*, Hollandois, & cette nation a souvent depuis fait reconnoître toute cette côte.

Dampierre, Anglois, partant de la grande *Timor*, avoit fait en 1687 un premier voyage sur les côtes de la Nouvelle Hollande, & étoit abordé entre la terre d'*Arnhem* & celle de *Diemen*; cette courſe, fort courte, n'avoit produit aucune découverte. En 1699, il partit d'Angleterre avec l'intention expreſſe de reconnoître toute cette région ſur laquelle les Hollandois ne publioient point les lumieres qu'ils poſſédoient. Il en parcourut la côte occidentale depuis le vint-huitieme juſqu'au quinzieme parallele. Il eut la vûe de la terre de Concorde, de celle de Witt, & conjectura qu'il pouvoit exiſter un paſſage au Sud de la Carpentarie. Il retourna enſuite à Timor, d'où il revint viſiter les îles des Papous, longea la Nouvelle Guinée, découvrit le paſſage qui porte ſon nom, appella *Nouvelle Bretagne* la grande île qui forme ce détroit à l'Eſt, & reprit ſa courſe pour Timor le long de la Nouvelle Guinée. C'eſt ce même Dampierre qui, depuis 1683 juſqu'en 1691, tantôt Flibuſtier, tantôt Commerçant, avoit fait le tour du Monde en changeant de navires.

Tel eſt l'expoſé ſuccint des divers voyages autour du globe, & des découvertes différentes faites dans le vaſte Océan Pacifique, juſqu'au tems de notre départ de France. Avant que de commencer le récit de l'expédition qui m'a été confiée, qu'il me soit permis de prévenir qu'on ne doit pas en regarder la relation comme un ouvrage d'amusement : c'est sur-tout pour les Marins qu'elle est faite. D'ailleurs cette longue navigation autour du globe, n'offre pas la ressource des voyages de mer faits en tems de guerre, lesquels fournissent des scènes intéressantes pour les gens du monde. Encore si l'habitude d'écrire avoit pû m'apprendre à sauver par la forme une partie de la sécheresse du fonds ! Mais, quoiqu'initié aux Sciences dès ma plus tendre jeunesse, où les leçons, que daigna me donner M. d'Alembert, me mirent dans le cas de présenter a l'indulgence du Public un Ouvrage sur la Géométrie, je suis maintenant bien loin du sanctuaire des Sciences & des Lettres ; mes idées & mon style n'ont que trop pris l'empreinte de la vie errante & sauvage que je mene depuis douze ans. Ce n'est ni dans les forêts du Canada, ni sur le sein des mers, que l'on se forme à l'art d'écrire, & j'ai perdu un frere dont la plume aimée du Public, eût aidé à la mienne.

Au reste, je ne cite ni ne contredis personne ; je prétends encore moins établir ou combattre aucune hypothèse. Quand même les différences

très-

très-senfibles, que j'ai remarquées dans les diverses contrées où j'ai abordé, ne m'auroient pas empêché de me livrer à cet esprit de syftême, si commun aujourd'hui, & cependant si peu compatible avec la vraie Philofophie, comment aurois-je pû efpérer que ma chimere, quelque vraifemblance que je fçuffe lui donner, pût jamais faire fortune ? Je fuis voyageur & marin ; c'eft-à-dire, un menteur, & un imbécille aux yeux de cette claffe d'écrivains pareffeux & fuperbes qui, dans les ombres de leur cabinet, philofophent à perte de vûe fur le Monde & fes habitans, & foumettent impérieufement la nature à leurs imaginations. Procédé bien fingulier, bien inconcevable de la part de gens qui, n'ayant rien obfervé par eux-mêmes, n'écrivent, ne dogmatifent que d'après des obfervations empruntées de ces mêmes voyageurs auxquels ils refufent la faculté de voir & de penfer.

Je finirai ce difcours en rendant juftice au courage, au zèle, à la patience invincible des Officiers (1) & équipages de mes deux vaiffeaux. Il

---

(1) L'Etat Major de la frégate *la Boudeufe*, étoit compofé de MM. de Bougainville, Capitaine de Vaiffeau, Duclos Guyot, Capitaine de Brûlot, Chevalier de Bournand, Chevalier d'Oraifon, Chevalier du Bouchage, Enfeignes de Vaiffeau ; Cheva-

C

n'a pas été nécessaire de les animer par un traitement extraordinaire, tel que celui que les Anglois ont cru devoir faire aux équipages de M. Byron. Leur constance a été à l'épreuve des positions les plus critiques, & leur bonne volonté ne s'est pas un instant rallentie. C'est que la Nation Françoise est capable de vaincre les plus grandes difficultés, & que rien n'est impossible à ses efforts, toutes les fois qu'elle voudra se croire elle-même l'égale, au-moins, de telle nation que ce soit au monde.

lier de Suzannet, Chevalier de Kué, Gardes de la Marine, faisant fonctions d'Officiers ; le Corre, Officier Marchand, Saint-Germain, Ecrivain ; la Veze, Aumônier ; la Porte, Chirurgien Major.

L'Etat Major de la flûte *l'Etoile*, étoit composé de MM. Chesnard de la Giraudais, Capitaine de Brûlot, Caro, Lieutenant des Vaisseaux de la Compagnie des Indes, Donat, Landais, Fontaine & Lavary-le-Roi, Officiers Marchands ; Michaud, Ecrivain ; Vivès, Chirurgien Major.

Il y avoit de plus, MM. de Commerçon, Médecin ; Verron, Astronome, & de Romainville, Ingénieur.

VOYAGE
AUTOUR DU MONDE.

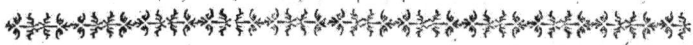

PREMIERE PARTIE,

Contenant depuis le départ de France, jusqu'à la sortie du détroit de Magellan.

CHAPITRE PREMIER.

Départ de la Boudeuse de Nantes ; relâche à Brest ; route de Brest à Monte-video ; jonction avec les frégates Espagnoles pour la remise des îles Malouines.

DANS le mois de Février 1764, la France avoit commencé un établissement aux îles Malouines. L'Espagne revendiqua ces îles, comme étant une dépendance du continent de l'Amérique méridionale ; & son droit ayant été reconnu par le Roi, je reçus ordre d'aller remettre notre établisse-

Objet du Voyage.
1766.
Novembre.

C ij

ment aux Espagnols, & de me rendre ensuite aux Indes orientales, en traversant la mer du Sud entre les tropiques. On me donna pour cette expédition le commandement de la frégate la *Boudeuse*, de vingt-six canons de douze, & je devois être joint aux îles Malouines par la flûte *l'Etoile*, destinée à m'apporter les vivres nécessaires à notre longue navigation, & à me suivre pendant le reste de la campagne. Le retard, que diverses circonstances ont mis à la jonction de cette flûte avec moi, a allongé ma campagne de près de huit mois.

Dans les premiers jours du mois de Novembre 1766, je me rendis à Nantes où *la Boudeuse* venoit d'être contruite, & où M. Duclos Guyot, Capitaine de Brûlot, mon second, en faisoit l'armement. Le 5 de ce mois, nous descendîmes de Painbeuf à Mindin pour achever de l'armer ; & le 15, nous fîmes voile de cette rade, pour nous rendre à la riviere de la Plata. Je devois y trouver les deux frégates Espagnoles *la Esmeralda* & *la Liebre*, sorties du Ferrol le 17 Octobre, & dont le Commandant étoit chargé de recevoir les îles Malouines au nom de Sa Majesté Catholique.

Départ de Nantes.

Le 17 au matin, nous essuyâmes un coup de vent violent de la partie du Ouest-Sud-Ouest au Nord-Ouest ; il renforça dans la nuit, que nous passâmes à sec de voiles & les basses vergues amenées, le point de dessous de la misaine, sous laquelle nous capeyions auparavant, ayant été emporté. Le 18, à quatre heures du matin, notre petit mât de hune rompit à la moitié environ de sa hauteur : le grand mât de hune résista jusqu'à huit heures, qu'il rompit dans le chouquet du grand mât, dont il fit consentir le ton. Ce dernier événement nous mettoit dans l'impossibilité de

Coup de vent.

continuer notre route, & je pris le parti de relâcher à Brest, où nous entrâmes le 21 Novembre.

Relâche à Brest.

Ce coup de vent, & le dégréement qu'il avoit occasionné, me mirent dans le cas de faire les remarques suivantes sur l'état & les qualités de la frégate que je commandois.

1°. Son énorme rentrée laissant trop peu d'ouverture à l'angle que font les haubans avec les mâts majeurs, ceux-ci n'étoient pas assez appuyés.

2°. Le défaut précédent devenoit d'une plus grande conséquence par la nature du lest, que la grande quantité des vivres dont nous étions pourvus, nous avoit contraints d'embarquer. Quarante tonneaux de lest, distribués des deux côtés de la carlingue à peu de distance de celle-ci, & douze canons de douze placés au pied de l'archipompe (nous n'en avions que quatorze montés sur le pont), formoient un poids considérable, lequel, très-abaissé au-dessous du centre de gravité, & presque réuni sur la carlingue, mettoit la mâture en danger, pour peu qu'il y eût de roulis.

Ces considérations me déterminerent à faire diminuer la hauteur excessive de nos mâts, & à changer notre artillerie de douze contre du canon de huit. Outre la diminution de près de vingt tonneaux de poids, tant à fond de cale que sur le pont, gagnée par ce changement d'artillerie, le peu de largeur de la frégate suffisoit pour le rendre nécessaire. Il s'en faut d'environ deux pieds qu'elle n'ait le bau des frégates faites pour porter du douze.

Malgré ces changemens qui me furent accordés, je ne pouvois me dissimuler que mon bâtiment n'étoit pas propre à naviguer dans les mers qui entourent le cap de

Horn. J'avois éprouvé dans le coup de vent , qu'il faifoit de l'eau par tous fes hauts , & je devois m'attendre au rifque d'avoir une partie de mon bifcuit pourrie par l'eau qui, pendant le mauvais tems, s'introduiroit infailliblement dans les foutes ; inconvénient dont les fuites feroient fans reffource dans le voyage que nous entreprenions. Je demandai donc qu'il me fût permis de renvoyer la Boudeufe des îles Malouines en France, fous les ordres du Chevalier Bournand, Lieutenant de vaiffeau ; & de continuer le voyage avec la feule flûte l'Etoile, dans le cas où les longues nuits de l'hiver m'interdiroient le paffage du détroit de Magellan. J'obtins cette permiffion , & le 4 Décembre, notre mâture étant réparée, l'artillerie changée, la frégate entierement récalfatée dans fes hauts, je fortis du port & vins mouiller en rade, où nous paffâmes la journée à embarquer les poudres & rider les hautbans.

Décembre.
Départ de Breft.

Le 5 à midi nous appareillâmes de la rade de Breft. Je fus obligé de couper mon cable, le vent d'Eft très-frais & le juffant empêchant de virer à pic, & me faifant appréhender d'abattre trop près de la côte. Mon Etat major étoit compofé de onze Officiers, trois volontaires, & l'équipage de deux cens trois matelots, Officiers mariniers, foldats, mouffes & domeftiques. M. le Prince de Naffau Sieghen avoit obtenu du Roi la permiffion de faire cette campagne. A quatre heures après midi, le milieu de l'île d'Oueffant me reftoit au Nord-quart-Nord-Eft du compas, & ce fut d'où je pris mon point de départ.

Pendant les premiers jours, nous eûmes affez conftamment les vents d'Oueft-Nord-Oueft au Oueft-Sud-Oueft & Sud-Oueft, grand frais. Le 17 après midi, on eut connoissance *des Salvages*, le 18 *de l'île de Palme*, & le 19 *de l'île de Fer*. Ce qu'on nomme les Salvages, est une petite île d'environ une lieue d'étendue de l'Est à l'Ouest ; elle est basse au milieu, mais à chaque extrémité s'élève un petit mondrain ; une chaîne de roches, dont quelques-unes paroissent au-dessus de l'eau, s'étendent du côté de l'Ouest à deux lieues de l'île : il y a aussi du côté de l'Est quelques brisans, mais qui ne s'en écartent pas beaucoup.

<small>Description des Salvages.</small>

La vue de cet écueil nous avoit avertis d'une grande erreur dans notre route, mais je ne voulus l'apprécier qu'après avoir eu connoissance des îles Canaries, dont la position est exactement déterminée. La vue de l'île de Fer me donna avec certitude cette correction que j'attendois. Le 19 à midi j'observai la latitude, & en la faisant cadrer avec le relevement de l'île de Fer, pris à cette même heure, je trouvai une différence de quatre degrés sept minutes dont j'étois plus Est que mon estime. Cette erreur est fréquente dans la traversée du cap Finistere aux Canaries, & je l'avois éprouvée en d'autres voyages : les courans, par le travers du détroit de Gibraltar, portant à l'Est avec rapidité.

<small>Erreur dans l'estime de la route.</small>

J'eus en même tems occasion de remarquer que les Salvages sont mal placés sur la carte de M. Bellin. En effet, lorsque nous en eûmes connoissance le 17 après midi, la longitude que nous donnoit leur relevement, différoit de notre estime de trois degrés dix-sept minutes à l'Est. Cependant cette même différence s'est trouvée, le 19, de quatre degrés sept minutes, en corrigeant notre point sur le relevement de l'île de Fer, dont la longitude est déterminée par des observations astronomiques. Il est

<small>Position des Salvages rectifiée.</small>

à remarquer que, pendant les deux jours écoulés entre la vue des Salvages & celle de l'île de Fer, nous avons navigué avec un vent étale, grand largue, & qu'ainsi il doit y avoir eu bien peu d'erreur dans l'estime de notre route. D'ailleurs, le 18, nous relevâmes l'île de Palme au Sud-Ouest quart d'Ouest corrigé, & selon M. Bellin, elle devoit nous rester au Sud-Ouest. J'ai pû conclure de ces deux observations que M. Bellin a placé l'île des Salvages trente-deux minutes environ plus à l'Ouest, qu'elle n'y est effectivement.

Je pris donc un nouveau point de départ le 19 Décembre à midi. Notre route n'eut depuis rien de particulier jusqu'à notre attérage à la riviere de la Plata; elle ne fournit d'observations qui puissent intéresser les navigateurs, que les suivantes.

1767 Janvier. Observations nautiques.

1°. Le 6 & le 7 Janvier 1767, étant entre un degré quarante minutes & 00 degré trente-huit minutes Nord, & par vingt-huit degrés de longitude, nous vîmes beaucoup d'oiseaux, ce qui me feroit croire à la vigie de *Penedo San-Pedro*, quoique M. Bellin ne la marque pas sur sa carte.

Passage de la ligne.

2°. Le 8 Janvier après-midi, nous passâmes la ligne entre les vingt-sept & vingt-huit degrés de longitude.

Remarque sur la variation.

3°. Depuis le deux Janvier, les observations de variation nous étoient refusées, & je l'avois estimée d'après la Carte de Williams Mountain & Jacob Obson. Le 11, au coucher du soleil, nous observâmes trois degrés dix sept minutes de variation Nord-Ouest, & le 14 au matin j'observai encore dix minutes de variation Nord-Ouest avec un compas azimuthal, étant par dix degrés trente minutes ou quarante minutes de latitude australe, & environ par

trente-

trente-trois degrés vingt minutes de longitude occidentale du méridien de Paris. Il est donc certain, si ma longitude estimée est exacte, & je l'ai vérifié telle à l'attérage, que la ligne où il n'y a pas de variation, s'est encore avancée vers l'Ouest depuis les observations de Mountain & d'Obson, & qu'il semble que le progrès de cette ligne vers l'Ouest est assez uniforme. En effet, sur le même parallele où William Mountain & Jacob d'Obson avoient trouvé douze à treize degrés de différence dans l'espace de quarante-quatre ans, j'en ai trouvé un peu plus de six degrés après un espace de vingt-deux ans. Cette progression mériteroit d'être constatée par une suite d'observations. La découverte de la loi que suivent ces changemens dans la déclinaison de l'aiguille aimantée, outre qu'elle fourniroit un moyen de conclure en mer les longitudes, nous conduiroit peut-être à celle des causes de cette variation, peut-être même à celle de la vertu magnétique.

4°. Au Nord & au Sud de la ligne, nous avons presque constamment observé des différences Nord assez grandes, quoiqu'il soit plus ordinaire de les y éprouver Sud. Nous eûmes lieu d'en soupçonner la cause, lorsque, le 18 Janvier après-midi, nous traversâmes un banc de frai de poissons, qui s'étendoit à perte de vûe du Sud-Ouest quart d'Ouest au Nord-Est quart d'Est, sur une ligne d'un blanc rougeâtre, large d'environ deux brasses. Sa rencontre nous avertissoit que depuis plusieurs jours, les courans portoient au Nord-Est quart d'Est ; car tous les poissons déposent leurs œufs sur les côtes, d'où les courans les détachent & les entraînent dans leur lit en haute mer. En observant ces différences Nord, dont je viens de parler, je n'en avois point inféré qu'elles nécessitassent avec elles des différen-

Causes des différences qu'on éprouve dans la traversée au Brésil.

D

ces Ouest ; aussi quand, le 29 Janvier au soir, on vit la terre, j'estimois à midi qu'elle me restoit à douze ou quinze lieues de distance, ce qui me fit naître la réflexion suivante.

Un grand nombre de navigateurs se sont plaints, depuis longtems, & se plaignent encore que les Cartes, sur-tout celles de M. Bellin, marquent les côtes du Brésil beaucoup trop à l'Est. Ils se fondent sur ce que, dans leurs différentes traversées, ils ont souvent apperçu ces côtes, lorsqu'ils croyoient en être encore à quatre-vingts ou cent lieues. Ils ajoutent qu'ils ont éprouvé plusieurs fois que dans ces parages, les courans les avoient portés dans le Sud-Ouest : & ils aiment mieux taxer d'erreur les observations astronomiques & les Cartes, que d'en croire susceptible l'estime de leur route.

Nous aurions pu, d'après un pareil raisonnement, conclure le contraire dans notre traversée à la riviere de la Plata, si un heureux hazard ne nous eût indiqué la raison des différences Nord que nous éprouvions. Il étoit évident que le banc de frai de poissons, que nous rencontrâmes le 29, étoit soumis à la direction d'un courant : & son éloignement des côtes prouvoit que ce courant régnoit depuis plusieurs jours. Il étoit donc la cause des erreurs constantes de notre route ; les courans, que les Navigateurs ont souvent éprouvé porter au Sud-Ouest dans ces parages, sont donc sujets à des variations, & prennent quelquefois une direction contraire.

Sur cette observation bien constatée, comme notre route étoit à-peu-près le Sud-Ouest, je fus autorisé à corriger nos erreurs sur la distance, en la faisant cadrer avec l'observation de latitude, & à ne pas corriger l'air de vent.

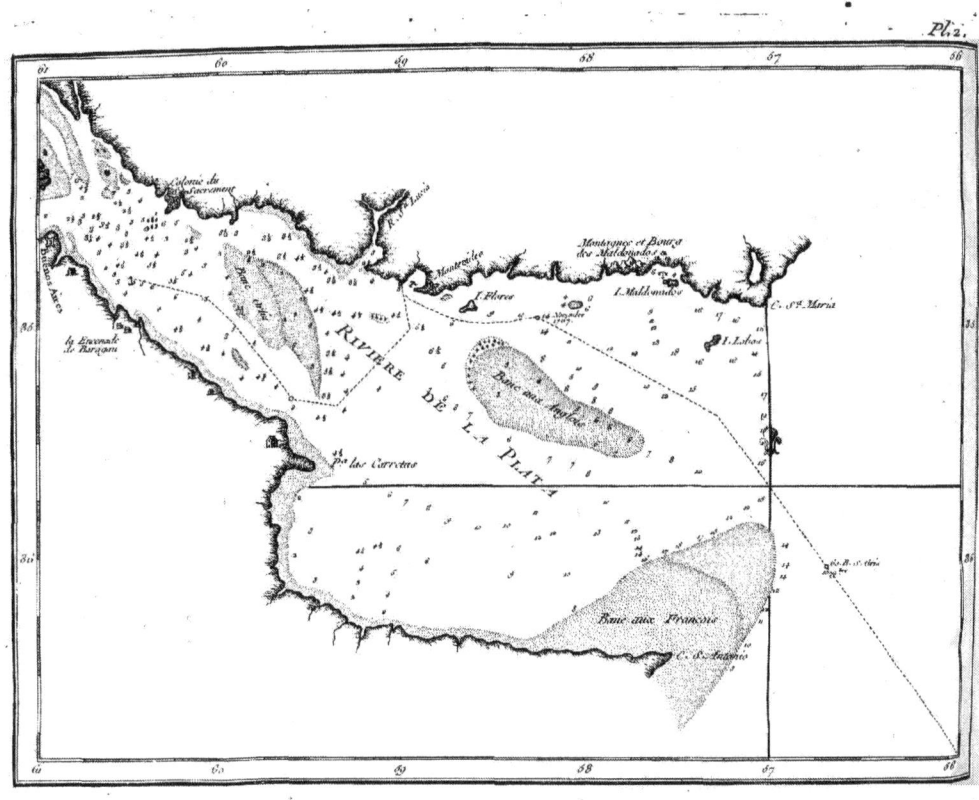

Pl. 2.

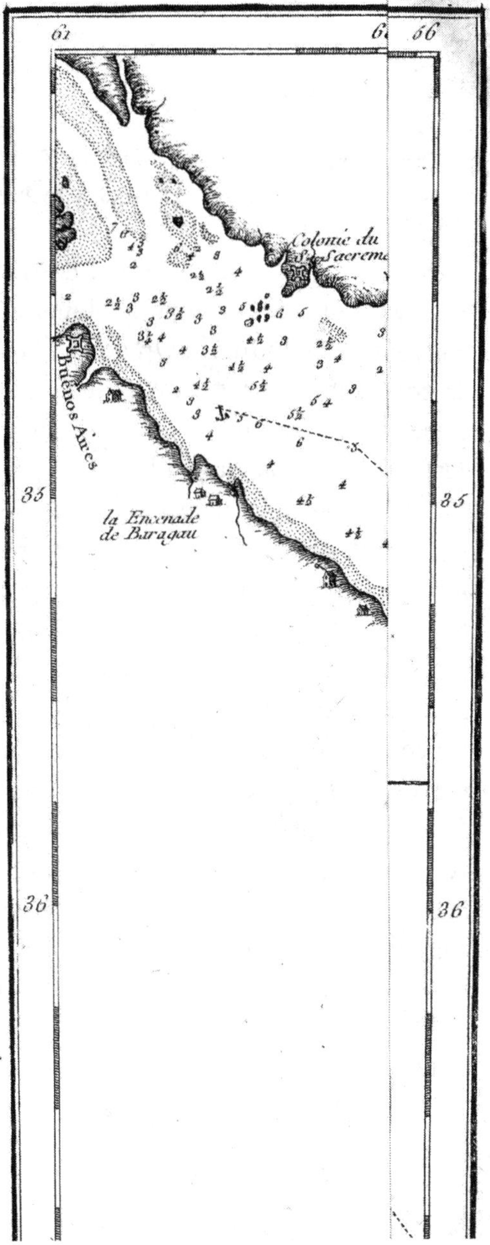

61
66
Colonie du St Sacrem
Buenos Aires
la Encenade de Baragau
35
35
36
36

Je dois à cette méthode d'avoir eu connoissance de terre, presque au moment où me la montroit mon estime. Ceux d'entre nous qui ont toujours calculé leur chemin à l'Ouest, d'après l'estime journaliere, en se contentant de corriger la différence en latitude que leur donnoit l'observation méridienne, étoient à terre, long-tems avant que nous ne l'eussions apperçue. Auroient-ils été en droit d'en conclure que la côte du Brésil est plus à l'Ouest que ne le marque M. Bellin ?

En général, il paroît que, dans cette partie, les courans varient, & portent quelquefois au Nord-Est, plus souvent au Sud-Ouest. Un coup d'œil sur le gissement de la côte suffit pour prouver qu'ils ne doivent suivre que l'une ou l'autre de ces deux directions, & il est toujours facile de distinguer laquelle regne, par les différences Nord ou Sud que donnent les observations de latitude. C'est à ces courans qu'il faut imputer les erreurs fréquentes dont les Navigateurs se plaignent, & je pense que M. Bellin place exactement les côtes du Brésil. Je le crois d'autant plus volontiers, que la longitude de Rio-Janéiro a été déterminée par MM. Godin & l'Abbé de la Caille, qui s'y rencontrerent en 1751, & qu'il y a aussi eu des observations de longitude faites à Fernambuc & à Buénos-Aires. Ces trois points déterminés, il ne sçauroit y avoir d'erreur considérable sur la position en longitude des côtes orientales de l'Amérique, depuis le huitieme jusqu'au trente-cinquieme parallele de latitude australe ; & c'est ce que l'expérience nous a confirmé.

Observation sur les courans.

Depuis le 27 Janvier nous avions le fond, & le 29 au soir, nous vîmes la terre, sans qu'il nous fût permis de la bien reconnoître, parce que le jour étoit sur son déclin,

Fumée dans la riviere de la Plata.

D ij

28 VOYAGE

& que les terres de cette côte font fort baffes. La nuit fut obfcure, avec de la pluie & du tonnerre. Nous la paffâmes en panne fous les huniers aux bas ris & le cap au large. Le 30, les premiers rayons du jour naiffant nous firent appercevoir les montagnes *des Maldonades*. Alors il nous fut facile de reconnoître que la terre vue la veille, étoit *l'île de Lobos*. Toutefois, comme notre latitude d'arrivée étoit trente-cinq degrés feize minutes vingt fecondes, nous devions la prendre pour le *cap Sainte-Marie*, que M. Bellin place par trente-cinq degrés quinze minutes, tandis que fa latitude vraie eft trente-quatre degrés cinquante-cinq minutes. Je releve cette fauffe pofition, parce qu'elle eft dangereufe. Un navire qui, cinglant par trente-cinq degrés quinze minutes de latitude Sud, croiroit aller chercher le cap Sainte-Marie, courroit le rifque de rencontrer *le banc aux Anglois*, avant que d'avoir reconnu aucune terre. Cependant la fonde l'avertiroit de l'approche du danger ; près du banc, on ne trouve plus que fix à fept braffes d'eau. *Le banc aux François*, qui n'eft autre que le prolongement *du cap Saint-Antoine*, feroit plus dangereux : lorfqu'on eft prêt à donner fur la pointe feptentrionale de ce banc, on trouve encore douze à quatorze braffes d'eau.

<small>Correction néceffaire ici dans la Carte de M. Bellin.</small>

<small>Mouillage des Maldonades.</small>

Les Maldonades font les premieres terres hautes qu'on voit fur la côte du Nord, après être entré dans la riviere de la Plata, & les feules prefque jufqu'à Montevideo. A l'Eft de ces montagnes, il y a un mouillage fur une côte très-baffe. C'eft une anfe en partie couverte par un îlot. Les Efpagnols ont un bourg aux Maldonades, avec une garnifon. On travaille depuis quelques années, dans fes environs, une mine d'or peu riche ; l'on y trouve auffi des pierres affez tranfparentes. A deux lieues dans l'intérieur, est une ville nouvellement bâtie, peuplée entiérement de Portugais déserteurs, & nommée *Pueblo nuevo.*

Le 31, à onze heures du matin, nous mouillâmes dans la baie de *Montevideo*, par quatre brasses d'eau, fond de vase molle & noire. Nous avions passé la nuit du 30 au 31, mouillés sur une ancre, par neuf brasses même fond, à quatre ou cinq lieues dans l'Est de *l'île de Flores.* Les deux frégates Espagnoles destinées à prendre possession des îles Malouines, étoient dans cette rade depuis un mois. Leur Commandant, Don Philippe Ruis Puente, Capitaine de Vaisseau, en étoit nommé Gouverneur. Nous nous rendîmes ensemble à Buénos-Aires, afin d'y concerter avec le Gouverneur Général les mesures nécessaires pour la cession de l'établissement que je devois livrer aux Espagnols. Nous n'y séjournâmes pas long-tems, & je fus de retour à Montevideo le 16 Février.

M. le Prince de Nassau avoit fait avec moi ce voyage; & comme le vent étoit debout pour revenir en goelette, nous débarquâmes vis-à-vis Buenos-Aires, au-dessus de la *Colonie du S. Sacrement*, & fîmes la route par terre. Nous traversâmes ces plaines immenses dans lesquelles on se conduit par le coup d'œil, dirigeant son chemin de maniere à ne pas manquer les gués des rivieres, chassant devant soi trente ou quarante chevaux, parmi lesquels il faut prendre avec un laqs son relais, lorsque celui qu'on monte est fatigué, se nourrissant de viande presque crue, & passant les nuits dans des cabanes faites de cuirs, où le sommeil est à chaque instant interrompu par les hurlemens des tigres qui rodent aux environs. Je n'oublierai de ma vie la façon dont nous passâmes la riviere de Sainte Lucie, riviere fort profonde, très-rapide

Mouillage à Montevideo.

Février.

Route par terre de Buénos-Aires à Montevideo.

& beaucoup plus large que n'eſt la Seine vis-à-vis les Invalides. On vous fait entrer dans un canot étroit & long, & dont un des bords eſt de moitié plus haut que l'autre; on force enſuite deux chevaux d'entrer dans l'eau, l'un à ſtribord, l'autre à bas-bord du canot, & le maître du bac tout nud, précaution fort ſage aſſurément, mais peu propre à raſſurer ceux qui ne ſavent pas nager, ſoutient de ſon mieux au deſſus de la riviere la tête des deux chevaux, dont la beſogne alors eſt de vous paſſer à la nage de l'autre côté, s'ils en ont la force.

Don Ruis arriva à Montevideo peu de jours après nous. Il y vint en même tems deux goëlettes chargées, l'une de bois & de rafraîchiſſemens, l'autre de biſcuit & de farine, que nous embarquâmes en remplacement de notre conſommation depuis Breſt. Les frégates Eſpagnoles étant également prêtes, nous nous diſpoſâmes à ſortir de la riviere de la Plata.

CHAPITRE II.

Détails sur les Etablissemens des Espagnols dans la riviere de la Plata.

1767.

Rio de la Plata ou *la Riviere d'argent*, ne coule point sous le même nom depuis sa source. Elle sort, dit-on, du *lac de Xaragès* vers les seize degrés trente minutes Sud, sous le nom de *Paraguai*, qu'elle donne à une immense étendue de pays qu'elle traverse. Elle se joint vers le vingt-septieme degré avec *le Parana*, dont elle prend le nom avec les eaux. Elle coule ensuite droit au Sud jusque par le trente-quatrieme degré; elle y reçoit l'*Uraguai* & prend son cours à l'Est sous le nom de *la Plata*, qu'elle conserve enfin jusqu'à la mer.

On est dans l'erreur sur la source de ce fleuve.

Les Géographes Jésuites, qui les premiers ont attribué l'origine de ce grand fleuve au lac des Xaragès, se sont trompés, & les autres Ecrivains ont suivi leur erreur à cet égard. L'existence de ce lac, qu'on a depuis cherché vainement, est aujourd'hui reconnue fabuleuse. Le Marquis de Valdelirias & Don Georges Menezès, ayant été nommés, l'un par l'Espagne, l'autre par le Portugal, pour régler dans ces contrées les limites des possessions respectives des deux Puissances, plusieurs Officiers Espagnols & Portugais parcoururent, depuis 1751 jusqu'en 1755, toute cette portion de l'Amérique. Une partie des Espagnols remonta le fleuve du Paraguai, comptant entrer par cette voie dans le lac des Xaragès; les Portugais de leur côté, partant de Matagrosso, établissement de leur nation sur la frontiere intérieure du Brésil par douze degrés de latitude

Sud, s'embarquerent fur une riviere nommée *Caourou*, que les mêmes cartes des Jéfuites marquoient fe jetter auffi dans le lac des Xaragès. Ils furent fort étonnés les uns & les autres de fe rencontrer fur le Paraguai, par les quatorze degrés de latitude Sud, & fans avoir vu aucun lac. Ils vérifierent que ce qu'on avoit pris pour un lac, eft une vafte étendue de days très-bas, lequel en certain tems de l'année eft couvert par les innondations du fleuve. Le Paraguai ou Rio de la Plata prend fa fource entre le cinquieme & le fixieme degré de latitude auftrale, à-peu-près à égale diftance des deux mers & dans les mêmes montagnes, d'où fort *la Madera*, qui va perdre fes eaux dans celles de *l'Amazone*. Le Parana & l'Uraguai naiffent tous deux dans le Bréfil ; l'Uraguai dans la Capitainie de Saint-Vincent, le Parana près de la mer Atlantique, dans les montagnes qui font à l'Eft-Nord-Eft de Rio Janéiro, d'où il prend fon cours vers l'Oueft & enfuite tourne au Sud.

<small>Source de la Plata</small>

On trouvera dans l'Abbé Prevoft l'hiftoire de la découverte de Rio de la Plata, des obftacles que les Efpagnols y ont rencontrés & des premiers établiffemens qu'ils y ont faits. On y verra Diaz de Solis entrer le premier dans cette riviere en 1515, & lui donner fon nom qu'elle garde jufqu'en 1526, que Sébaftien Cabot lui donne celui de la Plata ou de *riviere d'argent*, en reconnoiffance de l'argent qu'il en tire des naturels. Cabot bâtit *le fort du S. Efprit* fur le *Rio Tercero*, trente lieues au-deffus du confluent du Paraguai & de l'Uraguai; mais cet établiffement eft détruit prefqu'auffi-tôt que formé. Don Pedre de Mendoze, grand Echanfon de l'Empereur, eft enfuite envoyé dans la riviere de la Plata en 1535. Il jette fous

<small>Date des premiers établiffemens que les Efpagnols y font.</small>

de mauvais aufpices les premiers fondemens de *Buenos-Aires* à la rive droite du fleuve, quelques lieues au-deſſous de ſon confluent avec l'Uraguai, & ſon expédition n'eſt qu'une ſuite de malheurs qui ne ſe terminent pas même à ſa mort. Les habitans de Buenos-Aires, combattus ſans ceſſe par les Indiens & par la famine, ſont forcés de l'abandonner, & ſe retirent à *l'Aſſomption*. Cette ville, aujourd'hui capitale du Paraguai, bâtie par des Eſpagnols de la ſuite de Mendoze, ſur la rive occidentale du fleuve & à trois cents lieues de ſon embouchure, s'étoit accrue en peu de tems. Enfin Don Pedre Ortiz de Zarate, Gouverneur du Paraguai, rebâtit Buenos-Aires en 1580 au même lieu où l'infortuné Mendoze l'avoit autrefois placée: il y fixe ſa demeure, elle devient l'entrepôt des vaiſſeaux d'Europe, & ſucceſſivement la capitale de toutes ces provinces, le ſiége d'un Evêque, & la réſidence du Gouverneur général.

Buenos-Aires eſt ſituée par trente-quatre degrés trente-cinq minutes de latitude auſtrale ; ſa longitude de ſoixante-un degrés cinq minutes à l'Oueſt de Paris, a été déterminée par les obſervations aſtronomiques du P. Feuillée. Cette ville, régulierement bâtie, eſt beaucoup plus grande qu'il ſemble qu'elle ne devroit l'être, vu le nombre de ſes habitans, qui ne paſſe pas vingt mille blancs, negres & métifs. La forme des maiſons eſt ce qui lui donne tant d'étendue. Si l'on excepte les couvens, les édifices publics, & cinq ou ſix maiſons particulieres, toutes les autres ſont très-baſſes & n'ont abſolument que le rez-de-chauſſée. Elles ont d'ailleurs de vaſtes cours & preſque toutes des jardins. La citadelle, qui renferme le Gouvernement, eſt ſituée ſur le bord de la riviere & forme un des côtés de la

Situation de la ville de Buenos-Aires.

Sa population

E

place principale; celui qui lui eſt oppoſé, eſt occupé par l'hôtel-de-ville. La cathédrale & l'évêché ſont ſur cette même place où ſe tient chaque jour le marché public.

<small>Cette ville manque de ports.</small>
Il n'y a point de port à Buenos-Aires, pas même un mole pour faciliter l'abordage des bateaux. Les vaiſſeaux ne peuvent s'approcher de la ville à plus de trois lieues. Ils y déchargent leurs cargaiſons dans des goelettes qui entrent dans une petite riviere nommée *Rio Chuelo*, d'où les marchandiſes ſont portées en charrois dans la ville qui en eſt à un quart de lieue. Les vaiſſeaux qui doivent carener ou prendre un chargement à Buenos-Aires, ſe rendent à *la Encenada de Baragan*, eſpece de port ſitué à neuf ou dix lieues dans l'Eſt-Sud-Eſt de cette ville.

<small>Etabliſſemens religieux.</small>
Il y a dans Buenos-Aires un grand nombre de communautés religieuſes de l'un & de l'autre ſexe. L'année y eſt remplie de fêtes de Saints qu'on célebre par des proceſſions & des feux d'artifice. Les cérémonies du culte tiennent lieu de ſpectacles. Les Moines nomment les premieres dames de la ville *Majordomes* de leurs Fondateurs & de la Vierge. Cette charge leur donne le droit & le ſoin de parer l'Egliſe, d'habiller la ſtatue & de porter l'habit de l'ordre. C'eſt pour un étranger un ſpectacle aſſez ſingulier de voir dans les Egliſes de Saint François ou de S. Dominique, des dames de tout âge, aſſiſter aux offices avec l'habit de ces ſaints inſtituteurs.

Les Jéſuites offroient à la piété des femmes un moyen de ſanctification plus auſtere que les précédens. Ils avoient attenant à leur couvent une maiſon nommée *la Caſa de los exercicios de las mugeres*, c'eſt-à-dire la maiſon des exercices des femmes. Les femmes & les filles, ſans le conſentement des maris ni des parens, venoient s'y ſanctifier par une retraite de douze jours. Elles y étoient logées & nourries aux dépens de la compagnie. Nul homme ne pénétroit dans ce sanctuaire, s'il n'étoit revêtu de l'habit de Saint Ignace ; les domestiques même du sexe féminin n'y pouvoient accompagner leurs maîtresses. Les exercices pratiqués dans ce lieu saint, étoient la méditation, la priere, les cathéchismes, la confession & la flagellation. On nous a fait remarquer les murs de la chapelle encore teints du sang que faisoient, nous a-t-on dit, rejaillir les disciplines, dont la pénitence armoit les mains de ces Madelaines.

Au reste tous les hommes ici sont freres & de la même couleur aux yeux de la Religion. Il y a des cérémonies sacrées pour les esclaves, & les Dominicains ont établi une confrérie de Negres. Ils ont leurs chapelles, leurs messes, leurs fêtes, & un enterrement assez décent; pour tout cela, il n'en coûte annuellement que quatre réaux par Negre aggrégé. Les Negres reconnoissent pour patrons S. Benoît de Palerme & la Vierge, peut-être à cause de ces mots de l'Ecriture, *nigra sum, sed formosa filia Jerusalem*. Le jour de leur fête ils élisent deux Rois, dont l'un représente le Roi d'Espagne, l'autre celui de Portugal, & chaque Roi se choisit une Reine. Deux bandes, armées & bien vêtues, forment à la suite des Rois une procession, laquelle marche avec croix, bannieres & instrumens. On chante, on danse, on figure des combats d'un parti à l'autre, & l'on récite des litanies. La fête dure depuis le matin jusqu'au soir, & le spectacle en est assez agréable.

Confrérie & processions de Negres.

Les dehors de Buenos-Aires sont bien cultivés. Les habitans de la ville y ont presque tous des maisons de campagne qu'ils nomment *Quintas*, & leurs environs fournis-

Dehors de Buenos-Aires, leurs productions

E ij

sent abondamment toutes les denrées néceſſaires à la vie. J'en excepte le vin, qu'ils font venir d'Eſpagne ou qu'ils tirent de Mendoza, vignoble ſitué à deux cents lieues de Buenos-Aires. Ces environs cultivés ne s'étendent pas fort loin; ſi l'on s'éloigne ſeulement à trois lieues de la ville, l'on ne trouve plus que des campagnes immenſes, abandonnées à une multitude innombrable de chevaux & de bœufs, qui en ſont les ſeuls habitans. A peine, en parcourant cette vaſte contrée, y rencontre-t-on quelques chaumieres éparſes, bâties moins pour rendre le pays habitable, que pour conſtater aux divers particuliers la propriété du terrein, ou plûtôt celle des beſtiaux qui le couvrent. Les voyageurs qui le traverſent, n'ont aucune retraite, & ſont obligés de coucher dans les mêmes charrettes qui les tranſportent, & qui ſont les ſeules voitures dont on ſe ſerve ici pour les longues routes. Ceux qui voyagent à cheval, ce qu'on appelle aller à la légere, ſont le plus ſouvent expoſés à coucher au bivouac au milieu des champs.

Abondance de beſtiaux.
Tout le pays eſt uni, ſans montagnes & ſans autres bois que celui des arbres fruitiers. Situé ſous le climat de la plus heureuſe température, il ſeroit un des plus abondans de l'univers en toutes ſortes de productions, s'il étoit cultivé. Le peu de froment & de maïs qu'on y ſeme, y rapporte beaucoup plus que dans nos meilleures terres de France. Malgré ce cri de la nature, preſque tout eſt inculte, les environs des habitations comme les terres les plus éloignées; ou ſi le hazard fait rencontrer quelques cultivateurs, ce ſont des Negres eſclaves. Au reſte les chevaux & les beſtiaux ſont en ſi grande abondance dans ces campagnes, que ceux qui piquent les bœufs attelés

aux charettes, font à cheval, & que les habitans ou les voyageurs, lorfqu'ils ont faim, tuent un bœuf, en prennent ce qu'ils peuvent en manger, & abandonnent le refte, qui devient la proie des chiens fauvages & des tigres : ce font les feuls animaux dangereux de ce pays.

Les chiens ont été apportés d'Europe ; la facilité de fe nourrir en pleine campagne leur a fait quitter les habitations, & ils fe font multipliés à l'infini. Ils fe raffemblent fouvent en troupe pour attaquer un taureau, même un homme à cheval, s'ils font preffés par la faim. Les tigres ne font pas en grande quantité, excepté dans les lieux boifés, & il n'y a que les bords des petites rivieres qui le foient. On connoît l'adreffe des habitans de ces contrées à fe fervir du lacs ; & il eft certain qu'il y a des Efpagnols qui ne craignent pas de lacer les tigres : il ne l'eft pas moins que plufieurs finiffent par être la proie de ces redoutables animaux. J'ai vu à Montevideo une efpece de chat-tigre, dont le poil affez long eft gris-blanc. L'animal eft très-bas fur jambes & peut avoir cinq pieds de longueur : il eft dangereux, mais fort rare.

Le bois eft très-cher à Buenos-Aires & à Montevideo. On ne trouve dans les environs que quelques petits bois à peine propres à brûler. Tout ce qui eft néceffaire pour la charpente des maifons, la conftruction & le radoub des embarcations qui naviguent dans la riviere, vient du Paraguai en radeaux. Il feroit toutefois facile de tirer du haut pays tous les bois propres à la conftruction des plus grands navires. De *Montegrande*, où font les plus beaux, on les tranfporteroit en cajeux par l'*Ybicui* dans l'Uraguai ; & depuis le *Salto Chico* de l'Uraguai, des bâtimens faits exprès pour cet ufage, les ameneroient à tel en-

Rareté du bois moyens d'y remédier.

droit de la riviere où l'on auroit établi des chantiers.

<small>Détails sur les Américains de cette contrée.</small> Les Indiens, qui habitent cette partie de l'Amérique au Nord & au Sud de la riviere de la Plata, font de la race de ceux que les Espagnols nomment *Indios bravos*. Ils font d'une taille médiocre, fort laids & presque tous galeux. Leur couleur est très-basannée, & la graisse dont ils se frottent continuellement, les rend encore plus noirs. Ils n'ont d'autre vêtement qu'un grand manteau de peaux de chevreuil, qui leur descend jusqu'aux talons, & dans lequel ils s'enveloppent. Les peaux dont il est composé, sont très-bien passées ; ils mettent le poil en-dedans, & le dehors est peint de diverses couleurs. La marque distinctive des Caciques est un bandeau de cuir dont ils se ceignent le front ; il est découpé en forme de couronne & orné de plaques de cuivre. Leurs armes sont l'arc & la fleche ; ils se servent aussi du lacs & de boules (1). Ces Indiens passent leur vie à cheval & n'ont pas de demeures fixes, du-moins auprès des établissemens Espagnols. Ils y viennent quelquefois avec leurs femmes pour y acheter de l'eau-de-vie ; & ils ne cessent d'en boire que quand l'ivresse les laisse absolument sans mouvement. Pour se procurer des liqueurs fortes, ils vendent armes, pelleteries, chevaux ; & quand ils ont épuisé leurs moyens, ils s'emparent des premiers chevaux qu'ils trouvent auprès des habitations & s'éloignent. Quelquefois ils se rassemblent en troupes de deux ou trois cents pour venir enlever des bestiaux sur les terres des Espagnols, ou pour attaquer les caravanes des voya-

---

(1) Ces boules sont deux pierres rondes, de la grosseur d'un boulet de deux livres, enchâssées l'une & l'autre dans une bande de cuir, & attachées à chacune des extrémités d'un boyau cordonné long de six à sept pieds. Ils se servent à cheval de cette arme comme d'une fronde, & en atteignent jusqu'à trois cents pas l'animal qu'ils poursuivent.

geurs. Ils pillent, maffacrent & emmenent en efclavage. C'eft un mal fans remede : comment dompter une nation errante, dans un pays immenfe & inculte, où il feroit même difficile de la rencontrer ? D'ailleurs ces Indiens font courageux, aguerris, & le tems n'eft plus où un Efpagnol faifoit fuir mille Américains.

Il s'eft formé depuis quelques années dans le nord de la riviere une tribu de brigands qui pourra devenir plus dangereufe aux Efpagnols, s'ils ne prennent des mefures promptes pour la détruire. Quelques malfaiteurs échappés à la Juftice, s'étoient retirés dans le Nord des Maldonades ; des déferteurs fe font joints à eux : infenfiblement le nombre s'eft accrû ; ils ont pris des femmes chez les Indiens, & commencé une race qui ne vit que de pillage. Ils viennent enlever des beftiaux dans les poffeffions Efpagnoles, pour les conduire fur les fiontieres du Bréfil, où ils les échangent avec les Pauliftes. (1) contre des armes & des vêtemens. Malheur aux voyageurs qui tombent entre leurs mains. On affure qu'ils font aujourd'hui plus de fix cents. Ils ont abandonné leur premiere habitation & fe font retirés plus loin de beaucoup dans le Nord-Oueft.

{Race de brigands établis dans le Nord de la riviere.}

Le Gouverneur général de la province de la Plata réfide, comme nous l'avons dit, à Buenos-Aires. Dans tout ce qui ne regarde pas la mer, il eft cenfé dépendre du Viceroi du Pérou ; mais l'éloignement rend cette dépendance prefque nulle, & elle n'exifte réellement que pour l'argent qu'il eft obligé de tirer des mines du Potofi, argent qui ne viendra plus en pieces cornues, depuis qu'on

{Etendue du Gouvernement de la Plata.}

---

(1) Les Pauliftes font une autre race de brigands fortis du Bréfil, & qui fe font formés en République vers la fin du feizieme fiecle.

a établi cette année même dans le Potosi une maison des monnoies. Les gouvernemens particuliers du Tucuman & du Paraguai, dont les principaux établissemens sont *Santa-Fé*, *Corrientes*, *Salta*, *Tujus*, *Cordoue*, *Mendoze* & *l'Assomption*, dépendent, ainsi que les fameuses missions des Jésuites, du Gouverneur général de la Plata. Cette vaste province comprend en un mot toutes les possessions Espagnoles à l'Est des Cordillieres, depuis la riviere des Amazones jusqu'au détroit de Magellan. Il est vrai qu'au Sud de Buenos-Aires il n'y a plus aucun établissement ; la seule nécessité de se pourvoir de sel, fait pénétrer les Espagnols dans ces contrées. Il part à cet effet tous les ans de Buenos-Aires un convoi de deux cents charrettes, escorté par trois cents hommes; il va charger environ par quarante degrés dans les lacs voisins de la mer où le sel se forme naturellement. Autrefois les Espagnols l'envoyoient chercher par des goelettes dans la baie S. Julien.

Je remets au second voyage, que les circonstances nous ont forcés de faire dans la riviere de la Plata, à parler des Missions du Paraguai ; ce sera le tems d'entrer dans ce détail, en rapportant l'expulsion des Jésuites, de laquelle nous avons été témoins.

Le commerce de la province de la Plata est le moins riche de l'Amérique Espagnole; cette province ne produit ni or ni argent, & ses habitans sont trop peu nombreux, pour qu'ils puissent tirer du sol tant d'autres richesses qu'il renferme dans son sein; le commerce même de Buenos-Aires n'est pas aujourd'hui ce qu'il étoit il y a dix ans : il est considérablement déchû, depuis que ce qu'on y appelle *l'internation des marchandises* n'est plus permise, c'est-à-dire depuis qu'il est défendu de faire passer les marchandises

ses d'Europe par terre de Buenos-Aires dans le Pérou & le Chili ; de sorte que les seuls objets de son commerce avec ces deux provinces sont aujourd'hui le coton, les mules & le maté ou l'herbe du Paraguai. L'argent & le crédit des négocians de Lima ont fait rendre cette ordonnance contre laquelle réclament ceux de Buenos-Aires. Le procès est pendant à Madrid, où je ne sais quand ni comment on le jugera. Cependant Buenos-Aires est riche, j'en ai vu sortir un vaisseau de registre avec un million de piastres ; & si tous les habitans de ce pays avoient le débouché de leurs cuirs avec l'Europe, ce commerce seul suffiroit pour les enrichir. Avant la dernière guerre il se faisoit ici une contrebande énorme avec la colonie du S. Sacrement, place que les Portugais possedent sur la rive gauche du fleuve, presque en face de Buenos-Aires ; mais cette place est aujourd'hui tellement resserrée par les nouveaux ouvrages dont les Espagnols l'ont enceinte, que la contrebande avec elle est impossible s'il n'y a connivence ; les Portugais même qui l'habitent, sont obligés de tirer par mer leur subsistance du Brésil. Enfin ce poste est ici à l'Espagne, vis-à-vis des Portugais, ce que lui est en Europe Gibraltar vis-à-vis des Anglois. *Colonie du Saint - Sacrement.*

La ville de Montevideo, établie depuis quarante ans, est située à la rive septentrionale du fleuve, trente lieues au-dessus de son embouchure & bâtie sur une presqu'île qui défend des vents d'Est une baie d'environ deux lieues de profondeur sur une de largeur à son entrée. A la pointe occidentale de cette baie est un mont isolé, assez élevé, lequel sert de reconnoissance & a donné le nom à la ville ; les autres terres qui l'environnent, sont très-basses. Le *Détails sur la ville de Montevideo.*

F

côté de la plaine est défendu par une citadelle. Plusieurs batteries protegent le côté de la mer & le mouillage. Il y en a même une au fond de la baie sur une île fort petite appellée l'*Ile aux François*. Le mouillage de Montevideo est sûr, quoiqu'on y essuie quelquefois des *pamperos*, qui sont des tourmentes de vent de Sud-Ouest, accompagnées d'orages affreux. Il y a peu de fond dans toute la baie ; on y mouille par trois, quatre & cinq brasses d'eau sur une vase très-molle, où les plus gros navires marchands s'échouent & font leur lit sans souffrir aucun dommage ; mais les vaisseaux fins s'y arquent facilement & y dépérissent. L'heure des marées n'y est point réglée ; selon le vent qu'il fait, l'eau est haute ou basse. On doit se méfier d'une chaîne de roches qui s'étend quelques encablures au large de la pointe de l'Est de cette baie; la mer y brise, & les gens du pays l'appellent *la Pointe des charettes*.

<small>Sur le mouillage dans cette baie.</small>

Montevideo a un Gouverneur particulier, lequel est immédiatement sous les ordres du Gouverneur général de la province. Les environs de cette ville sont presque incultes & ne fournissent ni froment ni maïs ; il faut faire venir de Buenos-Aires la farine, le biscuit & les autres provisions nécessaires aux vaisseaux. Dans les jardins, soit de la ville, soit des maisons qui en sont voisines, on ne cultive presque aucun légume ; on y trouve seulement des melons, des courges, des figues, des pêches, des pommes & des coins en grande quantité. Les bestiaux y sont dans la même abondance que dans le reste de ce pays ; ce qui joint à la salubrité de l'air, rend la relâche à Montevideo excellente pour les équipages ; on doit seulement y

<small>La relâche y est excellente pour les equipages.</small>

prendre ſes meſures contre la déſertion. Tout y invite le matelot, dans un pays où la premiere réflexion qui le frappe en mettant pied à terre, c'eſt que l'on y vit preſque ſans travail. En effet comment réſiſter à la comparaiſon de couler dans le ſein de l'oiſiveté des jours tranquilles ſous un climat heureux, ou de languir affaiſſé ſous le poids d'une vie conſtamment laborieuſe, & d'accélérer dans les travaux de la mer les douleurs d'une vieilleſſe indigente?

CHAPITRE III.

Départ de Montevideo ; navigation jusqu'aux îles Maloui-nes ; leur remise aux Espagnols ; détails historiqués sur ces îles.

1767.
Février.
Départ de Montevideo.

LE 28 Février 1767 nous appareillâmes de Montevideo avec les deux frégates Espagnoles & une tartane chargée de bestiaux. Nous convînmes, Don Ruis & moi, qu'en riviere il prendroit la tête, & qu'une fois au large je conduirois la marche. Toutefois pour obvier au cas de séparation, j'avois donné à chacune des frégates un pilote pratique des Malouines. L'après-midi il fallut mouiller, la brume ne permettant de voir ni la grande terre ni l'île de Flores. Le vent fut contraire le lendemain ; je comptois néanmoins que nous appareillerions, les courans assez forts dans cette riviere favorisant les bordées ; mais voyant le jour presque écoulé, sans que le Commandant Espagnol fît aucun signal, j'envoyai un Officier pour lui dire que, venant de reconnoître l'île de Flores dans un éclairci, je me trouvois mouillé beaucoup trop près du banc aux Anglois, & que mon avis étoit d'appareiller le lendemain, vent contraire ou non. Don Ruis me fit répondre qu'il étoit entre les mains du pilote pratique de la riviere, qui ne vouloit lever l'ancre que d'un vent favorable & fait. L'Officier alors le prevint de ma part, que je mettrois à la voile dès la pointe du jour, & que je l'attendrois en louvoyant, ou mouillé plus au Nord, à moins que les marées ou la force du vent ne me séparassent de lui malgré moi.

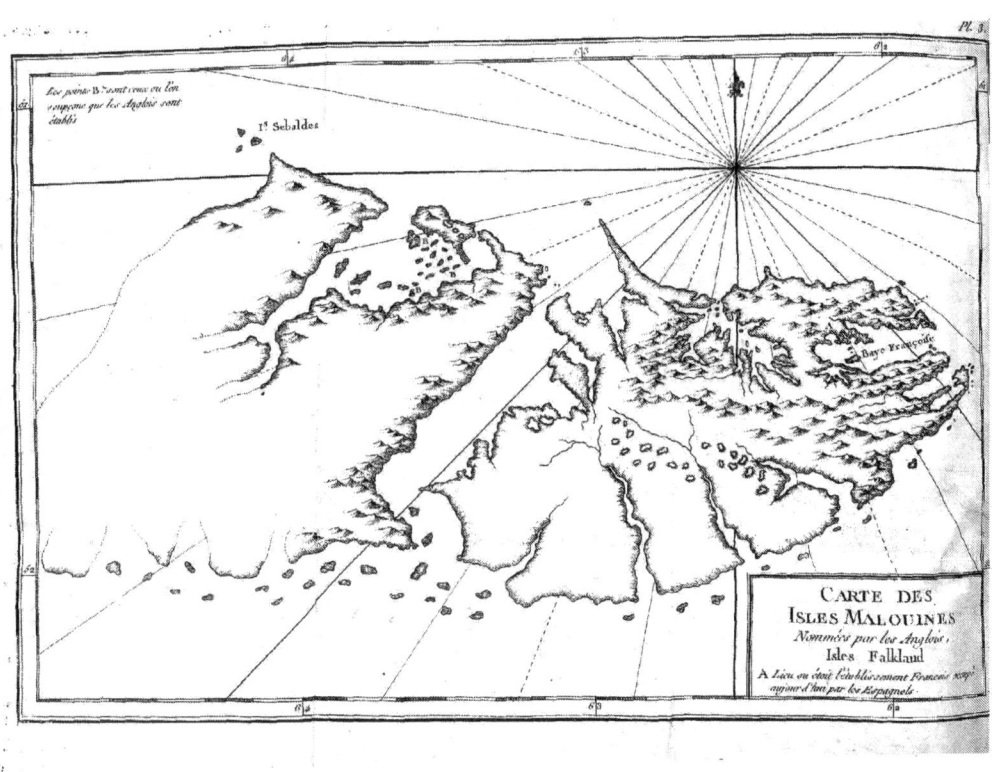

51. Les points B.ns sont ceux ou l'on soupçone que les Anglois sont établis

Is. Sebaldes

La tartane n'avoit point mouillé la veille, & nous la perdîmes de vûe le soir pour ne la plus revoir. Elle revint à Montevideo trois semaines après, sans avoir rempli sa mission. La nuit fut orageuse, le pamperos souffla avec furie, & nous fit chasser : une seconde ancre que nous mouillâmes nous étala. Le jour nous montra les vaisseaux Espagnols, mâts de hune & basses vergues amenés, lesquels avoient beaucoup plus chassé que nous. Le vent étoit encore contraire & violent, la mer très-grosse, & ce ne fut qu'à neuf heures que nous pûmes appareiller sous les quatre voiles majeures ; à midi nous avions perdu de vûe les Espagnols demeurés à l'ancre, & le 3 Mars au soir, nous étions hors de la riviere.

Coup de vent essuyé dans la riviere.

1767. Mars.

Nous eûmes pendant la traversée aux Malouines, des vents variables du Nord-Ouest au Sud-Ouest, presque toujours gros tems & mauvaise mer : nous fûmes contraints de passer en cape le 15 & le 16, ayant essuyé quelques avaries. Depuis le 17 après midi que nous commençâmes à trouver le fond, le tems fut toujours chargé d'une brume épaisse. Le 19, ne voyant pas la terre, quoique l'horison se fût éclairci, & que par mon estime je fusse dans l'Est des îles Sébaldes, je craignis d'avoir dépassé les Malouines, & je pris le parti de courir à l'Ouest ; le vent, ce qui est fort rare dans ces parages, favorisoit cette résolution. Je fis grand chemin à cette route pendant vingt-quatre heures, & ayant alors trouvé les fondes de la côte des Patagons, je fus assuré de ma position, & je repris avec confiance la route à l'Est. En effet, le 21 à quatre heures après-midi, nous eûmes connoissance des Sébaldes qui nous restoient au Nord-Est quart d'Est à huit ou dix lieues de distance, & bientôt après nous vîmes la terre des Malouines. Je me

Route de Montevideo aux îles Malouines.

serois au reste épargné l'embarras où je me trouvai, si de bonne heure j'eusse tenu le vent, pour me rallier à la côte de l'Amérique & chercher les îles en latitude.

<small>Faute commise dans la direction de cette route.</small>

Le 23 au soir, nous entrâmes & mouillâmes dans la grande baie, où mouillerent aussi le 24 les deux frégates Espagnoles. Elles avoient beaucoup souffert dans leur traversée ; le coup de vent du 16 les ayant obligées d'arriver vent arriere, & la commandante ayant reçu un coup de mer qui avoit emporté ses bouteilles, enfoncé les fenêtres de sa grand'chambre, & mis beaucoup d'eau à bord. Presque tous les bestiaux embarqués à Montevideo, pour la Colonie, avoient péri par le mauvais tems. Le 25, les trois bâtimens entrerent dans le port & s'y amarerent.

<small>Prise de possession de notre établissement aux Malouines par les Espagnols.</small>

Le 1er Avril, je livrai notre établissement aux Espagnols qui en prirent possession, en arborant l'étendart d'Espagne, que la terre & les vaisseaux saluerent de vingt & un coups de canon au lever & au coucher du Soleil. J'avois lû aux François habitans de cette Colonie naissante une lettre du Roi, par laquelle Sa Majesté leur permettoit d'y rester sous la domination du Roi Catholique. Quelques familles profiterent de cette permission : le reste, avec l'Etat Major, fut embarqué sur les frégates Espagnoles, lesquelles appareillerent pour Montevideo le 27 au matin (*).

<small>Avril.</small>

(*) Lorsque j'ai livré l'établissement aux Espagnols, tous les frais, généralement quelconques, qu'il avoit entraînés jusqu'au premier Avril 1767, montoient à six cents trois mille livres, en y comprenant l'intérêt à cinq pour cent des sommes dépensées depuis le premier armement. La France ayant reconnu le droit de Sa Majesté Catholique sur les îles Malouines, le Roi d'Espagne, par un principe de droit public, connu de tout le monde, ne devoit aucun remboursement de ces frais. Cependant comme il prenoit les vaisseaux, bateaux, marchandises, armes, provisions de guerre & de bouche qui composoient notre établissement, ce Monarque juste autant que généreux, a voulu que nous fussions remboursés de nos avances, & la somme susdite nous a été remise par ses Trésoriers, partie à Paris, le reste à Buenos-Aires.

On me pardonnera quelques remarques hiſtoriques ſur ces îles.

Il me paroît qu'on en peut attribuer la premiere découverte au célebre Améric Veſpuce, qui, dans ſon troiſieme Voyage pour la découverte de l'Amérique, en parcourut la côte du Nord en 1502. Il ignoroit à la vérité ſi elle appartenoit à une île, ou ſi elle faiſoit partie du continent; mais il eſt facile de conclure de la route qu'il avoit ſuivie, de la latitude à laquelle il étoit arrivé, de la deſcription même qu'il donne de cette côte, que c'étoit celle des Malouines. J'aſſurerai, avec non moins de fondement, que Beauchefne Gouin, revenant de la mer du Sud en 1700, a mouillé dans la partie orientale des Malouines, croyant être aux Sébaldes.

Sa relation dit qu'après avoir découvert l'île à laquelle il donna ſon nom, il vint mouiller à l'Eſt de la plus orientale des Sébaldes. Je remarquerai d'abord que les îles Malouines étant ſituées entre les Sébaldes & l'île Beauchefne, & ayant une étendue conſidérable, il dut néceſſairement rencontrer la côte des Malouines, qu'il eſt même impoſſible de ne pas appercevoir étant mouillé à l'Eſt des Sébaldes. D'ailleurs Beauchefne vit une ſeule île d'une immenſe étendue, & ce ne fut qu'après en être ſorti qu'il s'en préſenta à lui deux autres petites; il parcourut un terrein humide couvert d'étangs & de lacs d'eau douce, couvert d'oies, de ſarcelles, de canards & de bécaſſines; il n'y vit point de bois: tout cela convient à merveille aux Malouines. Les Sébaldes au contraire ſont quatre petites îles pierreuſes, où Guillaume Dampierre en 1683, chercha vainement à faire de l'eau, & où il ne put trouver un bon mouillage.

Détails hiſtoriques ſur les Malouines
Améric Veſpuce en fait la découverte.

Des Navigateurs François & Anglois en ont, depuis lui, connoiſſance.

Quoi qu'il en foit, les îles Malouines jufqu'à nos jours n'étoient que très-imparfaitement connues. La plûpart des relations nous les dépeignent comme un pays couvert de bois. Richard Hawkins, qui en avoit approché la côte feptentrionale, à laquelle il donna le nom de *Virginie d'Hawkins*, & qui l'a affez bien décrite, affuroit qu'elle étoit peuplée, & prétendoit y avoir vu des feux. Au commencement du fiecle, le *Saint-Louis*, navire de Saint-Malo, mouilla à la côte du Sud-Eft dans une mauvaife baie, à l'abri de quelques petites îles qu'on appella *îles d'Anican*, du nom de l'Armateur; mais il n'y féjourna que pour faire de l'eau, & continua fa route fans s'embarraffer de les reconnoître.

Les François s'y établiffent

Cependant leur pofition heureufe pour fervir de relâche aux vaiffeaux qui vont dans la mer du Sud, & d'échelle pour la découverte des terres auftrales, avoit frappé les Navigateurs de toutes les Nations. Au commencement de l'année 1763, la Cour de France réfolut de former un établiffement dans ces îles. Je propofai au miniftere de le commencer à mes frais, & fecondé par MM. de Nerville & d'Arboulin, l'un mon coufin germain & l'autre mon oncle, je fis fur le champ conftruire & armer à Saint-Malo, par les foins de M. Duclos Guyot, aujourd'hui mon fecond, *l'Aigle* de vingt canons, & *le Sphinx* de douze, que je munis de tout ce qui étoit propre pour une pareille expédition. J'embarquai plufieurs familles Acadiennes, efpece d'hommes laborieufe, intelligente, & qui doit être chere à la France par l'inviolable attachement que lui ont prouvé ces honnêtes & infortunés citoyens.

Le 15 Septembre 1763, je fis voile de Saint-Malo:

M.

M. de Nerville s'étoit embarqué avec moi sur *l'Aigle*. Après deux relâches, l'une à l'île Sainte-Catherine sur la côte du Brésil, l'autre à Montevideo, où nous prîmes beaucoup de chevaux & de bêtes à corne, nous atterrîmes sur les îles Sébaldes, le 31 Janvier 1764. Je donnai dans un grand enfoncement que forme la côte des Malouines entre sa pointe du Nord-Ouest & les Sébaldes ; mais n'y ayant pas apperçu de bon mouillage, je rangeai la côte du Nord, & étant parvenu à l'extrémité orientale des îles, j'entrai le 3 Février dans une grande baie qui me parut commode pour y former un premier établissement.

Premier établissement dans ces îles.

La même illusion qui avoit fait croire à Hawkins, à Wood Roger & aux autres, que ces îles étoient couvertes de bois, agit aussi sur mes compagnons de voyage. Nous vîmes avec surprise en débarquant, que ce que nous avions pris pour du bois en cinglant le long de la côte, n'étoit autre chose que des touffes de jonc fort élevées & fort rapprochées les unes des autres. Leur pied, en se desséchant, reçoit la couleur d'herbe morte jusqu'à une toise environ de hauteur ; & de-là sort une touffe de joncs d'un beau verd qui couronne ce pied ; de sorte que dans l'éloignement, les tiges réunies présentent l'aspect d'un bois de médiocre hauteur. Ces joncs ne croissent qu'au bord de la mer & sur les petites îles ; les montagnes de la grande terre sont, dans quelques endroits, couvertes entièrement de bruyeres, qu'on prend aisément de loin pour du taillis.

Détails sur la maniere dont il se fait.

Les diverses courses que j'ordonnai aussitôt, & que j'entrepris moi-même dans l'île, ne nous procurerent la découverte d'aucune espece de bois, ni d'aucune trace que cette terre eût été jamais fréquentée par quelque navire. Je trouvai feulement, & en abondance, une excellente tourbe qui pouvoit fuppléer au bois, tant pour le chauffage que pour la forge; & je parcourus des plaines immenfes, coupées par-tout de petites rivieres d'une eau parfaite. La nature d'ailleurs n'offroit pour la fubfiftance des hommes que la pêche & plufieurs fortes de gibiers de terre & d'eau. A la vérité ce gibier étoit en grande quantité, & facile à prendre. Ce fut un fpectacle fingulier de voir, à notre arrivée, tous les animaux, jufqu'alors feuls habitans de l'île, s'approcher de nous fans crainte & ne témoigner d'autres mouvemens que ceux que la curiofité infpire à la vûe d'un objet inconnu. Les oifeaux fe laiffoient prendre à la main, quelques-uns venoient d'eux-mêmes fe pofer fur les gens qui étoient arrêtés; tant il eft vrai que l'homme ne porte point empreint un caractere de férocité qui faffe reconnoître en lui, par le feul inftinct, aux animaux foibles, l'être qui fe nourrit de leur fang. Cette confiance ne leur a pas duré long-tems: ils eurent bientôt appris à fe méfier de leur plus cruel ennemi.

Premiere année

Le 17 Mars, je déterminai l'emplacement de la nouvelle colonie. Elle ne fut d'abord compofée que de vingt-fept perfonnes, parmi lefquelles il y avoit cinq femmes & trois enfans. Nous travaillâmes fur le champ à leur bâtir des cafes couvertes de jonc, à conftruire un magafin & un petit fort, au milieu duquel fut élevé un obélifque. L'effigie du Roi décoroit une de fes faces, & l'on enterra fous fes fondemens quelques monnoies avec une médaille, où d'un côté étoit gravée la date de l'entreprife, fur l'autre on voyoit la figure du Roi, avec ces mots pour exergue: *Tibi ferviat ultima Thule.*

Telle étoit l'inscription gravée sur cette médaille.

ÉTABLISSEMENT
DES ISLES MALOUINES,
SITUÉES AU 51 DEG. 30 MIN.
DE LAT. AUST. ET 60 DEG. 50. MIN.
DE LONG OCCID MÉRID. DE PARIS,
PAR LA FRÉGATE L'AIGLE, CAPITAINE
P DUCLOS GUYOT, CAPITAINE DE BRULOT,
ET LA CORVETTE LE SPHINX, CAPIT F. CHÉNARD
DE LA GIRAUDAIS, LIEUT. DE FRÉGATE, ARMÉES PAR
LOUIS-ANTOINE DE BOUGAINVILLE, COLONEL D'INFAN-
TERIE, CAPITAINE DE VAISSEAU, CHEF DE L'EXPÉDITION, G.
DE NERVILLE, CAPITAINE D'INFANTERIE, ET P D'ARBOU-
LIN, ADMINISTRATEUR GÉNÉRAL DES POSTES DE
FRANCE CONSTRUCTION D'UN FORT ET D'UN
OBÉLISQUE DÉCORÉ D'UN MÉDAILLON DE SA
MAJESTÉ LOUIS XV. SUR LES PLANS D'A.
L'HUILLIER, INGÉN GÉOGR. DES CAMPS
ET ARMÉES, SERVANT DANS L'EXPÉ-
DITION, SOUS LE MINISTERE
D'É DE CHOISEUL, DUC
DE STAINVILLE EN
FÉVRIER 1764.

Avec ces mots pour exergue: CONAMUR TENUES GRANDIA

Cependant pour encourager les colons, & augmenter leur confiance en des secours prochains que je leur promis, M. de Nerville consentit à rester à leur tête, & à partager les hazards de ce foible établissement aux extrémités de l'Univers, le seul qu'il y eût alors à une latitude aussi élevée dans la partie australe de notre globe. Le 5 Avril 1764, je pris solemnellement possession des îles au nom du Roi, & le 8 je mis à la voile pour France.

Le 5 Janvier 1765, je revis mes colons, & je les revis sains & contens. Après avoir débarqué les secours que je leur apportois, j'allai dans le détroit de Magellan chercher un chargement de bois de charpente, des palissades, de jeunes plants d'abres; & j'ouvris une navigation deve-

Deuxieme année.

nue nécessaire au maintien de la colonie. Ce fut alors que je rencontrai les vaisseaux du Commodore Byron qui, après être venu reconnoître les îles Malouines pour la premiere fois, traversoit le détroit pour entrer dans la mer du Sud. A mon départ des Malouines, le 27 Avril suivant, la colonie se trouvoit composée de quatre-vingts personnes, en y comprenant l'Etat Major.

En 1765, nous renvoyâmes *l'Aigle* aux îles Malouines, & le Roi y joignit *l'Etoile*, une de ses flûtes. Ces deux bâtimens après avoir débarqué les vivres & les nouveaux habitans, allerent ensemble faire du bois pour la colonie dans le détroit de Magellan. L'établissement commençoit dèslors à prendre une forme. Le commandant & l'Ordonnateur logeoient dans des maisons commodes & bâties en pierres; le reste des habitans occupoit des maisons dont les murs étoient faits de gazons. Il y avoit trois magasins, tant pour les effets publics, que pour ceux des particuliers. Les bois du détroit avoient servi à faire la charpente de ces divers bâtimens, & à construire deux goelettes propres à reconnoître les côtes. *L'Aigle* retourna en France de ce dernier voyage, avec un chargement d'huile & de peaux de loups marins tannées dans le pays. L'on avoit aussi fait divers essais de culture, sans désespérer du succès, la plus grande partie des graines apportées d'Europe s'étant facilement naturalisée; la multiplication des bestiaux étoit certaine, & le nombre des habitans montoit alors environ à cent cinquante.

Les Anglois viennent s'y établir dans une autre partie.

Cependant, comme nous venons de le dire, le Commodore Byron étoit venu au mois de Janvier 1765 reconnoître les îles Malouines. Il y avoit abordé à l'Ouest de notre établissement, dans un port nommé déjà par nous

Port de la Croifade, & il avoit pris poffeffion de ces îles pour la couronne d'Angleterre, fans y laiffer aucun habitant. Ce ne fut qu'en 1766, que les Anglois envoyerent une colonie s'établir au port de la Croifade, qu'ils avoient nommé *Port d'Egmont*; & le Capitaine Macbride, commandant la frégate *le Jafon*, vint à notre établiffement au commencement de Décembre de la même année. Il prétendit que ces terres appartenoient au Roi de la Grande-Bretagne, menaça de forcer la defcente, fi l'on s'obftinoit à la lui refufer, fit une vifite au Commandant, & remit à la voile le même jour.

Tel étoit l'état des îles Malouines, lorfque nous les remîmes aux Efpagnols, dont le droit primitif fe trouvoit ainfi étayé encore par celui que nous donnoit inconteftablement la premiere habitation. Les détails fur les productions de ces îles, & les animaux qu'on y trouve, font la matiere du chapitre fuivant, & le fruit des obfervations qu'un féjour de trois années a fourni à M. de Nerville. J'ai cru qu'il étoit d'autant plus à-propos d'entrer dans ces détails, que M. de Commerçon n'a point été aux îles Malouines, & que l'hiftoire naturelle en eft à certains égards affez importante (*).

(*) L'Ouvrage que nous publions aujourd'hui, étoit fait avant que le Journal de Don Pernetty fur les îles Malouines parût. Sans cela nous nous ferions difpenfés des détails fuivans.

CHAPITRE IV.

Détails sur l'histoire naturelle des Iles Malouines.

IL n'y a point de pays nouvellement habité qui n'offre des objets intéressans aux yeux même les moins exercés dans l'étude de l'Histoire naturelle ; & quand leurs remarques ne serviroient pas d'autorité, elles peuvent toujours satisfaire en partie la curiosité de ceux qui cherchent à approfondir le système de la nature.

Aspect qu'elles présentent. La premiere fois que nous mîmes pied à terre sur ces îles, rien de séduisant ne s'offrit à nos regards ; & à l'exception de la beauté du port dans lequel nous étions entrés, nous ne savions trop ce qui pouvoit nous retenir sur cette terre ingrate en apparence. Un horison terminé par des montagnes pelées ; des terreins entrecoupés par la mer, & dont elle sembloit se disputer l'empire ; des campagnes inanimées faute d'habitans ; point de bois capables de rassurer ceux qui se destinoient à être les premiers colons ; un vaste silence, quelquefois interrompu par les cris des monstres marins ; par-tout une triste uniformité ; que d'objets décourageans & qui paroissoient annoncer que la nature se refuseroit aux efforts de l'espece humaine dans des lieux si sauvages ! Cependant le tems & l'expérience nous apprirent que le travail & la constance n'y seroient pas sans fruits. Des baies immenses à l'abri des vents par ces mêmes montagnes qui répandent de leur sein les cascades & les ruisseaux ; des prairies couvertes de gras pâturages, faits pour alimenter des troupeaux nombreux, des lacs & des étangs pour les abreuver ; point de conteſtations pour la propriété du lieu ; point d'animaux à craindre par leur férocité, leur venin ou leur importunité ; une quantité innombrable d'amphibies des plus utiles, d'oiſeaux & de poiſſons du meilleur goût ; une matiere combuſtible pour ſuppléer au défaut du bois ; des plantes reconnues ſpécifiques aux maladies des navigateurs ; un climat ſalubre & une température continuelle, bien plus propre à former des hommes robuſtes & ſains, que ces contrées enchantereſſes où l'abondance même devient un poiſon, & la chaleur une obligation de ne rien faire ; telles furent les reſſources que la nature nous préſenta. Elles effacerent bientôt les traits qu'un premier aſpect avoit imprimés, & juſtifierent la tentative.

On pourroit ajouter que les Anglois, dans leur Relation *du Port Egmont*, n'ont pas balancé à dire « que le » pays adjacent offre tout ce qui eſt néceſſaire pour un » bon établiſſement. Leur goût pour l'Hiſtoire naturelle » les engagera ſans doute à faire & à publier des recher- » ches qui rectifieront celles-ci »

Les îles Malouines ſe trouvent entre cinquante-un & cinquante-deux degrés & demi de latitude méridionale, ſoixante-un & demi & ſoixante-cinq & demi de longitude occidentale du méridien de Paris ; elles ſont éloignées de la côte *de l'Amérique* ou *des Patagons*, & de l'entrée du détroit de Magellan, d'environ quatre-vingts à quatre-vingt-dix lieues.

<small>Poſition géographique des îles Malouines.</small>

La carte que nous donnons de ces îles n'a pas ſans doute la préciſion géographique ; elle eût été l'ouvrage d'un grand nombre d'années. Cet apperçu peut cependant indiquer à-peu-près l'étendue de ces îles de l'Eſt à l'Oueſt & du Nord au Sud, le giſſement des côtes parcourues par nos vaiſſeaux, la poſition & l'enfoncement des grandes baies, enfin la direction des principales montagnes.

Des Ports. Les ports que nous avons reconnus, réuniſſent l'étendue & l'abri ; un fond tenace & des îles heureuſement ſituées pour oppoſer des obſtacles à la fureur des vagues, contribuent à les rendre ſûrs & aiſés à défendre ; ils ont de petites baies pour retirer les moindres embarcations. Les ruiſſeaux ſe rendent à la côte, de maniere que la proviſion d'eau douce peut ſe faire avec la plus grande expédition.

Des Marées. Les marées aſſujetties à tous les mouvemens d'une mer environnante, ne ſe ſont jamais élevées dans des tems fixes, & qu'il ait été poſſible de calculer. On a ſeulement remarqué qu'elles avoient trois viciſſitudes déterminées avant l'inſtant de leur plein ; les marins appelloient ces viciſſitudes *varvodes*. La mer alors en moins d'un quart d'heure monte & baiſſe trois fois comme par ſecouſſes, ſur-tout dans les tems des ſolſtices, des équinoxes & des pleines lunes.

Des Vents. Les vents ſont généralement variables, mais regnant beaucoup plus de la partie du Nord au Sud par l'Oueſt, que de la partie oppoſée. En hiver lorſqu'ils ſoufflent du Nord à l'Oueſt, ils ſont brumeux & pluvieux ; de l'Oueſt au Sud, chargés de frimats, de neige & de grele ; du Sud au Nord par l'Eſt, moins chargés de brumes, mais violens, quoiqu'ils ne le ſoient pas autant que ceux qui regnent en été & ſe fixent du Sud-Oueſt au Nord-Oueſt par l'Oueſt. Ces derniers, qui nettoient l'horiſon & ſechent le terrein, ne commencent à ſouffler que lorſque le ſoleil ſe montre à l'horiſon, ils ſuivent dans leur accroiſſement l'élévation

de

de l'aftre, font au point de leur plus grande force, lorfqu'il paffe au méridien, & déclinent avec lui quand il va fe cacher derriere les montagnes. Indépendamment de la loi que le mouvement du foleil leur impofe, ils font encore affervis au montant des marées, qui augmente leur force & quelquefois change leur direction. Prefque toutes les nuits de l'année, celles d'été fur-tout, font calmes & étoilées, les neiges que les vents du Sud-Oueft amenent en hiver ne font pas confidérables, elles reftent environ deux mois fur le fommet des plus hautes montagnes, & un jour ou deux tout au plus fur la furface des terreins. Les ruiffeaux ne gelent point; les lacs & les étangs glacés n'ont jamais pu porter les hommes plus de vingt-quatre heures. Les gelées blanches du printems & de l'automne ne brûlent point les plantes & fe convertiffent en rofée au lever du foleil. En été il tonne rarement; nous n'éprouvions en général ni grands froids ni grandes chaleurs, & les nuances nous ont paru prefque infenfibles entre les faifons. Sous un tel climat, où les révolutions fur les tempéramens font comme impoffibles, il eft naturel que tous les individus foient vigoureux & fains; & c'eft ce qu'on a éprouvé pendant un féjour de trois années.

Le peu de matiere minérale trouvée aux îles Malouines, répond de la falubrité des eaux; elles font par-tout commodément placées, aucunes plantes d'un caractere dangereux n'infectent les lieux où elles coulent, c'eft ordinairement fur du gravier ou fur du fable, & quelquefois fur des lits de tourbe, qui leur laiffent à la vérité une petite couleur jaunâtre, mais fans en diminuer la qualité ni la légereté. *Des Eaux.*

Il y a par-tout dans les plaines plus de profondeur qu'il *Du Sol.*

H

n'en faut pour souffrir la charrue ; le sol est tellement entrelacé de racines d'herbes jusqu'à près d'un pied, qu'il étoit indispensable avant que de cultiver, d'enlever cette couche & de la diviser pour la déssécher & la brûler. On sait que ce procédé est merveilleux pour améliorer les terres, & nous l'employâmes. Au-dessous de la premiere couche on trouve une terre noire qui n'a jamais moins de huit à dix pouces d'épaisseur, & qui le plus souvent en a beaucoup plus ; on rencontre ensuite la terre jaune ou terre franche à des profondeurs indéterminées. Elle est soutenue par des lits d'ardoise & de pierres, parmi lesquelles on n'en a jamais trouvé de calcaires, épreuve faite avec l'eau forte. Il paroît même que le pays est dépourvû de cette nature de pierre ; des voyages entrepris jusqu'au sommet des montagnes à dessein d'en chercher, n'en ont fait voir que d'une nature de quartz & de grès non friable, produisant des étincelles & même une lumiere phosphorique, accompagnée d'une odeur sulphureuse. Au reste il ne manque point de pierres à bâtir ; la plûpart des côtes en sont formées. On y distingue des couches horizontales d'une pierre très-dure & d'un grain fin, ainsi que d'autres couches plus ou moins inclinées qui sont celles des ardoises & d'une espece de pierre contenant des particules de talc. On y voit aussi des pierres qui se divisent par feuillets, sur lesquels on remarquoit des empreintes de coquilles fossiles d'une espece inconnue dans ces mers ; on en faisoit des meules pour les outils. La pierre qu'on tira des excavations étoit jaunâtre & n'avoit pas encore acquis son degré de maturité ; on l'auroit taillée avec un couteau, mais elle durcissoit à l'air. On trouve facilement la glaise, les sables & les terres propres à fabriquer la poterie & les briques.

La tourbe qui se rencontre ordinairement au-dessus de la glaise, s'étend bien avant dans le terrein. On ne pouvoit faire une lieue de quelque point que l'on partît, sans en appercevoir des couches considérables toujours aisées à distinguer par des ruptures qui en offrent quelques faces. Elle se forme tous les jours du débris des racines & des herbes dans les lieux qui retiennent les eaux, lieux qu'annoncent des joncs fort pointus. Cette tourbe prise dans une baie voisine de notre habitation, où elle présente aux vents une surface de plus de douze pieds de hauteur, y acquéroit un degré suffisant de dessication. C'étoit celle dont on se servoit, son odeur n'étoit point malfaisante, son feu n'étoit pas triste, & ses charbons avoient une action supérieure à celle du charbon de terre, puisqu'en soufflant dessus on pouvoit allumer une lumiere aussi aisément qu'avec de la braise ; elle suffisoit pour tous les ouvrages de la forge, à l'exception des soudures des grosses pieces.

Tourbe & ses qualités.

Tous les bords de la mer & des îles de l'intérieur sont couverts d'une espece d'herbe que l'on nomma improprement *glayeuls* ; c'est plûtôt une sorte de gramen. Elle est du plus beau verd & a plus de six pieds de hauteur. C'est la retraite des lions & des loups marins ; elle nous servoit d'abri comme à eux dans nos voyages. En un instant on étoit logé. Leurs tiges inclinées & réunies formoient un toit, & leur paille seche un assez bon lit. Ce fut aussi avec cette plante que nous couvrîmes nos maisons ; le pied en est sucré, nourrissant & préféré à toute autre pâture par les bestiaux.

Des Plantes.

Les bruyeres, les arbustes & le gommier sont après cette grande herbe les seuls objets qu'on distingue dans les campagnes. Tout le reste est surmonté par des herbes menues plus vertes & plus fournies dans les endroits abreuvés. Les arbustes furent d'une grande ressource pour le chauffage, on les réserva ensuite pour les fours ainsi que la bruyere; les fruits rouges de celle-ci nous attiroient beaucoup de gibier dans la saison.

Gommier résineux

Le gommier, plante nouvelle & inconnue en Europe, mérite une description plus étendue. Elle est d'un verd de pomme & n'a en rien la figure d'une plante; on la prendroit plûtôt pour une loupe ou excroissance de terre de cette couleur; elle ne laisse voir ni pied ni branches ni feuilles. Sa surface de forme convexe présente un tissu si serré, qu'on n'y peut rien introduire sans déchirement. Notre premier mouvement étoit de nous asseoir ou de monter dessus; sa hauteur n'est gueres de plus d'un pied & demi. Elle nous portoit aussi surement qu'une pierre sans en être foulée; sa largeur s'étend d'une maniere disproportionnée à sa forme, il y en a qui ont plus de six pieds de diametre sans en être plus hautes. Leur circonférence n'est réguliere que dans les petites plantes qui représentent assez la moitié d'une sphere; mais lorsqu'elles se sont accrues, elles sont terminées par des bosses & des creux sans aucune régularité. C'est en plusieurs endroits de leur surface que l'on voit en gouttes de la grosseur d'un pois, une matiere tenace & jaunâtre qui fut d'abord appellée *gomme*; mais comme elle ne peut se dissoudre que dans les spiritueux, elle fut décidée résine. Son odeur est forte, assez aromatique, & approche de celle de la térébenthine. Pour connoître l'intérieur de cette plante, nous la coupâmes exactement sur le terrein & la renversâmes. Nous vîmes en la brisant qu'elle part d'un pied d'où s'é-

AUTOUR DU MONDE. 61

levent une infinité de jets concentriques, composés de feuilles en étoiles enchâssées les unes sur les autres & comme enfilées par un axe commun. Ces jets sont blancs jusqu'à peu de distance de la surface, où l'air les colore en verd ; en les brisant il en sort un suc abondant & laiteux, plus visqueux que celui des thytimales ; le pied est une source abondante de ce suc, ainsi que les racines qui s'étendent horizontalement, & vont provigner à quelque distance ; de sorte qu'une plante n'est jamais seule. Elle paroît se plaire sur le penchant des collines, & toutes les expositions lui sont indifférentes. Ce ne fut que la troisieme année qu'on chercha à connoître sa fleur & sa graine, l'une & l'autre fort petites, parce qu'on étoit rebuté de n'avoir pas pu en transporter en Europe. Enfin on a apporté quelques graines pour tâcher de s'approprier cette singuliere & nouvelle plante qui pourroit même être utile en médecine, plusieurs matelots s'étant servis de sa résine avec succès pour se guérir de légeres blessures. Une chose digne de remarque, c'est que cette plante ainsi retournée, perd sa résine à l'air seul, & par le lavage des pluies. Comment accorder cela avec sa dissolution dans les seuls spiritueux ? En cet état elle étoit d'une légereté surprenante & brûloit comme de la paille.

Après cette plante extraordinaire on en rencontroit une d'une utilité éprouvée ; elle forme un petit arbrisseau, & quelquefois rampe sous les herbes & le long des côtes. Nous la goûtâmes par fantaisie, & nous lui trouvâmes un goût de sapinette ; ce qui nous donna l'idée d'essayer d'en faire de la bierre. Nous avions apporté une certaine quantité de mélasse & de grains ; les procédés que nous employâmes réussirent au-delà de nos souhaits, & l'habitant

Plante à bierre.

une fois inſtruit, ne manquoit jamais de cette boiſſon que la plante rendoit anti-ſcorbutique ; on l'employa très-ſpécifiquement dans des bains que l'on faiſoit prendre aux malades qui venoient de la mer. Sa feuille eſt petite & dentelée, d'un verd clair. Lorſqu'on la briſe entre les doigts, elle ſe réduit en une eſpece de farine un peu glutineuſe & d'une odeur aromatique.

Une eſpece de céleri ou perſil ſauvage, très-abondante, une quantité d'oſeille, de creſſon de terre & de cétéracs à feuilles ondées, fourniſſoient avec cette plante tout ce qu'on pouvoit deſirer contre le ſcorbut.

Fruits. Deux petits fruits, dont l'un, inconnu, reſſemble aſſez à une mûre, l'autre, de la groſſeur d'un pois & nommé *lucet*, à cauſe de ſa conformité avec celui que l'on trouve dans l'Amérique ſeptentrionale, étoient les ſeuls que l'automne nous fournît. Ceux des bruyeres n'étoient mangeables que pour les enfans qui mangent les plus mauvais fruits, & pour le gibier. La plante de celui, que nous nommâmes mûre, eſt rampante : ſa feuille reſſemble à celle du charme, elle prolonge ſes branches & ſe reproduit comme les fraiſiers. Le lucet eſt auſſi rampant, il porte ſes fruits le long de ſes branches garnies de petites feuilles parfaitement liſſes, rondes & de couleur de myrthe ; ces fruits ſont blancs & colorés de rouge du côté expoſé au ſoleil ; ils ont le goût aromatique & l'odeur de fleur d'orange, ainſi que les feuilles dont l'infuſion priſe avec du lait a paru très-agréable. Cette plante ſe cache ſous les herbes & ſe plaît dans les lieux humides ; on en trouve une quantité prodigieuſe aux environs des lacs.

Fleurs. Parmi pluſieurs autres plantes qu'aucun beſoin ne nous engagea à examiner, il y avoit beaucoup de fleurs, mais toutes inodores, à l'exception d'une feule qui eft blanche & de l'odeur de la tubéreufe. Nous trouvâmes auffi une véritable violette d'un jaune de jonquille. Ce que l'on peut remarquer, c'eft qu'on n'a jamais rencontré aucune plante bulbeufe ou à oignon. Une autre fingularité, ce fut que dans la partie méridionale de l'île habitée, au-delà d'une chaîne de montagnes qui la coupe de l'Eft à l'Oueft, on vit qu'il n'y a, pour ainfi dire, point de gommier réfineux, & qu'à leur place on rencontroit en grande quantité une plante d'une même forme & d'un verd tout différent, n'ayant pas la même folidité, ne produifant aucune réfine, & couverte dans fa faifon de belles fleurs jaunes. Cette plante, facile à ouvrir, eft compofée comme l'autre, de jets qui partent tous d'un même pied & vont fe terminer à fa furface. En repaffant les montagnes, on trouva un peu au-deffous de leur fommet une grande efpece de fcolopandre ou de cétérac. Ses feuilles ne font point ondées, mais faites comme des lames d'épée. Il fe détache de la plante deux maîtreffes tiges qui portent leur graine en-deffous comme les capillaires. On vit auffi fur les pierres une grande quantité de plantes friables qui femblent tenir de la pierre & du végétal; on penfa que ce pouvoient être des lichens, mais l'on remit à un autre tems à éprouver fi elles feroient de quelque utilité pour la teinture.

Quant aux plantes marines, elles étoient plutôt un objet incommode qu'utile. La mer eft prefque toute couverte de goemon dans le port, fur-tout près des côtes dont les canots avoient de la peine à approcher; il ne rend d'autre fervice que de rompre la lame lorfque la mer eft groffe. On comptoit en tirer un grand parti pour fu-

<small>Plantes marines.</small>

mer les terres. Les marées nous apportoient plusieurs especes de coralines très-variées & des plus belles couleurs; elles ont mérité une place dans les cabinets des curieux, ainsi que les éponges & les coquilles. Les éponges affectent toutes la figure des plantes, elles sont ramifiées en tant de manieres, qu'on a peine à croire qu'elles soient l'ouvrage d'insectes marins. D'ailleurs leur tissu est si serré & leurs fibres si délicates, qu'on ne conçoit gueres comment ces animaux peuvent s'y loger.

Des Coquilles.
Les côtes des Malouines ont fourni aux cabinets plusieurs coquilles nouvelles. La plus précieuse est la poulette ou poulte. On reconnoît trois especes de ces bivalves, parmi lesquelles celle qui est striée, n'avoit jamais été vue, à ce qu'on dit, que dans l'état de fossiles; ce qui peut servir de preuve à cette assertion que les coquilles fossiles trouvées à des niveaux beaucoup au-dessus de la mer, ne sont point des jeux de la nature & du hazard, mais qu'elles ont été la demeure d'êtres vivans dans le tems que les terres étoient encore couvertes par les eaux. Avec cette coquille très-commune on trouvoit les lépas estimés par leurs belles couleurs, les buccins feuilletés & armés, les cames, les grandes moules unies & striées, & de la plus belle nacre, &c.

Des Animaux.
On ne voit qu'une seule espece de quadrupede sur ces îles; elle tient du loup & du renard. Les oiseaux sont innombrables. Ils habitent indifféremment la terre & les eaux. Les lions & les loups marins sont les seuls amphibies. Toutes les côtes abondent en poissons, la plûpart peu connus. Les baleines occupent la haute mer; quelques-unes s'échouent quelquefois dans le fond des baies, où l'on voit leurs débris. D'autres ossemens énormes,

placés

placés bien avant dans les terres, & que la fureur des flots n'a jamais été capable de porter si loin, prouvent ou que la mer a baissé, ou que les terres se sont élevées.

Le loup-renard, ainsi nommé, parce qu'il se creuse un terrier & que sa queue est plus longue & plus fournie de poil que celle du loup, habite dans les dunes sur le bord de la mer. Il suit le gibier & se fait des routes avec intelligence, toujours par le plus court chemin d'une baie à l'autre; à notre premiere descente à terre, nous ne doutâmes point que ce ne fussent des sentiers d'habitans. Il y a apparence que cet animal jeûne une partie de l'année, tant il est maigre & rare. Il est de la taille d'un chien ordinaire dont il a aussi l'aboyement, mais foible. Comment a-t-il été transporté sur les îles?

Les oiseaux & les poissons ne manquent pas d'ennemis qui troublent leur tranquillité. Ces ennemis des oiseaux sont le loup, qui détruit beaucoup d'œufs & de petits; les aigles, les éperviers, les émouchets & les chouettes. Les poissons sont encore plus maltraités; sans parler des baleines qui, comme on sait, ne se nourrissant que de frétin, en détruisent prodigieusement, ils ont à craindre les amphibies & cette quantité d'oiseaux pêcheurs, dont les uns se tiennent constamment en sentinelle sur les roches, & les autres planent sans cesse au-dessus des eaux.

Pour être en état de bien décrire les animaux qui suivent, il eût fallu beaucoup de tems & les yeux du Naturaliste le plus habile. Voici les remarques les plus essentielles, étendues seulement par rapport aux animaux qui étoient de quelque utilité.

Parmi les oiseaux à pieds palmés, le cigne tient le premier rang. Il ne differe de ceux d'Europe que par son

Des Oiseaux à pieds palmés.

I

col d'un noir velouté, qui fait une admirable oppofition avec la blancheur du refte de fon corps ; fes pattes font couleur de chair. Cette efpece de cigne fe trouve auffi dans la riviere de la Plata & au détroit de Magellan.

Quatre efpeces d'oies fauvages formoient une de nos plus grandes richeffes. La premiere ne fait que pâturer, on lui donna improprement le nom d'*outarde*. Ses jambes élevées lui font néceffaires pour fe tirer des grandes herbes, & fon long col pour obferver le danger ; fa démarche eft légere, ainfi que fon vol; elle n'a point le cri défagréable de fon efpece. Le plumage du mâle eft blanc, avec des mêlanges de noir & de cendré fur le dos & les aîles. La femelle eft fauve, & fes aîles font parées de couleurs changeantes ; elle pond ordinairement fix œufs. Leur chair faine, nourriffante & de bon goût, devint notre principale nourriture ; il étoit rare qu'on en manquât : indépendamment de celles qui naiffent fur l'île, les vents d'Eft en automne en amenent des voliers, fans doute de quelque terre inhabitée : car les chaffeurs reconnoiffoient aifément ces nouvelles venues au peu de crainte que leur infpiroit la vue des hommes. Les trois autres efpeces d'oies n'étoient pas fi recherchées, elles fe nourriffent de poiffon & en contractent un goût huileux. Leur forme eft moins élégante que celle de la premiere efpece. Il y en a même une qui ne s'éleve qu'avec peine au-deffus des eaux, celle-ci eft criarde. Les couleurs de leur plumage ne fortent gueres du blanc, du noir, du fauve & du cendré. Toutes ces efpeces, ainfi que les cignes, ont fous leurs plumes un duvet blanc ou gris très-fourni.

Deux efpeces de canards & deux de farcelles embelliffent les étangs & les ruiffeaux. Les premiers different peu de ceux de nos climats, on en tua quelques-uns de tout noirs & d'autres tout blancs. Quant aux sarcelles, l'une à bec bleu, est de la taille des canards ; l'autre est beaucoup plus petite. On en vit qui avoient les plumes du ventre teintes d'incarnat. Ces especes sont de la plus grande abondance & du meilleur goût.

On voyoit deux especes de plongeons de la petite taille. L'une a le dos de couleur cendrée & le ventre blanc ; les plumes du ventre sont si soyeuses, si brillantes & d'un tissu si serré, que nous les prîmes pour le grespe dont on fait des manchons précieux : cette espece est rare. L'autre, plus commune, est toute brune, ayant le ventre un peu plus clair que le dos. Les yeux de ces animaux sont semblables à des rubis. Leur vivacité surprenante augmente encore par l'opposition du cercle de plumes blanches qui les entoure & qui leur a fait donner le nom de plongeons à lunettes. Ils sont deux petits, sans doute trop délicats pour souffrir la fraîcheur de l'eau lorsqu'ils n'ont encore que le duvet ; car alors la mere les voiture sur son dos. Ces deux especes n'ont point les pieds palmés à la façon des autres oiseaux d'eau ; leurs doigts séparés sont garnis de chaque côté d'une membrane très-forte : en cet état chaque doigt ressemble à une feuille arrondie du côté de l'ongle, d'autant plus qu'il part du doigt des lignes qui vont se terminer à la circonférence des membranes, & que le tout est d'un verd de feuille sans avoir beaucoup plus d'épaisseur.

Deux especes d'oiseaux que l'on nomma bec-scies, on ne sait pas pourquoi, ne different que par la taille & quelquefois parce qu'il s'en trouve à ventre brun parmi tous les autres qui l'ont ordinairement blanc. Le reste du *plu-*

I ij

mage est d'un noir tirant sur le bleu, très-foncé ; leur forme & les plumes du ventre, aussi serrées & aussi soyeuses que celles du plongeon blanc, les rapprochent de cette espece ; ce que l'on n'oseroit cependant pas assurer. Ils ont le bec assez long & pointu, & les pieds palmés sans séparation, avec un caractere remarquable, le premier doigt étant le plus long des trois, & la membrane qui les joint se terminant à rien au troisieme. Leurs pieds sont couleur de chair. Ces animaux sont de grands destructeurs de poissons. Ils se placent sur les rochers, ils s'y rassemblent par nombreuses familles & y font leur ponte. Comme leur chair est très-mangeable, on en fit des *tueries* de deux ou trois cents, & la grande quantité de leurs œufs offrit encore une ressource dans le besoin. Ils se défioient si peu des chasseurs, qu'il suffisoit d'aller à eux avec des bâtons. Ils ont pour ennemi un oiseau de proie à pieds palmés, ayant plus de sept pieds d'envergure, le bec long & fort, caractérisé par deux tuyaux de même matiere que le bec, lesquels sont percés dans toute leur longueur. Cet animal est celui que les Espagnols appellent *quebrantahuessos*.

Une quantité de moves de couleurs très-variées & très-agréables, de caniats & d'équerrets, presque tous gris & vivant par familles, viennent planer sur les eaux & fondent sur le poisson avec une vîtesse extraordinaire. Ils nous servoient à reconnoître les tems propres à la pêche de la sardine ; il suffisoit de les tenir un moment suspendus, & ils rendoient encore dans sa forme ce poisson qu'ils ne venoient que d'engloutir. Le reste de l'année ils se nourrissent de gradeau & autres menuailles. Ils pondent autour des étangs sur des plantes vertes assez semblables aux nénuphars, une grande quantité d'œufs très-bons & très-sains.

On diſtingua trois eſpeces de pengouins; la premiere, remarquable par ſa taille & la beauté de ſon plumage, ne vit point par famille comme la ſeconde, qui eſt la même que celle décrite dans le Voyage du Lord Anſon. Ce pengouin de la premiere claſſe aime la ſolitude & les endroits écartés. Son bec plus long & plus délié que celui des pengouins de la ſeconde eſpece, les plumes de ſon dos d'un bleu plus clair, ſon ventre d'une blancheur éblouiſſante, une palatine jonquille qui part de la tête & va terminer les nuances du blanc & du bleu pour ſe réunir enſuite ſur l'eſtomac, ſon col très-long quand il chante, ſon allure aſſez légere, lui donnent un air de nobleſſe & de magnificence ſinguliere. On eſpéra de pouvoir en tranſporter un en Europe. Il s'apprivoiſa facilement juſqu'à ſuivre & connoître celui qui étoit chargé de le nourrir, mangeant indifféremment le pain, la viande & le poiſſon: mais on s'apperçut que cette nourriture ne lui ſuffiſoit pas & qu'il abſorboit ſa graiſſe; auſſi-tôt qu'il fut maigri à un certain point, il mourut. La troiſieme eſpece habite par famille comme la ſeconde ſur de hauts rochers dont elle partage le terrain avec les becs-ſcies; ils y pondent auſſi. Les caracteres qui les diſtinguent des deux autres, ſont leur petiteſſe, leur couleur fauve, un toupet de plumes de couleur d'or, plus courtes que celles des aigrettes, & qu'ils relevent lorſqu'ils ſont irrités, & enfin d'autres petites plumes de même couleur qui leur ſervent de ſourcils; on les nomma *pengouins ſauteurs*: en effet ils ne ſe tranſportent que par ſauts & par bonds. Cette eſpece a dans toute ſa contenance plus de vivacité que les deux autres.

Trois especes d'alcyons, qui se montrent rarement, ne nous annonçoient pas les tempêtes comme ceux qu'on voit à la mer. Ce sont cependant les mêmes animaux, au dire des marins, la plus petite espece en a tous les caracteres. Si c'est un véritable alcyon, on peut être assuré qu'il fait son nid à terre, d'où l'on nous en a rapporté des petits n'ayant que le duvet, & parfaitement ressemblans à pere & mere. La seconde espece ne differe que par la grosseur; elle est un peu moindre qu'un pigeon. Ces deux especes sont noires avec quelques plumes blanches sous le ventre. Quant à la troisieme qu'on nomma d'abord *pigeon blanc*, ayant tout le plumage de cette couleur & le bec rouge, on peut conjecturer que c'est un véritable alcyon blanc à cause de sa conformité avec les deux autres.

Oiseaux à pieds non palmés.

Trois especes d'aigles, dont les plus forts ont le plumage d'un blanc sale, & les autres sont noirs à pattes jaunes & blanches, font la guerre aux beccassines & aux petits oiseaux; ils n'ont ni la taille ni les serres assez fortes pour en attaquer d'autres. Une quantité d'éperviers & d'émouchets & quelques chouettes, sont encore les persécuteurs du petit gibier. Les variétés de leurs plumages sont riches & présentent toutes sortes de couleurs.

Les beccassines sont les mêmes que celles d'Europe. Elles ne font point le crochet en prenant leur vol & sont faciles à tirer. Dans le tems de leurs amours elles s'élevent à perte de vue : & après avoir chanté & reconnu leur nid, qu'elles font sans précaution au milieu des champs & dans des endroits presque dégarnis d'herbes ; elles s'y précipitent du plus haut des airs, alors elles sont maigres : la saison de les manger excellentes, est l'automne.

En été on voyoit beaucoup de corlieux qui ne different en rien des nôtres.

On rencontre toute l'année au bord de la mer un oiseau assez semblable au corlieu. On le nomma *pie de mer*, à cause de son plumage noir & blanc, ses autres caracteres distinctifs sont d'avoir le bec d'un rouge de corail & les pattes blanches. Il ne quitte gueres les rochers qui découvrent à basse mer, & se nourrit de petites chevrettes. Il a un sifflement aisé à imiter ; ce qui fut par la suite utile à nos chasseurs & pernicieux pour lui.

Les aigrettes sont assez communes ; nous les prîmes pour des hérons & nous ne connûmes pas d'abord le mérite de leurs plumes. Ces animaux commencent leur pêche au déclin du jour ; ils aboient de tems à autre, de maniere à faire croire que ce sont de ces loups-renards dont nous avons parlé ci-devant.

Deux especes d'étourneaux ou grives nous étoient amenées par l'automne ; une troisieme ne nous quittoit pas : on la nomma *oiseau rouge ;* son ventre est tout couvert de plumes du plus beau couleur de feu, sur-tout en hiver ; on en pourroit faire de riches collections pour des garnitures. Des deux autres especes passageres, l'une est fauve & a le ventre marqueté de plumes noires; l'autre est de la couleur des grives que nous connoissons. Nous n'entrerons pas dans le détail d'une infinité d'autres petits oiseaux assez semblables à ceux qu'on voit en France dans les Provinces maritimes.

Les lions & les loups marins sont déja connus; ces animaux occupent tous les bords de la mer & se logent, comme on l'a dit, dans ces grandes herbes nommées *glayeuls*. Leur troupe innombrable se transporte à *plus*

Des Amphibies.

d'une lieue fur le terrein pour y jouir de l'herbe fraîche & du foleil. Il paroît que le lion décrit dans le Voyage du Lord Anfon, devroit être, à caufe de fa trompe, regardé plûtôt comme une efpece d'éléphant marin, d'autant plus qu'il n'a pas de criniere, qu'il eft de la plus grande taille, ayant jufqu'à vingt deux pieds de longueur; & qu'il y a une autre efpece beaucoup plus petite, fans trompe & caractérifée par une criniere de plus longs poils que ceux du refte du corps, qu'on pourroit regarder comme le vrai lion. Le loup marin ordinaire n'a ni criniere ni trompe; ainfi ce font trois efpeces bien aifées à diftinguer. Le poil de tous ces animaux ne recouvre point un duvet, tel qu'on le trouve fur ceux qu'on pêche dans l'Amérique feptentrionale & dans la riviere de la Plata. Leurs huiles & leurs peaux avoient déja formé une branche de commerce.

Des Poiffons. Nous n'avons pas pu reconnoître une grande quantité d'efpeces de poiffons. Nous nommâmes celui que nous pêchions le plus communément *muge* ou *mulet*, auquel il reffemble affez. Il s'en trouve de trois pieds de longueur, qu'on féchoit. Le gradeau eft auffi très-commun; il y en a de plus d'un pied de long. La fardine ne monte qu'au commencement de l'hiver. Les mulets pourfuivis par les loups marins, fe creufent des trous dans les terres vafeufes qui bordent les ruiffeaux où ils fe réfugient, & nous les prenions avec facilité, en enlevant la couche de terre tourbeufe qui couvre leurs retraites. Indépendamment de ces efpeces, on en prenoit à la ligne une infinité d'autres, mais fort petits, parmi lefquels il s'en trouvoit un qu'on nomma *Brochet tranfparent*. Il a la tête de ce poiffon, le corps fans écailles, & abfolument diaphane. On trouve auffi quelques congres fur les roches; & le marfouin blanc

ou

ou taupe se montre dans les baies pendant la belle saison. Si on avoit eu du tems & des hommes à employer pour la pêche au large, on auroit trouvé beaucoup d'autres poissons, & indubitablement des soles, dont on a rencontré quelques-unes échouées sur les sables. On n'a pris qu'une seule espece de poisson d'eau douce, sans écailles, d'une couleur verte, & de la taille d'une truite ordinaire. On a fait, il est vrai, peu de recherches dans cette partie ; le tems manquoit, & les autres poissons étoient en abondance.

<small>Des Crustacécs.</small>

Quant aux crustacées, on n'en a distingué que trois especes fort petites, l'écrevisse rouge, même avant que d'être cuite, c'est plutôt une salicoque ; le crabe à pattes bleues qui ressemble assez au tourelourou, & une espece de chevrette très-petite. On ne ramassoit que pour les curieux ces trois sortes de crustacées, ainsi que les moules & autres coquillages qui n'ont pas le goût aussi fin que ceux de France.

Le pays paroît être absolument privé d'huîtres.

Enfin pour présenter un objet de comparaison avec une île cultivée en Europe, on peut citer ce que dit Puffendorf en parlant de l'Irlande, située à la même latitude dans l'hémisphere boréal, que les îles Malouines dans l'autre hémisphere. Sçavoir, « que cette île est agréable » par la bonté & la sérénité de son air, la chaleur & le » froid n'y sont jamais excessifs. Le pays bien coupé de » lacs & de rivieres, offre de grandes plaines couvertes » de pâturages excellens, point de bêtes venimeuses, les » lacs & les rivieres poissonneuses, &c ». Voyez l'Histoire universelle.

CHAPITRE V.

Navigation des îles Malouines à Rio-Janéiro ; jonction de la Boudeuse avec l'Etoile ; hostilités des Portugais contre les Espagnols. Etat des revenus que le Roi de Portugal tire de Rio-Janéiro.

<small>1767.
Juin.
Départ des Malouines pour Rio-Janéiro.</small>

CEPENDANT j'attendois vainement *l'Etoile* aux îles Malouines : les mois de Mars & d'Avril s'étoient écoulés sans que cette flûte y fût venue. Je ne pouvois entreprendre de traverser l'Océan pacifique avec ma seule frégate, son peu de creux la rendant incapable de porter pour plus de six mois de vivres à son équipage. J'attendis encore la flûte pendant tout Mai. Voyant alors qu'il ne me restoit plus de vivres que pour deux mois, j'appareillai des îles Malouines le 2 Juin, pour me rendre à Rio-Janéiro ; j'y avois indiqué à M. de la Giraudais, Commandant de *l'Etoile*, un point de réunion, dans le cas où des circonstances forcées l'empêcheroient de venir me trouver aux îles Malouines.

Nous eûmes dans cette traversée un tems favorable ; le 20 Juin après-midi, nous vîmes les hauts mornes de la côte du Brésil, & le 21, nous reconnûmes l'entrée de Rio-Janéiro. Il y avoit le long de la côte plusieurs bateaux pêcheurs. Je fis mettre pavillon Portugais ferlé, & tirer un coup de canon : sur ce signal, l'un des bateaux vint à bord,

<small>Entrée à Rio-Janéiro.</small>

& j'y pris un pilote, pour nous entrer dans la rade. Il nous fit ranger la côte à une demi-lieue des îles dont elle est bordée. Par-tout il y a beaucoup de fonds ; la côte est élevée, montueuse & couverte de bois ; elle est coupée en mondrains détachés & taillés à pic qui en rendent l'aspect très-varié. A cinq heures & demie du soir, nous étions en-dedans du fort Sainte-Croix, lequel nous héla, & en même tems il vint à bord un Officier Portugais nous demander les raisons de notre entrée. J'envoyai avec lui le Chevalier de Bournand pour en informer le Comte d'Acunha, Viceroi du Brésil, & traiter du salut. A sept heures & demi nous mouillâmes dans la rade par huit brasses d'eau, fond de vase noire.

Le Chevalier de Bournand revint bientôt après, & me dit qu'au sujet du salut, le Comte d'Acunha lui avoit répondu que lorsque quelqu'un, en rencontrant un autre dans la rue, lui ôtoit son chapeau, il ne s'informoit pas auparavant si cette politesse seroit rendue ou non ; que si nous saluions la place, il verroit ce qu'il auroit à faire. Comme cette réponse n'en étoit pas une, je ne saluai point. J'appris en même tems, par un canot que m'envoya M. de la Giraudais, qu'il étoit dans ce port, que son départ de Rochefort, lequel devoit être à la fin de Décembre, avoit été retardé jusqu'au commencement de Février, qu'après trois mois de navigation, une voie d'eau & le mauvais état de sa mâture l'avoient contraint de relâcher à Montevideo, où il avoit reçu, par les frégates Espagnoles, revenant des Malouines, les instructions sur ma marche ; & qu'aussitôt il avoit mis à la voile pour Rio-Janéiro, où il étoit mouillé depuis six jours. Cette jonction me donnoit le moyen de continuer ma mission ; quoique *l'Etoile*, en m'apportant pour treize mois de vivres en salaisons & boissons, eût à peine pour cinquante jours de pain & de légumes à me remettre. Le défaut de ces denrées indispensables, me forçoit de retourner en chercher dans la riviere de la Plata,

Discussion pour le salut.

Jonction avec l'Etoile.

attendu que nous ne trouvâmes à Rio-Janéiro, ni biscuit, ni bled, ni farine.

Difficultés qu'éprouve un vaisseau Espagnol de la part des Portugais.

Il y avoit alors dans ce port deux bâtimens qui nous intéressoient, l'un François, l'autre Espagnol. Le premier, nommé *l'Etoile du matin*, étoit un bateau du Roi destiné pour l'Inde, auquel sa petitesse ne permettoit pas d'entreprendre en hiver le passage du cap de Bonne-Espérance, & qui venoit attendre ici le retour de la belle saison de ces parages. L'Espagnol étoit un vaisseau de guerre, *le Diligent*, de soixante & quatorze, commandé par Don Francisco de Medina. Sorti de la riviere de la Plata, avec un chargement de cuirs & de piastres, une voie d'eau considérable fort au-dessous de sa flottaison l'avoit forcé de relâcher ici, pour s'y remettre en état de continuer sa traversée en Europe ; depuis huit mois qu'il y étoit entré, les refus des secours nécessaires & les difficultés de toute espece que le Viceroi lui faisoit essuyer, l'empêchoient

Secours que nous lui donnons.

d'achever son radoub : aussi Don Francisco m'envoya-t-il, le soir même de mon arrivée, demander mes charpentiers & calefats, & le lendemain je fis passer à son bord tous ceux des deux navires.

Visite du Viceroi à bord de la frégate.

Le 22, nous allâmes en corps faire une visite au Viceroi ; il nous la rendit à bord le 25, & lorsqu'il en sortit, je le fis saluer de dix-neuf coups de canon, que la terre rendit. Dans cette visite, il nous offrit tous les secours qui étoient en son pouvoir : il m'accorda même la permission que je lui demandai, d'acheter une corvette qui m'eût été de la plus grande utilité dans le cours de l'expédition : & il ajouta que s'il y en avoit au Roi de Portugal, il me l'offriroit. Il m'assura aussi qu'il avoit ordonné les plus exactes perquisitions pour connoître ceux qui, sous les fenêtres même de son palais, avoient assassiné l'Aumônier de *l'Etoile* peu de jours avant notre arrivée, & qu'il en feroit la plus sévere justice. Il la promit, mais le droit des gens élevoit ici une voix impuissante.

Cependant les attentions du Viceroi pour nous, continuerent plusieurs jours : il nous annonça même de petits soupers qu'il se proposoit de nous donner au bord de l'eau, sous des berceaux de jasmins & d'orangers, & il nous fit préparer une loge à l'Opéra. Nous pûmes dans une salle assez belle, y voir les chefs d'œuvre de Métastasio représentés par une troupe de mulâtres, & entendre ces morceaux divins des grands Maîtres d'Italie, exécutés par un orquestre que dirigeoit alors un Prêtre bossu en habit ecclésiastique.

La faveur dont nous jouissions étoit un grand sujet d'étonnement pour les Espagnols, & même pour les gens du pays, qui nous avertissoient que les procédés de leur Gouverneur ne seroient pas long-tems les mêmes. En effet, soit que les secours que nous donnions aux Espagnols, & notre liaison avec eux lui déplussent, soit qu'il lui fût impossible de soutenir davantage des manieres opposées entiérement à son humeur, il fut bientôt avec nous ce qu'il étoit pour tous les autres.

Le 28 Juin, nous apprîmes que les Portugais avoient surpris & attaqué les Espagnols à *Rio-grande*, qu'ils les avoient chassés d'un poste qu'ils occupoient sur la rive gauche de cette riviere, & qu'un vaisseau Espagnol, en relâche à l'île Sainte-Catherine, venoit d'y être arrêté. On armoit ici en grande diligence *le Saint-Sébastien*, de soixante-quatre canons, construit dans ce port, & une frégate, de quarante canons, *la nuestra Segnora da gracia*. Celle-ci

Hostilités des Portugais contre les Espagnols.

78 VOYAGE

étoit deſtinée, diſoit-on, à eſcorter un convoi de troupes & de munitions à Rio-grande & à la colonie du Saint-Sacrement. Ces hoſtilités & ces préparatifs nous donnoient lieu d'appréhender que le Viceroi ne voulût arrêter *le Diligent*, lequel étoit en carêne ſur l'île de *las Cobras*, & nous accélérâmes ſon armement le plus qu'il nous fut poſſible. Effectivement il fut en état le dernier jour de Juin de commencer à embarquer les cuirs de ſa cargaiſon ; mais lorſqu'il voulut, le 6 Juillet, embarquer ſes canons qu'il avoit, pendant ſon radoub, dépoſé ſur l'île aux Couleuvres, le Viceroi défendit de les lui livrer, & déclara qu'il arrêtoit le vaiſſeau, juſqu'à ce qu'il eût reçu des ordres de ſa Cour au ſujet des hoſtilités commiſes à Rio-grande. Don Medina fit à ce ſujet toutes les démarches convenables, ce fut en vain ; le Comte d'Acunha ne voulut pas même recevoir la lettre que le Commandant Eſpagnol lui envoya par un Officier de ſon bord.

Nous partageâmes la diſgrace de nos alliés. Lorſque, d'après la parole réitérée du Viceroi, j'eus conclu le marché pour l'achat d'un ſenault, ſon Excellence fit défendre au vendeur de me le livrer. Il fut pareillement défendu de nous laiſſer prendre dans le chantier royal des bois qui nous étoient néceſſaires & pour leſquels nous avions arrêté un marché : il me refuſa enſuite la permiſſion de me loger avec mon Etat major, pendant le tems qu'on feroit à la frégate quelques réparations eſſentielles, dans une maiſon voiſine de la ville que m'offrit le propriétaire, & que le Commodore Byron avoit occupée, lors de ſa relâche dans ce port en 1765. Je voulus lui faire à ce ſujet & ſur le refus du ſenault & des bois, quelques repréſentations. Il ne m'en donna pas le tems ; &, aux pre-

1767. Juillet.

Mauvais procédés du Viceroi à notre égard.

miers mots que je lui dis, il se leva avec fureur, m'ordonna de sortir; & piqué sans doute de ce que, malgré sa colere, je restois assis de même que deux Officiers qui m'accompagnoient, il appella sa garde; mais sa garde, plus sage que lui, ne vint pas & nous nous retirâmes sans que personne parût s'être ébranlé. A peine fûmes-nous sortis, qu'on doubla la garde de son palais, on renforça les patrouilles & l'ordre fut donné d'arrêter tous les François qu'on trouveroit dans les rues après le coucher du soleil. Il envoya dire aussi au Capitaine du vaisseau François de quatre canons d'aller se mouiller sous le fort de Villagahon, & le lendemain je l'y fis remorquer par mes canots.

Je ne songeai dès-lors qu'à me disposer au départ, d'autant plus que les gens du pays que nous fréquentions, avoient tout à craindre du Viceroi. Deux Officiers Portugais furent la victime de leur honnêteté pour nous; l'un fut mis au cachot dans la citadelle; l'autre envoyé en exil à *Santa*, petit bourg entre Sainte-Catherine & Rio-grande. Je me hâtai de faire notre eau, de prendre à bord de l'Etoile les provisions dont je ne pouvois me passer, & d'embarquer des rafraîchissemens. J'avois été forcé d'augmenter la largeur de mes hunes, & le Commandant Espagnol me fournit le bois nécessaire pour cette opération, & qu'on nous avoit refusé aux chantiers. Je m'étois aussi muni de quelques planches dont nous ne pouvions nous passer, & qu'on nous vendit en contrebande.

Ils nous déterminent à partir de Rio-Janéiro.

Enfin le 12, tout étant prêt, j'envoyai un Officier prévenir le Viceroi que j'appareillerois au premier vent favorable. Je conseillai aussi à M. d'Etcheveri, commandant l'Etoile du matin, de ne s'arrêter à Rio-Janéiro que le moins qu'il pourroit, & d'employer plûtôt le tems qui reſtoit juſqu'à la ſaiſon favorable pour le paſſage du cap de Bonne-Eſpérance, à bien reconnoître les îles de Triſtan d'Acunha, où il trouveroit de l'eau, du bois, du poiſſon en abondance, & je lui donnai quelques mémoires que j'avois ſur ces îles. J'ai ſû depuis qu'il avoit ſuivi ce conſeil.

Nous avions joui pendant notre ſéjour à Rio-Janéiro du printems des Poetes, & ſes habitans nous avoient témoigné de la façon la plus honnête le déplaiſir que leur cauſoient les mauvais procédés de leur Viceroi à notre égard. Auſſi regrettions-nous de ne pouvoir reſter plus long-tems avec eux. Tant d'autres Voyageurs ont décrit le Bréſil & ſa capitale, que je n'en dirois rien qui ne fût une répétition faſtidieuſe. Rio-Janéiro, conquis une fois par les armes de la France, lui eſt bien connu. Je me contenterai d'entrer ici dans quelques détails ſur les richeſſes dont cette ville eſt le débouché, & ſur les revenus que le Roi de Portugal en tire. Je dirai auparavant que M. de Commerçon, ſavant Naturaliſte, embarqué ſur l'Etoile pour ſuivre l'expédition, m'a aſſuré que ce pays étoit le plus riche en plantes qu'il eût jamais rencontré, & qu'il y avoit trouvé des tréſors pour la Botanique.

Détails ſur les richeſſes de Rio-Janéiro.

Rio-Janéiro eſt l'entrepôt & le débouché principal des richeſſes du Bréſil. Les mines appellées *générales*, ſont les plus voiſines de la ville dont elles ſont diſtantes environ de ſoixante & quinze lieues. Elles rendent au Roi tous les ans, pour ſon droit de quint, au-moins cent douze arobes d'or; l'année 1762 elles en rapporterent cent dix-neuf. Sous la Capitainie des mines générales on comprend celles de *Rio des morts*, de *Sabara* & de *Sero-frio*. Cette derniere,

derniere, outre l'or qu'on en retire, produit encore tous les diamans qui proviennent du Bréfil. Ils fe trouvent dans le fond d'une riviere qu'on a foin de détourner, pour féparer enfuite, d'avec les cailloux qu'elle roule dans fon lit, les diamans, les topazes, les chryfolites & autres pierres de qualités inférieures.

Toutes ces pierres, excepté les diamans, ne font pas de contrebande ; elles appartiennent aux entrepreneurs, lefquels font obligés de donner un compte exact des diamans trouvés & de les remettre entre les mains de l'Intendant prépofé par le Roi à cet effet. Cet Intendant les dépofe auffi-tôt dans une caffette cerclée de fer & fermée avec trois ferrures. Il a une des clefs, le Viceroi une autre & le Provador de l'Hazienda Réale la troifieme. Cette caffette eft renfermée dans une feconde, où font pofés les cachets des trois perfonnes mentionnées ci deffus, & qui contient les trois clefs de la premiere. Le Viceroi n'a pas le pouvoir de vifiter ce qu'elle renferme. Il configne feulement le tout à un troifieme coffre-fort qu'il envoye à Lisbonne, après avoir appofé fon cachet fur la ferrure. L'ouverture s'en fait en la préfence du Roi, qui choifit les diamans qu'il veut & en paye le prix aux entrepreneurs fur le pied d'un tarif réglé par leur traité.

Les entrepreneurs payent à Sa Majefté Très-Fidele la valeur d'une piaftre, monnoie d'Efpagne, par jour de chaque efclave employé à la recherche des diamans ; le nombre de ces efclaves peut monter à huit cents. De toutes les contrebandes, celle des diamans eft la plus févérement punie. Si le contrebandier eft pauvre, il lui en coûte la vie ; s'il a des biens capables de fatisfaire à ce qu'exige la loi, outre la confifcation des diamans, il eft condam-

Réglemens pour l'exploitation des Mines.

Mines de Diamans.

né à payer deux fois leur valeur, à un an de prison & exilé pour sa vie à la côte d'Afrique. Malgré cette sévérité, il ne laisse pas de se faire une grande contrebande de diamans, même des plus beaux, tant leur peu de volume donne l'espérance & la facilité de les cacher.

Mines d'or. Tout l'or qu'on retire des mines ne sçauroit être transporté à Rio-Janéiro, sans avoir été remis auparavant dans les *maisons de fondation* établies dans chaque district, où se perçoit le droit de la couronne. Ce qui revient aux particuliers leur est remis en barres avec leur poids, leur numéro & les armes du Roi. Tout cet or a été touché par une personne préposée à cet effet, & sur chaque barre est imprimé le titre de l'or, afin qu'ensuite, dans la fabrique des monnoies, on fasse avec facilité l'opération nécessaire pour les mettre à leur valeur proportionnelle.

Ces barres appartenantes aux particuliers sont enregistrées dans le comptoir de *la Praybuna*, à trente lieues de Rio-Janéiro. Dans ce poste sont un Capitaine, un Lieutenant & cinquante hommes : c'est-là qu'on paye le droit de quint & de plus un droit de péage d'un réal & demi par tête d'hommes & de bêtes à cornes ou de somme. La moitié du produit de ce droit appartient au Roi & l'autre moitié se partage entre le détachement proportionnellement au grade. Comme il est impossible de revenir des mines, sans passer par ce registre, on y est arrêté & fouillé avec la derniere rigueur.

Les particuliers sont ensuite obligés de porter tout l'or en barre qui leur revient, à la monnoie de Rio-Janéiro, où on leur en donne la valeur en especes monnoyées : ce sont ordinairement des demi-doublons qui valent huit piastres d'Espagne. Sur chacun de ces demi-doublons le

Roi gagne une piaftre par l'alliage & le droit de monnoie. L'hôtel des monnoies de Rio-Janéiro eft un des plus beaux qui exiftent ; il eft muni de toutes les commodités néceffaires pour y travailler avec la plus grande célérité. Comme l'or defcend des mines dans le même tems où les flottes arrivent de Portugal, il faut accélérer le travail de la monnoie, & elle s'y frappe avec une promptitude furprenante.

L'arrivée de ces flottes rend le commerce de Rio-Janéiro très-floriffant, principalement la flotte de Lisbonne. Celle de Porto eft chargée feulement de vins, eaux-de-vie, vinaigres, denrées de bouche & de quelques toiles groffières fabriquées dans cette ville ou aux environs. Auffi-tôt après l'arrivée des flottes, toutes les marchandifes qu'elles apportent font conduites à la douane, où elles payent au Roi dix pour cent. Obfervez qu'aujourd'hui, la communication de la colonie du S. Sacrement avec Buenos-Aires étant févérement interceptée, ces droits doivent éprouver une diminution confidérable. Prefque toutes les plus précieufes marchandifes étoient envoyées de Rio-Janéiro à la colonie, d'où elles paffoient en contrebande par Buenos-Aires au Chili & au Pérou ; & ce commerce frauduleux valoit tous les ans aux Portugais plus d'un million & demi de piaftres. En un mot les mines du Bréfil ne produifent point d'argent ; tout celui que les Portugais poffedent, provient de cette contrebande. La traite des Negres leur étoit encore un objet immenfe. On ne fçauroit évaluer à combien monte la perte que leur occafionne la fuppreffion prefque entiere de cette branche de contrebande. Elle occupoit feule au-moins trente embarcations pour le cabotage de la côte du Bréfil à la Plata.

Revenus que le Roi de Portugal tire de Rio-Janéiro.

Outre le dix pour cent d'ancien droit qui se paye à la douane royale, il y a un autre droit de deux & demi pour cent, imposé sous le titre de don gratuit depuis le desastre arrivé à Lisbonne en 1755. Il se paye immédiatement à la sortie de la douane, au lieu qu'on y accorde pour le dixieme un délai de six mois, en donnant caution valable.

Les mines de *S. Paolo* & *Parnagua* rendent au Roi quatre arobes de quint année commune. Les mines les plus éloignées, comme celles de *Pracaton*, de *Quiaba*, dépendent de la Capitainie de Matagrosso. Le quint des mines ci-dessus ne se perçoit pas à Rio-Janéiro, mais bien celui des mines de *Goyas*. Cette Capitainie a aussi des mines de diamans qu'il est défendu de fouiller.

Toute la dépense que le Roi de Portugal fait à Rio-Janéiro, tant pour le payement des troupes & des Officiers civils, que pour les frais des mines, l'entretien des bâtimens publics, la carène des vaisseaux, monte environ à six cent mille piastres. Je ne parle point de ce que peut lui coûter la construction des vaisseaux de ligne & frégates qu'on y a maintenant établie.

RÉCAPITULATION & montant des divers objets du Revenu Royal, année commune.

	piastres.
Cent cinquante arobes d'or que rapportent, année commune, tous les quints réduits, valent en monnoie d'Espagne,	1,125000
Le droit des diamans,	240000
Le droit de monnoie,	400000
Dix pour cent de la douane,	350000
Deux & demi pour cent de don gratuit,	87000
	2,202000

piastres.

Ci-contre, ... 2,202000
Droit de péage, vente des emplois, offices, & géné-
ralement tout ce qui provient des mines, ... 225000
Droits sur les Noirs, ... 110000
Droit sur l'huile de poisson, le sel, le savon & le
dixieme sur les denrés du pays, ... 130000

TOTAL, ... 2,667000

Sur quoi défalquant la dépense ci-dessus mentionnée, on verra que le revenu que le Roi de Portugal tire de Rio-Janéiro, monte à plus de dix millions de notre monnoie.

CHAPITRE VI.

Départ de Rio-Janéiro; second voyage à Montevideo; avaries qu'y reçoit l'Etoile.

1767.
Juillet.
Départ de Rio-Janéiro.

LE 14 Juillet nous appareillâmes de Rio-Janéiro & fûmes contraints, le vent nous manquant, de remouiller dans la rade. Nous sortîmes le 15; &, deux jours après, l'avantage de marche que la frégate avoit sur l'Etoile, me mit dans le cas de dégréer les mâts de perroquet, nos mâts majeurs exigeant beaucoup de ménagement. Les vents furent variables, grand frais & la mer très-grosse; la nuit du 19 au 20, nous perdîmes notre grand hunier, emporté sur ses cargues. Le 25 il y eut une éclipse de soleil visible pour nous. J'avois pris à mon bord M. Verron, jeune observateur venu de France sur l'Etoile, pour s'occuper dans le voyage des méthodes propres à calculer en mer la longitude. Suivant le point estimé du vaisseau, le moment de l'immersion, calculé par cet Astronome, devoit être pour nous le 25 à quatre heures dix-neuf minutes du soir. A quatre heures six minutes, un nuage nous déroba la vue du soleil, & lorsque nous le revîmes à quatre heures trente-une minutes, il y en avoit alors environ un doigt & demi d'éclipsé. Les nuages qui passerent ensuite successivement sur le soleil, ne nous le laisserent appercevoir que pendant des intervalles très-courts; de sorte que nous ne pûmes observer aucune des phases de l'éclipse, ni par conséquent en conclure notre longitude. Le soleil se couchoit pour nous avant le moment de la conjonction apparente, & nous estimâmes que celui de l'immersion avoit été à quatre heures vingt-trois minutes.

Eclipse de Soleil.

Le 26 nous commençâmes à trouver le fond, & le 28 au matin nous eûmes connoissance des Castilles. Cette partie de la côte est d'une hauteur médiocre & s'apperçoit de dix à douze lieues. Nous crûmes reconnoître l'entrée d'une baie qui est vraisemblablement le mouillage où les Espagnols ont un fort, mouillage qu'ils m'ont dit être fort mauvais. Le 29 nous entrâmes dans la riviere de la Plata & vîmes les Maldonades. Nous avançâmes peu cette journée & la suivante. Nous passâmes en calme presque toute la nuit du 30 au 31, sondant sans cesse. Les courans paroissoient nous entraîner dans le Nord-Ouest, où nous restoit à-peu-près l'île Lobos. A une heure & demie après minuit, la sonde ayant donné trente-trois brasses, je jugeai être très-près de cette île, & je fis le signal de mouiller. Nous appareillâmes à trois heures & demie & vîmes l'île de Lobos dans le Nord-Est, environ à deux lieues & demie. Le vent de Sud & de Sud-Est, foible d'abord, renforça dans la matinée & nous mouillâmes le 31 après midi dans la baie de Montevideo. L'Etoile nous avoit fait perdre beaucoup de chemin, parce qu'outre l'avantage de marche que nous conservions sur elle, cette flûte qui, au sortir de Rio-Janéiro, faisoit quatre pouces d'eau toutes les deux heures, après quelques jours de navigation en fit sept pouces dans le même intervalle de tems; ce qui ne lui permettoit pas de forcer de voiles.

Entrée dans la riviere de la Plata.

A peine fûmes-nous mouillés, qu'un Officier venu à bord de la part du Gouverneur de Montevidéo pour nous complimenter sur notre arrivée, nous apprit qu'on avoit reçu des ordres d'Espagne pour arrêter tous les Jésuites & se saisir de leurs biens; que le même bâtiment porteur de ces dépêches, avoit amené quarante Peres de la com-

Seconde relâche à Montevideo.

<small>Nouvelles que nous y apprenons.</small>

pagnie destinés aux missions; que l'ordre avoit été exécuté déja dans les principales maisons, sans trouble ni résistance & qu'au contraire ces Religieux supportoient leur disgrace avec sagesse & résignation. J'entrerai bientôt dans le détail de cette grande affaire, de laquelle m'ont pu mettre au fait un long séjour à Buenos-Aires & la confiance dont m'y a honoré le Gouverneur général Don Francisco Bukarely.

<small>1767. Août.</small>

Comme nous devions rester dans la riviere de la Plata jusqu'après la révolution de l'équinoxe, nous prîmes des logemens à Montevideo, où nous établîmes aussi nos ouvriers & un hôpital. Ces premiers soins remplis, je me rendis à Buenos-Aires le 11 Août, pour y accélérer la fourniture des vivres qui nous étoient nécessaires & dont fut chargé le Munitionnaire général du Roi d'Espagne, aux mêmes prix que portoit son traité vis-à-vis Sa Majesté Catholique. Je voulois aussi entretenir M. de Bukarely sur ce qui s'étoit passé à Rio-Janéiro, quoique je lui eusse déja envoyé par un exprès les dépêches de Dom Francisco de Medina. Je le trouvai sagement résolu à se contenter de rendre compte en Europe des hostilités commises par le Viceroi du Brésil & à ne point user de représailles. Il lui eût été facile de s'emparer en peu de jours de la Colonie du Saint-Sacrement, d'autant plus que cette place manquoit de tout & qu'elle n'avoit pas encore reçu au mois de Novembre le convoi de vivres & de munitions qu'on lui préparoit, lorsque nous sortîmes de Rio-Janéiro.

J'éprouvai de la part du Gouverneur général les plus grandes facilités pour la prompte expédition de nos besoins. A la fin d'Août deux goelettes, chargées pour nous

de

de bifcuit & de farine, avoient fait voile pour Montevideo, où je m'étois auffi rendu pour y célébrer la fête de S. Louis. J'avois laiffé à Buenos-Aires le Chevalier du Bouchage, Enfeigne de vaiffeau, pour y faire embarquer le refte de nos vivres, & y être chargé des affaires qui pourroient nous furvenir, jufqu'à notre départ que j'efpérois devoir être à la fin de Septembre ; je ne prévoyois pas qu'un accident nous retiendroit fix femaines de plus. Pendant une tourmente de Sud-Oueft, le Saint-Fernand ; vaiffeau de regiftre, qui étoit mouillé près de l'Etoile, chaffa fur fes ancres, vint de nuit aborder cette flûte, & du premier choc lui rompit fon mât de beaupré au ras de l'étambré. Sa poulaine & fes écharpes ou herpes furent enfuite emportées, heureux encore d'avoir pu fe féparer, malgré le mauvais tems & l'obfcurité, fans effuyer d'autres avaries.

Avarie que reçoit l'Etoile.

Cet abordage augmenta confidérablement la voie d'eau que l'Etoile avoit dès le commencement de la campagne. Il devenoit indifpenfable de décharger ce bâtiment, peut-être même de le virer en quille pour découvrir & fermer cette voie d'eau qui paroiffoit être très-baffe & de l'avant. Cette opération ne pouvoit fe faire à Montevideo, où d'ailleurs on ne trouvoit point les bois néceffaires à la réparation de fa mâture. J'écrivis donc au Chevalier du Bouchage d'expofer au Marquis de Bukareli notre fituation, & d'obtenir fon agrément pour que l'Etoile remontât la riviere & vînt à la Encenada de Baragan ; je lui mandois auffi d'y faire paffer auffi-tôt les bois & autres matériaux dont nous avions befoin. Le Gouverneur général confentit à ces demandes ; & le 7 Septembre, n'ayant pu trouver aucun pilote, je m'embarquai fur l'E-

1767. Septembre.

M

Navigation de Montevideo à Baragan.

toile avec les charpentiers & calefats de la Boudeuse pour partir le lendemain & suivre moi-même une navigation qu'on nous disoit être de la plus grande difficulté. Deux vaisseaux de regiftre, le Saint-Fernand & le Carmen, munis d'un pratique, appareilloient le même jour de Montevideo pour la Encenada & j'avois compté les suivre ; mais le Saint-Fernand, à bord duquel étoit ce pilote nommé Philippe, appareilla la nuit du 7 au 8, dans la seule vue de nous dérober sa marche & laissant son camarade dans le même embarras. Nous partîmes toutefois le 8 au matin précédés par nos canots, le Carmen étant resté pour attendre une goelette qui dirigeât sa route. Le soir nous joignîmes le Saint-Fernand, nous le dépassâmes & le 10 après midi nous mouillâmes dans la rade de la Encenada, Philippe, aussi mauvais pilote que méchant homme, ayant toujours gouverné sur nous.

Je trouvai dans cette rade la Vénus, frégate de vingt-six canons, & quelques navires marchands destinés, comme elle, à faire voile incessamment pour l'Europe. J'y trouvai aussi la Smeralda & la Liebe, qui se disposoient à retourner avec des munitions de toute espece aux îles Malouines, d'où elles devoient passer dans la mer du Sud, pour y prendre les Jésuites du Chili & du Pérou. Il y avoit de plus le chambekin *l'Andalous* arrivé du Ferrol à la fin de Juillet en compagnie d'un autre chambekin nommé *l'Aventurero* ; mais celui-ci s'étoit perdu sur la tête du banc aux Anglois, & l'équipage avoit eu le tems de se sauver. L'Andalous se préparoit à aller porter des Missionnaires & des présens aux habitans de la terre de Feu, le Roi Catholique voulant leur témoigner sa reconnoissance des services qu'ils avoient rendus aux Espagnols du navire *la Conception*, lequel en 1765 avoit péri sur leurs côtes.

Je descendis à Baragan, où le Chevalier du Bouchage avoit déja fait transporter une partie des bois qui nous étoient nécessaires. Il les avoit rassemblés avec peine & à grands frais à Buenos-Aires dans l'arsenal du Roi & quelques magasins particuliers, approvisionnés les uns & les autres par les débris des vaisseaux qui font naufrage dans la riviere. On ne trouvoit d'ailleurs à Baragan aucune espece de ressources, mais bien des difficultés de plusieurs genres & tout ce qui peut forcer à n'opérer que lentement. La Encenada de Baragan n'est en effet qu'une espece de mauvaise baie formée par l'embouchure d'une petite riviere qui peut avoir un quart de lieue de largeur ; mais il n'y a de l'eau qu'au milieu, dans un canal étroit & qui se comble tous les jours, où peuvent entrer des vaisseaux qui ne tirent que douze pieds : dans tout le reste il n'y a pas six pouces d'eau à marée basse ; or, comme les marées sont fort irrégulieres dans la riviere de la Plata, qu'elles sont hautes ou basses quelquefois huit jours de suite selon les vents qui regnent, le débarquement des chaloupes y essuie les plus grandes difficultés. D'ailleurs nuls magasins à terre, quelques maisons ou plutôt des chaumieres construites avec des joncs, couvertes de cuir, dispersées sans ordre sur un sol brut & habitées par des hommes qui ont assez de peine à se procurer leur subsistance. Les bâtimens qui tirent trop d'eau pour pouvoir entrer dans cette anse mouillent à la pointe de Lara, à une lieue & demie dans l'Ouest. Ils y sont exposés à tous les vents ; mais la tenue étant fort bonne, ils y peuvent hiverner, quoiqu'avec beaucoup d'incommodités.

L'Etoile s'y raccommode.

1767.
Octobre.

Je laissai à la pointe de Lara M. de la Giraudais chargé des soins relatifs à son vaisseau, & je me rendis à Buenos-Aires, d'où je lui expédiai une grande goëlette sur laquelle il pouvoit abattre, lorsqu'il seroit entré à la Encenada. Il falloit pour cela qu'il déchargeât en partie les effets qu'il avoit à bord, & M. de Bukarely permit de les déposer à bord de la *Smeralda* & de *la Liebe*. Le 8 Octobre *l'Etoile* fut en état d'entrer dans le port, & l'on trouva que son radoub seroit moins long qu'on ne l'avoit appréhendé. En effet, à peine avoit-elle commencé à s'alléger, que sa voie d'eau diminua sensiblement & elle cessa d'en faire, lorsqu'elle ne tira plus que huit pieds de l'avant. Après y avoir débité quelques planches de son doublage, on vit que la couture des barbes du navire étoit absolument sans étoupe, pendant une longueur d'environ quatre pieds & demi, depuis huit pieds & demi de tirant d'eau en remontant. On découvrit aussi deux trous de tarriere dont les chevilles n'avoient pas été posées. Toutes ces avaries ayant été promptement réparées, de nouvelles herpes remises en place, le mât de beaupré fait & mâté, la flûte récalfatée en entier ; elle revint le 21 à la pointe de Lara, où elle reprit son chargement à bord des frégates Espagnoles. Elle y embarqua aussi successivement le bois, les farines, le biscuit & les différentes provisions que je lui envoyai dans cette rade.

Départ de plusieurs vaisseaux pour l'Europe, arrivée de quelques autres.

Il en étoit parti pour Cadix, à la fin de Septembre, *la Venus* & quatre autres bâtimens chargés de cuirs, & portant deux cents cinquante Jésuites & les familles Françoises des Malouines, à l'exception de sept, qui n'ayant pu y trouver place, furent forcées d'attendre une autre occasion. Le Marquis de Bukarely les fit venir à Buenos-Aires, où il pourvut à leur subsistance & à leur logement. On venoit d'apprendre dans le même moment l'arrivée du *Diamant*, vaisseau de registre, expédié pour Buenos-Aires, & celle du *Saint-Michel*, autre vaisseau de registre destiné pour Lima. La situation de ce dernier bâtiment étoit triste. Après avoir, pendant quarante-cinq jours, lutté contre les vents sur le cap de Horn, trente-neuf hommes de son équipage étant morts & le reste attaqué du scorbut, un coup de mer ayant emporté son gouvernail, il avoit été forcé de faire route pour cette riviere, où il étoit entré dans le port des Maldonades, sept mois après être sorti de Cadix & n'ayant plus que trois matelots & quelques Officiers en état d'agir. Nous envoyâmes à la requête des Espagnols, un Officier & un équipage pour amener ce bâtiment à Montevideo. Il y étoit arrivé le 5 Octobre la frégate Espagnole *l'Aigle*, sortie du Ferrol au mois de Mars. Elle avoit relâché à l'île Sainte-Catherine, & les Portugais l'y avoient arrêtée dans le même tems où ils retenoient *le Diligent* à Rio-Janéiro.

CHAPITRE VII.

Détails sur les Missions du Paraguai, & l'expulsion des Jésuites de cette province.

TANDIS que nous hâtions nos dispositions pour sortir de la riviere de la Plata, le Marquis de Bukarely faisoit les siennes pour passer sur *l'Uraguai*. Déjà les Jésuites avoient été arrêtés dans toutes les autres provinces de son département, & ce Gouverneur général vouloit exécuter en personne dans les missions les ordres du Roi Catholique. Il dépendoit des premieres mesures qu'on y alloit prendre de faire agréer à ces peuples le changement qu'on leur préparoit, ou de les replonger dans l'état de barbarie. Mais avant que de détailler ce que j'ai vu sur la catastrophe de ce singulier Gouvernement, il faut dire un mot sur son origine, ses progrès & sa forme. Je le dirai *fine irâ & studio quorum causas procul habeo*.

Date de l'établissement des missions.

C'est en 1580, que l'on voit les Jésuites admis pour la premiere fois dans ces fertiles régions, où ils ont depuis fondé, sous le regne de Philippe III, les missions fameuses auxquelles on donne en Europe le nom du Paraguai, & plus à propos en Amérique celui de l'Uraguai, riviere sur laquelle elles sont situées. Elles ont toujours été divisées en peuplades, foibles d'abord & en petit nombre, mais que des progrès successifs ont porté jusqu'à celui de trente-sept ; sçavoir, vingt-neuf sur la rive droite de l'Uraguai, & huit sur la rive gauche, régies chacune par deux Jésuites en habit de l'Ordre. Deux motifs qu'il est permis aux Souverains d'allier, lorsque l'un ne nuit pas à l'autre, la Religion & l'intérêt, avoient fait défirer aux Monarques Espagnols la converfion de ces Indiens; en les rendant Catholiques on civilifoit des hommes fauvages, on fe rendoit maîtres d'une contrée vafte & abondante : c'étoit ouvrir à la métropole une nouvelle fource de richeffes, & acquérir des adorateurs au vrai Dieu. Les Jéfuites fe chargerent de remplir ces vûes, mais ils repréfenterent que pour faciliter le fuccès d'une fi pénible entreprife, il falloit qu'ils fuffent indépendans des Gouverneurs de la province, & que même aucun Efpagnol ne pénétrât dans le pays.

Le motif qui fondoit cette demande, étoit la crainte que les vices des Européens ne diminuaffent la ferveur des Néophites, ne les éloignaffent même du Chriftianifme, & que la hauteur Efpagnole ne leur rendît odieux un joug trop appéfanti. La Cour d'Efpagne approuvant ces raifons, régla que les Miffionnaires feroient fouftraits à l'autorité des Gouverneurs, & que le tréfor leur donneroit chaque année foixante mille piaftres pour les frais des défrichemens, fous la condition qu'à mefure que les peuplades feroient formées & les terres mifes en valeur, les Indiens payeroient annuellement au Roi une piaftre par homme depuis l'âge de dix-huit ans jufqu'à celui de foixante. On exigea auffi que les Miffionnaires appriffent aux Indiens la langue Efpagnole; mais cette claufe ne paroît pas avoir été exécutée.

Conditions ftipulées entre la Cour d'Efpagne & les Jéfuites.

Les Jéfuites entrerent dans la carriere avec le courage des Martyrs & une patience vraiment angélique. Il falloit l'un & l'autre pour attirer, retenir, plier à l'obéïffance & au travail des hommes féroces, inconftans, attachés autant à leur pareffe qu'à leur indépendance. Les obftacles furent infinis, les difficultés renaiffoient à chaque pas;

Zèle & fuccès des Miffionnaires

le zele triompha de tout, & la douceur des Missionnaires amena enfin à leurs pieds ces farouches habitans des bois. En effet, ils les réunirent dans des habitations, leur donnerent des loix, introduisirent chez eux les arts utiles & agréables ; enfin d'une Nation barbare, sans mœurs & sans religion, ils en firent un peuple doux, policé, exact observateur des cérémonies chrétiennes. Ces Indiens, charmés par l'éloquence persuasive de leurs apôtres, obéissoient volontiers à des hommes qu'ils voyoient se sacrifier à leur bonheur; de telle façon que quand ils vouloient se former une idée du Roi d'Espagne, ils se le représentoient sous l'habit de S. Ignace.

Révolte des Indiens contre les Espagnols.

Cependant il y eut contre son autorité un instant de révolte dans l'année 1757. Le Roi Catholique venoit d'échanger avec le Portugal les peuplades des missions situées sur la rive gauche de l'Uraguai contre la colonie du Saint-Sacrement. L'envie d'anéantir la contrebande énorme, dont nous avons parlé plusieurs fois, avoit engagé la Cour de Madrid à cet échange. L'Uraguai devenoit ainsi la limite des possessions respectives des deux Couronnes ; on faisoit passer sur sa rive droite les Indiens des peuplades cédées, & on les dédommageoit en argent du travail de

Cause de leur mécontentement.

leur déplacement. Mais ces hommes accoutumés à leurs foyers, ne purent souffrir d'être obligés de quitter des terres en pleine valeur, pour en aller défricher de nouvelles. Ils prirent donc les armes : depuis long-tems on leur avoit permis d'en avoir pour se défendre contre les incursions des Paulistes, brigands issus du Brésil, & qui s'étoient formés en république vers la fin du seizieme siecle. La révolte éclata sans qu'aucun Jésuite parût jamais à la tête des Indiens. On dit même qu'ils furent retenus par force dans les

les villages, pour y exercer les fonctions du sacerdoce.

Le Gouverneur général de la province de la Plata, Don Joseph Andonaighi, marcha contre les rébelles, suivi de Don Joachim de Viana, Gouverneur de Montevideo. Il les défit dans une bataille où il périt plus de deux mille Indiens. Il s'achemina ensuite à la conquête du pays ; & Don Joachim voyant la terreur qu'une premiere défaite y avoit répandue, se chargea avec six cents hommes de le réduire en entier. En effet il attaqua la premiere peuplade, s'en empara sans résistance, & celle-là prise, toutes les autres se soumirent. *Ils prennent les armes & sont battus.*

Sur ces entrefaites la Cour d'Espagne rappella Don Joseph Andonaighi & Don Pedro Cevallos arriva à Buenos-Aires pour le remplacer. En même tems Viana reçut ordre d'abandonner les missions & de ramener ses troupes. Il ne fut plus question de l'échange projetté entre les deux Couronnes, & les Portugais, qui avoient marché contre les Indiens avec les Espagnols, revinrent avec eux. C'est dans le tems de cette expédition que s'est répandu en Europe le bruit de l'élection du Roi Nicolas, Indien dont en effet les rebelles firent un fantôme de royauté. *Troubles appaisés.*

Don Joachim de Viana m'a dit que quand il eut reçu l'ordre de quitter les missions, une grande partie des Indiens, mécontens de la vie qu'ils menoient, vouloit le suivre. Il s'y opposa, mais il ne put empêcher que sept familles ne l'accompagnassent, & il les établit aux Maldonades, où elles donnent aujourd'hui l'exemple de l'industrie & du travail. Je fus surpris de ce qu'il me dit au sujet de ce mécontentement des Indiens. Comment l'accorder avec tout ce que j'avois lu sur la maniere dont ils étoient gouver- *Les Indiens paroissent dégoûtés de l'administration des Jésuites.*

N

nés ? J'aurois cité les loix des miſſions comme le modele d'une adminiſtration faite pour donner aux humains le bonheur & la ſageſſe.

<small>Gouvernement des Miſſions montré en perſpective.</small>

En effet, quand on ſe repréſente de loin & en général ce Gouvernement magique fondé par les ſeules armes ſpirituelles, & qui n'étoit lié que par les chaînes de la perſuaſion, quelle inſtitution plus honorable à l'humanité ! C'eſt une ſociété qui habite une terre fertile ſous un climat fortuné, dont tous les membres ſont laborieux & où perſonne ne travaille pour ſoi ; les fruits de la culture commune ſont rapportés fidélement dans des magaſins publics, d'où l'on diſtribue à chacun ce qui lui eſt néceſſaire pour ſa nourriture, ſon habillement & l'entretien de ſon ménage ; l'homme dans la vigueur de l'âge, nourrit par ſon travail l'enfant qui vient de naître ; & lorſque le tems a uſé ſes forces, il reçoit de ſes concitoyens les mêmes ſervices dont il leur a fait l'avance ; les maiſons particulieres ſont commodes, les édifices publics ſont beaux ; le culte eſt uniforme & ſcrupuleuſement ſuivi ; ce peuple heureux ne connoît ni rangs ni conditions, il eſt également à l'abri des richeſſes & de l'indigence. Telles ont dû paroître & telles me paroiſſoient les miſſions dans le lointain & l'illuſion de la perſpective. Mais en matiere de Gouvernement, un intervalle immenſe ſépare la théorie de l'adminiſtration. J'en fus convaincu par les détails ſuivans que m'ont faits unanimement cent témoins oculaires.

<small>Détails intérieurs de l'adminiſtration.</small>

L'étendue du terrein que renferment les miſſions, peut être de deux cents lieues du Nord au Sud, de cent-cinquante de l'Eſt à l'Oueſt, & la population y eſt d'environ trois cents mille ames ; des forêts immenſes y offrent des bois de toute eſpece ; de vaſtes pâturages y contiennent au-moins deux millions de têtes de beſtiaux ; de belles rivieres vivifient l'intérieur de cette contrée, & y appellent par-tout la circulation & le commerce. Voilà le local, comment y vivoit-on ? Le pays étoit, comme nous l'avons dit , diviſé en paroiſſes, & chaque paroiſſe régie par deux Jéſuites, l'un Curé, l'autre ſon Vicaire. La dépenſe totale pour l'entretien des peuplades entraînoit peu de frais , les Indiens étant nourris , habillés , logés du travail de leurs mains, la plus forte dépenſe alloit à l'entretien des Egliſes conſtruites & ornées avec magnificence. Le reſte du produit de la terre & tous les beſtiaux appartenoient aux Jéſuites, qui de leur côté faiſoient venir d'Europe les outils des différens métiers, des vitres, des couteaux, des aiguilles à coudre, des images, des chapelets, de la poudre & des fuſils. Leur revenu annuel conſiſtoit en coton, ſuifs, cuirs, miel & ſur-tout en *maté*, plante mieux connue ſous le nom d'herbe du Paraguai, dont la compagnie faiſoit ſeule le commerce, & dont la conſommation eſt immenſe dans toutes les Indes Eſpagnoles où elle tient lieu de thé.

Les Indiens avoient pour leurs Curés une ſoumiſſion tellement ſervile, que non-ſeulement ils ſe laiſſoient punir du fouet à la maniere du college, hommes & femmes, pour les fautes publiques, mais qu'ils venoient eux-mêmes ſolliciter le châtiment des fautes mentales. Dans chaque paroiſſe les Peres éliſoient tous les ans des corrégidors & des capitulaires chargés des détails de l'adminiſtration. La cérémonie de leur élection ſe faiſoit avec pompe le premier jour de l'an dans le parvis de l'Egliſe, & ſe publioit au ſon des cloches & des inſtrumens de toute eſpece. Les élus venoient aux pieds du Pere Curé recevoir les marques de leur dignité qui ne les exemptoit pas d'être fouettés comme les autres. Leur plus grande diſtinction étoit de porter des habits, tandis qu'une chemiſe de toile de coton compoſoit ſeule le vêtement du reſte des Indiens de l'un & l'autre ſexe. La fête de la paroiſſe & celle du Curé ſe célébroient auſſi par des réjouiſſances publiques, même par des comédies; elles reſſembloient ſans doute à nos anciennes pieces qu'on nommoit *myſteres*.

Le Curé habitoit une maiſon vaſte proche l'Egliſe; elle avoit attenant deux corps de logis, dans l'un deſquels étoient les écoles pour la muſique, la peinture, la ſculpture, l'architecture & les atteliers des différens métiers; l'Italie leur fourniſſoit les maîtres pour les arts, & les Indiens apprennent, dit-on, avec facilité; l'autre corps de logis contenoit un grand nombre de jeunes filles occupées à divers ouvrages ſous la garde & l'inſpection de vieilles femmes: il ſe nommoit *le guatiguaſu* ou le ſéminaire. L'appartement du Curé communiquoit intérieurement avec ces deux corps de logis.

Ce Curé ſe levoit à cinq heures du matin, prenoit une heure pour l'oraiſon mentale, diſoit ſa meſſe à ſix heures & demie, on lui baiſoit la main à ſept heures, & l'on faiſoit alors la diſtribution publique d'une once de maté par famille. Après ſa meſſe, le Curé déjeûnoit, diſoit ſon bréviaire, travailloit avec les Corrégidors dont les quatre premiers étoient ſes Miniſtres, viſitoit le ſéminaire, les écoles & les ateliers; s'il ſortoit, c'étoit à cheval & avec un grand cortege; il dînoit à onze heures ſeul avec ſon Vicaire, reſtoit en converſation juſqu'à midi, & faiſoit la ſieſte juſqu'à deux heures; il étoit renfermé dans ſon intérieur jufqu'au rofaire, après lequel il y avoit converfation jufqu'à fept heures du foir; alors le Curé foupoit; à huit heures il étoit cenfé couché.

Le peuple cependant étoit depuis huit heures du matin diftribué aux divers travaux foit de la terre, foit des atteliers, & les Corrigédors veilloient au févere emploi du tems; les femmes filoient du coton; on leur en diftribuoit tous les lundis une certaine quantité qu'il falloit rapporter filé à la fin de la femaine, à cinq heures & demie du foir on fe raffembloit pour réciter le rofaire & baifer encore la main du Curé ; enfuite fe faifoit la diftribution d'une once de maté & de quatre livres de bœuf pour chaque ménage qu'on fuppofoit être compofé de huit perfonnes; on donnoit auffi du maïs. Le dimanche on ne travailloit point, l'office divin prenoit plus de tems ; ils pouvoient enfuite fe livrer à quelques jeux auffi triftes que le refte de leur vie.

On voit par ce détail exact que les Indiens n'avoient en quelque forte aucune propriété & qu'ils étoient affujettis à une uniformité de travail & de repos cruellement ennuyeufe. Cet ennui, qu'avec raifon on dit mortel, fuffit pour expliquer ce qu'on nous a dit, qu'ils quittoient la vie fans la regretter & mouroient fans avoir vécu. Quand une fois ils tomboient malades, il étoit rare qu'ils guériffent; & lorfqu'on leur demandoit alors fi de mourir les affligeoit, ils répondoient que non, & le répondoient comme des gens qui le penfent. On ceffera maintenant d'être furpris de ce que, quand les Efpagnols pénétrerent dans les miffions, ce grand peuple, adminiftré comme un couvent, témoigna le plus grand defir de forcer la clôture. Au refte les Jéfuites nous repréfentoient ces Indiens com-

Conféquences qu'on en tire.

me une espece d'hommes qui ne pouvoit jamais atteindre qu'à l'intelligence des enfans ; la vie qu'ils menoient empêchoit ces grands enfans d'avoir la gaieté des petits.

*Expulsion des Jésuites de la province de la Plata.*La Compagnie s'occupoit du soin d'étendre les missions, lorsque le contrecoup d'événemens passés en Europe, vint renverser dans le nouveau monde l'ouvrage de tant d'années & de patience. La Cour d'Espagne ayant pris la résolution de chasser les Jésuites, voulut que cette opération se fît en même tems dans toute l'étendue de ses vastes domaines. Cevallos fut rappellé de Buenos-Aires, & Don Francisco Bukarely nommé pour le remplacer. *Mesures prises à ce sujet par la Cour d'Espagne.*Il partit instruit de la besogne à laquelle on le destinoit, & prévenu d'en différer l'exécution jusqu'à de nouveaux ordres qu'il ne tarderoit pas à recevoir. Le Confesseur du Roi, le Comte d'Aranda & quelques Ministres étoient les seuls auxquels fut confié le secret de cette affaire. Bukarely fit son entrée à Buenos-Aires au commencement de 1767.

*Mesures prises par le Gouverneur général de la Province.*Lorsque Don Pedro Cevallos fut arrivé en Espagne, on expédia au Marquis de Bukarely un paquebot chargé des ordres tant pour cette province que pour le Chili, où ce Général devoit les faire passer par terre. Ce bâtiment arriva dans la riviere de la Plata au mois de Juin 1767, & le Gouverneur dépêcha sur-le-champ deux Officiers, l'un au Viceroi du Pérou, l'autre au Président de l'Audience du Chili, avec les paquets de la Cour qui les concernoient. Il songea ensuite à répartir ses ordres dans les différens lieux de sa province où il y avoit des Jésuites, tels que Cordoue, Mendoze, Corientes, Santa-Fé, Salta, Montevideo & le Paraguai. Comme il craignit que, parmi les Commandans de ces divers endroits, quelques-uns n'agiffent pas avec la promptitude, le fecret & l'exactitude que la Cour défiroit, il leur enjoignit, en leur adreffant fes ordres, de ne les ouvrir que le *** jour qu'il fixoit pour l'exécution, & de ne le faire qu'en préfence de quelques perfonnes qu'il nommoit ; gens qui occupoient dans les mêmes lieux les premiers emplois éccléfiaftiques & civils. Cordoue fur-tout l'intéreffoit. C'étoit dans ces provinces la principale maifon des Jéfuites & la réfidence habituelle du Provincial. C'eft-là qu'ils formoient & qu'ils inftruifoient dans la langue & les ufages du pays les fujets deftinés aux miffions & à devenir chefs des peuplades ; on y devoit trouver leurs papiers les plus importans. M. de Bukarely fe réfolut à y envoyer un Officier de confiance qu'il nomma Lieutenant de Roi de cette place, & que, fous ce pretexte, il fit accompagner d'un détachement de troupes.

Il reftoit à pourvoir à l'exécution des ordres du Roi dans les miffions, & c'étoit le point critique. Faire arrêter les Jéfuites au milieu des peuplades, on ne favoit pas fi les Indiens voudroient le fouffrir, & il eût fallu foutenir cette exécution violente par un corps de troupes affez nombreux pour parer à tout événement. D'ailleurs n'étoit-il pas indifpenfable, avant que de fonger à en retirer les Jéfuites, d'avoir une autre forme de Gouvernement prête à fubftituer au leur, & d'y prévenir ainfi les défordres de l'anarchie? Le Gouverneur fe détermina à temporifer, & fe contenta pour le moment d'écrire dans les miffions, qu'on lui envoyât fur le champ le Corrégidor & un Cacique de chaque peuplade, pour leur communiquer des lettres du Roi. Il expédia cet ordre avec la plus grande célérité, afin que les Indiens fuffent en chemin & hors des réductions, avant que la nouvelle de l'expulsion de la Société pût y parvenir. Par ce moyen il remplissoit deux vûes, l'une de se procurer des ôtages qui l'assureroient de la fidélité des peuplades, lorsqu'il en retireroit les Jésuites ; l'autre, de gagner l'affection des principaux Indiens par les bons traitemens qu'on leur prodigueroit à Buenos-Aires, & d'avoir le tems de les instruire du nouvel état dans lequel ils entreroient lorsque n'étant plus tenus par la lisiere, ils jouiroient des mêmes privileges & de la même propriété que les autres sujets du Roi.

Le secret est au moment d'être divulgué par un accident imprévu.

Tout avoit été concerté avec le plus profond secret, & quoiqu'on eût été surpris de voir arriver un bâtiment d'Espagne sans autres lettres que celles adressées au Général, on étoit fort éloigné d'en soupçonner la cause. Le moment de l'exécution générale étoit combiné pour le jour où tous les courriers auroient eu le tems de se rendre à leur destination, & le Gouverneur attendoit cet instant avec impatience, lorsque l'arrivée des deux chambekins du Roi, *l'Andalous* & *l'Aventurero*, venant de Cadix, faillit à rompre toutes ses mesures. Il avoit ordonné au Gouverneur de Montevideo, au cas qu'il arrivât quelques bâtimens d'Europe, de ne pas les laisser communiquer avec qui que ce fût, avant que de l'en avoir informé ; mais l'un de ces deux chambekins s'étant perdu, comme nous l'avons dit, en entrant dans la riviere, il falloit bien en sauver l'équipage, & lui donner les secours que sa situation exigeoit.

Les deux chambekins étoient sortis d'Espagne depuis que les Jésuites y avoient été arrêtés : ainsi l'on ne pouvoit empêcher que cette nouvelle ne se répandît. Un officier de ces bâtimens fut sur le champ envoyé au Marquis de Bukarely,

Bukarely, & arriva à Buenos-Aires le 9 Juillet à dix heures du soir. Le Gouverneur ne balança pas : il expédia à l'inſtant à tous les Commandans des Places un ordre d'ouvrir leurs paquets, & d'en exécuter le contenu avec la plus grande célérité. A deux heures après-minuit, tous les courriers étoient partis, & les deux maiſons des Jéſuites à Buenos-Aires inveſties, au grand étonnement de ces Peres qui croyoient rêver, lorſqu'on vint les tirer du ſommeil pour les conſtituer priſonniers, & ſe ſaiſir de leurs papiers. Le lendemain, on publia dans la ville un ban qui décernoit peine de mort contre ceux qui entretiendroient commerce avec les Jéſuites, & on y arrêta cinq Négocians qui vouloient, dit on, leur faire paſſer des avis à Cordoue. *Conduite du Gouverneur général.*

Les ordres du Roi s'exécuterent avec la même facilité dans toutes les villes. Par-tout les Jéſuites furent ſurpris ſans avoir eu le moindre indice, & on mit la main ſur leurs papiers. On les fit auſſitôt partir de leurs différentes maiſons, eſcortés par des détachemens de troupes qui avoient ordre de tirer ſur ceux qui chercheroient à s'échapper. Mais l'on n'eut pas beſoin d'en venir à cette extrémité. Ils témoignerent la plus parfaite réſignation, s'humiliant ſous la main qui les frappoit, & reconnoiſſant, diſoient-ils, que leurs péchés avoient mérité le châtiment dont Dieu les puniſſoit. Les Jéſuites de Cordoue, au nombre de plus de cent, arriverent à la fin d'Août à la Encenada, où ſe rendirent peu-après ceux de Corrientes, de Buenos-Aires & de Montevideo. Ils furent auſſitôt embarqués, & ce premier convoi appareilla, comme nous l'avons déjà dit, à la fin de Septembre. Les autres pendant ce tems, étoient en chemin pour venir à Buenos-Aires attendre un nouvel embarquement. *Les Jéſuites ſont arrêtés dans toutes les villes Eſpagnoles.*

O

Arrivée des Caciques & Corrégidors des Missions à Buenos-Aires.

On y vit arriver le 13 Septembre tous les Corrégidors & un Cacique de chaque peuplade, avec quelques Indiens de leur suite. Ils étoient sortis des missions avant qu'on s'y doutât de l'objet qui les faisoit mander. La nouvelle qu'ils en apprirent en chemin leur fit impression, mais ne les empêcha pas de continuer leur route. La seule instruction, dont les Curés eussent muni au départ leurs chers néophytes, avoit été de ne rien croire de tout ce que leur débiteroit le Gouverneur Général. « Préparez-vous, mes » enfans, leur avoient-ils dit, à entendre beaucoup de » mensonges ». A leur arrivée, on les amena en droiture au Gouvernement, où je fus présent à leur réception. Ils y entrerent à cheval au nombre de cent vingt, & s'y formerent en croissant sur deux lignes : un Espagnol instruit dans la langue *des Guaranis* leur servoit d'interprete. Le

Ils paroissent devant le Gouverneur général.

Gouverneur parut à un balcon ; il leur fit dire qu'ils étoient les bien venus, qu'ils allassent se reposer, & qu'il les informeroit du jour auquel il auroit résolu de leur signifier les intentions du Roi. Il ajoûta sommairement qu'il venoit les tirer d'esclavage, & les mettre en possession de leurs biens, dont jusqu'à présent ils n'avoient pas joui. Ils répondirent par un cri général, en élevant la main droite vers le ciel, & souhaitant mille prospérités au Roi & au Gouverneur. Ils ne paroissoient pas mécontens, mais il étoit aisé de démêler sur leur visage plus de surprise que de joie. Au sortir du Gouvernement, on les conduisit à une maison des Jésuites où ils furent logés, nourris & entretenus aux dépens du Roi. Le Gouverneur, en les faisant venir, avoit mandé nommément le fameux Cacique Nicolas, mais on écrivit que son grand âge & ses infirmités ne lui permettoient pas de se déplacer.

A mon départ de Buenos-Aires, les Indiens n'avoient pas encore été appellés à l'audience du Général. Il vouloit leur laisser le tems d'apprendre un peu la langue & de connoître la façon de vivre des Espagnols. J'ai plusieurs fois été les voir. Ils m'ont paru d'un naturel indolent, je leur trouvois cet air stupide d'animaux pris au piége. L'on m'en fit remarquer que l'on disoit fort instruits ; mais comme ils ne parloient que la langue Guaranis, je ne fus pas dans le cas d'apprétier le degré de leurs connoissances ; seulement j'entendis jouer du violon un Cacique que l'on nous assuroit être grand musicien ; il joua une sonate, & je crus entendre les sons obligés d'une serinette. Au reste peu de tems après leur arrivée à Buenos-Aires, la nouvelle de l'expulsion des Jésuites étant parvenue dans les missions, le Marquis de Bukarely reçut une lettre du Provincial qui s'y trouvoit pour lors, dans laquelle il l'assuroit de sa soumission & de celle de toutes les peuplades aux ordres du Roi.

Ces missions des *Guaranis* & des *Tapes* sur l'Uraguai n'étoient pas les seules que les Jésuites eussent fondées dans l'Amérique méridionale. Plus au Nord ils avoient rassemblé & soumis aux mêmes loix les *Mojos*, les *Chiquitos* & les *Avipones*. Ils formoient aussi de nouvelles réductions dans le Sud du Chili du côté de l'île *du Chiloé*; & depuis quelques années ils s'étoient ouvert une route pour passer de cette province au Pérou, en traversant le pays des Chiquitos, route plus courte que celle que l'on suivoit jusqu'à présent. Au reste dans les pays où ils pénétroient, ils faisoient appliquer sur des poteaux la devise de la compagnie ; & sur la carte de leurs réductions faite

Etendue des missions.

par eux, elles sont énoncées sous cette dénomination, *oppida christianorum*.

L'on s'étoit attendu, en saisissant les biens des Jésuites dans cette province, de trouver dans leurs maisons des sommes d'argent très-considérables, on en a néanmoins trouvé fort peu. Leurs magasins étoient à la vérité garnis de marchandises de tout genre, tant de ce pays que de l'Europe. Il y en avoit même de beaucoup d'especes qui ne se consomment point dans ces provinces. Le nombre de leurs esclaves étoit considérable, on en comptoit trois mille cinq cents dans la seule maison de Cordoue.

Ma plume se refuse au détail de tout ce que le public de Buenos-Aires prétendoit avoir été trouvé dans les papiers saisis aux Jésuites ; les haines sont encore trop récentes, pour qu'on puisse discerner les fausses imputations des véritables. J'aime mieux rendre justice à la plus grande partie des membres de cette Société qui ne participoient point au secret de ses vues temporelles. S'il y avoit dans ce corps quelques intrigans, le grand nombre, religieux de bonne foi, ne voyoient dans l'institut que la piété de son fondateur, & servoient en esprit & en vérité le Dieu auquel ils s'étoient consacrés. Au reste j'ai sû depuis mon retour en France que le Marquis de Bukarely étoit parti de Buenos-Aires pour les missions le 14 Mai 1768, & qu'il n'y avoit rencontré aucuns obstacles, aucune résistance à l'exécution des ordres du Roi Catholique. On aura une idée de la maniere dont s'est terminé cet événement intéressant, en lisant les deux pieces suivantes qui contiennent le détail de la premiere scene. C'est ce qui s'est passé dans la réduction *Yapegu* située sur l'Uraguai & qui se trouvoit la premiere fur le chemin du Général Espagnol ; toutes les autres ont suivi l'exemple donné par celle-là.

Traduction d'une lettre d'un Capitaine de grenadiers du Regiment de Mayorque, commandant un des détachemens de l'expédition aux missions du Paraguai.

D'Yapegu le 19 Juillet 1768.

« Hier nous arrivâmes ici très-heureusement ; la réce-
» ption que l'on a faite à notre Général, a été des plus ma-
» gnifiques & telle qu'on n'auroit pû l'attendre de la part
» d'un peuple aussi simple & aussi peu accoutumé à de sem-
» blables fêtes. Il y a ici un College très-riche en ornemens
» d'Eglise qui sont en grand nombre ; on y voit aussi beau-
» coup d'argenterie. La peuplade est un peu moins grande
» que Montevideo, mais bien mieux alignée & fort peu-
» plée. Les maisons y sont tellement uniformes, qu'à en voir
» une, on les a vu toutes, comme à voir un homme & une
» femme, on a vu tous les habitans, attendu qu'il n'y a pas
» la moindre différence dans la façon dont ils sont vêtus. Il y
» a beaucoup de musiciens, mais tous médiocres.

» Dès l'instant où nous arrivâmes dans les environs de
» cette mission, son Excellence donna l'ordre d'aller se saisir
» du Pere Provincial de la Compagnie de Jésus, & de six
» autres de ces Peres, & de les mettre aussi-tôt en lieu de
» sureté. Ils doivent s'embarquer un de ces jours sur le fleuve
» Uraguai. Nous croyons cependant qu'ils resteront au
» Salto, où on les gardera jusqu'à ce que tous leurs con-
» freres aient subi le même sort. Nous croyons aussi rester à
» Yapegu cinq ou six jours, & suivre notre chemin jusqu'à

Détails sur l'entrée du Gouverneur général dans les missions.

» la derniere des miſſions. Nous ſommes très-contens de
» notre Général qui nous fait procurer tous les rafraîchiſ-
» ſemens poſſibles. Hier nous eûmes opera, il y en aura
» encore aujourd'hui une repréſentation. Les bonnes gens
» font tout ce qu'ils peuvent & tout ce qu'ils ſavent.

» Nous vîmes auſſi hier le fameux Nicolas, celui qu'on
» avoit tant d'intérêt à tenir renfermé. Il étoit dans un état
» déplorable & preſque nud. C'eſt un homme de ſoixante
» & dix ans qui paroît de bon ſens. Son Excellence lui
» parla long-tems, & parut fort ſatisfaite de ſa converſa-
» tion.

» Voilà tout ce que je puis vous apprendre de nouveau».

RELATION *publiée à Buenos-Aires de l'entrée de S. E. Don Franciſco Bukarely y Urſua dans la miſſion Yapegu, l'une de celles des Jéſuites chez les peuples Guaranis dans le Paguai, lorſqu'elle y arriva le 18 Juillet 1768.*

« A huit heures du matin Son Excellence ſortit de la cha-
» pelle Saint Martin, ſituée à une lieue d'Yapegu. Elle étoit
» accompagnée de ſa garde de grenadiers & de dragons,
» & avoit détaché deux heures auparavant les compagnies
» de grenadiers de Mayorque pour diſpoſer & ſoutenir le
» paſſage du ruiſſeau *Guavirade* qu'on eſt obligé de traver-
» ſer en balſes & en canots. Ce ruiſſeau eſt à une demi-
» lieue environ de la peuplade.

» Auſſi-tôt que Son Excellence eut traverſé, elle trouva
» les Caciques & Corrégidors des miſſions qui l'attendoient
» avec l'Alferès d'Yapegu qui portoit l'étendard royal. Son
» Excellence ayant reçu tous les honneurs & complimens
» uſités en pareilles occaſions, monta à cheval pour faire
» ſon entrée publique.

» Les dragons commencerent la marche ; ils étoient fui-
» vis de deux Aides-de-camp qui précédoient Son Excel-
» lence, après laquelle venoient les deux compagnies de
» grenadiers de Mayorque, fuivies du cortege des Caciques
» & Corrégidors, & d'un grand nombre de cavaliers de
» ces cantons.

» On fe rendit à la grande place en face de l'Eglife. Son
» Excellence ayant mis pied à terre, Dom Francifco Mar-
» tinez, Vicaire général de l'expédition, fe préfenta fur les
» degrés du portail pour la recevoir. Il l'accompagna juf-
» qu'au presbytere & entonna le *Te Deum*, qui fut chanté
» & exécuté par une mufique toute compofée de Guaranis.
» Pendant cette cérémonie l'artillerie fit une triple déchar-
» ge. Son Excellence fe rendit enfuite au logement qu'elle
» s'étoit deftiné dans le college des Peres, autour duquel la
» troupe vint camper jufqu'à ce que par fon ordre elle allât
» prendre fes quartiers dans le *Guatiguafa* ou *la Cafa de las*
» *recogida*, la maifon des Recluses ».

Reprenons le récit de notre voyage dont le fpectacle
de la révolution arrivée dans les miffions n'a pas été une
des circonftances les moins intéreffantes.

CHAPITRE VIII.

Départ de Montevideo ; navigation jusqu'au cap des Vierges ; entrée dans le détroit ; entrevûe avec les Patagons ; navigation jusqu'à l'île Sainte-Elisabeth.

Nimborum in patriam, loca fœta furentibus auftris.
Virg. Æneid. Lib. I.

L'Etoile defcend de Baragan à Montevideo.

LE radoub & le chargement de l'Etoile nous avoient coûté tout le mois d'Octobre & des frais confidérables ; ce ne fut qu'à la fin de ce mois que nous pûmes folder avec le munitionnaire général & les autres fourniffeurs Efpagnols. Je pris le parti de les payer de l'argent qui m'avoit été rembourfé pour la ceffion des îles Malouines, plutôt que de tirer des lettres de change fur le Tréfor royal. J'ai continué de même pour toutes les dépenfes de nos différentes relâches en pays étranger. Les achats s'y font faits par ce moyen à meilleur compte & avec plus d'expédition.

Difficulté de cette navigation.
1767.
Novembre.

Le 31 Octobre au point du jour, je rejoignis à quelques lieues de la Encenada l'Etoile qui en avoit appareillé la veille pour Montevideo. Nous y mouillâmes le 3 Novembre à fept heures du foir. Ce qui fait la difficulté de cette navigation de Montevideo à la Encenada, c'eft qu'il faut chenaler entre le banc Ortiz & un autre petit banc qui en eft au Sud, qu'aucun d'eux n'eft balifé & que rarement peut-on voir la terre du Sud, laquelle eft très-baffe. A la vérité le hazard a placé prefque à l'accore occidental du banc Ortiz une efpece de balife. Ce font les deux mâts d'un navire Portugais qui s'y eft perdu & qui fort heureufement eft refté droit. Au refte on trouve dans le canal

quatre

quatre, quatre & demi jufqu'à cinq braffes d'eau, & le fond eft de vaze noire; il eft de fable rouge fur les accores du banc Ortiz. En allant de Montevideo à la Encenada, auffi-tôt qu'on a amené la balife à l'Eft-quart-Sud-Eft du compas, & que la fonde donne cinq braffes, on a paffé les bancs. Nous avons obfervé dans le chenal 15 deg. 30 min. de variation Nord-Eft.

Cette traverfée nous coûta trois hommes qui furent noyés; la chaloupe s'étant engagée fous le navire qui viroit de bord, coula bas: tous nos efforts ne purent fauver que deux hommes & la chaloupe dont le cablot n'avoit pas rompu. J'eus auffi le chagrin de voir que, malgré fon radoub, l'Etoile faifoit encore de l'eau; ce qui donnoit lieu de craindre que le défaut ne fût général dans tout le calefatage de fa flottaifon: le navire avoit été franc d'eau jufqu'à ce qu'il eût été calé à treize pieds. {Perte de trois matelots.}

Nous employâmes quelques jours à embarquer à bord de la Boudeufe tous les vivres qu'elle pouvoit contenir, à recalfater fes hauts, opération que l'abfence de fes calfats néceffaires à l'Etoile, n'avoit pas permis de faire plutôt; à raccommoder la chaloupe de l'Etoile; à faire couper l'herbe pour nos beftiaux & à déblayer tout ce que nous avions à terre. La journée du 10 fe paffa à guinder nos mâts de hune, virer les baffes vergues & tenir nos agrets; nous pouvions appareiller le même jour fi nous n'euffions pas été échoués. Le 11, la mer ayant monté, les bâtimens afflouerent, & nous allâmes mouiller à la tête de la rade où l'on eft toujours à flot. Les deux jours fuivans, le gros tems ne nous permit pas de faire voile, mais ce délai ne fut pas en pure perte. Il arriva de Buenos-Aires une goë- {Difpofitions pour fortir de la riviere de la Plata.}

P

lette chargée de farine, & nous y en prîmes soixante quintaux, qu'on trouva moyen de loger encore dans les navires. Nous y avions, toute compensation faite, des vivres pour dix mois : il est vrai que la plus grande partie des boissons étoit en eau-de-vie. Les équipages jouissoient de la meilleure santé ; le long séjour qu'ils venoient de faire dans la riviere de la Plata, pendant lequel un tiers des matelots couchoit alternativement à terre, & la viande fraîche dont ils y furent toujours nourris, les avoient préparés aux fatigues & aux miseres de toute espece, dont la longue carriere alloit s'ouvrir. Je fus obligé de laisser à Montevideo le maître Pilote, le maître Charpentier, le maître Armurier & un Officier Marinier de ma frégate, auxquels l'âge & des infirmités incurables ne permettoient pas d'entreprendre le voyage. Il y déserta aussi, malgré tous nos soins, douze soldats ou matelots des deux navires. J'avois pris à la vérité aux îles Malouines quelques-uns des matelots qui y étoient engagés pour la pêche, ainsi qu'un Ingénieur, un Officier de navire marchand & un Chirurgien ; ensorte que les vaisseaux avoient autant de monde qu'à notre départ d'Europe, & il y avoit déjà un an que nous étions sortis de la riviere de Nantes.

Etat des équipages en partant de Montevideo.

Départ de Montevideo.

Le 14 Novembre, à quatre heures & demie du matin, les vents étant au Nord, joli frais, nous appareillâmes de Montevideo. A huit heures & demie, nous étions Nord & Sud de l'île de Flores, & à midi à douze lieues dans l'Est & l'Est-quart-Sud-Est de Montevideo, & c'est de-là que je pris mon point de départ par 34 deg. 54 min. 40 sec. de latitude australe, & 58 deg. 57 min. 30 sec.

Sa position de longitude occidentale du méridien de Paris. J'y ai

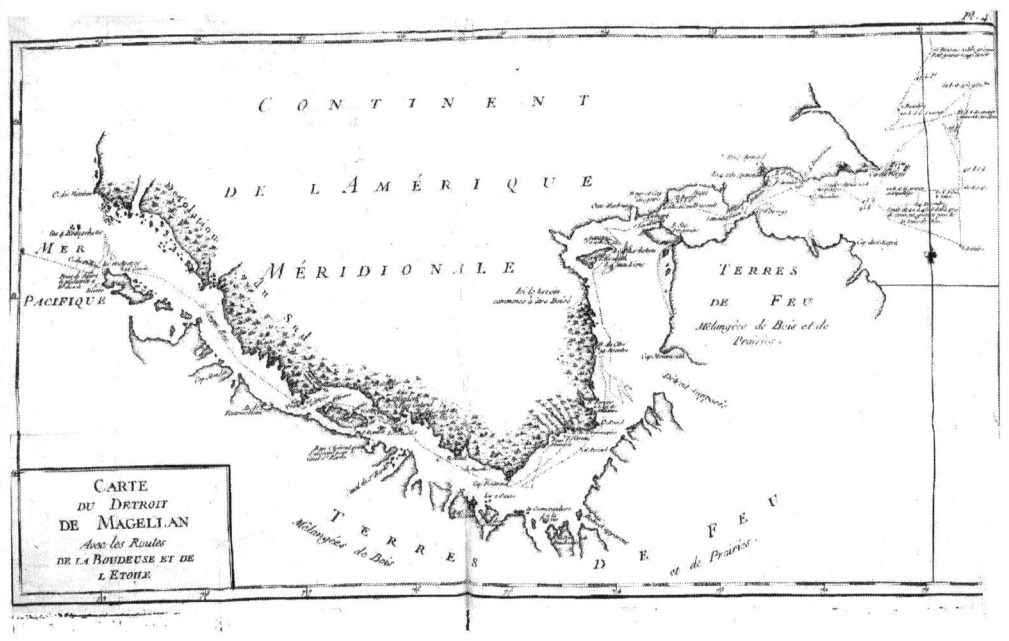

supposé la position de Montevideo, telle que M. Verron l'a déterminée par ses observations, lesquelles en fixent la longitude 40 min. 30 sec. plus à l'Ouest que ne la place la Carte de M. Bellin. J'avois aussi profité du séjour à terre, pour vérifier mon octant sur des distances d'étoiles connues ; cet instrument s'étoit trouvé donner les hauteurs des astres trop petites de 2 min. & j'ai toujours eu égard depuis à cette correction. Je préviens ici que dans tout le cours de ce Journal, je donne le gissement des côtes telles que les montre le compas ; quand je les donnerai corrigées de la variation, j'aurai soin d'en avertir.

déterminée astronomiquement.

Le jour de notre départ, nous vîmes la terre jusqu'au coucher du soleil ; la sonde avoit toujours augmenté, passant d'un fonds de vaze à un de sable : à six heures & demie du soir elle donna 35 brasses, fond de sable gris ; & *l'Etoile*, à laquelle je fis le signal de sonder le 15 après-midi, trouva 60 brasses même fond : nous avions observé à midi 36 deg. 1 min. de latitude. Depuis le 16 jusqu'au 21, nous eûmes les vents contraires, une mer très-grosse, & nous tinmes les bordées le moins désavantageuses sous les quatre voiles majeures, tous les ris pris dans les huniers ; *l'Etoile* avoit dépassé ses mâts de perroquet, & nous étions partis sans avoir les nôtres en place. Le 22, nous reçûmes un coup de vent, accompagné d'orages & de grains qui durerent toute la nuit ; la mer étoit affreuse, & *l'Etoile* fit signal d'incommodité ; nous l'attendîmes sous la mizaine & la grand voile, le point de dessous cargué : cette flûte nous paroissoit avoir sa vergue de petit hunier rompue. Le vent & la mer étant tombés le lendemain au matin, nous fîmes de la voile, & le 24,

Sondes & navigation jusqu'au détroit de Magellan.

P ij

je fis passer *l'Etoile* à la portée de la voix pour sçavoir ce qu'elle avoit souffert dans le dernier coup de vent. M. de la Giraudais me dit qu'outre sa vergue de petit hunier, quatre de ses chaînes de haubans avoient aussi été rompues ; il ajouta qu'à l'exception de deux bœufs, il avoit perdu tous les bestiaux embarqués à Montevideo : ce malheur nous avoit été commun avec lui, mais ce n'étoit pas une consolation ; Qui sçavoit quand nous serions à portée de réparer cette perte ?

Pendant le reste du mois, les vents furent variables du Sud-Ouest au Nord-Ouest ; les courans nous porterent dans le Sud avec assez de rapidité, jusques par les 45 deg. de latitude, qu'ils nous devinrent insensibles. Plusieurs jours de suite nous sondâmes sans trouver de fond ; ce ne fut que le 27 au soir, qu'étant environ par 47 deg. de latitude, & nous estimant à trente-cinq lieues de la côte des Patagons, nous trouvâmes 70 brasses, fond de vaze & de sable fin, gris & noir. Depuis ce jour, nous conservâmes ce fond jusqu'à la vûe de terre, par 67, 60, 55, 50, 47, & enfin 40 brasses d'eau que nous donna la sonde, lorsque nous vîmes pour la premiere fois *le cap des Vierges*. Le fond étoit quelquefois vazard, mais toujours de sable fin, tantôt gris, tantôt jaune, quelquefois accompagné de petits graviers rouges & noirs.

Vigie non marquée sur les Cartes.

Je ne voulus point trop accoster la terre jusqu'à ce que je n'eusse atteint les 49 deg. de latitude, à cause d'une vigie que j'avois reconnue en 1765 par 48 deg. 30 min. de latitude australe à six ou sept lieues de la côte. Je l'apperçus le matin dans le même moment que la terre, & ayant en hauteur à midi par un très-beau tems, j'en ai pu déterminer la latitude avec précision. Nous rangeâmes à un quart de lieue cette bâture, que celui qui en eut la premiere connoissance avoit d'abord prise pour un souffleur.

Le 1ᵉʳ & le 2 Décembre, les vents furent favorables de la partie du Nord au Nord-Nord-Est, très-frais, la mer grosse & le tems brumeux; nous forcions de voiles pendant le jour, & nous passions la nuit sous la mizaine & les huniers aux bas ris. Nous vîmes pendant tout ce tems des damiers, des quebrantanessos, &, ce qui est de mauvais augure dans toutes les mers du globe, des alcyons qui disparoissent quand la mer est belle & le ciel serein. Nous vîmes aussi des loups marins, des pingouins, & une grande quantité de baleines. Quelques-uns de ces monstrueux animaux paroissoient avoir l'écaille couverte de ces vermiculaires blancs qui s'attachent à la carène des vieux vaisseaux qu'on laisse pourrir dans les ports. Le 30 Novembre, deux oiseaux blancs semblables à de gros pigeons étoient venus se poser sur nos vergues. J'avois déjà vu un volier de ces animaux traverser la baie des Malouines.

Nous reconnûmes le cap des Vierges le 2 Décembre après-midi, & nous le relevâmes au Sud, environ à sept lieues de distance. J'avois observé à midi, 52 deg. de latitude australe, & j'étois alors

par 52 deg. 3 min. 30 sec. de latitude,
& 71 deg. 12 min. 20 sec. de longitude

à l'Ouest de Paris. Cette position du vaisseau, jointe au relevement, place le cap des Vierges

par 52 deg. 23 min. de latitude,
& 71 deg. 25 min. 20 sec. de longitude

Vûe du cap des Vierges.

Sa position.

118 VOYAGE

occidentale de Paris. Comme le cap des Vierges eſt un point intéreſſant dans la Géographie, je dois rendre compte des raiſons qui me font croire que la poſition que je lui donne, eſt à peu de choſe près, exacte.

<small>Diſcuſſion ſur la poſition donnée au cap des Vierges.</small>

Le 27 Novembre après-midi, le Chevalier du Bouchage avoit obſervé huit diſtances de la lune au ſoleil dont le réſultat moyen avoit donné la longitude occidentale du vaiſſeau de 65 deg. 30 ſec. pour 1 heure 43 min. 26 ſec. tems vrai; M. Verron de ſon côté avoit obſervé cinq diſtances, dont le réſultat donna pour notre longitude, au même inſtant, 64 deg. 57 min. Le tems étoit beau & très-favorable aux obſervations. Le 29 ſuivant, à 3 heures 57 min. 35 ſec. tems vrai, M. Verron par cinq obſervations de diſtance de la lune au ſoleil, détermina la longitude occidentale du vaiſſeau de 67 deg. 49 min. 30 ſec.

Maintenant, en ſuivant pour fixer le point du vaiſſeau, lors de la vûe du cap des Vierges, la longitude déterminée le 27 Novembre par le terme moyen entre les réſultats du Chevalier du Bouchage & de M. Verron, on aura la longitude du cap des Vierges de 71 deg. 29 min. 42 ſec. à l'Oueſt de Paris. Les obſervations du 29 après-midi rapportées de même au point du vaiſſeau, quand nous relevâmes le cap, donneroient un réſultat plus Oueſt de 38 min. 47 ſec. Mais il me ſemble qu'on doit plutôt ſuivre celles du 27, quoique plus éloignées de deux jours, parce que faites en plus grand nombre par deux obſervateurs qui ne communiquoient point enſemble, & ne différant dans leurs réſultats que de 3 minutes 30 ſec. elles portent un caractere de probabilité auquel il eſt difficile de fe refufer. Au refte fi l'on veut prendre un terme moyen entre les obfervations de ces deux jours, on trouvera la longitude du cap des Vierges de 71 deg. 49 min. 5 fec. ce qui ne differe que de quatre lieues de la premiere détermination, laquelle eft la même, à une lieue près, que celle qui m'a été donnée par l'eftime de mes routes, & que je fuis par cette raifon.

Cette longitude du cap des Vierges eft plus occidentale de 42 min. 20 fec. de deg. que celle par où le place M. Bellin, & ce n'eft que la même différence donnée par lui à la pofition de Montevideo, différence dont nous avons rendu compte au commencement de ce Chapitre. La Carte de Mylord Anfon affigne pour la longitude du cap des Vierges 72 deg. à l'Oueft de Londres, & conféquemment près de 75 deg. à l'Oueft de Paris ; erreur bien plus confidérable, qu'il commet auffi pour l'embouchure de la riviere de la Plata & généralement pour toute la côte des Patagons.

Les obfervations que nous venons de rapporter ont été faites avec l'octant Anglois. Cette maniere de déterminer les longitudes à la mer par le moyen des diftances de la lune au foleil ou aux étoiles zodiacales, eft connue depuis plufieurs années. MM. de la Caille & Daprés en ont fait particuliérement ufage à la mer, en fe fervant auffi de l'octant de M. Hadley. Mais comme le degré de jufteffe qu'on obtient par cette méthode, dépend beaucoup de la précifion de l'inftrument avec lequel on obferve, il s'enfuivoit que l'héliometre de M. Bouguer, rendu capable de mefurer de grands angles, feroit très-propre à perfectionner ces obfervations de diftances. M. l'Abbé de la Caille y

Digreffion fur les inftrumens propres à obferver en mer la longitude.

avoit vraifemblablement fongé, puifqu'il en a fait conftruire un qui mefure des arcs de 6 à 7 degrés ; & fi dans fes ouvrages il ne parle point de cet inftrument, comme propre à obferver à la mer, c'eft qu'il prévoyoit beaucoup de difficulté à s'en fervir fur un vaiffeau.

M. Verron apporta avec lui à bord un inftrument nommé *mégametre*, qu'il avoit déjà employé dans d'autres voyages faits avec M. de Charnieres, & dont il s'eft fervi dans celui-ci. Cet inftrument nous a paru ne différer de l'héliometre de M. Bouguer, qu'en ce que la vis qui fait mouvoir les objectifs étant plus longue, elle leur procure un plus grand écartement, & rend par-là cet inftrument capable de mefurer des angles de 10 deg. limite du mégametre que M. Verron avoit à bord. Il feroit à fouhaiter qu'en allongeant la vis, on eût pu augmenter encore fon extenfion, refferrée, comme on le voit, dans des bornes trop étroites pour la fréquence & même l'exactitude des obfervations ; mais les loix de la dioptrique limitent l'écartement des objectifs. Il faudroit auffi remédier à la difficulté preffentie par M. l'Abbé de la Caille, celle qu'apporte l'élément fur lequel il s'agit d'obferver. En général, il me femble que le quartier de réflexion de M. Hadley feroit préférable, s'il comportoit la même précifion.

Difficultés effuyées avant que d'entrer dans le détroit.

Depuis le 2 après-midi, que nous eûmes la connoiffance du cap des Vierges & bientôt après celle de la terre de Feu, le vent de bout & le gros tems nous contrarierent plufieurs jours de fuite. Nous louvoyâmes d'abord jufqu'au 3 à fix heures du foir, que les vents ayant adonné permirent de porter fur l'entrée du détroit de Magellan. Ce ne fut pas

pour

pour long-tems : à fept heures & demie le vent calma tout-à-fait, & les côtes s'embrumerent ; il refraîchit à dix heures & nous paffâmes la nuit à louvoyer. Le 4, à trois heures du matin, nous courûmes vers la terre avec un bon frais de Nord : mais, le tems chargé de brume & de pluie nous en dérobant bientôt la vûe, il fallut reprendre *la bordée du large*. A cinq heures du matin, dans un éclairci, nous apperçûmes le cap des Vierges & nous *arrivâmes* pour donner dans le détroit; prefque auffitôt les vents fauterent au Sud-Oueft, d'où ils ne tarderent pas à fouffler avec furie, la brume s'épaiffit, & nous fûmes forcés de mettre à la cape fur les deux bords entre les terres de Feu & le continent.

Notre mizaine ayant été déchirée le 4 après-midi, & la fonde prefque au même moment ne nous ayant donné que vingt braffes, la crainte de la bâture qui s'étend dans le Sud-Sud-Eft du cap des Vierges, me fit prendre le parti d'arriver à fec de voiles, d'autant plus que cette manœuvre nous facilitoit l'opération d'enverguer une autre mizaine. Au refte cette fonde qui me fit arriver, n'étoit point à craindre : c'étoit celle du canal, je l'ai appris depuis en y fondant avec une parfaite vûe de la terre. J'ajouterai, pour l'utilité de ceux qui louvoyeroient ici d'un tems obfcur, que le fond de gravier annonce qu'on eft plus près de la terre de Feu que du continent; près de celui-ci on trouve du fable fin & quelquefois vazeux. Remarque fur la qualité du fond à l'entrée du détroit.

A cinq heures du foir, nous remîmes à la cape fous la grand-voile d'étai & le focq d'artimon ; à fept heures & demie du foir, le vent calma, le tems s'éclaircit, & nous fîmes de la voile ; mais les bordées furent toutes défavantageufes, & nous écarterent de la côte. En effet, quoi-

Q

que la journée du 5 fût belle & le vent favorable, ce ne fut qu'à deux heures après-midi que nous vîmes la terre depuis le Sud-quart-Sud-Ouest jusqu'à Sud-Ouest-quart-Ouest environ à dix lieues. A quatre heures nous reconnûmes le cap des Vierges, & nous fîmes route pour le ranger à la distance d'une lieue & demie à deux lieues. Il n'est pas prudent de le serrer davantage à cause d'un banc qui s'étend au large du cap à-peu-près à cette distance; je crois même que nous avons passé sur la queue de ce banc; car, comme nous sondions fréquemment, entre deux sondes, l'une de vingt-cinq, l'autre de dix-sept brasses, *l'Etoile* qui étoit dans nos eaux, nous signala huit brasses, le moment suivant elle augmenta de fond.

Remarques nautiques sur l'entrée du détroit. Le cap des Vierges est une terre unie d'une hauteur médiocre ; il est coupé à pic à son extrémité ; la vue qu'en donne Milord Anson est de la plus grande vérité. A neuf heures & demie du soir nous avions amené à l'Ouest la pointe septentrionale de l'entrée du détroit, sur laquelle est une chaîne de rochers qui s'étend à une lieue au large. Nous courûmes, les basses voiles carguées, sous le petit hunier, tous les ris dedans, jusqu'à onze heures du soir que le cap des Vierges nous restoit au Nord. Il ventoit grand frais & le tems couvert menaçoit d'orage, ce qui me détermina à passer la nuit sur les bords.

Le 6 au point du jour je fis larguer les ris des huniers & courir à Ouest-Nord-Ouest. Nous ne vîmes la terre qu'à quatre heures & demie, & il nous parut que les marées nous avoient entraînés dans le Sud-Sud-Ouest. A cinq heures & demie, étant environ à deux lieues du continent, nous reconnûmes le *cap de Possession* dans l'Ouest-quart-Nord-Ouest & Ouest-Nord-Ouest. Ce cap est bien reconnoiffable. C'eft la premiere terre avancée depuis la pointe Nord de l'entrée du détroit; il eft plus Sud que le refte de la côte qui forme enfuite entre ce cap & le premier goulet un grand enfoncement nommé *la baie de Poffeffion;* nous avions auffi la vue des terres de Feu. Les vents reprirent bientôt leur tour ordinaire du Oueft au Nord-Oueft, & nous courûmes les bordées les plus avantageufes pour entrer dans le détroit, tâchant de nous rallier à la côte des Patagons & profitant du fecours de la marée qui pour lors portoit à l'Oueft.

A midi nous obfervâmes la hauteur du foleil, & le relevement pris au même moment, me donna pour le cap des Vierges la même latitude à une minute près, que celle que j'avois conclue de mon obfervation du 3 de ce mois. Nous profitâmes auffi de cette obfervation pour affurer la latitude du cap de Poffeffion & celle du cap du S. Efprit à la terre de Feu.

Nous continuâmes à louvoyer fous les quatre voiles majeures toute la journée du 6 & la nuit fuivante qui fut très claire, fondant fouvent & ne nous éloignant jamais de plus de trois lieues de la côte du continent. Nous gagnions peu à ce trifte exercice, les marées nous retirant ce qu'elles nous donnoient, & le 7 à midi nous étions encore fous le cap de Poffeffion. Le cap d'Orange nous reftoit dans le Sud-Oueft environ à fix heures. Ce cap remarquable par un mondrain affez élevé & coupé du côté de la mer, forme au Sud l'entrée du premier goulet (1).

Defcription du cap d'Orange.

(1) Depuis le cap des Vierges jufqu'à l'entrée du premier goulet, on peut eftimer de quatorze à quinze lieues ; & le détroit y eft par-tout large de cinq à fept lieues. La côte du Nord, jufqu'au cap de Poffeffion, eft unie ; peu élevée & fort faine Depuis ce cap, il faut fe méfier de la bâture qui regne dans une partie de la baie du même nom. Lorfque les mondrains

VOYAGE

Sa bâture. Sa pointe eſt dangereuſe par une bâture qui s'étend dans le Nord-Eſt du cap, au moins à trois lieues au large ; j'ai vu fort diſtinctement la mer briſer deſſus. A une heure après midi le vent avoit paſſé au Nord-Nord-Oueſt, & nous en profitâmes pour faire bonne route. A deux heures & demie nous étions parvenus à l'entrée du goulet ; un autre obſtacle nous y attendoit : jamais avec un bon frais de vent & toutes voiles dehors, nous ne pûmes refouler la marée. A quatre heures elle filoit près de deux lieues le long de notre bord, & nous culions. En vain perſiſtâmes-nous à vouloir lutter. Le vent fut moins conſtant que nous, & il fallut rétrograder. Il étoit à craindre de ſe trouver en calme dans le goulet expoſés aux courans des marées qui pouvoient nous jetter ſur les bâtures des caps qui en font l'entrée à l'Eſt & à l'Oueſt.

Mouillage dans la baie de Poſſeſſion Nous gouvernions au Nord-quart-Nord-Eſt pour venir chercher un mouillage dans le fond de la baie de Poſſeſſion, lorſque l'Etoile qui étoit plus à terre que nous, ayant paſſé tout d'un coup de vingt braſſes de fond à cinq, nous arrivâmes vent arriere le cap à l'Eſt, pour nous écarter d'une bâture qui paroiſſoit régner au fond & dans tout le circuit de la baie. Pendant quelque tems nous ne trouvâmes qu'un fond de rocher & de cailloux ; & ce ne fut qu'à ſept heures du ſoir, qu'étant ſur vingt braſſes fond de ſable vazeux & de graviers noirs & blancs, nous mouillâmes environ à deux lieues de terre. La baie de Poſſeſſion eſt ouverte à tous les vents & n'offre que de très-mauvais mouillages. Dans le fond de cette baie s'élevent cinq mondrains dont un eſt aſſez conſidérable, les quatre

que j'ai nommés *les quatre fils Aimond*, n'en offrent que deux en forme de porte, on eſt par le travers de cette bâture.

autres sont petits & aigus. Nous les avons nommés *le pere & les quatre fils Aymond*, ils servent de remarque essentielle dans cette partie du détroit. Pendant la nuit on sonda aux divers changemens de marée, sans trouver de différence sensible dans le brasseiage. A huit heures & demie du soir elle reversa sur l'Ouest, & sur l'Est à trois heures du matin.

Le 8 au matin nous appareillâmes sous les quatre voiles majeures, ayant deux ris dans chaque hunier ; la marée nous étoit contraire, mais nous la refoulions avec un bon frais de Nord-Ouest (1). A huit heures les vents nous refuserent & il fallut louvoyer, essuyant de tems à autre de violentes raffales. A dix heures la marée ayant commencé à porter à l'Ouest avec assez de force, nous mîmes en panne sous les huniers à l'entrée du premier goulet, nous laissant dériver au courant qui nous emportoit dans le vent & virant de bord, lorsque nous nous trouvions trop près de l'une ou de l'autre côte. Nous passâmes ainsi en deux heures le premier goulet (2), malgré le vent qui étoit directement debout & très-violent.

Passage du premier goulet.

Ce matin les Patagons, qui toute la nuit avoient entretenu des feux au fond de la baie de Possession, éleverent un pavillon blanc sur une hauteur, & nous y répondîmes en virant celui des vaisseaux. Ces Patagons étoient sans

Vûe des Patagons.

(1) Lorsqu'on veut donner dans le premier goulet, il convient de ranger environ à une lieue *le cap Possession*, puis gouverner sur le Sud-quart-Sud-Ouest, prenant garde de ne point trop tomber Sud à cause de la bâture qui s'allonge Nord-Nord-Est, & Sud-Sud-Ouest du *cap d'Orange* plus de trois lieues.

(2) Le premier goulet gît Nord-Est & Sud-Sud-Ouest, il n'a pas plus de trois heures de longueur. Sa largeur varie d'une lieue à une lieue & demie. J'ai prévenu sur la bâture du cap d'Orange. En sortant du premier goulet, il y en a deux autres moins étendues sur chacune de ces pointes. Elles s'allongent l'une & l'autre au Sud-Ouest. Il y a grand fond dans le goulet.

doute ceux que l'Etoile vit au mois de Juin 1766 dans la baie Boucault, auxquels on laissa ce pavillon en signe d'alliance. Le soin qu'ils ont pris de le conserver, annonce des hommes doux, fideles à leur parole ou du-moins reconnoissans des présens qu'on leur a faits.

<small>Américains de la terre de Feu.</small>
Nous apperçûmes aussi fort distinctement, lorsque nous fûmes dans le goulet, une vingtaine d'hommes sur la terre de Feu. Ils étoient couverts de peaux & couroient à toutes jambes le long de la côte suivant notre route. Ils paroissoient même de tems en tems nous faire des signes avec la main, comme s'ils eussent desiré que nous allassions à eux. Selon le rapport des Espagnols, la nation qui habite cette partie des terres de Feu, n'a rien des mœurs cruelles de la plupart des Sauvages. Ils accueillirent avec beaucoup d'humanité l'équipage du vaisseau *la Conception* qui se perdit sur leur côte en 1765. Ils lui aiderent même à sauver une partie des marchandises de la cargaison, & à élever des hangards pour les mettre à l'abri. Les Espagnols y construisirent des débris de leurs navires une barque dans laquelle ils se sont rendus à Buenos-Aires. C'est à ces Indiens que le chambekin l'Andalous se disposoit à amener des Missionnaires, lorsque nous sommes sortis de la riviere de la Plata. Au reste des pains de cire provenans de la cargaison de ce navire, ont été portés par les courans jusque sur la côte des Malouines, où on les trouva en 1766.

<small>Mouillage dans la baie Boucault.</small>
On a vû qu'à midi nous étions sortis du premier goulet: pour lors nous fîmes de la voile. Le vent s'étoit rangé au Sud, & la marée continuoit à nous élever dans l'Ouest. A trois heures l'un & l'autre nous manquerent, & nous mouillâmes dans la baie Boucault sur dix-huit brasses fond de vaze.

Dès que nous fûmes mouillés, je fis mettre à la mer un de mes canots & un de l'Etoile. Nous nous y embarquâmes au nombre de dix Officiers armés chacun de nos fusils, & nous allâmes descendre au fond de la baie, avec la précaution de faire tenir nos canots à flot & les équipages dedans. A peine avions-nous mis pied à terre, que nous vîmes venir à nous six Américains à cheval & au grand galop. Ils descendirent de cheval à cinquante pas, & sur-le-champ accoururent au devant de nous en criant *chaoua*. En nous joignant ils tendoient les mains & les appuyoient contre les nôtres. Ils nous serroient ensuite entre leurs bras, répétant à tue-tête *chaoua*, *chaoua* que nous répétions comme eux. Ces bonnes gens parurent très-joyeux de notre arrivée. Deux des leurs, qui trembloient en venant à nous, ne furent pas long-tems sans se rassurer. Après beaucoup de caresses réciproques, nous fîmes apporter de nos canots des galettes & un peu de pain frais que nous leur distribuâmes & qu'ils mangerent avec avidité. A chaque instant leur nombre augmentoit ; bientôt il s'en ramassa une trentaine parmi lesquels il y avoit quelques jeunes gens & un enfant de huit à dix ans. Tous vinrent à nous avec confiance & nous firent les mêmes caresses que les premiers. Ils ne paroissoient point étonnés de nous voir, & en imitant avec la voix le bruit de nos fusils, il nous faisoient entendre que ces armes leur étoient connues. Ils paroissoient attentifs à faire ce qui pouvoit nous plaire. M. de Commerçon & quelques-uns de nos Messieurs s'occupoient à ramasser des plantes ; plusieurs Patagons se mirent aussi à en chercher, & ils apportoient les especes qu'ils nous voyoient prendre. L'un d'eux appercevant le Chevalier du Bouchage dans cette occupa-

Entrevue avec les Patagons.

tion, lui vint montrer un œil auquel il avoit un mal fort apparent, & lui demander par signe de lui indiquer une plante qui le pût guérir. Ils ont donc une idée & un usage de cette Médecine qui connoît les simples & les applique à la guérison des hommes. C'étoit celle de Macaon, le Médecin des Dieux ; & l'on trouveroit plusieurs Macaons chez les Sauvages du Canada.

Nous échangeâmes quelques bagatelles précieuses à leurs yeux contre des peaux de guanaques & de vigognes. Ils nous demanderent par signes du tabac à fumer, & le rouge sembloit les charmer : aussi tôt qu'ils appercevoient sur nous quelque chose de cette couleur, ils venoient y passer la main dessus & témoignoient en avoir grande envie. Au reste à chaque chose qu'on leur donnoit, à chaque caresse qu'on leur faisoit, le *chaoua* recommençoit, c'étoient des cris à étourdir. On s'avisa de leur faire boire de l'eau-de-vie, en ne leur en laissant prendre qu'une gorgée à chacun. Dès qu'ils l'avoient avalée, ils se frappoient avec la main sur la gorge & poussoient en soufflant un son tremblant & inarticulé qu'ils terminoient par un roulement avec les levres. Tous firent la même cérémonie qui nous donna un spectacle assez bizarre.

Cependant le jour s'avançoit & il étoit tems de songer à retourner à bord. Dès qu'ils virent que nous nous y disposions, ils en parurent fâchés ; ils nous faisoient signe d'attendre & qu'il alloit encore venir des leurs. Nous leur fîmes entendre que nous reviendrions le lendemain, & que nous leur apporterions ce qu'ils desiroient : il nous sembla qu'ils eussent mieux aimé que nous couchassions à terre. Lorsqu'ils virent que nous partions, ils nous accompagnerent au bord de la mer ; un Patagon chantoit pendant

dant cette marche. Quelques-uns se mirent dans l'eau jusqu'aux genoux pour nous suivre plus long-tems. Arrivés à nos canots, il falloit avoir l'œil à tout. Ils saisissoient tout ce qui leur tomboit sous la main. Un d'eux s'étoit emparé d'une faucille ; on s'en apperçut, & il la rendit sans résistance. Avant que de nous éloigner, nous vîmes encore grossir leur troupe par d'autres qui arrivoient incessamment à toute bride. Nous ne manquâmes pas en nous séparant d'entonner un *chaoua* dont toute la côte retentit.

Ces Américains sont les mêmes que ceux vus par l'Etoile en 1766. Un de nos matelots qui étoit alors sur cette flûte, en a reconnu un qu'il avoit vu dans le premier voyage. Ces hommes sont d'une belle taille ; parmi ceux que nous avons vus, aucun n'étoit au-dessous de cinq pieds cinq à six pouces, ni au-dessus de cinq pieds neuf à dix pouces ; les gens de l'Etoile en avoient vu dans le précédent voyage plusieurs de six pieds. Ce qu'ils ont de gigantesque, c'est leur énorme carrure, la grosseur de leur tête & l'épaisseur de leurs membres. Ils sont robustes & bien nourris, leurs nerfs sont tendus, leur chair est ferme & soutenue ; c'est l'homme qui, livré à la nature & à un aliment plein de sucs, a pris tout l'accroissement dont il est susceptible ; leur figure n'est ni dure ni désagréable, plusieurs l'ont jolie ; leur visage est rond & un peu plat ; leurs yeux sont vifs ; leurs dents extrêmement blanches, n'auroient pour Paris que le défaut d'être larges ; ils portent de longs cheveux noirs attachés sur le sommet de la tête. J'en ai vu qui avoient sous le nez des moustaches plus longues que fournies. Leur couleur est bronzée com-

Description de ces Américains.

R

me l'est sans exception celle de tous les Américains, tant de ceux qui habitent la Zone Torride, que de ceux qui y naissent dans les Zones tempérées & glaciales. Quelques-uns avoient les joues peintes en rouge ; il nous a paru que leur langue étoit douce, & rien n'annonce en eux un caractere féroce. Nous n'avons point vu leurs femmes, peut-être alloient-elles venir ; car ils vouloient toujours que nous attendissions, & ils avoient fait partir un des leurs du côté d'un grand feu, auprès duquel paroissoit être leur camp à une lieue de l'endroit où nous étions, nous montrant qu'il en alloit arriver quelqu'un.

L'habillement de ces Patagons est le même à-peu-près que celui des Indiens de la riviere de la Plata ; c'est un simple bragué de cuir qui leur couvre les parties naturelles, & un grand manteau de peaux de guanaques ou de sourillos, attaché autour du corps avec une ceinture ; il descend jusqu'aux talons & ils laissent communément retomber en arriere la partie faite pour couvrir les épaules ; de sorte que, malgré la rigueur du climat, ils sont presque toujours nuds de la ceinture en haut. L'habitude les a sans doute rendus insensibles au froid ; car quoique nous fussions ici en été, le thermometre de Réaumur n'y avoit encore monté qu'un seul jour à dix degrés au-dessus de la congellation. Ils ont des especes de bottines de cuir de cheval ouvertes par derriere, & deux ou trois avoient autour du jarret un cercle de cuivre d'environ deux pouces de largeur. Quelques-uns de nos Messieurs ont aussi remarqué que deux des plus jeunes avoient de ces grains de rassade dont on fait des colliers.

Les seules armes que nous leur ayons vues, sont deux

cailloux ronds attachés aux deux bouts d'un boyau cordonné, semblables à ceux dont on se sert dans toute cette partie de l'Amérique, & que nous avons décrit plus haut. Ils avoient aussi de petits couteaux de fer, dont la lame étoit épaisse d'un pouce & demi à deux pouces. Ces couteaux de fabrique Angloise leur avoient vraisemblablement été donnés par M. Byron. Leurs chevaux, petits & fort maigres, étoient sellés & bridés à la maniere des habitans de la riviere de la Plata. Un Patagon avoit à sa selle des cloux dorés, des étriers de bois recouverts d'une lame de cuivre, une bride en cuir tressé, enfin tout un harnois Espagnol. Leur nourriture principale paroît être la moelle & la chair de guanaques & de vigognes. Plusieurs en avoient des quartiers attachés sur leurs chevaux, & nous leur en avons vu manger des morceaux cruds. Ils avoient aussi avec eux des chiens petits & vilains, lesquels, ainsi que leurs chevaux, boivent de l'eau de mer, l'eau douce étant fort rare sur cette côte & même sur le terrein.

Aucun d'eux ne paroissoit avoir de supériorité sur les autres; ils ne témoignoient même aucune espece de déférence pour deux ou trois vieillards qui étoient dans cette bande. Il est très-remarquable que plusieurs nous ont dit les mots Espagnols suivans *magnana, muchacho, bueno chico, capitan*. Je crois que cette nation mene la même vie que les Tartares. Errans dans les plaines immenses de l'Amérique méridionale, sans cesse à cheval hommes, femmes & enfans, suivant le gibier ou les bestiaux dont ces plaines sont couvertes, se vêtissant & se cabanant avec des peaux, ils ont encore vraisemblablement avec les Tartares cette ressemblance, qu'ils vont piller les caravanes des voyageurs. Je terminerai cet article en difant que nous avons depuis trouvé dans la mer Pacifique une nation d'une taille plus élevée que ne l'eft celle des Patagons.

<small>Qualité du fol de cette partie de l'Amérique.</small>

Le terrein où nous débarquâmes eft fort fec, & à cela près il reffemble beaucoup à celui des îles Malouines. Les Botaniftes y ont retrouvé prefque toutes les mêmes plantes. Le bord de la mer étoit environné des mêmes goemons & couvert des mêmes coquilles. Il n'y a point de bois, mais feulement quelques brouffailles. Lorfque nous avions mouillé dans la baie Boucault, la marée alloit commencer à nous être contraire, & pendant le tems que

<small>Remarques fur les marées dans cette partie.</small>

nous paffâmes à terre, nous remarquâmes qu'elle y montoit; donc le flot portoit à l'Eft. C'eft une remarque que nous eûmes plufieurs fois occafion de faire avec certitude dans ce voyage, & qui m'avoit déja frappé dans le premier que j'y fis. A neuf heures & demie du foir, l'Ebe reverfa dans l'Oueft. Nous fondâmes à mer étale, & nous trouvâmes 21 braffes d'eau, nous n'en avions eu que 18 en mouillant.

<small>Second mouillage dans la baie Boucault.</small>

Le 9 à quatre heures & demie du matin, les vents étant au Nord-Oueft, nous appareillâmes toutes voiles dehors contre la marée, gouvernant au Sud-Oueft-quart-Oueft ; nous ne pûmes faire qu'une lieue, les vents ayant paffé au Sud-Oueft grand frais, nous laiffâmes retomber l'ancre par 19 braffes, fable, vaze & coquilles pourries. Le mauvais tems continua toute cette journée & la fuivante. Le peu de chemin que nous avions fait nous avoit écartés de la côte, & dans ces deux jours il n'y eut pas un inftant où l'on eût pu mettre un bateau dehors. Les Patagons en étoient fans doute auffi fâchés que nous. On voyoit la

AUTOUR DU MONDE. 133

troupe rassemblée à l'endroit où nous avions débarqué, & nous crûmes distinguer avec les longues vues qu'ils y avoient élevé quelques hutes. Cependant je crois que le quartier général étoit plus éloigné; car il alloit & venoit continuellement des gens à cheval. Nous regrettâmes fort de ne pouvoir pas leur porter ce que nous leur avions promis; on les contentoit à bien peu de frais.

Les variations de la marée ne nous donnerent ici qu'une brasse d'eau de différence. Le 10 par une observation de distance de la lune à Régulus, M. Verron déduisit notre longitude occidentale à ce mouillage de 73 deg. 26 min. 15 sec. & celle de l'entrée orientale du second goulet de 73 deg. 34 min. 30 sec. Le thermometre de Réaumur baissa de 9 à 8 & à 7 deg.

Observation de longitude.

Le 11 à minuit & demi, le vent ayant passé au Nord-Est, & le courant portant à l'Ouest depuis une heure, je signalai l'appareillage. Nous fîmes de vains efforts pour lever notre ancre, ayant même établi sur le cable nos poulies de franc funin. A deux heures du matin le cable rompit entre la bitte & l'écubier, & nous perdîmes ainsi notre ancre. Nous appareillâmes sous toutes voiles & ne tardâmes pas à avoir la marée ennemie, contre laquelle un foible vent de Nord-Ouest suffisoit à peine pour nous soutenir quoique le courant ne soit pas à beaucoup près aussi fort dans le second goulet que dans le premier. A midi l'ebe vint à notre secours & nous passâmes le second goulet (1), les vents ayant varié jusqu'à trois heures après midi qu'ils

Perte d'une ancre.

Passage du second goulet.

(1) De la sortie du premier goulet à l'entrée du second, il peut y avoir six à sept lieues, & la largeur du détroit y est aussi d'environ sept lieues. Le se-cond goulet gît Nord-Est-quart-d'Est & Sud-Ouest-quart-d'Ouest. Il a environ une lieue & demie de largeur, & trois à quatre de longueur.

soufflerent grand frais du Sud-Sud-Ouest au Sud-Sud-Est avec de la pluie & des grains violens (1). En deux bords nous parvînmes au mouillage dans le Nord de l'île Sainte-Elizabeth, où nous ancrâmes à deux milles de terre par 7 brasses, fond de sable gris, gravier & coquillage pourri. L'Etoile, qui mouilla un quart de lieue plus dans le Sud-Est de nous, y avoit 17 brasses d'eau.

Mouillage près de l'île Sainte-Elisabeth.

Le vent contraire, accompagné de grains violens, de pluie & de grele, nous força de passer ici le 11 & le 12. Ce dernier jour après-midi nous mîmes un canot dehors pour aller sur l'île Sainte-Elizabeth (2). Nous débarquâmes dans la partie du Nord-Est de l'île. Ses côtes sont élevées & à pic, excepté à la pointe du Sud-Ouest & à celle du Sud-Est où les terres s'abaissent. On peut cependant aborder par-tout, attendu que sous les terres coupées il regne une petite plage. Le terrein de l'île est fort sec; nous n'y trouvâmes d'autre eau que celle d'un petit étang dans la partie du Sud-Ouest, & elle y étoit saumache. Nous vîmes aussi plusieurs marais asséchés, où la terre est en quelques endroits couverte d'une légere croute de sel. Nous rencontrâmes des outardes, mais en petit nombre & si farouches, que l'on ne put jamais les approcher assez pour les tirer; elles étoient cependant sur leurs œufs. Il paroît que les Sauvages viennent dans cette

Description de cette ile.

(1) En passant le second goulet, il convient de hanter la côte des Patagons, parce qu'au sortir du goulet les marées portent sur le Sud, & qu'il faut s'y méfier d'une tête basse qui naît au-dessous de la pointe de l'île Saint-Georges, encore que cette pointe apparente soit élevée & coupée à pic, la terre basse s'avance dans l'Ouest-Nord-Ouest.

(2) L'île Sainte-Elisabeth gît Nord-Nord-Est & Sud-Sud-Ouest, avec la pointe occidentale du second goulet à la terre des Patagons. Les îles Saint-Barthelemi & aux Lions gissent aussi Nord-Nord-Est & Sud-Sud-Ouest entre elles, & avec la pointe occidentale du second goulet à l'île Saint-Georges.

île. Nous y avons trouvé un chien mort, des traces de feu & les débris de plusieurs repas de coquillages. Il n'y a point de bois, & l'on n'y peut faire du feu qu'avec une espéce de petite bruyere. Déja même nous en avions ramassé, craignant d'être obligés de passer la nuit sur cette île où le mauvais tems nous retint jusqu'à neuf heures du soir; nous n'y eussions pas été mieux couchés que nourris.

CHAPITRE IX.

Navigation depuis l'île Sainte-Elisabeth jusqu'à la sortie du détroit de Magellan; détails nautiques sur cette navigation.

Difficultés du paſſage le long de l'île Sainte-Eliſabeth.

NOUS allions entrer dans la partie boiſée du détroit de Magellan, & les premiers pas difficiles étoient franchis. Ce ne fut que le 13 après-midi que le vent étant venu au Nord-Oueſt, nous appareillâmes malgré ſa violence & fîmes route dans le canal qui ſépare l'île Sainte-Elizabeth des îles Saint-Barthelemi & aux Lions (1). Il falloit ſoutenir de la voile, quoiqu'il nous vînt preſque continuellement de cruelles raffales par-deſſus les hautes terres de Sainte-Elizabeth que nous étions contraints de ranger pour éviter les bâtures qui ſe prolongent autour des deux autres îles (2). La marée en canal portoit au Sud & nous parut très-forte. Nous vînmes attaquer la terre du continent au-deſſous du *cap Noir;* c'eſt où la côte commence à être couverte de bois, & le coup d'œil en eſt ici aſſez agréable. Elle court vers le Sud & les marées n'y ſont plus auſſi ſenſibles.

(1) Les îles *Saint-Barthelemi & aux Lions* ſont liées enſemble par une bâture. Il y a auſſi deux bâtures l'une au Sud-Sud-Oueſt de l'île aux Lions, l'autre au Nord-Nord-Eſt de Saint-Barthelemi à une ou deux lieues; enſorte que ces trois bâtures & les deux îles forment une chaîne, entre laquelle à l'Eſt-Sud-Eſt & l'île Sainte-Eliſabeth à Oueſt-Nord-Oueſt, eſt le canal pour avancer dans le détroit. Ce canal court Nord-Nord-Eſt & Sud-Sud-Oueſt.

Je ne crois pas qu'il y ait paſſage dans le Sud des îles Saint-Barthelemi & aux Lions, non plus qu'entre l'île Sainte-Eliſabeth & la grand-terre.

(2) De la ſortie du ſecond goulet à la pointe Nord-Eſt de l'île Sainte-Eliſabeth, il y a près de quatre lieues. L'île Sainte-Eliſabeth s'étend Sud-Sud-Oueſt & Nord-Nord-Eſt dans une longueur d'environ trois lieues & demie. Il convient de la ranger en paſſant ce canal.

De la pointe Sud-Oueſt de l'île Sainte-Eliſabeth au *cap Noir,* il n'y a pas plus d'une lieue.

Nous

Nous eûmes du vent très-frais & par raffales jusqu'à six heures du soir, il calma ensuite & devint maniable. Nous prolongeâmes la côte environ à une lieue de distance par un tems clair & serein ; nous flattant de doubler pendant la nuit *le cap Rond*, & d'avoir alors, en cas de mauvais tems, *le port Famine* sous le vent à nous. Vains projets. A minuit & demi les vents sauterent tout d'un coup au Sud-Ouest, la côte s'embruma, les grains violens & continuels amenerent avec eux la pluie & la grele ; enfin le tems devint aussi mauvais qu'il paroissoit beau l'instant d'auparavant. Telle est la nature de ce climat ; les variations dans le tems s'y succedent avec une telle promptitude, qu'il est impossible de prévoir leurs rapides & dangereuses révolutions. Notre grande voile ayant été déchirée sur ses cargues, nous fûmes obligés de louvoyer sous la mizaine, la grande voile d'étai & les huniers aux bas ris, pour tâcher de doubler *la pointe Sainte-Anne* & nous mettre à l'abri dans la *baie Famine*. C'étoit une lieue à gagner dans le vent, & jamais nous ne pûmes en venir à bout. Comme les bordées étoient courtes, que nous étions obligés de virer vent arriere, & qu'un fort courant nous entraînoit dans un grand enfoncement de la terre de Feu, nous perdîmes trois lieues en neuf heures de cette allure funeste, & il fallut se résoudre à aller chercher le long de la côte un mouillage qui fût sous le vent. Nous la rangeâmes la sonde à la main, & vers onze heures du matin nous mouillâmes à un mille de terre par huit brasses & demie de sable vazeux, dans une baie que je nommai *la baie Duclos* (1), du nom

1767.
Décembre.

Mauvais tems, nuit fâcheuse.

Mouillage dans la baie Duclos.

(1). Depuis le *cap Noir* la côte court sur le Sud-Sud-Est jusqu'à la pointe septentrionale de la baie Duclos qui peut en être à sept lieues.
Vis-à-vis de la baie Duclos il y a dans les terres de Feu un enfoncement immense, que je soupçonne être un canal qui débouche plus Est que le *cap de Horn*. Le cap *Montmouth* en fait la pointe septentrionale.

S

de M. Duclos Guyot, Capitaine de brûlot, mon second dans ce voyage, & dont les lumieres & l'expérience m'ont été du plus grand secours.

Description de cette baie.

Cette baie ouverte à l'Est, a très-peu d'enfoncement. Sa pointe du Nord avance un peu plus au large que celle du Sud, & de l'une à l'autre il peut y avoir une lieue de distance. Il y a bon fond dans toute la baie, on trouve six & huit brasses d'eau jusqu'à un cable de terre. C'est un excellent mouillage, puisque les vents d'Ouest, qui sont ici les vents régnans & qui soufflent avec impétuosité, viennent par-dessus la côte, laquelle y est fort élevée. Deux petites rivieres se déchargent dans la baie; l'eau est saumache à leur embouchure, mais à cinq cents pas au-dessus elle est très-bonne. Une espéce de prairie regne le long du débarquement, lequel est de sable; les bois s'élevent ensuite en amphithéatre, mais le pays est presque dénué d'animaux. Nous y avons parcouru une grande étendue de terrein, sans voir d'autre gibier que deux ou trois beccassines, quelques sarcelles, canards & outardes en fort petite quantité: nous y avons aussi apperçu quelques perruches, celles-là ne craignent pas le froid.

Nous trouvâmes à l'embouchure de la riviere la plus méridionale sept cabanes faites avec des branches d'arbres entrelassées & de la forme d'un four; elles paroissoient récemment construites & étoient remplies de coquilles calcinées, de moules & de lépas. Nous remontâmes cette riviere assez loin, & nous vîmes quelques traces d'hommes.

Nouvelle observation sur les marées.

Pendant le tems que nous passâmes à terre, la mer y monta d'un pied, & le courant alors venoit de la mer orientale; observation contraire à celles faites depuis le cap des Vierges, puisque nous avions vu jusque-là les eaux augmenter, lorsque le courant sortoit du détroit. Mais il me semble d'après diverses observations, que lorsqu'on a passé les goulets, les marées cessent d'être réglées dans toute la partie du détroit qui court Nord & Sud. La quantité de canaux dont y est coupée la terre de Feu, paroît devoir produire dans le mouvement des eaux une grande irrégularité. Pendant les deux jours que nous passâmes dans ce mouillage, le thermomettre varia de 8 à 5 deg. Le 15 à midi nous y observâmes 53 deg. 20 min. de latitude, & ce jour-là nous occupâmes nos gens à faire du bois, le calme ne nous ayant pas permis d'appareiller.

Observations nautiques.

A l'entrée de la nuit les nuages parurent prendre leur cours vers l'occident & nous annoncer un vent favorable. Nous virâmes à pic, & effectivement le 16 à quatre heures du matin, la brise étant venue d'où nous l'avions espérée, nous appareillâmes. Le ciel à la vérité étoit couvert &, suivant l'ordinaire de ces parages, le vent d'Est & de Nord-Est étoit accompagné de brume & de pluie. Nous passâmes *la pointe Sainte-Anne* (1) & *le cap Rond* (2). La premiere est unie, d'une médiocre hauteur & couvre une baie profonde où l'ancrage est sûr & commode. C'est celle à qui le malheureux sort de la colonie de *Philippeville* établie par le présomptueux Sarmiento, a fait donner le nom de *port Famine*. Le cap rond est une terre élevée & remarquable par la forme que désigne son nom. Les côtes dans tout cet espace sont boisées & escar-

---

(1) De la *baie Duclos* à la *pointe Sainte-Anne*, il y a environ cinq lieues, le gissement étant le Sud-Est-quart-Sud; il y a à-peu-près la même distance entre la pointe Sainte-Anne & le cap Rond; lesquels sont respectivement Nord-Nord-Est & Sud-Sud-Ouest.

(2) Depuis le second goulet jusqu'au cap Rond, la largeur du détroit varie depuis sept jusqu'à cinq lieues Il se rétrécit au cap Rond où il n'en a gueres plus de trois.

pées; celles de la terre de Feu paroissent hachées par plusieurs détroits. Leur aspect est horrible; les montagnes y sont couvertes d'une neige bleue aussi ancienne que le monde. Entre le cap rond & le cap Forward il y a quatre baies, dans lesquelles on peut mouiller.

Description d'un cap singulier.

Deux de ces baies sont séparées par un cap dont la singularité fixa notre attention & mérite une description particulière. Ce cap élevé de plus de cent-cinquante pieds au-dessus du niveau de la mer, est tout entier composé de couches horisontales de coquilles pétrifiées. J'ai sondé en canot au pied de ce monument qui atteste les grands changemens arrivés à notre globe, & je n'y ai pas trouvé de fond avec une ligne de cent brasses.

Le vent nous conduisit jusqu'à une lieue & demie du cap Forward; alors le calme survint & dura deux heures. J'en profitai pour aller dans le petit canot visiter les environs du cap Forward, y prendre des sondes & des relèvemens.

Description du cap Forward.

Ce cap est la pointe la plus méridionale de l'Amérique & de tous les continens connus. D'après de bonnes observations, nous avons conclu sa latitude australe de 54 deg. 5 min. 45 sec. Il présente une surface à deux têtes d'environ trois quarts de lieue, dont la tête orientale est plus élevée que celle de l'Ouest. La mer est presque sans fond sous le cap, toutefois entre les deux têtes, dans une espece de petite baie embellie par un ruisseau assez considérable, on pourroit mouiller par 15 brasses, fond de sable & de gravier, mais ce mouillage, dangereux par le vent de Sud, ne doit servir que dans un cas forcé. Tout le cap est un rocher vif & taillé à pic, sa cime élevée est couverte de neige. Il y croît cependant quelques arbres dont les racines s'étendent dans les crevasses & s'y nourrissent d'une éternelle humidité. Nous avons abordé au-deſſous du cap à une petite pointe de roches, ſur laquelle nous eûmes peine à trouver place pour quatre perſonnes. Sur ce point qui termine ou commence un vaſte continent, nous arborâmes le pavillon de notre bateau, & ces antres ſauvages retentirent pour la premiere fois de pluſieurs cris de *vive le Roi !* Nous relevâmes de-là le *cap Holland* à Oueſt 4 deg. Nord ; ainſi la côte commençoit à reprendre du Nord.

Nous revînmes à bord à ſix heures du ſoir, & peu de tems après, les vents ayant paſſé au Sud-Oueſt, je vins chercher le mouillage de la baie nommée par M. de Gennes *baie Françoiſe*. A huit heures & demie du ſoir nous y jettâmes l'ancre ſur 10 braſſes, fond de ſable & de gravier, ayant les deux pointes de la baie, l'une au Nord-Eſt-quart-Eſt 5 deg. Nord ; l'autre au Sud 5 deg. Oueſt, & l'îlot du milieu au Nord-Eſt. Comme nous avions beſoin de nous munir d'eau & de bois pour la traverſée de la mer Pacifique, & que le reſte du détroit m'étoit inconnu, n'étant venu dans mon premier voyage que juſqu'auprès de la baie Françoiſe, je me déterminai à y faire nos proviſions, d'autant plus que M. de Gennes la repréſente comme très ſûre & fort commode pour ce travail ; ainſi dès le ſoir même nous mîmes tous nos bateaux à la mer.

Mouillage dans la baie Françoiſe.

Pendant la nuit les vents firent le tour du compas, ſoufflant par raffales très-violentes ; la mer groſſit & briſoit autour de nous ſur un banc qui paroiſſoit régner dans tout le fond de la baie. Les tours fréquens que les variations du vent faiſoient faire au vaiſſeau ſur ſon ancre, nous donnoient lieu de craindre que le cable ne ſurjaulât, & nous paſſâmes la nuit dans une appréhenſion continuelle.

Avis ſur ce mouillage.

L'Etoile mouillée plus en-dehors que nous fut moins moleftée. A deux heures & demie du matin j'envoyai le petit canot fonder l'entrée de la riviere à laquelle M. de Gennes a donné fon nom. La mer étoit baffe, & il ne paffa qu'après avoir échoué fur un banc qui eft à l'embouchure; il reconnut que nos chaloupes ne pourroient approcher de la riviere qu'à mer toute haute; en forte qu'elles feroient à peine un voyage par jour. Cette difficulté de l'aiguade, jointe à ce que le mouillage ne me paroiffoit pas fûr, me détermina à conduire les vaiffeaux dans une petite baie à une lieue dans l'Eft de celle-ci. J'y avois coupé fans peine en 1765 un chargement de bois pour les Malouines, & l'équipage du vaiffeau lui avoit donné mon nom. Je voulus auparavant aller m'affurer fi les équipages des deux navires y pourroient commodément faire leur eau. Je trouvai qu'outre le ruiffeau qui tombe au fond de la baie même, lequel feroit confacré aux befoins journaliers & à laver, les deux baies voifines avoient chacune un ruiffeau propre à fournir aifément l'eau dont nous avions befoin, fans qu'il y eût un demi-mille à faire pour l'aller chercher.

En conféquence le 17 à deux heures après-midi, nous appareillâmes fous le petit hunier & le perroquet de fougue, nous paffâmes au large de l'îlot de la baie Françoife, nous donnâmes enfuite dans une paffe fort étroite & dans laquelle il y a grand fond entre la pointe du Nord de cette baie & une île élevée longue d'un demi-quart de lieue. Cette paffe conduit à l'entrée de la baie Bougainville qui eft encore couverte par deux autres îlots dont le plus confidérable a mérité le nom d'*îlot de l'Obferva-*

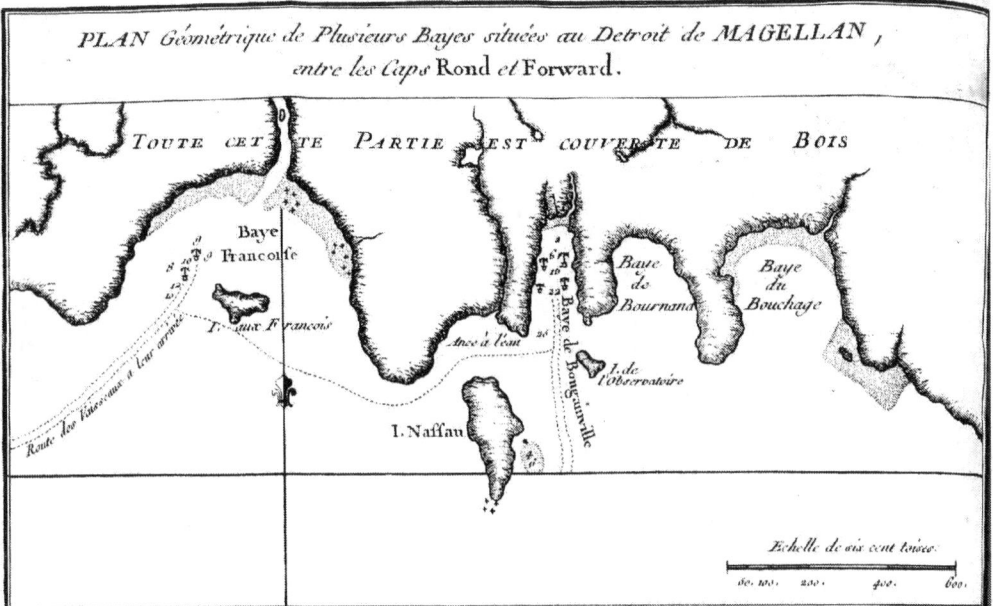

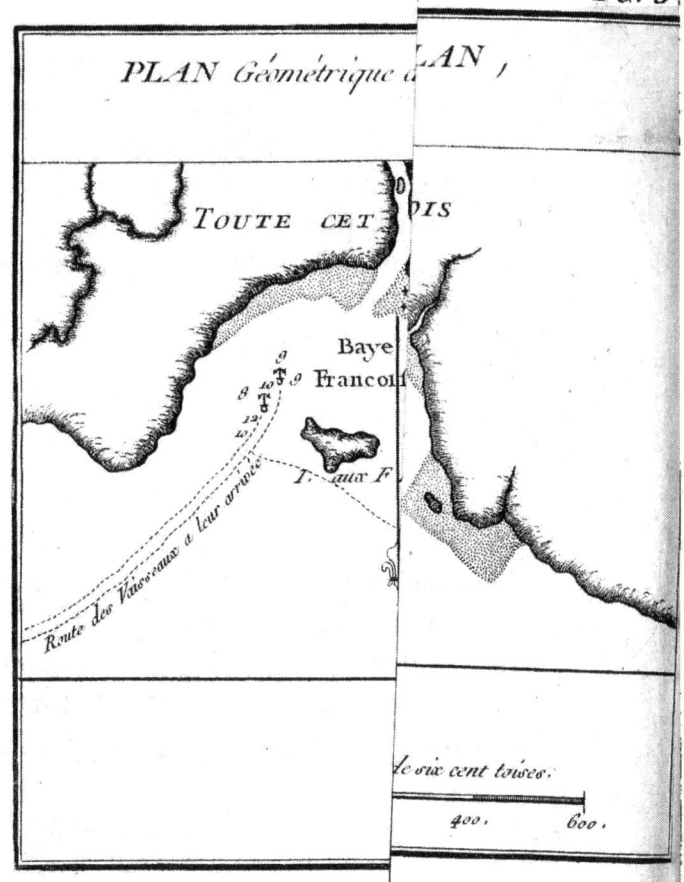

toire (1). La baie eſt longue de deux cents toiſes & large de cinquante; de hautes montagnes l'environnent & la défendent de tous les vents; auſſi la mer y eſt-elle toujours comme l'eau d'un baſſin.

Nous mouillâmes à trois heures à l'entrée de la baie par vingt-huit braſſes d'eau & nous envoyâmes auſſi-tôt à terre des amarres pour nous haler dans le fond. L'Etoile, qui avoit mouillé ſon ancre de dehors par un trop grand fond, chaſſa ſur l'îlot de l'Obſervatoire; & avant qu'elle eût pu roidir les amarres portées à terre pour la ſoutenir, ſa poupe vint à quelques pieds de l'îlot, ayant encore au-deſſous d'elle 30 braſſes d'eau. La côte du Nord-Eſt de cet îlot n'eſt pas auſſi eſcarpée. Nous employâmes le reſte du jour à nous amarrer, la proue au large ayant une ancre devant mouillée par 23 braſſes de ſable vazeux, une ancre à jet derriere preſque à terre, deux grelins à des arbres ſur la côte de bas-bord, & deux ſur l'Etoile, laquelle étoit amarrée comme nous. On trouva auprès du ruiſſeau deux cabanes de branchages, leſquelles paroiſſoient abandonnées depuis long-tems. J'y en avois fait conſtruire une d'écorce en 1765, dans laquelle j'avois laiſſé quelques préſens pour les Sauvages que le hazard y conduiroit, & j'avois attaché au-deſſus un pavillon blanc: on trouva la cabane détruite, le pavillon & les préſens enlevés.

Mouillage dans la baie Bougainville.

Le 18 au matin j'établis un camp à terre pour la garde des travailleurs & des divers effets qu'il y falloit deſcendre; l'on débarqua auſſi toutes les pieces à l'eau pour les rebattre & les ſoufrer; on diſpoſa des mares pour les la-

Relâche dans cette baie pour y faire de l'eau & du bois.

_____
(1) Du cap Rond à l'îlot de l'Obſervatoire, il peut y avoir quatre heues, & la côte court ſur l'Oueſt Sud-Oueſt. Dans cet eſpace il y a trois bons mouillages.

vandiers, & on échoua notre chaloupe qui avoit besoin d'un radoub. Nous passâmes le reste du mois de Décembre dans cette baie, où nous fîmes fort commodément notre bois & même des planches. Tout y facilitoit cet ouvrage; les chemins se trouvoient pratiqués dans la forêt, & il y avoit plus d'arbres abattus qu'il ne nous en falloit, reste du travail de l'équipage de l'Aigle en 1765. Nous y avons aussi donné demi-bande & monté dix-huit canons. L'Etoile eut même le bonheur d'étancher sa voie d'eau; laquelle depuis le départ de Montevideo étoit tout aussi considérable qu'avant sa demi-carène à la Encenada. En élevant tout-à-fait son devant & levant quelques planches de son doublage, on trouva que l'eau entroit par l'écart de son étrave qui est de deux pieces. L'on y remédia; & ce fut pour toute la campagne un grand soulagement à l'équipage de cette flûte qu'écrasoit l'exercice journalier de la pompe.

Observations astronomiques & météorologiques.

M. Verron avoit dès les premiers jours établi ses instrumens sur l'îlot de l'Observatoire; mais il y passa vainement la plus grande partie de ses nuits. Le ciel de cette contrée, ingrat pour l'Astronomie, lui a refusé toute observation de longitude; il n'a pu que déterminer par trois observations faites au quart de cercle la latitude australe de l'îlot de 53^d 50′ 25″. Il y a aussi déterminé l'établissement de l'entrée de la baie de 00^h 59′. La mer n'y a jamais marné plus de dix pieds. Pendant notre séjour ici, le thermometre a communément été entre 8 & 9^d, il a baissé jusqu'à 5^d, & le plus haut qu'il ait monté, a été à 12^d & demi. Le soleil alors paroissoit sans nuages, & ses rayons peu connus ici faisoient fondre une partie de la neige sur les montagnes du continent. M. de Commerçon, accompagné

compagné de M. le Prince de Nassau, profitoit de ces journées pour herboriser. Il falloit vaincre des obstacles de tous les genres, mais ce terrein âpre avoit à ses yeux le mérite de la nouveauté, & le détroit de Magellan a enrichi ses cahiers d'un grand nombre de plantes inconnues & intéressantes. La chasse & la pêche n'étoient pas aussi heureuses; jamais elles n'ont rien produit, & le seul quadrupede que nous ayons vu ici a été un renard presque semblable à ceux d'Europe, qui fut tué au milieu des travailleurs.

Description de cette partie du détroit.

Nous fîmes aussi plusieurs tentatives pour reconnoître les côtes voisines du continent & de la terre de Feu; la premiere fut infructueuse. J'étois parti le 22 à trois heures du matin avec MM. de Bournand & du Bouchage dans l'intention d'aller jusqu'au cap Holland & de visiter les mouillages qui pourroient se trouver dans cette étendue. A notre départ il faisoit calme & le plus beau tems du monde. Une heure après il se leva une petite brise du Nord-Ouest, & sur-le-champ le vent sauta au Sud-Ouest, grand frais. Nous luttâmes contre pendant trois heures, nageant à l'abri de la côte, & nous gagnâmes avec peine l'embouchure d'une petite riviere qui se décharge dans une anse de sable protégée par la tête orientale du cap Forward. Nous y relâchâmes, comptant que le mauvais tems ne seroit pas de longue durée. L'espérance que nous en eûmes ne servit qu'à nous faire percer de pluie & transir de froid. Nous avions construit dans le bois une cabane de branches d'arbres pour y passer la nuit moins à découvert. Ce sont les palais des naturels de ce pays; mais il nous manquoit leur habitude d'y loger. Le froid & l'humidité nous chasserent de notre gîte, & nous fûmes contraints de nous

T

refugier auprès d'un grand feu que nous nous appliquâmes à entretenir, tâchant de nous défendre de la pluie avec la voile du petit canot. La nuit fut affreuse, le vent & la pluie redoublerent & ne nous laisserent d'autre parti à prendre que de rebrousser chemin au point du jour. Nous arrivâmes à la frégate à huit heures du matin, trop heureux d'avoir gagné cet asyle ; car bientôt le tems devint si mauvais, qu'il eût été impossible de nous mettre en route pour revenir. Il y eut pendant deux jours une tempête décidée, & la neige recouvrit toutes les montagnes. Cependant nous étions dans le cœur de l'été, & le soleil étoit près de dix-huit heures sur l'horison.

<small>Reconnoissance faite de plusieurs ports aux terres de Feu.</small>

Quelques jours après j'entrepris avec plus de succès une nouvelle course pour visiter une partie des terres de Feu & pour y chercher un port vis-à-vis le cap Forward ; je me proposois de repasser ensuite au cap Holland & de reconnoître la côte depuis ce cap jusqu'à la baie Françoise ; ce que nous n'avions pu faire dans la premiere tentative. Je fis armer d'espingoles & de fusils la chaloupe de la Boudeuse & le grand canot de l'Etoile ; & le 27 à quatre heures du matin je partis du bord avec M.rs de Bournand, d'Oraison & le Prince de Nassau. Nous mîmes à la voile à la pointe occidentale de la baie Françoise pour traverser aux terres de Feu, où nous terrîmes sur les dix heures à l'embouchure d'une petite riviere, dans une anse de sable mauvaise même pour les bateaux. Toutefois dans un tems critique ils auroient la ressource d'entrer à mer haute dans la riviere où ils trouveroient un abri. Nous dinâmes sur ses bords dans un assez joli bosquet qui couvroit de son ombre plusieurs cabanes sauvages. De cette station nous relevâmes la pointe du Ouest de la baie Françoise au

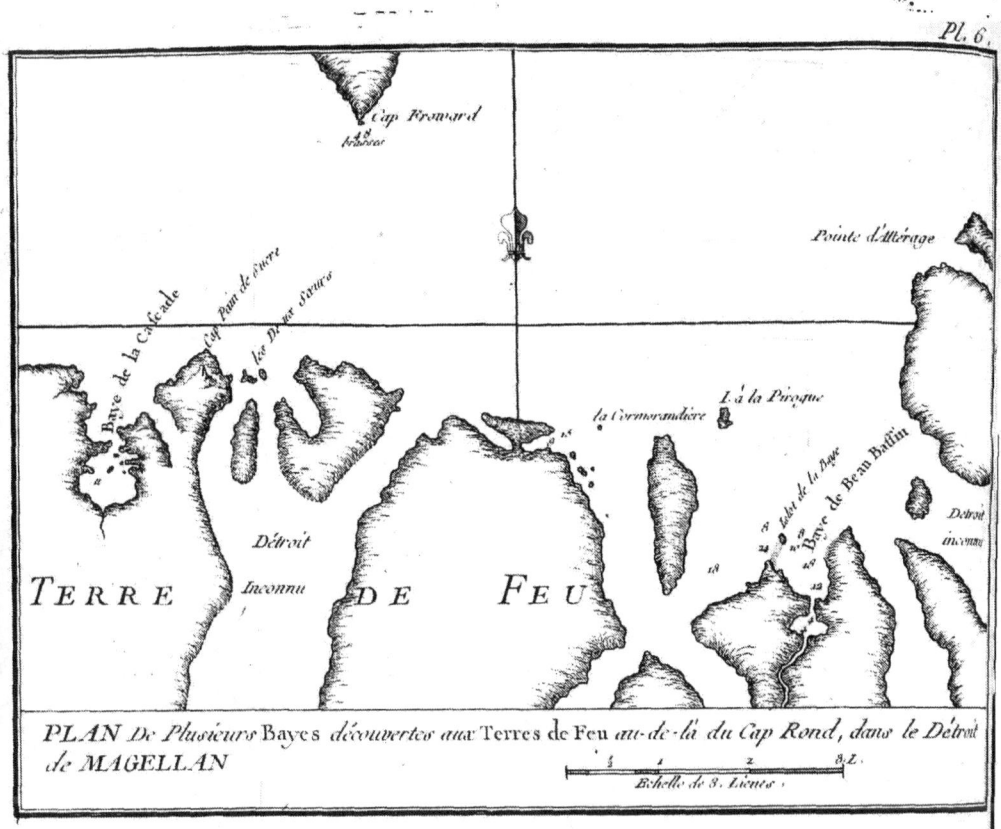

PLAN De Plusieurs Bayes découvertes aux Terres de Feu au-de-là du Cap Rond, dans le Détroit de MAGELLAN

Pl. 6.

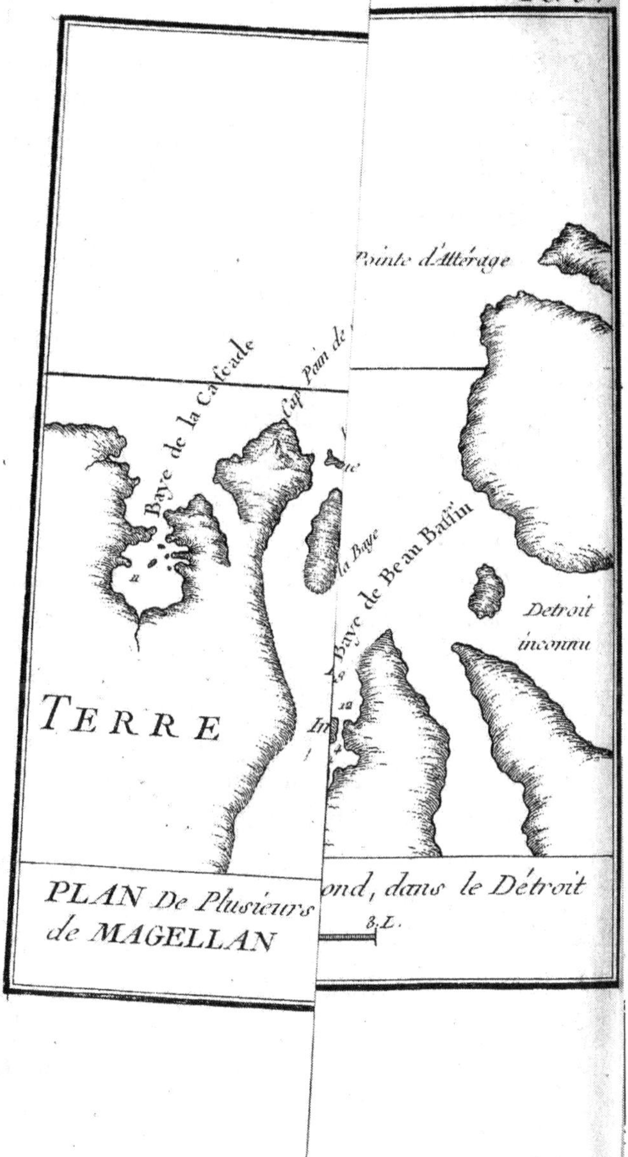
Pointe d'Atterage
Baye de la Cascade
Cap Pain de
Baye de Beau Bassin
la Baye
Detroit inconnu
TERRE

PLAN De Plusieurs ... ond, dans le Détroit de MAGELLAN

Nord-Oueft-quart-Oueft 5ᵈ Oueft, & on s'en eftima à cinq lieues de diftance.

Après midi nous reprîmes notre route en longeant à la rame la terre de Feu ; il ventoit peu de la partie du Oueft, mais la mer étoit très-houleufe. Nous traverfâmes un grand enfoncement dont nous n'appercevions pas la fin. Son ouverture d'environ deux lieues eft coupée dans fon milieu par une île fort élevée. La grande quantité de baleines que nous vîmes dans cette partie & le gros houl, nous firent penfer que ce pourroit bien être un détroit, lequel doit conduire à la mer affez proche du cap de Horn. Etant prefque paffés de l'autre bord, nous vîmes plufieurs feux paroître & s'éteindre ; enfuite ils refterent allumés, & nous diftingâmes des Sauvages fur la pointe baffe d'une baie où j'étois déterminé de m'arrêter. Nous allâmes auffi-tôt à leurs feux, & je reconnus la même horde de Sauvages que j'avois déja vue à mon premier voyage dans le détroit. Nous les avions alors nommés *Pécherais*, parce que ce fut le premier mot qu'ils prononcerent en nous abordant, & que fans ceffe ils nous le répétoient, comme les Patagons répetent le mot *chaoua*. La même caufe nous a fait leur laiffer cette fois le même nom. J'aurai dans la fuite occafion de décrire ces habitans de la partie boifée du détroit. Le jour prêt à finir ne nous permit pas cette fois de refter long-tems avec eux. Ils étoient au nombre d'environ quarante, hommes, femmes & enfans, & ils avoient dix ou douze canots dans une anfe voifine. Nous les quittâmes pour traverfer la baie & entrer dans un enfoncement que la nuit déja faite nous empêcha de vifiter. Nous la paffâmes fur le bord d'une riviere affez confidérable, où nous fîmes grand feu & où

Rencontre de Sauvages.

T ij

les voiles de nos bateaux, qui étoient grandes, nous servirent de tentes ; d'ailleurs, au froid près, le tems étoit fort beau.

<small>Baie & port de Beaubaſſin</small>

<small>Sa deſcription.</small>

Le lendemain au matin nous vîmes que cet enfoncement étoit un vrai port, & nous en prîmes les fondes, ainſi que celles de la baie. Le mouillage eſt très bon dans la baie depuis quarante braſſes juſqu'à douze, fond de ſable, petit gravier & coquillage. On y eſt à l'abri de tous les vents dangereux. Sa pointe orientale eſt reconnoiſſable par un très-gros morne que nous avons nommé *le dôme ;* dans l'Oueſt eſt un îlot entre lequel & la côte il n'y a point paſſage de navire. On entre de la baie dans le port par un goulet fort étroit, & l'on y trouve 10, 8, 6, 5 & 4 braſſes fond de vaze ; dans le goulet le fond eſt de roches par 4, 5 & 6 braſſes ; il convient d'y tenir le milieu, hantant même plus le côté de l'Eſt où il y a plus d'eau. La beauté de ce mouillage nous a engagés à le nommer *baie & port de Beaubaſſin.* Lorſqu'on n'aura qu'à attendre un vent favorable, il ſuffit de mouiller dans la baie. Si on veut faire du bois & de l'eau, carener même, on ne peut deſirer un endroit plus propre à ces opérations que le port de Beaubaſſin.

Je laiſſai ici le Chevalier de Bournand qui commandoit la chaloupe pour prendre dans le plus grand détail toutes les connoiſſances relatives à cet endroit important, avec ordre de retourner enſuite aux vaiſſeaux. Pour moi je m'embarquai dans le canot de l'Etoile avec M. Landais, l'un des Officiers de cette flûte qui le commandoit, & je continuai mes recherches. Nous fîmes route à l'Oueſt & viſitâmes d'abord une île que nous tournâmes & tout autour de laquelle on peut mouiller par 25, 21 & 18 brasses fond de sable & petit gravier. Sur cette île il y avoit des Sauvages occupés à la pêche. En suivant la côte nous gagnâmes avant le coucher du soleil une baie qui offre un excellent mouillage pour trois ou quatre navires. Je l'ai nommée *baie de la Cormorandiere*, à cause d'une roche apparente qui en est dans l'Est-Sud-Est environ à un mille. A l'entrée de la baie on trouve 15 brasses d'eau, 8 & 9 dans le mouillage ; nous y passâmes la nuit.

<small>Baie de la Cormorandiere.</small>

Le 29 à la pointe du jour nous sortîmes de la baie de la Cormorandiere, & nous naviguâmes à l'Ouest, aidés d'une marée très-forte. Nous passâmes entre deux îles d'une grandeur inégale que je nommai *les deux Sœurs*. Elles gissent Nord-Nord-Est & Sud Sud-Ouest avec le milieu du cap Forward, dont elles sont distantes d'environ trois lieues. Un peu plus loin nous nommâmes *Pain de sucre* une montagne de cette forme très-aisée à reconnoître, laquelle gît Nord-Nord-Est & Sud-Sud-Ouest avec la pointe la plus méridionale du même cap ; & à cinq heues environ de la Cormorandiere nous découvrîmes une belle baie avec un port superbe dans le fond ; une chûte d'eau remarquable qui tombe dans l'intérieur du port, m'engagea à les nommer *baie & port de la Cascade*. Le milieu de cette baie gît Nord-Est & Sud-Ouest avec le cap Forward. La sureté & la commodité de l'ancrage, la facilité de faire l'eau & le bois, n'y laissent rien à desirer.

<small>Baie & port de la Cascade.</small>

La cascade est formée par les eaux d'une petite riviere qui serpente dans la coupée de plusieurs montagnes fort élevées, & sa chûte peut avoir cinquante à soixante toises. J'ai monté au-dessus ; le terrein y est entremêlé de bosquets & de petites plaines d'une mousse courte & spongieuse ; j'y ai cherché & n'y ai point trouvé de traces du

<small>Description du pays.</small>

paſſage d'aucun homme; les Sauvages de cette partie ne quittent gueres les bords de la mer qui fourniſſent à leur ſubſiſtance. Au reſte toute la portion de la terre de Feu, compriſe depuis l'île Sainte-Elizabeth, ne me paroît être qu'un amas informe de groſſes îles inégales, élevées, montueuſes & dont les ſommets ſont couverts d'une neige éternelle. Je ne doute pas qu'il n'y ait entre elles un grand nombre de débouquemens à la mer. Les arbres & les plantes ſont les mêmes ici qu'à la côte des Patagons; & aux arbres près, le terrein y reſſemble aſſez à celui des îles Malouines.

Utilité des trois ports décrits précédemment.

Je joins ici la Carte particuliere que j'ai faite de cette intéreſſante partie de la côte des terres de Feu. Juſqu'à préſent on n'y connoiſſoit aucun mouillage, & les navires évitoient de l'approcher. La découverte des trois ports que je viens d'y décrire, facilitera la navigation de cette partie du détroit de Magellan. Le cap Forward en a toujours été un des points les plus redoutés des Navigateurs. Il n'eſt que trop ordinaire qu'un vent contraire & impétueux empêche de le doubler : il en a forcé pluſieurs de rétrograder juſqu'à la baie Famine. On peut aujourd'hui mettre à profit même les vents régnans. Il ne s'agit que de hanter la terre de Feu, & d'y gagner un des trois mouillages ci-deſſus, ce que l'on pourra preſque toujours faire en louvoyant dans un canal où il n'y a jamais de mer pour des vaiſſeaux. De-là toutes les bordées ſeront avantageuſes, & pour peu que l'on s'aide des marées qui recommencent ici à être ſenſibles, il ne ſera plus difficile de gagner le *port Galant*.

Nous paſſâmes dans le port de la Caſcade une nuit fort déſagréable. Il faiſoit grand froid, & la pluie tomba ſans interruption. Elle dura presque toute la journée du 30. A cinq heures du matin, nous sortîmes du port, & nous traversâmes à la voile avec un grand vent & une mer très-grosse pour notre foible embarcation. Nous ralliâmes le continent à-peu-près à égale distance du cap Holland & du cap Forward. Il n'étoit pas question de songer à y reconnoître la côte, trop heureux de la prolonger en faisant vent arriere, & portant une attention continuelle aux raffales violentes qui nous forçoient d'avoir toujours la drisse & l'écoute à la main. Il s'en fallut même très-peu qu'en traversant la baie Françoise, un faux coup de barre ne nous mît le canot sur la tête. Enfin j'arrivai à la frégate environ à dix heures du matin. Pendant mon absence, M. Duclos Guyot avoit déblayé ce que nous avions à terre, & tout disposé pour l'appareillage ; aussi nous commençâmes à desamarer dans l'après-midi.

Le 31 Décembre à quatre heures du matin, nous achevâmes de nous desamarer, & à six heures nous sortîmes de la baie en nous faisant remarquer par nos bâtimens à rame. Il faisoit calme ; à sept heures il se leva une brise du Nord-Est, qui se renforça dans la journée, & fut assez claire jusqu'à midi, le tems alors devint brumeux avec de la pluie. A onze heures & demie étant à mi-canal, nous découvrîmes & relevâmes *la Cascade* au Sud-Est, *le Pain de sucre* à l'Est-Sud-Est 5^d Sud, le *cap Forward* (1) à l'Est-quart-Nord-Est, *le cap Holland* (2) à Ouest-Nord-Ouest

Départ de la baie Bougainville.

---

(1) Depuis l'îlot de l'Observatoire jusqu'au cap Forward, il y a environ six lieues, & la côte court à-peu-près sur le Ouest-Sud-Ouest. Le détroit y a entre trois & quatre lieues de largeur.

(2) Dans l'espace d'environ cinq lieues qui sépare le cap Forward du cap Holland, il y a deux autres caps & trois anses peu profondes Je n'y connois aucun mouillage. La largeur du détroit y varie de trois à quatre lieues.

4 d Ouest. De midi à six heures du soir, nous doublâmes le cap Holland. Il ventoit peu, & la brise ayant molli sur le soir, le tems d'ailleurs étant fort sombre, je pris le parti d'aller mouiller dans la rade du port Galant, où nous ancrâmes à dix heures par 16 brasses d'eau, fond de gros gravier, sable & petit corail, ayant le cap Galant (1) au Sud-Ouest 3 d Ouest. Nous eûmes bientôt lieu de nous féliciter d'être logés : pendant la nuit, il y eut une pluie continuelle & grand vent de Sud-Ouest.

Mouillage dans la baie Fortescû.

1768. Janvier.

Nous commençâmes l'année 1768 dans cette baie nommée *baie Fortescû*, au fond de laquelle est le port Galant (2). Le plan de la baie & du port est fort exact dans M. de Gennes. Nous n'avons que trop eu le loisir de le vérifier, y ayant été enchaînés plus de trois semaines, avec des tems dont le plus mauvais hiver de Paris ne donne pas l'idée. Il est juste de faire un peu partager aux Lecteurs le désagrément de ces journées funestes, en ébauchant le détail de notre séjour ici.

Détails des contrariétés que nous y essuyons.

Mon premier soin fut d'envoyer visiter la côte jusqu'à la baie Elisabeth, & les îles dont le détroit de Magellan est ici parsemé ; nous appercevions du mouillage deux de ces îles, nommées par Narborough *Charles* & *Mont-*

---

(1) Le cap Holland & le cap Galant gissent entre eux Est 2 deg Sud & Ouest 2 deg. Nord, & la distance est d'environ huit lieues. Entre ces deux caps il y en a un autre moins avancé qui est le *cap Coventry*. On y place aussi plusieurs baies dont nous n'avons reconnu que la *baie Verte*, ou *baie Descardes*, qu'on a visitée par terre Elle est grande & profonde, mais il y paroit plusieurs hauts fonds.

(2) La baie de Fortescû peut avoir deux milles de largeur d'une pointe à l'autre, & un peu moins de profondeur, jusqu'à une presqu'île qui, partant de la côte de l'Ouest de la baie, s'étend dans l'Est-Sud-Est, & couvre un port bien à l'abri de tous les vents C'est le *port Galant*, lequel a un mille de profondeur dans l'Ouest-Nord-Ouest Sa largeur est de quatre à cinq cents pas. On trouve une rivière dans le fond du port, & deux autres à la côte du Nord-Est. Dans le milieu du port, il y a 4 à 5 brasses d'eau, fond de vaze & coquillages.

mouth.

mouth. Il a donné à celles qui font plus éloignées le nom d'*îles Royales*, & à la plus occidentale de toutes celui d'*île Rupert*. Les vents d'Ouest ne nous permettant pas d'appareiller, nous affourchâmes le 2 avec une ancre à jet. La pluie n'empêcha pas d'aller se promener à terre, où l'on rencontra les traces du passage & de la relâche de vaisseaux Anglois : sçavoir du bois nouvellement scié & coupé, des écorces du laurier épicé assez récemment enlevées, une étiquette en bois, telle que dans les arsenaux de marine on en met sur les pieces de filain & de toile, & sur laquelle on lisoit fort distinctement *Chatham Martch. 1766* : on trouva aussi sur plusieurs arbres des lettres initiales & des noms avec la date de 1767.

<small>Traces trouvées du passage des Anglois.</small>

M. Verron, qui avoit fait porter ses instrumens sur la presqu'île qui forme le port, y observa à midi avec un quart de cercle, 53^d 40′ 41″ de latitude australe. Cette observation jointe au relevement du cap Holland, pris d'ici, & au relevement du même cap Holland, fait le 16 Décembre sur la pointe du cap Forward, détermine à douze lieues la distance du port Galant au cap Forward. Il y observa aussi par l'azimuth la déclinaison de l'aiguille de 22^d 30′ 32″ Nord-Est, & son inclinaison du côté du pole élevé de 11^d 11′. Voilà les seules observations qu'il ait pû faire ici pendant près d'un mois, les nuits étant aussi affreuses que les jours. Il y avoit le 3 une belle occasion de déterminer la longitude de cette baie par le moyen d'une éclipse de lune qui commençoit ici à 10 heures 30′ du soir; mais la pluie, qui avoit été continuelle toute la journée, dura encore toute la nuit.

<small>Observations astronomiques & nautiques.</small>

Le 4 & le 5 suivans furent cruels ; de la pluie, de la neige, un froid très-vif, le vent en tourmente, c'étoit un tems pareil que décrivoit le Pſalmiſte en diſant: *nix, glando, glacies, ſpiritus procellarum.* J'avois envoyé le 3 un canot pour tâcher de découvrir un mouillage à la terre de Feu, & on y en avoit trouvé un fort bon dans le Sud-Oueſt des îles Charles & Montmouth; j'avois auſſi fait reconnoître quelle étoit dans le canal la direction des marées. Je voulois avec leur ſecours, & ayant la reſſource de mouillages connus, tant au Nord qu'au Sud, appareiller même avec vent contraire: mais il ne fut jamais aſſez maniable pour me le permettre. Au reſte, pendant tout le tems de notre ſéjour ici nous y remarquâmes conſtamment que le cours des marées dans cette partie du détroit, eſt le même que dans la partie des goulets, c'eſt-à-dire, que le flot porte à l'Eſt & l'Ebe à l'Oueſt.

Rencontre & deſcription des *Pecherais*.

Le 6 après-midi, il y avoit eu quelques inſtans de relâche, le vent même parut venir du Sud-Eſt, & déjà nous avions déſaffourché; mais au moment d'appareiller, le vent revint à Oueſt-Nord-Oueſt avec des raffales qui nous forcerent de réaffourcher auſſitôt. Ce jour-là nous eûmes à bord la viſite de quelques Sauvages. Quatre pirogues avoient paru le matin à la pointe du cap Galant, & après s'y être tenus quelques tems arrêtées, trois s'avancerent dans le fond de la baie, tandis qu'une voguoit vers la frégate. Après avoir héſité pendant une demi-heure, enfin elle aborda avec des cris redoublés de *Pecherais.* Il y avoit dedans un homme, une femme & deux enfans. La femme demeura à la garde de la pirogue, l'homme monta ſeul à bord avec aſſez de confiance, & d'un air fort gai. Deux autres pirogues ſuivirent l'exemple de la premiere, & les hommes entrerent dans la frégate avec les enfans. Bientôt ils y furent fort à leur aiſe. On les fit chanter, danſer, entendre des instrumens, & sur-tout manger, ce dont ils s'acquitterent avec grand appétit. Tout leur étoit bon ; pain, viande salée, suif, ils dévoroient ce qu'on leur présentoit. Nous eûmes même assez de peine à nous débarasser de ces hôtes dégoûtans & incommodes, & nous ne pûmes les déterminer à rentrer dans leurs pirogues qu'en y faisant porter à leurs yeux des morceaux de viande salée. Ils ne témoignerent aucune surprise ni à la vûe des navires, ni à celle des objets divers qu'on y offrit à leurs regards ; c'est sans doute que pour être surpris de l'ouvrage des arts, il en faut avoir quelques idées élémentaires. Ces hommes bruts traitoient les chefs-d'œuvre de l'industrie humaine, comme ils traitent les loix de la nature & ses phénomènes. Pendant plusieurs jours que cette bande passa dans le port Galant, nous la revîmes souvent à bord & à terre.

Ces Sauvages sont petits, vilains, maigres, & d'une puanteur insupportable. Ils sont presque nuds, n'ayant pour vêtement que de mauvaises peaux de loups marins trop petites pour les envelopper, peaux qui servent également & de toits à leurs cabanes & de voiles à leurs pirogues. Ils ont aussi quelques peaux de guanaques, mais en fort petite quantité. Leurs femmes sont hideuses & les hommes semblent avoir pour elles peu d'égards. Ce sont elles qui voguent dans les pirogues, & qui prennent soin de les entretenir, au point d'aller à la nâge, malgré le froid, vuider l'eau qui peut y entrer dans les goemons qui servent de port à ces pirogues assez loin du rivage; à terre, elles ramassent le bois & les coquillages, sans que les hommes prennent aucune part au travail. Les femmes même qui ont des enfans à la mammelle, ne sont pas exemptes de ces corvées. Elles portent sur le dos les enfans pliés dans la peau qui leur sert de vêtement.

Leurs pirogues font d'écorces mal liées avec des joncs & de la mousse dans les coutures. Il y a au milieu un petit foyer de sable où ils entretiennent toujours un peu de feu. Leurs armes font des arcs faits, ainsi que les fleches, avec le bois d'une épinevinette à feuille de hou, qui est commune dans le détroit, la corde est de boyau & les fleches sont armées de pointes de pierre, taillées avec assez d'art ; mais ces armes sont plutôt contre le gibier que contre des ennemis : elles sont aussi foibles que les bras destinés à s'en servir. Nous leur avons vu de plus des os de poisson longs d'un pied, aiguisés par le bout & dentelés sur un des côtés. Est-ce un poignard ? je crois plutôt que c'est un instrument de pêche. Ils l'adaptent à une longue perche, & s'en servent en maniere de harpon. Ces Sauvages habitent pêle-mêle, hommes, femmes & enfans, dans les cabanes au milieu desquelles est allumé le feu. Ils se nourrissent principalement de coquillages ; cependant ils ont des chiens & des lacs faits de barbe de baleine. J'ai observé qu'ils avoient tous les dents gâtées, & je crois qu'on en doit attribuer la cause à ce qu'ils mangent les coquillages brûlans, quoique à moitié cruds.

Au reste, ils paroissent assez bonnes gens, mais ils sont si foibles, qu'on est tenté de ne pas leur en sçavoir gré. Nous avons cru remarquer qu'ils sont superstitieux & croient à des génies malfaisans, aussi chez eux les mêmes hommes qui en conjurent l'influence sont en même-tems médecins & prêtres. De tous les Sauvages que j'ai vus dans ma vie, les Pecherais sont le plus dénués de tout : ils sont exactement dans ce qu'on peut appeller l'état de nature ; & en vérité si l'on devoit plaindre le sort d'un homme libre & maître de lui-même, sans devoirs & sans affaires, content de ce qu'il a parce qu'il ne connoît pas mieux, je plaindrois ces hommes qui, avec la privation de ce qui rend la vie commode, ont encore à souffrir la dureté du plus affreux climat de l'Univers. Ces Pecherais forment aussi la société d'hommes la moins nombreuse que j'aye rencontré dans toutes les parties du monde, cependant, comme on en verra la preuve un peu plus bas, on trouve parmi eux des charlatans. C'est que dès qu'il y a ensemble plus d'une famille, & j'entends par famille, pere, mere & enfans, les intérêts deviennent compliqués; les individus veulent dominer ou par la force ou par l'imposture. Le nom de famille se change alors en celui de société, & fût-elle établie au milieu des bois, ne fût-elle composée que de cousins germains, un esprit attentif y découvrira le germe de tous les vices auxquels les hommes rassemblés en nations ont, en se policant, donné des noms, vices qui font naître, mouvoir & tomber les plus grands empires. Il s'ensuit du même principe que dans les sociétés, dites policées, naissent des vertus dont les hommes, voisins encore de l'état de nature, ne sont pas susceptibles.

Le 7 & le 8 furent si mauvais qu'il n'y eût pas moyen de sortir du bord; nous chassâmes même dans la nuit & fûmes obligés de mouiller une ancre du bossoir. Il y eut dans des instans jusqu'à quatre pouces de neige sur notre pont; & le jour naissant nous montra que toutes les terres en étoient couvertes, excepté le plat pays dont l'humidité empêche la neige de s'y conserver. Le thermometre fut à 5, 4, barisa même jusqu'à deux degrés au-dessus de la congellation. Le tems fut moins mauvais le 9 après-midi. Les Pecherais s'étoient mis en chemin pour venir à bord. Ils avoient même fait une grande toilette, c'est-à-dire, qu'ils s'étoient peint tout le corps de taches rouges & blanches: mais voyant nos canots partir du bord, & voguer vers leurs cabanes, ils les suivirent, une seule pirogue fut à bord de *L'Etoile*. Elle y resta peu de tems & vint rejoindre aussitôt les autres, avec lesquels nos Messieurs étoient en grande amitié. Les femmes cependant étoient toutes retirées dans une même cabane, & les Sauvages paroissoient mécontens, lorsqu'on y vouloit entrer. Ils invitoient au contraire à venir dans les autres, où ils offrirent à ces Messieurs des moules qu'ils suçoient avant que de les présenter. On leur fit de petits présens qui furent acceptés de bon cœur. Ils chanterent, danserent, & témoignerent plus de gaieté que l'on n'auroit cru en trouver chez des hommes sauvages, dont l'extérieur est ordinairement sérieux.

Accident funeste qui arrive à l'un d'eux.

Leur joie ne fut pas de longue durée. Un de leurs enfans, âgé d'environ douze ans, le seul de toute la bande dont la figure fût intéressante à nos yeux, fut saisi tout d'un coup d'un crachement de sang accompagné de violentes convulsions. Le malheureux avoit été à bord de l'Etoile où on lui avoit donné des morceaux de verre & de glace, ne prévoyant pas le funeste effet qui devoit suivre ce présent. Ces Sauvages ont l'habitude de s'enfoncer dans la gorge & dans les narines de petits morceaux de talc. Peut-être la superstition attache-t-elle chez eux quelque vertu à cette espece de talisman, peut-être le regardent-ils comme un préservatif à quelque incommodité à laquelle ils sont sujets. L'enfant avoit vraisemblablement fait le même usage du verre. Il avoit les levres, les gencives & le palais coupés en plusieurs endroits, & rendoit le sang presque continuellement.

Cet accident répandit la consternation & la méfiance. Ils nous soupçonnerent sans doute de quelque maléfice; car la premiere action du jongleur qui s'empara aussi-tôt de l'enfant, fut de le dépouiller précipitamment d'une casaque de toile qu'on lui avoit donnée. Il voulut la rendre aux François; & sur le refus qu'on fit de la reprendre, il la jetta à leurs pieds. Il est vrai qu'un autre Sauvage, qui sans doute aimoit plus les vêtemens qu'il ne craignoit les enchantemens, la ramassa aussi-tôt.

Le jongleur étendit d'abord l'enfant sur le dos dans une des cabanes, & s'étant mis à genoux entre ses jambes, il se courboit sur lui, & avec la tête & les deux mains, il lui pressoit le ventre de toute sa force, criant continuellement sans qu'on pût distinguer rien d'articulé dans ses cris. De tems en tems il se levoit, & paroissant tenir le mal dans ses mains jointes, il les ouvroit tout d'un coup en l'air en soufflant comme s'il eût voulu chasser quelque mauvais esprit. Pendant cette cérémonie, une vieille femme en pleurs hurloit dans l'oreille du malade à le rendre sourd. Ce malheureux cependant paroissoit souffrir autant du remede que de son mal. Le jongleur lui donna quelque treve pour aller prendre sa parure de cérémonie; ensuite les cheveux poudrés & la tête ornée de deux ailes blanches assez semblables au bonnet de Mercure, il recommença ses fonctions avec plus de confiance & tout aussi peu de succès. L'enfant alors paroissant plus mal, notre Aumônier lui administra furtivement le batême.

Les Officiers étoient revenus à bord & m'avoient raconté ce qui se passoit à terre. Je m'y transportai aussi-tôt avec M. de la Porte, notre Chirurgien major, qui fit apporter un peu de lait & de la tisanne émolliente. Lorsque nous arrivâmes le malade étoit hors de la cabane; le jongleur, auquel il s'en étoit joint un autre, paré des mêmes ornemens, avoit recommencé son opération sur le ventre, les cuisses, & le dos de l'enfant. C'étoit pitié de les voir martyriser cette infortunée créature qui souffroit sans se plaindre. Son corps étoit déja tout meurtri & les Médecins continuoient encore ce barbare remede avec force conjurations. La douleur du pere & de la mere, leurs larmes, l'intérêt vif de toute la bande, intérêt manifesté par des signes non équivoques, la patience de l'enfant nous donnerent le spectacle le plus attendrissant. Les Sauvages s'apperçurent sans doute que nous partagions leur peine, du-moins leur méfiance sembla-t-elle diminuée. Ils nous laisserent approcher du malade & le Major examina sa bouche ensanglantée que son pere & un autre Pécherais suçoient alternativement. On eut beaucoup de peine à leur persuader de faire usage du lait; il fallut en goûter plusieurs fois &, malgré l'invincible opposition des jongleurs, le pere enfin se détermina à en faire boire à son fils, il accepta même le don de la caffetiere pleine de tisanne émolliente. Les jongleurs témoignoient de la jalousie contre notre Chirurgien qu'ils parurent cependant à la fin reconnoître pour un habile jongleur. Ils ouvrirent même pour lui un sac de cuir qu'ils portent toujours pendu à leur côté & qui contient leur bonnet de plume, de la poudre blanche, du talc & les autres instrumens de leur art; mais à peine y eut il jetté les yeux, qu'ils le refermerent aussitôt. Nous remarquâmes aussi que tandis qu'un des jongleurs travailloit à conjurer le mal du patient, l'autre ne sembloit occupé qu'à prévenir par ses enchantemens l'effet du mauvais sort qu'ils nous soupçonnoient d'avoir jetté sur eux. Nous

Nous retournâmes à bord à l'entrée de la nuit, l'enfant souffroit moins ; toutefois un vomissement presque continuel qui le tourmentoit, nous fit appréhender qu'il ne fût passé du verre dans son estomac. Nous eûmes ensuite lieu de croire que nos conjectures n'avoient été que trop justes. Vers les deux heures après minuit on entendit du bord des hurlemens répétés ; & dès le point du jour, quoiqu'il fît un tems affreux, les Sauvages appareillerent. Ils fuyoient sans doute un lieu souillé par la mort & des étrangers funestes qu'ils croyoient n'être venus que pour les détruire. Jamais ils ne purent doubler la pointe occidentale de la baie ; dans un instant plus calme ils remirent à la voile, un grain violent les jetta au large & dispersa leurs foibles embarcations. Combien ils étoient empressés à s'éloigner de nous ! Ils abandonnerent sur le rivage une de leurs pirogues qui avoit besoin d'être réparée, *Saus est gentem effugisse nefandam.* Ils ont emporté de nous l'idée d'êtres malfaisans ; mais qui ne leur pardonneroit le ressentiment dans cette conjoncture ? Quelle perte en effet pour une société aussi peu nombreuse qu'un adolescent échappé à tous les hazards de l'enfance !

Le vent d'Est souffla avec furie & presque sans interruption jusqu'au 13 que le jour fut assez doux ; nous eûmes même dans l'après-midi quelque espérance d'appareiller. La nuit du 13 au 14 fut calme. A deux heures & demie du matin nous avions desaffourché & viré à pic ; il fallut réaffourcher à six heures, & la journée fut cruelle. Le 15 il fit soleil presque tout le jour, mais le vent fut trop fort pour que nous pussions sortir.

Le 16 au matin il faisoit presque calme, la fraîcheur vint ensuite du Nord, & nous appareillâmes avec la ma-

Continuation du mauvais tems.

Danger que court la frégate.

rée favorable ; elle baiſſoit alors & portoit dans l'Oueſt. Les vents ne tarderent pas à revenir à Oueſt & Oueſt-Sud-Oueſt, & nous ne pûmes jamais avec la bonne marée gagner l'*île Rupert*. La frégate marchoit très-mal, dérivoit outre meſure, & l'Etoile avoit ſur nous un avantage incroyable. Nous reſtâmes tout le jour ſur les bords entre l'île Rupert & une pointe du continent qu'on nomme *la pointe du Paſſage*, pour attendre le juſſant avec lequel j'eſpérois gagner ou le mouillage de *la baie Dauphine* à l'*île de Louis le Grand*, ou celui de *la baie Elizabeth* (1). Mais comme nous perdions à louvoyer, j'envoyai un canot ſonder dans le Sud-Eſt de l'île Rupert, avec intention d'y aller mouiller juſqu'au retour de la marée favorable. Le canot ſignala un mouillage & y reſta ſur ſon grapin ; mais nous en étions déja tombés beaucoup ſous le vent. Nous courûmes un bord à terre pour tâcher de le gagner en revirant ; la frégate refuſa deux fois de prendre vent devant, il fallut virer vent arriere ; mais au moment où, à l'aide de la manœuvre & de nos bateaux, elle commença à arriver, la force de la marée la fit revenir au vent : un courant violent nous avoit déja entraînés à une demi-encablure de terre ; je fis mouiller ſur 8 braſſes de fond : l'ancre tombée ſur des roches chaſſa, ſans que la proximité où nous étions de

(1) Depuis le cap Galant juſqu'à la baie Eliſabeth, la côte court à-peu-près ſur le Oueſt-Nord-Oueſt, & la diſtance de l'un à l'autre peut être de quatre lieues. Dans cet intervalle il n'y a point de mouillage à la côte du continent. Le fond y eſt trop conſidérable, même tout à terre. La baie Eliſabeth eſt ouverte au Sud-Oueſt, elle a trois quarts de lieue entre ſes pointes, & à-peu-près autant de profondeur. La côte du fond de la baie eſt ſabloneuſe, ainſi que celle du Sud-Eſt. Dans ſa partie ſeptentrionale regne une bâture qui ſe prolonge aſſez au large. Le bon mouillage dans cette baie eſt par 9 braſſes, fond de ſable, gravier & corail, & par les marques ſuivantes, la pointe Eſt de la baie au Sud-Sud-Eſt 5 deg. Eſt ; ſa pointe Oueſt à Oueſt-quart-Nord-Oueſt ; la pointe Eſt de *l'île de Louis-le-Grand*, au Sud-Sud-Oueſt 5 d. Sud ; la bâture au Nord-Oueſt-quart-Nord.

la terre, permit de filer du cable; déja nous n'avions plus que 3 brasses & demie d'eau sous la poupe, & nous n'étions qu'à trois longueurs de navire de la côte, lorsqu'il en vint une petite brise; nous fîmes aussi-tôt servir nos voiles, & la frégate s'abattit; tous nos bateaux & ceux de l'Etoile venus à notre secours, étoient devant elle à la remorquer; nous filions le cable sur lequel on avoit mis une bouée, & il y en avoit près de la moitié dehors, lorsqu'il se trouva engagé dans l'entrepont & fit faire tête à la frégate qui courut alors le plus grand danger. On coupa le cable, & la promptitude de la manœuvre sauva le bâtiment. La brise ensuite se renforça, & après avoir encore couru deux bords inutilement, je pris le parti de retourner dans la baie du port Galant, où nous mouillâmes à huit heures du soir par 20 brasses d'eau fond de vaze. Nos bateaux que j'avois laissés pour lever notre ancre, revinrent à l'entrée de la nuit avec l'ancre & le cable. Nous n'avions donc eu cette apparence de beau tems que pour être livrés à des alarmes cruelles.

La journée qui suivit fut plus orageuse encore que toutes les précédentes. Le vent élevoit dans le canal des tourbillons d'eau à la hauteur des montagnes, nous en voyons quelquefois plusieurs en même tems courir dans des directions opposées. Le tems parut s'adoucir vers les dix heures, mais à midi un coup de tonnere, le seul que nous ayons entendu dans le détroit, fut comme le signal auquel le vent recommença avec plus de furie encore que le matin; nous chassâmes & fûmes contraints de mouiller notre grande ancre & d'amener basses vergues & mâts de hune. Cependant les arbustes & les plantes étoient en

Ouragan violent.

fleurs, & les arbres offroient une verdure affez brillante ; mais qui ne fuffifoit pas pour diffiper la triftefſe qu'avoit répandue fur nous le coup d'œil continué de cette région funefte. Le caractere le plus gai feroit flétri dans ce climat affreux que fuient également les animaux de tous les élémens , & où languit une poignée d'hommes que notre commerce venoit de rendre encore plus infortunés.

Affertion difcutée fur le canal de la Sainte-Barbe.

Il y eut le 18 & le 19 des intervalles dans le mauvais tems ; nous relevâmes notre grande ancre, virâmes nos baffes vergues & mâts de hune, & j'envoyai le canot de l'Etoile que fa bonté rendoit capable de fortir prefque de tout tems, pour reconnoître l'entrée du *canal de la Sainte-Barbe*. Suivant l'extrait que donne M. Frezier du Journal de M. Marcant qui l'a découvert & y a paffé, ce canal devoit être dans le Sud-Ouefſt & Sud-Ouefſt-quart-Sud de la baie Elizabeth. Le canot fut de retour le 20, & M. Landais, qui le commandoit, me rapporta qu'ayant fuivi la route & les remarques indiquées par l'extrait du Journal de M. Marcant, il n'avoit point trouvé de débouquement, mais feulement un canal étroit terminé par des banquifes de glace & la terre, canal d'autant plus dangereux à fuivre, qu'il n'y a dans la route aucun bon mouillage & qu'il eft traverfé prefque dans fon milieu par un banc couvert de moules. Il fit enfuite le tour de l'île de *Louis le Grand* par le Sud & rentra dans le canal de Magellan, fans en avoir trouvé aucun autre. Il avoit vu feulement à la terre de Feu une affez belle baie, la même fans doute que celle à laquelle Beauchefne donne le nom de *la Nativité*. Au refte, en faifant le Sud-Ouefſt & Sud-Ouefſt-quart-Sud à la fortie de la baie Elizabeth, comme M. Frezier marque que le fit Marcant, on couperoit en deux l'île de Louis le Grand.

Ce rapport me fit penser que le vrai canal de la Sainte-Barbe étoit vis-à-vis la baie même où nous étions. Du haut des montagnes qui entourent le port Galant, nous avions souvent découvert dans le Sud des îles *Charles* & *Montmouth* un vaste canal semé d'îlots qu'aucune terre ne bornoit au Sud ; mais comme en même tems on appercevoit une autre ouverture dans le Sud de l'île de Louis le Grand, on la prenoit pour le canal de la Sainte-Barbe, ce qui étoit plus conforme au récit de Marcant. Dès qu'on fut assuré que cette ouverture n'étoit qu'une baie profonde, nous ne doutâmes plus que le canal de la Sainte-Barbe ne fût vis-à-vis le port Galant dans le Sud des îles Charles & Montmouth. En effet, en relisant le passage de M. Frezier, & le combinant sur la carte qu'il donne du détroit, nous vimes que M. Frezier, d'après la rapport de Marcant, place la baie Elizabeth de laquelle appareilla ce dernier pour entrer dans son canal, à dix ou douze lieues du cap Forward. Marcant aura donc pris pour la baie Elizabeth *la baie Descordes* qui est effectivement à onze lieues du cap Forward, puisqu'elle est à une lieue dans l'Est du port Galant ; appareillant de cette baie & faisant le Sud-Ouest & Sud-Ouest-quart-Sud, il a rangé la pointe orientale des îles Charles & Montmouth, dont il a pris la masse pour l'île de Louis le Grand, erreur dans laquelle tombera facilement tout navigateur qui ne sera pas pourvu de bons mémoires, & il a débouqué par le canal semé d'îles dont nous avons eu la perspective du haut des montagnes.

La connoissance parfaite du canal de la Sainte-Barbe seroit d'autant plus intéressante qu'elle abrégeroit considé-

Utilité à retirer de la connoissance du canal Sainte-Barbe.

rablement le passage du détroit de Magellan. Il n'est pas fort long de parvenir jusqu'au port Galant; le point le plus épineux, avant que d'y arriver, est de doubler le cap Forward, ce que la découverte de trois ports à la terre de Feu rend à-présent assez facile : une fois rendus au port Galant, si les vents défendent le canal ordinaire, pour peu qu'ils prennent du Nord, on auroit le débouquement ouvert vis-à-vis de ce port ; vingt-quatre heures alors suffisent pour entrer dans la mer du Sud. J'avois intention d'envoyer deux canots dans ce canal, que je crois fermement être celui de la Sainte-Barbe, lesquels auroient rapporté la solution complette du problême. Le gros tems ne me l'a pas permis.

{Coup de vent de la plus grande force.} Le 21, le 22 & le 23 les raffales, la neige & la pluie furent presque continuels. Dans la nuit du 21 au 22 il y avoit eu un intervalle de calme ; il sembla que le vent ne nous donnoit ce moment de repos que pour rassembler toute sa furie & fondre sur nous avec plus d'impétuosité. Un ouragan affreux vint tout d'un coup de la partie du Sud-Sud-Ouest, & souffla de manière à étonner les plus anciens marins. Les deux navires chasserent, il fallut mouiller la grande ancre, amener basses vergues & mâts de hune, notre artimon fut emporté sur ses cargues. Cet ouragan ne fut heureusement pas long. Le 24 le tems s'adoucit, il fit même beau soleil & calme, & nous nous remîmes en état d'appareiller. Depuis notre rentrée au port Galant nous y avions pris quelques tonneaux de lest & changé notre arrimage pour tâcher de retrouver la marche de la frégate; nous réussîmes à lui en rendre une partie. Au reste toutes les fois qu'il faudra naviguer au milieu des courans, on éprouvera toujours beaucoup de difficultés à manœuvrer des bâtimens auſſi longs que le ſont nos frégates.

Le 25 à une heure après minuit nous deſaffourchâmes & virâmes à pic; à trois heures nous appareillâmes en nous faiſant remorquer par nos bâtimens à rames, la fraîcheur venoit du Nord; à cinq heures & demie la briſe ſe décida de l'Eſt, & nous mîmes tout dehors perroquets & bonnetes, voilure dont il eſt bien rare de pouvoir ſe ſervir ici. Nous paſſâmes à mi-canal, ſuivant les ſinuoſités de cette partie du détroit que Narborough nomme avec raiſon *le bras tortueux*. Entre *les îles Royales* & le continent le détroit peut avoir deux lieues; il n'y a pas plus d'une lieue de canal entre *l'île Rupert* & *la pointe du paſſage*, enſuite une lieue & demie entre l'île de Louis le Grand & la baie Elizabeth, ſur la pointe orientale de laquelle il y a une bâture couverte de goemons qui avance un quart de lieue au large. *Sortie de la baie Forteſcû.*

Depuis la baie Elizabeth la côte court ſur le Oueſt-Nord-Oueſt pendant environ deux lieues juſqu'à la riviere que Narborough appelle *Batchelor* & Beaucheſne *du Maſſacre*, à l'embouchure de laquelle il y a un mouillage. Cette riviere eſt facile à reconnoître, elle ſort d'une vallée profonde, à l'Oueſt elle a une montagne fort élevée, ſa pointe occidentale eſt baſſe & couverte de bois, & la côte y eſt ſablonneuſe. De la riviere du Maſſacre à l'entrée du *faux détroit* ou *canal Saint-Jérôme*, j'eſtime trois lieues de diſtance, & le giſſement eſt le Nord Oueſt-quart-Oueſt. L'entrée de ce canal paroît avoir une demi-lieue de largeur, & dans le fond on voit les terres revenir vers le Nord. Quand on eſt par le travers de la riviere du Maſſacre, l'on n'apperçoit que ce faux détroit, & il eſt facile de le prendre pour le véritable, ce qui même nous arriva, *Deſcription du détroit depuis le cap Galant juſqu'au débouquement.*

parce que la côte alors revient fur l'Oueft-quart-Sud-Oueft & l'Oueft-Sud-Oueft jufqu'au *cap Quade*, qui s'avançant beaucoup paroît croifé avec la pointe occidentale de l'île Louis le Grand, & ne laiffe point appercevoir de débouché. Au refte une route fûre pour ne pas manquer le véritable canal, eft de fuivre toujours la côte de l'île de Louis le Grand qu'on peut ranger de près fans aucun danger. La diftance du canal S. Jérôme au cap Quade eft d'environ quatre lieues, & ce cap gît Eft-quart-Nord-Eft-2d.-Eft & Oueft-quart-Sud-Oueft-2d.-Oueft avec la pointe occidentale de l'île de Louis le Grand.

Cette île peut avoir quatre lieues de longueur. Sa côte feptentrionale court fur l'Oueft Nord-Oueft jufqu'à *la baie Dauphine*, dont la profondeur eft d'environ deux milles fur une demi-lieue d'ouverture ; elle court enfuite fur l'Oueft jufqu'à fon extrémité occidentale nommée *cap S. Louis*. Comme, après avoir reconnu notre erreur au fujet du faux détroit, nous rangeâmes l'île de Louis le Grand à un mille d'éloignement, nous reconnûmes fort diftinctement *le port Phelippeaux* qui nous parut une anfe fort commode & bien à l'abri. A midi le cap Quad nous reftoit à l'Oueft-quart-Sud-Oueft-2d.-Sud deux lieues, & le cap Saint-Louis à l'Eft-quart-Nord-Eft environ deux lieues & demie. Le beau tems continua le refte du jour, & nous cinglâmes toutes voiles hautes.

Depuis le cap Quad le détroit s'avance dans l'Oueft-Nord-Oueft & Nord-Oueft-quart-Oueft fans détour fenfible, ce qui lui a fait donner le nom de *longue rue*. La figure du cap Quad eft remarquable. Il eft compofé de rochers efcarpés, dont ceux qui forment fa tête chenue, ne reffemblent pas mal à d'antiques ruines. Jufqu'à lui les côtes

font

sont par-tout boisées & la verdure des arbres adoucit l'aspect des cîmes gelées des montagnes. Le cap Quad doublé, le pays change de nature. Le détroit n'est plus bordé des deux côtés que par des rochers arides sur lesquels il n'y a pas apparence de terre. Leur sommet élevé est toujours couvert de neige, & les vallées profondes son remplies par d'immenses amas de glaces dont la couleur atteste l'antiquité. Narborough, frappé de cet horrible aspect, nomma cette partie *la Désolation du Sud*, aussi ne sauroit-on rien imaginer de plus affreux.

Lorsqu'on est par le travers du cap Quad, la côte des terres de Feu paroît terminée par un cap avancé qui est le cap *Mundai*, lequel j'estime être à quinze lieues du cap Quad. A la côte du continent on apperçoit trois caps auxquels nous avons imposé des noms. Le premier que sa figure nous fit nommer *cap Fendu*, est à cinq lieues environ du cap Quad, entre deux belles baies où l'ancrage est très-sûr, si le fond y est aussi bon que l'abri. Les deux autres caps ont reçu les noms de nos vaisseaux, le *cap de l'Etoile* à trois lieues dans l'Ouest du cap Fendu, & le *cap de la Boudeuse* dans le même gissement & la même distance avec celui de l'Etoile. Toutes ces terres sont hautes & escarpées; l'une & l'autre côte paroît saine & garnie de bons mouillages, mais heureusement le vent favorable pour notre route, ne nous a pas laissé le tems de les sonder. Le détroit dans la longue rue, peut avoir deux lieues de largeur; il se rétrecit vis-à-vis le cap Mundai, où le canal n'a guères plus de quatre milles.

A neuf heures du soir, nous étions environ à trois lieues *Nuit critique.*
dans l'Est-quart-Sud-Est & l'Est-Sud-Est du cap Mundai.
Le vent soufflant toujours de l'Est grand frais, & le tems

Y

étant beau, je réfolus de continuer à faire route à petites voiles pendant la nuit. Nous ferrâmes les bonetes, & fîmes les ris dans les huniers. Vers dix heures du foir, le tems commença à s'embrumer, & le vent renforça tellement que nous fûmes contraints d'embarquer nos bateaux. Il plut beaucoup, & la nuit devint fi noire à onze heures, que nous perdîmes la terre de vûe. Une demiheure après, m'eftimant par le travers du cap Mundai, je fis fignal de mettre en panne, ftribord au vent, & nous paffâmes ainfi le refte de la nuit, éventant ou mafquant, fuivant que nous nous eftimions trop près de l'une ou de l'autre côte. Cette nuit a été une des plus critiques de tout le voyage.

A trois heures & demie l'aube matinale nous découvrit la terre, & je fis fervir. Nous gouvernâmes à Oueft-quart-Nord-Oueft jufqu'à huit heures, & de huit heures à midi entre l'Oueft-quart-Nord-Oueft & l'Oueft-Nord-Oueft. Le vent étoit toujours à l'Eft petit frais très-brumeux ; de tems en tems nous appercevions quelque partie de la côte, plus fouvent nous la perdions de vûe tout-à-fait. Enfin à midi nous eûmes connoiffance du *cap des Piliers* & *des Evangéliftes*. On ne voyoit ces derniers que du haut des mâts. A mefure que nous avancions du côté du cap des Piliers, nous découvrions avec joie un horizon immenfe qui n'étoit plus borné par les terres, & une groffe lame du Oueft nous annonçoit le grand Océan. Le vent ne refta pas à l'Eft, il paffa à Oueft-Sud-Oueft, & nous courûmes au Nord-Oueft jufqu'à deux heures & demie que nous relevâmes le *cap des Victoires* au Nord-Oueft, & le cap des Piliers au Sud 3 ᵈ Oueft.

Sortie du dé-   Lorfqu'on a dépaffé le cap Mundai, la côte feptentrionale se courbe en arc, & le canal s'ouvre jusqu'à quatre, cinq & six lieues de largeur. Je compte environ seize lieues du cap Mundai au cap des Piliers qui termine la côte méridionale du détroit. La direction du canal entre ces deux caps est le Ouest-quart-Nord-Ouest. La côte du Sud y est haute & escarpée, celle du Nord est bordée d'îles & de rochers qui en rendent l'approche dangereuse: il est plus prudent de ranger la partie méridionale. Je ne sçaurois rien dire de plus sur ces dernieres terres ; à peine les avons-nous vues dans quelques courts intervalles pendant lesquels la brume nous permettoit d'en appercevoir des portions. La derniere terre dont on ait la vûe à la côte du Nord est le *cap des Victoires*, lequel paroît être de médiocre hauteur, ainsi que le *cap Désiré* qui est en dehors du détroit à la terre de Feu, environ à deux lieues dans le Sud-Ouest du cap des Piliers. La côte entre ces deux caps est bordée, à près d'une lieue au large, de plusieurs îlots ou brisans connus sous le nom des *douze Apôtres*.

Le cap des Piliers est une terre très-élevée, ou plutôt une grosse masse de rochers, qui se termine par deux roches coupées en forme de tours, inclinées sur le Nord-Ouest, & qui font la pointe du cap. A six ou sept lieues dans le Nord-Ouest de ce cap, on voit quatre îlots nommés *les Evangélistes;* trois sont ras : le quatrieme, qui a la figure d'un meulon de foin, est assez éloigné des autres. Ils sont dans le Sud-Sud-Ouest & à quatre ou cinq lieues du cap des Victoires. Pour sortir du détroit, on peut en passer indifféremment au Nord ou au Sud ; je conseillerois d'en passer au Sud, si l'on vouloit y rentrer. Il convient aussi alors de ranger la côte méridionale : celle du Nord est bordée d'îlots, & pa-

troit, & description de cette partie.

Y ij

roît coupée par de grandes baies qui pourroient occafionner des erreurs dangereufes.

Depuis deux heures après-midi les vents varierent du Oueſt-Sud-Oueſt au Oueſt-Nord-Oueſt, grand frais ; nous louvoyâmes juſqu'au coucher du ſoleil, toutes voiles hautes, afin de doubler les douze Apôtres. Nous eûmes affez long-tems la crainte de n'en pas venir à bout, & d'être forcés à paſſer encore la nuit dans le détroit, ce qui nous y eût pu retenir encore plus d'un jour. Mais vers ſix heures du ſoir, les bordées adonnerent ; à ſept heures le cap des Piliers étoit doublé, à huit heures nous étions entiérement dégagés des terres, & un bon vent de Nord nous faiſoit avancer à pleines voiles dans la mer occidentale. Nous fîmes alors un relevement d'où je pris mon

<small>Point de départ du détroit de Magellan.</small>

point de départ par ... 52 ^d 50 ′ de latitude auſtrale, & ... 79 ^d 9 ′ de long. occ. de Paris.

C'eſt ainſi qu'après avoir eſſuyé pendant vingt-ſix jours, au port Galant, des tems conſtamment mauvais & contraires, trente-ſix heures d'un bon vent, tel que jamais nous n'euſſions oſé l'eſpérer, ont ſuffi pour nous amener dans la mer Pacifique ; exemple que je crois être unique, d'une navigation ſans mouillage depuis le port Galant juſqu'au débouquement.

<small>Obſervations générales ſur cette navigation.</small>

J'eſtime la longueur entiere du détroit, depuis le cap des Vierges juſqu'au cap des Piliers d'environ cent quatorze lieues. Nous avons employé cinquante-deux jours à les faire. Je répéterai ici que depuis le cap des Vierges juſqu'au cap Noir, nous avons obſervé conſtamment que le flot porte dans l'Eſt, & le Juſſant ou l'Ebe, dans l'Oueſt, & que les marées y ſont très-fortes ; qu'elles ne ſont pas à beaucoup près aussi rapides depuis le cap Noir jusqu'au port Galant, & que leurs cours y est irrégulier ; qu'enfin, depuis le port Galant jusqu'au cap Quade, les courans sont violens, que nous ne les avons pas trouvés fort sensibles depuis ce cap jusqu'à celui des Piliers; mais que dans toute cette partie, depuis le port Galant, les eaux sont assujetties à la même loi qui les meut depuis le cap des Vierges : c'est-à-dire que le flot y court vers la mer de l'Est, & l'Ebe vers celle de l'Ouest. Je dois en même tems avertir que cette assertion sur la direction des marées dans le détroit de Magellan, est absolument contraire à ce que les autres Navigateurs disent y avoir observé à cet égard. Ce ne seroit cependant pas le cas d'avoir chacun son avis.

Au reste combien de fois n'avons-nous point regretté de ne pas avoir les Journaux de Narborough & de Beauchesne, tels qu'ils sont sortis de leurs mains, & d'être obligés de n'en consulter que des extraits défigurés : outre l'affectation des Auteurs de ces extraits à retrancher tout ce qui peut n'être qu'utile à la navigation, s'il leur échappe quelque détail qui y ait trait, l'ignorance des termes de l'art dont un marin est obligé de se servir, leur fait prendre, pour des mots vicieux, des expressions nécessaires & consacrées, qu'ils remplacent par des absurdités. Tout leur but est de faire un ouvrage agréable aux femmelettes des deux sexes, & leur travail aboutit à composer un livre ennuyeux à tout le monde, & qui n'est utile à personne.

Malgré les difficultés que nous avons essuyées dans le passage du détroit de Magellan, je conseillerai toujours de préférer cette route à celle du cap de Horn depuis le mois de Septembre jusqu'à la fin de Mars. Pendant les autres

Conclusion qu'on en tire.

mois de l'année, quand les nuits font de feize, dix-fept, & dix-huit heures, je prendrois le parti de paffer à mer ouverte. Le vent de bout & la groffe mer ne font pas des dangers, au lieu qu'il n'eft pas fage de fe mettre dans le cas de naviguer à tâton entre des terres. On fera fans doute retenu quelque tems dans le détroit, mais ce retard n'eft pas en pure perte. On y trouve en abondance de l'eau, du bois & des coquillages, quelquefois auffi de très-bons poiffons ; & affurément je ne doute pas que le fcorbut ne fît plus de dégât dans un équipage qui feroit parvenu à la mer occidentale en doublant le cap de Horn que dans celui qui y fera entré par le détroit de Magellan : lorfque nous en fortîmes, nous n'avions perfonne fur les cadres.

Fin de la premiere Partie.

VOYAGE
AUTOUR DU MONDE.

SECONDE PARTIE,

Contenant depuis l'entrée dans la mer occidentale, jusqu'au retour en France.

Et nos jam *tertia* portat
Omnibus errantes terris & fluctibus æstas. *Virg. Liv. I.*

CHAPITRE PREMIER.

Navigation depuis le détroit de Magellan jusqu'à l'arrivée à l'île Taiti ; découvertes qui la précedent.

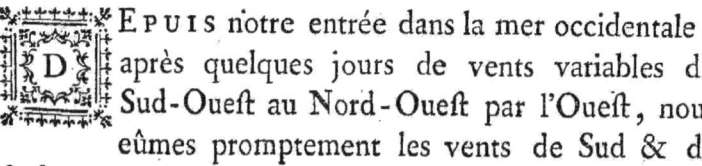EPUIS notre entrée dans la mer occidentale, après quelques jours de vents variables du Sud-Ouest au Nord-Ouest par l'Ouest, nous eûmes promptement les vents de Sud & de Sud-Sud-Est. Je ne m'étois pas attendu à les trouver si-tôt ; les vents d'Ouest conduisent ordinairement jusque par les

Janvier.
1768.
Direction de la route en sortant du détroit.

30 ^{d}, & j'avois résolu d'aller à l'île Juan Fernandès, pour tâcher d'y faire de bonnes observations astronomiques. Je voulois ainsi établir un point de départ assuré, pour traverser cet Océan immense, dont l'étendue est marquée différemment par les différens Navigateurs. La rencontre accélérée des vents de Sud & de Sud-Est, me fit renoncer à cette relâche, laquelle eût allongé mon chemin.

<small>Observation sur le gissement des côtes du Chili.</small>

Pendant les premiers jours je fis prendre du Ouest à la route autant qu'il fut possible, tant pour m'élever dans le vent, que pour m'éloigner de la côte, dont le gissement n'est point tracé sur les Cartes d'une façon certaine. Toutefois, comme les vents furent toujours alors de la partie du Ouest, nous eussions rencontré la terre, si la Carte de Don Georges Juan & Don Antonio de Ulloa eût été juste. Ces Officiers Espagnols ont corrigé les anciennes Cartes de l'Amérique septentrionale ; ils font courir la côte depuis le *cap Corse* jusqu'au *Chiloe* Nord-Est & Sud-Ouest, & cela d'après des conjectures que sans doute ils ont cru fondées. Cette correction heureusement en mérite une autre ; elle étoit peu consolante pour les Navigateurs qui, après avoir débouqué par le détroit, cherchent à revenir au Nord avec des vents constamment variables du Sud-Ouest au Nord-Ouest par le Ouest. Le Chevalier Narboroug, après être sorti du détroit de Magellan en 1669, suivit la côte du Chili, furetant les anses & les crevasses jusqu'à la riviere de *Baldivia* dans laquelle il entra ; il dit en propres termes, que la route depuis le cap Desiré jusqu'à Baldivia, est le Nord 5 ^{d} Est. Voilà qui est plus sûr que l'assertion conjecturale de Don Georges & de Don Antonio. Si d'ailleurs elle eût été véritable, la route que nous fûmes obligés de faire nous auroit, comme je l'ai dit, conduit sur la terre.

Lorsque

Lorsque nous fûmes dans la mer Pacifique, je convins avec le Commandant de l'Etoile, qu'afin de découvrir un plus grand espace de mers, il s'éloigneroit de moi dans le Sud tous les matins à la distance que le tems permettroit sans nous perdre de vûe, que le soir nous nous rallierions, & qu'alors il se tiendroit dans nos eaux environ à une demi-lieue. Par ce moyen, si la Boudeuse eût rencontré la nuit quelque danger subit, l'Etoile étoit dans le cas de manœuvrer pour nous donner les secours que les circonstances auroient comportés. Cet ordre de marche a été suivi pendant tout le voyage.

<small>Ordre de marche de la Boudeuse & de l'Etoile.</small>

Le 30 Janvier, un matelot tomba à la mer; nos efforts lui furent inutiles, & jamais nous ne pûmes le sauver : il ventoit grand frais & la mer étoit très-grosse.

<small>Perte d'un matelot tombé à la mer</small>

Je dirigeai ma route pour reconnoître la terre que David, Flibustier Anglois, vit en 1686, sur le parallele de 27 à 28ᵈ Sud, & qu'en 1722 Roggewin Hollandois chercha vainement. J'en continuai la recherche jusqu'au 17 Février. J'avois passé le 14 sur cette terre suivant la carte de M. Bellin. Je ne voulus point poursuivre la recherche de l'île *de Pâques*, sa latitude n'étant point marquée d'une façon positive. Plusieurs Géographes s'accordent à la placer par le parallele de 27 à 28ᵈ Sud ; M. Buache seul la met par le 31ᵉ. Toutefois dans la journée du 14, étant par 27ᵈ 7′ de latitude observée & par 104ᵈ 12′ de longitude occidentale estimée, nous vîmes deux oiseaux assez semblables à des équerrets, espece qui ne s'éloigne pas ordinairement à plus de soixante ou quatre-vingts lieues de terre ; nous vîmes aussi un paquet de ces herbes vertes qui s'attachent à la carène des navires, & ces rencontres me firent continuer la même route jusqu'au 17. Je pense au reste d'après

<small>Terre *de David* cherchée inutilement.

1768. Février. Incertitude sur la latitude de l'île *de Pâques*.</small>

Z

le récit de David, que la terre qu'il dit avoir vue, n'est autre que les îles *Saint-Ambroise* & *Saint-Felix*, qui sont à deux cents lieues de la côte du Chili.

Obſervations météorologiques.

Depuis le 23 Février juſqu'au 3 Mars, nous eûmes avec des calmes & de la pluie des vents d'Oüeſt conſtamment variables du Sud-Oueſt au Nord-Oueſt ; chaque jour un peu avant ou après midi nous avions à eſſuyer des grains accompagnés de tonnere. D'où nous venoit cette étrange nuaiſon ſous le Tropique & dans cet Océan renommé, plus que toutes les autres mers, par l'uniformité & la fraîcheur des vents aliſés de l'Eſt au Sud-Eſt que l'on dit y régner toute l'année ? Nous ſerons plus d'une fois dans le cas de faire la même queſtion.

Obſervations aſtronomiques, comparées avec l'eſtime de la route.

Dans le courant du mois de Février, M. Verron me communiqua quatre réſultats d'obſervations pour déterminer notre longitude. Les premieres rapportées au midi du 6, ne différoient avec mon eſtime que de 31ʹ dont j'étois à l'Oueſt de ſon obſervé ; les ſecondes réduites au midi du 11, différoient de ma longitude eſtimée de 37ʹ 45ʺ dont j'étois plus Eſt que lui ; par les troiſiemes obſervations réduites au 22 à midi j'étois plus Oueſt que lui de 42ʹ 30ʺ ; j'avois 1ᵈ 25ʹ de différence occidentale avec la longitude déterminée par les obſervations du 27. C'eſt alors que nous éprouvions une ſuite de calmes & de vents contraires. Le thermometre, juſqu'à ce que nous fuſſions ſous le parallele de 45ᵈ, varia de 5 à 8ᵈ au-deſſus de la congellation ; il monta enſuite ſucceſſivement ; & lorſque nous courûmes ſur les paralleles de 27 à 24, il varioit de 17 à 19ᵈ.

Il y eut ſur la frégate, dès que nous fûmes ſortis du détroit, des maux de gorge preſque épidémiques. Comme on les attribuoit aux eaux neigeuſes du détroit, je fis mettre tous les

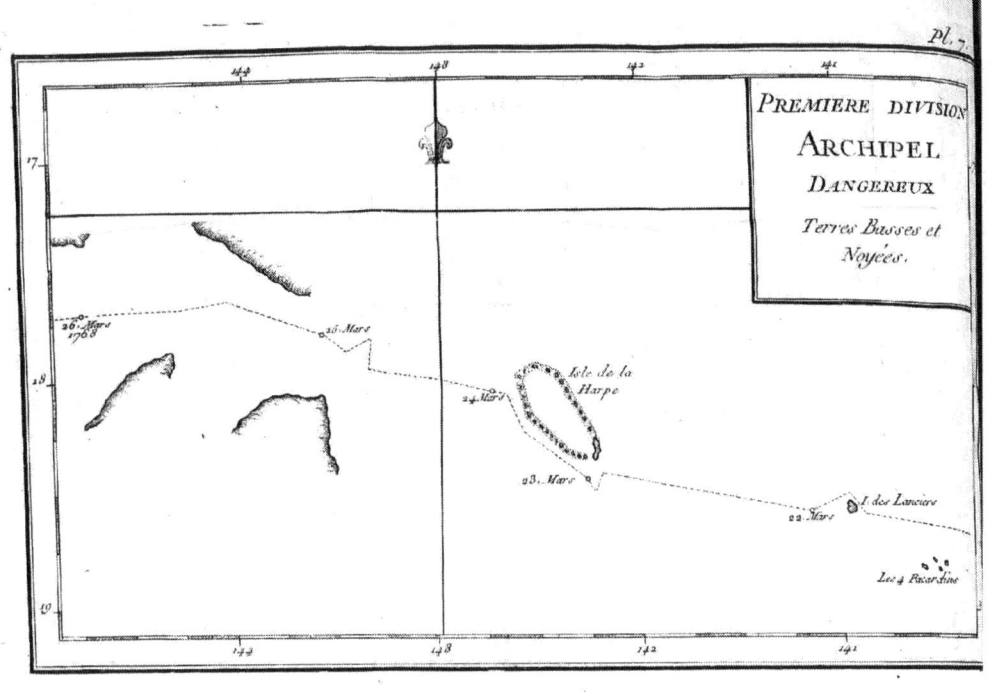

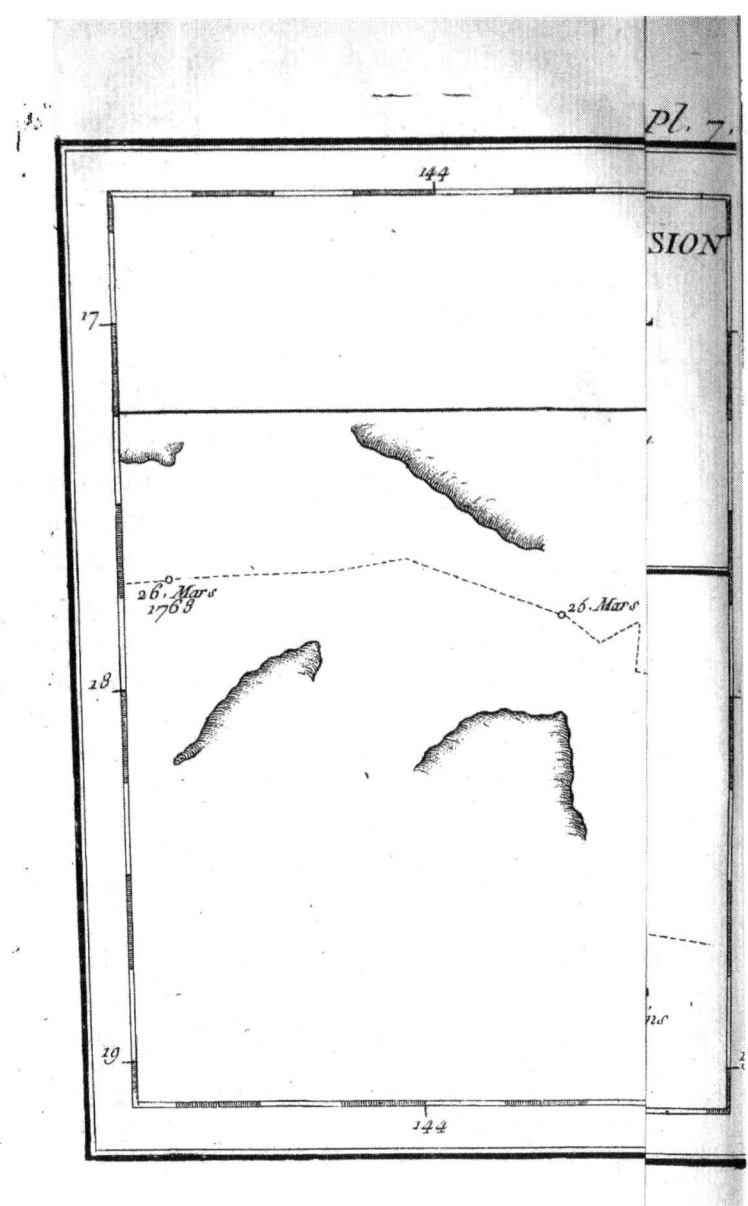

jours dans le charnier une pinte de vinaigre & des boulets rouges. Heureusement ces maux de gorge céderent aux plus simples remedes & à la fin de Février aucun homme n'étoit encore sur les cadres. Nous avions seulement quatre matelots tachés du scorbut. On eut dans ce tems une pêche abondante de bonites & de grandes oreilles; pendant huit ou dix jours on en prit assez pour en donner un repas aux deux équipages.

Nous courûmes pendant le mois de Mars le parallele des premieres terres & îles qui sont marquées sur la carte de M. Bellin sous le nom d'*îles de Quiros*. Le 21 nous prîmes un ton, dans l'estomac duquel on trouva, non encore digérés, quelques petits poissons dont les especes ne s'éloignent jamais des côtes. C'étoit un indice du voisinage de quelques terres. Effectivement le 22, à six heures du matin, on eut en même tems connoissance & de quatre îlots dans le Sud-Sud-Est-5ᵈ-Est & d'une petite île qui nous restoit à quatre lieues dans l'Ouest. Je nommai les quatre îlots *les quatre Facardins* ; & comme ils étoient trop au vent, je fis courir sur la petite île qui étoit devant nous. A mesure que nous l'approchâmes, nous découvrîmes qu'elle est bordée d'une plage de sable très-unie, & que tout l'intérieur étoit couvert de bois touffus, au dessus desquels s'élevoient les tiges fécondes des cocotiers. La mer brisoit assez au large au Nord & au Sud, & une grosse lame qui battoit toute la côte de l'Est, nous défendoit l'accès de l'île dans cette partie. Cependant la verdure charmoit nos yeux, & les cocotiers nous offroient par-tout leurs fruits & leur ombre sur un gazon émaillé de fleurs, des milliers d'oiseaux voltigeoient autour du rivage & sembloient annoncer une côte poissonneuse ; on soupiroit après la descente.

Rencontre des premieres îles.

1768. Mars.

Observation sur une de ces îles.

Z ij

Nous crûmes qu'elle feroit plus facile dans la partie occidentale, & nous fuivîmes la côte à la distance d'environ deux milles. Par-tout nous vîmes la mer brifer avec la même force, fans une feule anfe, fans la moindre *crique* qui pût fervir d'abri & rompre la lame. Perdant ainfi toute efpérance de pouvoir y débarquer, à-moins d'un rifque évident de brifer les bateaux, nous remettions le cap en route, lorfqu'on cria qu'on voyoit deux ou trois hommes accourir au bord de la mer. Nous n'euffions jamais penfé qu'une île auffi petite pût être habitée, & ma premiere idée fut que fans doute quelques Européens y avoient fait naufrage. J'ordonnai auffi-tôt de mettre *en panne*, déterminé à tenter tout pour les fauver. Ces hommes étoient rentrés dans le bois ; bientôt après ils en fortirent au nombre de quinze ou vingt & s'avancerent à grands pas ; ils étoient nuds & portoient de fort longues piques qu'ils vinrent agiter vis-à-vis les vaiffeaux avec des démonftrations de menaces ; après cette parade ils fe retirerent fous les arbres où on diftingua des cabanes avec les longues vues. Ces hommes nous parurent fort grands & d'une couleur bronzée. Qui me dira comment ils ont été tranfportés jufqu'ici, quelle communication les lie à la chaîne des autres êtres, & ce qu'ils deviennent en fe multipliant fur une île qui n'a pas plus d'une lieue de diametre ? Je l'ai nommée *l'île des Lanciers*. Etant à moins d'une lieue dans le Nord-Eft de cette île, je fis fignal à l'Etoile de fonder ; elle fila 200 braffes de ligne fans trouver de fond.

Depuis ce jour nous diminuâmes de voiles dans la nuit, craignant de rencontrer tout d'un coup quelques-unes de ces terres baffes dont les approches font fi dangereufes. Nous fûmes obligés de *refter en travers* une partie de la nuit

Elle eft habitée malgré fa petiteffe.

du 22 au 23, le tems s'étant mis à l'orage avec grand vent, de la pluie & du tonnere. Au point du jour nous vîmes une terre qui s'étendoit par rapport à nous depuis le Nord-Eſt-quart-Nord juſqu'au Nord-Nord-Oueſt. Nous courûmes deſſus, & à huit heures nous étions environ à trois lieues de ſa pointe orientale. Alors quoiqu'il régnât une eſpece de brume, nous apperçûmes des briſans le long de cette côte qui paroiſſoit très-baſſe & couverte d'arbres. Nous revirâmes donc au large, en attendant qu'un ciel plus clair nous permît de nous rapprocher de la terre avec moins de riſque; c'eſt ce que nous pûmes faire vers les dix heures. Parvenus à une lieue de l'île, nous la prolongeâmes cherchant a découvrir un endroit propre au débarquement; nous n'avions pas de fond avec une ligne de 120 braſſes. Une barre, ſur laquelle la mer briſoit avec furie, bordoit toute la côte, & bien-tôt nous reconnûmes que cette île n'étoit formée que par deux langues de terre fort étroites qui ſe rejoignent dans la partie du Nord-Oueſt, & qui laiſſent une ouverture au Sud-Eſt entre leur pointe. Le milieu de cette île eſt ainſi occupé par la mer dans toute ſa longueur qui eſt de dix à douze lieues Sud-Eſt & Nord-Oueſt; enſorte que la terre préſente une eſpece de fer à cheval très-allongé, dont l'ouverture eſt au Sud-Eſt.

Suite d'îles rencontrées.

Deſcription de la plus grande de ces îles.

Les deux langues de terre ont ſi peu de largeur, que nous appercevions la mer au-delà de celle du Nord. Elles ne paroiſſent être compoſées que par des dunes de ſable entrecoupées de terreins bas dénués d'arbres & de verdure. Les dunes plus élevées ſont couvertes de cocotiers & d'autres arbres plus petits & très-touffus. Nous apperçûmes après midi des pirogues qui naviguoient dans l'eſpece de lac que cette île embraſſe, les unes à la voile, les autres avec des pagayes. Les Sauvages qui les conduiſoient étoient nuds. Le ſoir nous vîmes un aſſez grand nombre d'inſulaires diſperſés le long de la côte. Ils nous parurent avoir auſſi à la main de ces longues lances dont nous menaçoient les habitans de la premiere île; nous n'avions encore trouvé aucun lieu où nos canots puſſent aborder. Par-tout la mer écumoit avec une égale force. La nuit ſuſpendit nos recherches; nous la paſſâmes à *louvoyer* ſous les huniers; & n'ayant découvert le 24 au matin aucun lieu d'abordage, nous pourſuivîmes notre route & renonçâmes à cette île inacceſſible que je nommai à cauſe de ſa forme, *l'île de la Harpe*. Au reſte cette terre ſi extraordinaire eſt-elle naiſſante, eſt-elle en ruine? Comment eſt-elle peuplée? Ses habitans nous ont ſemblé grands & bien proportionnés. J'admire leur courage, s'ils vivent ſans inquiétude ſur ces bandes de ſable qu'un ouragan peut d'un moment à l'autre enſevelir dans les eaux.

Premiere diviſion, *archipel dangereux*.

Le même jour à cinq heures du ſoir on apperçut une nouvelle terre à la diſtance de ſept à huit lieues; l'incertitude de ſa poſition, le tems inconſtant par grains & orages, & l'obſcurité nous forcerent de paſſer la nuit *ſur les bords*. Le 25 au matin nous accoſtâmes la terre que nous reconnûmes être encore une île très-baſſe, laquelle s'étendoit du Sud-Eſt au Nord-Oueſt, dans une étendue d'environ vingt-quatre milles. Juſqu'au 27 nous continuâmes à naviguer au milieu d'îles baſſes & en partie noyées, dont nous examinâmes encore quatre, toutes de la même nature, toutes inabordables, & qui ne méritoient pas que nous perdiſſions notre tems à les viſiter. J'ai nommé *l'archipel dangereux* cet amas d'îles dont nous avons vu onze

& qui font probablement en plus grand nombre. La navigation eſt extrêmement périlleuſe au milieu de ces terres baſſes, hériſſées de briſans & ſemées d'écueils, où il convient d'uſer, la nuit ſur-tout, des plus grandes précautions.

Je me déterminai à faire reprendre du Sud à la route, afin de ſortir de ces parages dangereux. Effectivement dès le 28 nous ceſſâmes de voir des terres. Quiros a le premier découvert en 1606 la partie méridionale de cette chaîne d'îles qui s'étend ſur l'Oueſt-Nord-Oueſt, & dans laquelle l'Amiral Roggevin s'eſt trouvé engagé en 1722 vers le quinzieme parallele ; il la nomma *le Labyrinthe*. Je ne ſais au reſte ſur quel fondement s'appuient nos Géographes, lorſqu'ils tracent à la ſuite de ces îles un commencement de côte vue, diſent ils, par Quiros, & auquel ils donnent ſoixante-dix lieues de continuité. Tout ce qu'on peut inférer du journal de ce navigateur, c'eſt que la premiere terre à laquelle il aborda après ſon départ du Pérou, avoit plus de huit lieues d'étendue. Mais, loin de la repréſenter comme une côte conſidérable, il dit que les Sauvages qui l'habitoient, lui firent entendre qu'il trouveroit de grandes terres ſur ſa route. S'il en exiſtoit ici une conſidérable, nous ne pouvions manquer de la rencontrer, puiſque la plus petite latitude à laquelle nous ſoyons juſqu'à préſent parvenus, a été 17^d 40′, latitude que Quiros obſerva ſur cette côte, dont il a plu aux Géographes de faire un grand pays.

Erreur dans les Cartes de cette partie de la mer Pacifique.

Je tombe d'accord que l'on conçoit difficilement un ſi grand nombre d'îles baſſes & de tertes preſque noyées, ſans ſuppoſer un continent qui en ſoit voiſin. Mais la Géographie eſt une ſcience de faits ; on n'y peut rien donner dans son cabinet à l'esprit de système, sans risquer les plus grandes erreurs qui souvent ensuite ne se corrigent qu'aux dépens des navigateurs.

Observations astronomiques comparées avec l'estime de la route.

M. Verron dans le mois de Mars me donna trois observations de longitude. Les premieres faites avec l'octant de M. Haldey, rapportées au 3 à midi, ne différoient avec mon estime que de 21′ 30″, dont j'étois plus Ouest que la longitude observée. Les secondes faites avec le megametre & réduites au midi du 10, différoient considérablement avec mon estime, ma longitude estimée étant plus occidentale de 3ᵈ 6′ que l'observée; au contraire par le résultat des troisiemes observations faites le 27 avec l'octant, mon estime s'accordoit avec les observations à 39′ 15″ près, dont il me faisoit plus Est que les observations. On remarquera que depuis la sortie du détroit de Magellan, j'ai toujours suivi la longitude de mon point de départ, sans y faire aucune correction, ni me servir des observations.

Observations météorologiques.

Le thermometre dans ce mois a été constamment de 19 à 20ᵈ même entre les terres. A la fin du mois nous avons eu cinq jours de vent d'Ouest avec des grains & des orages qui se succédoient presque sans interruption. La pluie fut continuelle; aussi le scorbut se déclara-t-il sur huit ou dix matelots. L'humidité est un des principes les plus actifs de cette maladie. On leur donnoit tous les jours à chacun une pinte de limonade faite avec la poudre de *faciot*, & nous avons eu dans ce voyage les plus grandes obligations à cette poudre. J'avois aussi commencé le 3 Mars à me servir de la cucurbite de M. Poissonnier, & nous avons continué jusqu'à la *Nouvelle Bretagne* à employer l'eau ainsi dessalée pour la soupe, la cuisson de la viande & celle des légumes. Le supplément d'eau qu'elle nous

Usage avantageux de la poudre de limonade & de l'eau de mer dessalée

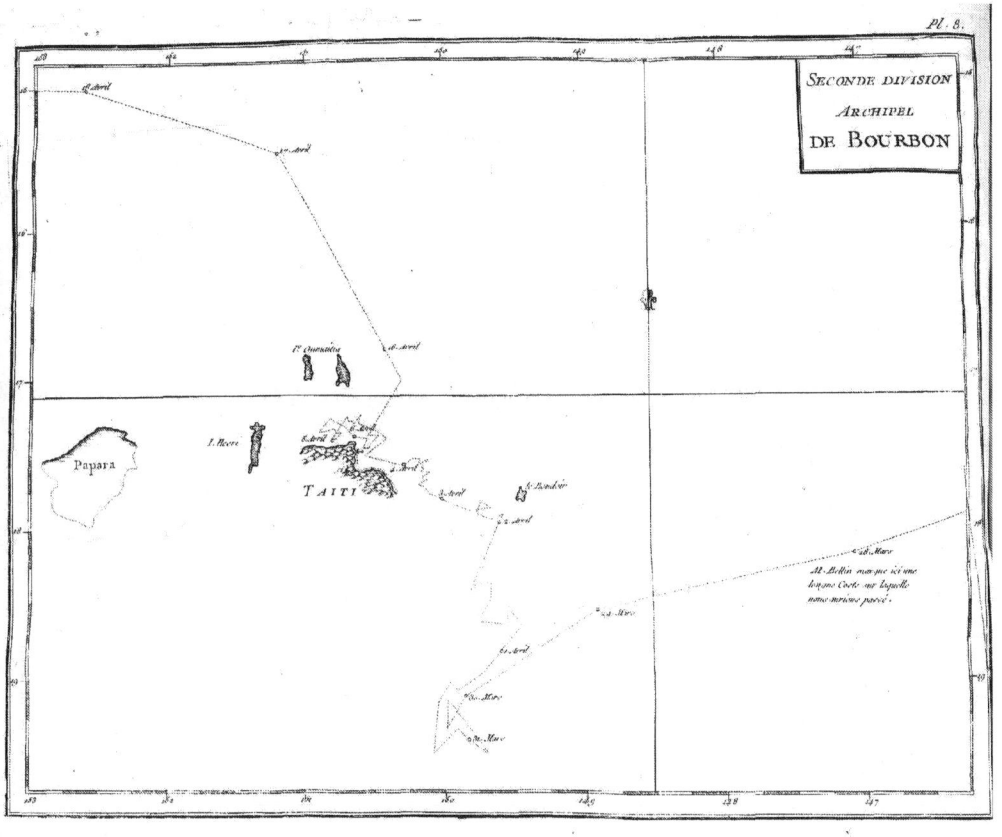

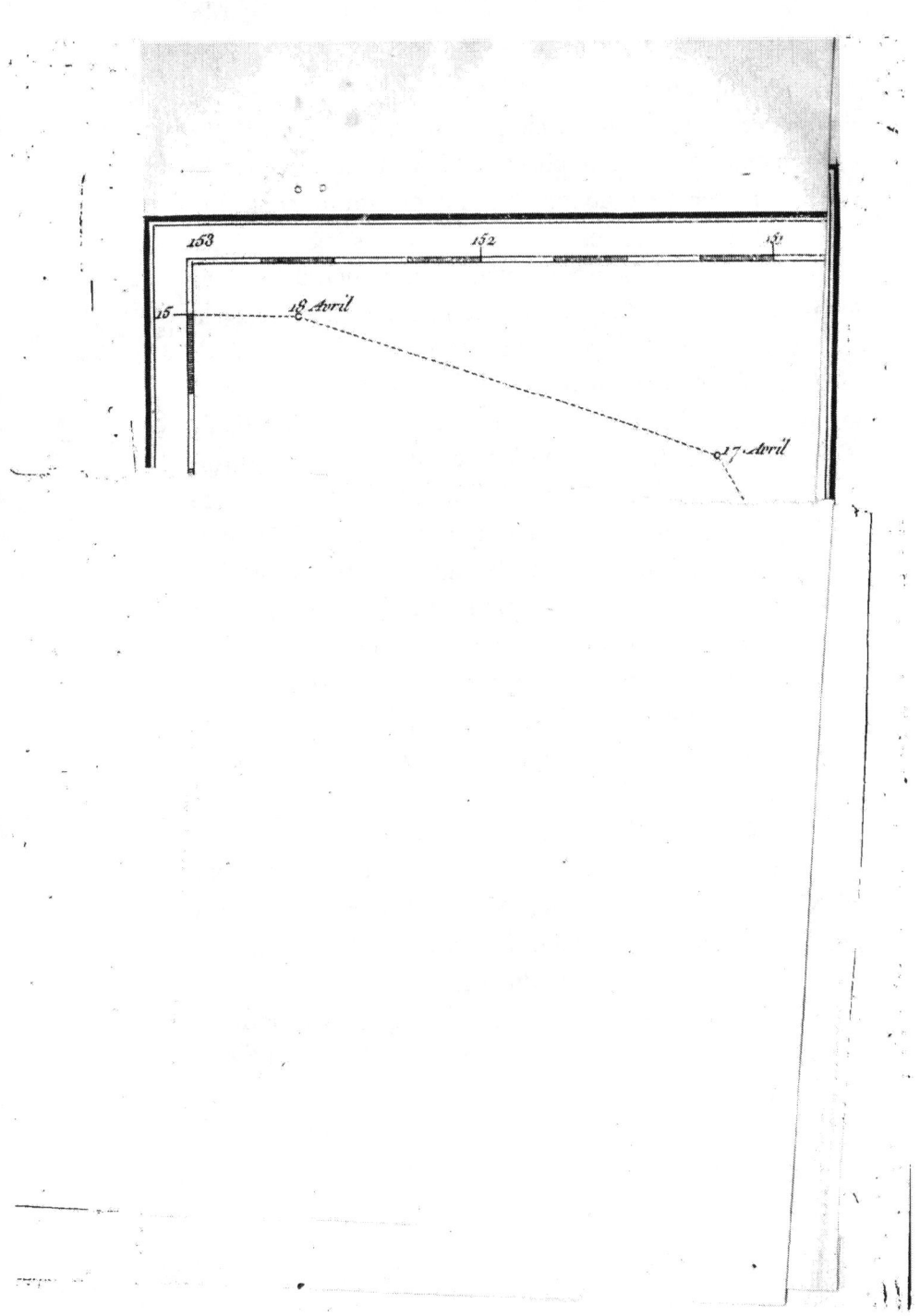

nous procuroit nous a été de la plus grande reſſource dans cette longue traverſée. On allumoit le feu à cinq heures du ſoir, & on l'éteignoit à cinq ou ſix heures du matin, & chaque nuit nous faiſions plus d'une barique d'eau. Au reſte pour ménager l'eau douce, nous avons toujours pêtri le pain avec de l'eau ſalée.

Le 2 Avril à dix heures du matin nous apperçûmes dans le Nord-Nord-Eſt une montagne haute & fort eſcarpée qui nous parut iſolée; je la nommai *le Boudoir* ou *le pic de la Boudeuſe*. Nous courions au Nord pour la reconnoître, lorſque nous eûmes la vue d'une autre terre dans l'Oueſt-quart-Nord-Oueſt, dont la côte non moins élevée offroit à nos yeux une étendue indéterminée. Nous avions le plus urgent beſoin d'une relâche qui nous procurât du bois & des rafraîchiſſemens, & on ſe flattoit de les trouver ſur cette terre. Il fit preſque calme tout le jour. La briſe ſe leva le ſoir, & nous courûmes ſur la terre juſqu'à deux heures du matin que nous remîmes pendant trois heures le bord au large. Le ſoleil ſe leva enveloppé de nuages & de brume; & ce ne fut qu'à neuf heures du matin que nous revîmes la terre dont la pointe méridionale nous reſtoit à Oueſt-quart Nord-Oueſt; on n'appercevoit plus le pic de la Boudeuſe que du haut des mâts. Les vents ſouffloient du Nord au Nord-Nord-Eſt; & nous tînmes le plus près pour attérer au vent de l'île. En approchant nous apperçûmes au-delà de ſa pointe du Nord une autre terre éloignée plus ſeptentrionale encore, ſans que nous puſſions alors diſtinguer ſi elle tenoit à la premiere île, ou ſi elle en formoit une ſeconde.

Pendant la nuit du 3 au 4 nous louvoyâmes pour nous élever dans le Nord. Des feux que nous vîmes, avec joie,

1768.
Avril.

Seconde diviſion de terres, archipel de Bourbon.

Vûe de Taiti.

Manœuvres pour y aborder.

briller de toutes parts fur la côte, nous apprirent qu'elle étoit habitée. Le 4 au lever de l'aurore nous reconnûmes que les deux terres qui la veille nous avoient paru séparées, étoient unies enfemble par une terre plus baffe qui fe courboit en arc & formoit une baie ouverte au Nord-Eft. Nous courions à pleines voiles vers la terre préfentant au vent de cette baie, lorfque nous apperçûmes une pirogue qui venoit du large & voguoit vers la côte, fe fervant de fa voile & de fes pagayes. Elle nous paffa de l'avant & fe joignit à une infinité d'autres qui de toutes les parties de l'île accouroient au-devant de nous. L'une d'elles précédoit les autres; elle étoit conduite par douze hommes nuds qui nous préfenterent des branches de bananiers, & leurs démonftrations atteftoient que c'étoit-là le rameau d'olivier. Nous leur répondîmes par tous les fignes d'amitié dont nous pûmes nous avifer; alors ils accofterent le navire, & l'un d'eux, remarquable par fon énorme chevelure hériffée en rayons, nous offrit avec fon rameau de paix un petit cochon & un *régime* de bananes. Nous acceptâmes fon préfent qu'il attacha à une corde qu'on lui jetta; nous lui donnâmes des bonnets & des mouchoirs, & ces premiers préfens furent le gage de notre alliance avec ce peuple.

Bientôt plus de cent pirogues de grandeurs différentes & toutes à balancier, environnerent les deux vaiffeaux. Elles étoient chargées de cocos, de bananes & d'autres fruits du pays. L'échange de ces fruits délicieux pour nous, contre toutes fortes de bagatelles, fe fit avec bonne-foi, mais fans qu'aucun des infulaires voulût monter à bord. Il falloit entrer dans leurs pirogues ou montrer de loin les objets d'échange; lorfqu'on étoit d'accord, on leur en-

Premier trafic avec les Infulaires.

voyoit au bout d'une corde un panier ou un filet ; ils y mettoient leurs effets & nous les nôtres, donnant ou recevant indifféremment avant que d'avoir donné ou reçu, avec une bonne foi qui nous fit bien augurer de leur caractere. D'ailleurs nous ne vîmes aucune espece d'armes dans leurs pirogues où il n'y avoit point de femmes à cette premiere entrevue. Les pirogues resterent le long des navires jusqu'à ce que les approches de la nuit nous firent revirer au large ; toutes alors se retirerent.

Nous tâchâmes dans la nuit de nous élever au Nord, n'écartant jamais la terre de plus de trois lieues. Tout le rivage fut jusqu'à près de minuit, ainsi qu'il l'avoit été la nuit précédente, garni de petits feux à peu de distance les uns des autres : on eût dit que c'étoit une illumination faite à dessein, & nous l'accompagnâmes de plusieurs fusées tirées des deux vaisseaux.

La journée du 5 se passa à louvoyer, afin de gagner au vent de l'île, & à faire sonder par les bateaux pour trouver un mouillage. L'aspect de cette côte élevée en amphithéatre nous offroit le plus riant spectacle. Quoique les montagnes y soient d'une grande hauteur, le rocher n'y montre nulle part son aride nudité : tout y est couvert de bois. A peine en crûmes-nous nos yeux, lorsque nous découvrîmes un pic chargé d'arbres jusqu'à sa cîme isolée qui s'élevoit au niveau des montagnes dans l'intérieur de la partie méridionale de l'île. Il ne paroissoit pas avoir plus de trente toises de diametre, & il diminuoit de grosseur en montant; on l'eût pris de loin pour une pyramide d'une hauteur immense que la main d'un décorateur habile auroit parée de guirlandes de feuillages. Les terreins moins élevés sont entrecoupés de prairies & de bosquets, & *Description de la côte vûe du large.*

A a ij

dans toute l'étendue de la côte il regne sur les bords de la mer, au pied du pays haut, une lisiere de terre basse & unie, couverte de plantations. C'est-là qu'au milieu des bananiers, des cocotiers & d'autres arbres chargés de fruits, nous appercevions les maisons des insulaires.

Comme nous prolongions la côte, nos yeux furent frappés de la vue d'une belle cascade qui s'élançoit du haut des montagnes & précipitoit à la mer ses eaux écumantes. Un village étoit bâti au pied, & la côte y paroissoit sans brisans. Nous desirions tous de pouvoir mouiller à portée de ce beau lieu ; sans cesse on sondoit des navires, & nos bateaux sondoient jusqu'à terre ; on ne trouva dans cette partie qu'un platier de roches, & il fallut se résoudre à chercher ailleurs un mouillage.

Continuation du trafic avec les Insulaires. Les pirogues étoient revenues au navire dès le lever du soleil, & toute la journée on fit des échanges. Il s'ouvrit même de nouvelles branches de commerce, outre les fruits de l'espece de ceux apportés la veille, & quelques autres rafraîchissemens, tels que poules & pigeons, les insulaires apporterent avec eux toutes sortes d'instrumens pour la pêche, des herminettes de pierre, des étoffes singulieres, des coquilles, &c. Ils demandoient en échange du fer & des pendans d'oreilles. Les trocs se firent comme la veille avec loyauté ; cette fois aussi il vint dans les pirogues quelques femmes jolies & presque nues. A bord de l'Etoile il monta un insulaire qui y passa la nuit, sans témoigner aucune inquiétude.

Nous l'employâmes encore à louvoyer ; & le 6 au matin nous étions parvenus à l'extrémité septentrionale de l'île. Une seconde s'offrit à nous ; mais la vue de plusieurs brisans, qui paroissoient défendre le passage entre les deux îles, me détermina à revenir sur mes pas chercher un mouillage dans la premiere baie que nous avions vue le jour de notre atterrage. Nos canots qui sondoient en avant & en terre de nous, trouverent la côte du Nord de la baie bordée par-tout à un quart de lieue du rivage d'un récif qui découvre à basse mer. Cependant, à une lieue de la pointe du Nord, ils reconnurent dans le récif une coupure large de deux encablures au plus, dans laquelle il y avoit 30 à 35 brasses d'eau, & en-dedans une rade assez vaste où le fond varioit depuis 9 jusqu'à 30 brasses. Cette rade étoit bornée au Sud par un récif qui partant de terre, alloit se joindre à celui qui bordoit la côte. Nos canots avoient sondé par-tout sur un fond de sable, & ils avoient reconnu plusieurs petites rivieres commodes pour l'aiguade. Sur le récif du côté du Nord il y a trois îlots.

Ce rapport me décida à mouiller dans cette rade, & sur-le-champ nous fîmes route pour y entrer. Nous rangeâmes la pointe du récif de stribord en entrant &, dès que nous fûmes en-dedans, nous mouillâmes notre premiere ancre sur 34 brasses, fond de sable gris, coquillages & gravier, & nous étendîmes aussitôt une ancre à jet dans le Nord-Ouest pour y mouiller notre ancre d'affourche. L'Etoile passa au vent à nous & mouilla dans le Nord à une encablure. Dès que nous fûmes affourchés, nous amenâmes basses vergues & mâts de hune.

Mouillage à Taïti.

A mesure que nous avions approché la terre, les insulaires avoient environné les navires. L'affluence des pirogues fut si grande autour des vaisseaux, que nous eûmes beaucoup de peine à nous amarrer au milieu de la foule & du bruit. Tous venoient en criant *tayo*, qui veut dire *ami*, & en nous donnant mille témoignages d'amitié ;

Embarras pour amarrer les navires.

tous demandoient des clous & des pendans d'oreilles. Les pirogues étoient remplies de femmes qui ne le cedent pas pour l'agrément de la figure au plus grand nombre des Européennes, & qui, pour la beauté du corps, pourroient le difputer à toutes avec avantage. La plûpart de ces nymphes étoient nues, car les hommes & les vieilles, qui les accompagnoient, leur avoient ôté la pagne dont ordinairement elles s'enveloppent. Elles nous firent d'abord, de leurs pirogues, des agaceries où, malgré leur naïveté, on découvroit quelque embarras; foit que la nature ait partout embelli le fexe d'une timidité ingénue, foit que, même dans les pays où regne encore la franchife de l'âge d'or, les femmes paroiffent ne pas vouloir ce qu'elles defirent le plus. Les hommes, plus fimples ou plus libres, s'énoncerent bientôt clairement. Ils nous preffoient de choifir une femme, de la fuivre à terre, & leurs geftes non équivoques démontroient la maniere dont il falloit faire connoiffance avec elle. Je le demande; comment retenir au travail, au milieu d'un fpectacle pareil, quatre cents François, jeunes, marins, & qui depuis fix mois n'avoient point vu de femmes? Malgré toutes les précautions que nous pûmes prendre, il entra à bord une jeune fille qui vint fur le gaillard d'arriere fe placer à une des écoutilles qui font au-deffus du cabeftan; cette écoutille étoit ouverte pour donner de l'air à ceux qui viroient. La jeune fille laiffa tomber négligemment une pagne qui la couvroit & parut aux yeux de tous, telle que Vénus fe fit voir au berger Phrygien. Elle en avoit la forme célefte. Matelots & foldats s'empreffoient pour parvenir à l'écoutille, & jamais cabeftan ne fut viré avec une pareille activité.

Nos soins réussirent cependant à contenir ces hommes ensorcelés, le moins difficile n'avoit pas été de parvenir à se contenir soi-même. Un seul François, mon cuisinier, qui malgré les défenses avoit trouvé le moyen de s'échapper, nous revint bientôt plus mort que vif. A peine eut-il mis pied à terre, avec la belle qu'il avoit choisie, qu'il se vit entouré par une foule d'Indiens qui le deshabillerent dans un instant, & le mirent nud de la tête aux pieds. Il se crut perdu mille fois, ne sçachant où aboutiroient les exclamations de ce peuple, qui examinoit en tumulte toutes les parties de son corps. Après l'avoir bien considéré, ils lui rendirent ses habits, remirent dans ses poches tout ce qu'ils en avoient tiré, & firent approcher la fille en le pressant de contenter les desirs qui l'avoient amené à terre avec elle. Ce fut en vain. Il fallut que les Insulaires ramenassent à bord le pauvre cuisinier, qui me dit que j'aurois beau le reprimander, que je ne lui ferois jamais autant de peur qu'il venoit d'en avoir à terre.

CHAPITRE II.

Séjour dans l'île Taiti ; détail du bien & du mal qui nous y arrivent.

Descente à terre.

ON a vu les obstacles qu'il avoit fallu vaincre pour parvenir à mouiller nos ancres ; lorsque nous fûmes amarrés, je descendis à terre avec plusieurs Officiers, afin de reconnoître l'*Aiguade*. Nous y fûmes reçus par une foule immense d'hommes & de femmes qui ne se lassoient point de nous considérer ; les plus hardis venoient nous toucher, ils écartoient même nos vêtemens, comme pour vérifier si nous étions absolument faits comme eux ; aucun ne portoit d'armes, pas même de bâtons. Ils ne savoient comment exprimer leur joie de nous recevoir. Le chef de ce canton nous conduisit dans sa maison & nous y introduisit. Il y avoit dedans cinq ou six femmes & un vieillard vénérable. Les femmes nous saluerent en portant la main sur la poitrine, & criant plusieurs fois *tayo*. Le vieillard étoit pere de notre hôte. Il n'avoit du grand âge que ce caractere respectable qu'impriment les ans sur une belle figure. Sa tête ornée de cheveux blancs & d'une longue barbe, tout son corps nerveux & rempli, ne montroient aucune ride, aucun signe de décrépitude. Cet homme vénérable parut s'appercevoir à peine de notre arrivée ; il se retira même sans répondre à nos caresses, sans témoigner ni frayeur, ni étonnement, ni curiosité ; fort éloigné de prendre part à l'espece d'extase que notre vûe causoit à tout ce peuple, son air rêveur & soucieux, sembloit annoncer qu'il craignoit que ces jours heureux, écoulés pour lui dans le sein du repos,

Visite au chef du canton.

repos, ne fuſſent troublés par l'arrivée d'une nouvelle race.

On nous laiſſa la liberté de conſidérer l'intérieur de la maiſon. Elle n'avoit aucun meuble, aucun ornement qui la diſtinguât des caſes ordinaires, que ſa grandeur. Elle pouvoit avoir quatre-vingts pieds de long ſur vingt pieds de large. Nous y remarquâmes un cylindre d'oſier, long de trois ou quatre pieds & garni de plumes noires, lequel étoit ſuſpendu au toit, & deux figures de bois que nous prîmes pour des idoles. L'une, c'étoit le Dieu, étoit debout contre un des piliers : la Déeſſe étoit vis-à-vis inclinée le long du mur, qu'elle ſurpaſſoit en hauteur, & attachée aux roſeaux qui le forment. Ces figures malfaites & ſans proportions avoient environ trois pieds de haut, mais elles tenoient à un piedeſtal cylindrique, vuidé dans l'intérieur, & ſculpté à jour. Il étoit fait en forme de tour, & pouvoit avoir ſix à ſept pieds de hauteur, ſur environ un pied de diametre; le tout étoit d'un bois noir fort dur.

Deſcription de ſa maiſon.

Le chef nous propoſa enſuite de nous aſſeoir ſur l'herbe au-dehors de ſa maiſon, où il fit apporter des fruits, du poiſſon grillé & de l'eau; pendant le repas, il envoya chercher quelques pieces d'étoffes, & deux grands colliers faits d'ozier & recouverts de plumes noires & de dents de requins. Leur forme ne reſſemble pas mal à celle de ces fraiſes immenſes qu'on portoit du tems de François I. Il en paſſa un au col du Chevalier d'Oraiſon, l'autre au mien, & diſtribua les étoffes. Nous étions prêts à retourner à bord, lorſque le Chevalier de Suzannet s'apperçut qu'il lui manquoit un piſtolet, qu'on avoit adroitement volé dans ſa poche. Nous le fîmes entendre au chef qui, ſur le champ, voulut fouiller tous les gens qui nous envi-

Réception qu'il nous fait.

Bb

ronnoient ; il en maltraita même quelques-uns. Nous arrêtâmes ſes recherches, en tâchant ſeulement de lui faire comprendre que l'auteur du vol pourroit être la victime de ſa friponnerie, & que ſon larcin lui donneroit la mort.

Le chef & tout le peuple nous accompagnerent juſqu'à nos bateaux. Prêts à y arriver, nous fûmes arrêtés par un inſulaire d'une belle figure qui, couché ſous un arbre, nous offrit de partager le gazon qui lui ſervoit de ſiége. Nous l'acceptâmes : cet homme alors ſe pencha vers nous, & d'un air tendre, aux accords d'une flûte dans laquelle un autre Indien ſoufloit avec le nez, il nous chanta lentement une chanſon, ſans doute anacréontique : ſcène charmante, & digne du pinceau de Boucher. Quatre inſulaires vinrent avec confiance ſouper & coucher à bord. Nous leur fîmes entendre flûte, baſſe, violon, & nous leur donnâmes un feu d'artifice compoſé de fuſées & de ſerpentaux. Ce ſpectacle leur cauſa une ſurpriſe mêlée d'effroi.

Campement à terre projetté de notre part.

Le 7 au matin, le chef, dont le nom eſt *Ereti*, vint à bord. Il nous apporta un cochon, des poules & le piſtolet qui avoit été pris la veille chez lui. Cet acte de juſtice nous en donna bonne idée. Cependant nous fîmes dans la matinée toutes nos diſpoſitions pour deſcendre à terre nos malades & nos pieces à l'eau, & les y laiſſer en établiſſant une garde pour leur ſûreté. Je deſcendis l'après-midi avec armes & bagages, & nous commençâmes à dreſſer le camp ſur les bords d'une petite riviere où nous devions faire notre eau. Ereti vit la troupe ſous les armes, & les préparatifs du campement, ſans paroître d'abord ſurpris ni mécontent. Toutefois quelques heures après, il vint à moi

Oppoſition de la part des inſulaires.

accompagné de ſon pere & des principaux du canton qui lui avoient fait des repréſentations à cet égard, & me fit entendre que notre séjour à terre leur déplaisoit, que nous étions les maîtres d'y venir le jour tant que nous voudrions, mais qu'il falloit coucher la nuit à bord de nos vaisseaux. J'insistai sur l'établissement du camp, lui faisant comprendre qu'il nous étoit nécessaire pour faire de l'eau, du bois, & rendre plus faciles les échanges entre les deux nations. Ils tinrent alors un second conseil, à l'issu duquel Ereti vint me demander si nous resterions ici toujours, ou si nous comptions repartir, & dans quel tems. Je lui répondis que nous mettrions à la voile dans dix-huit jours, en signe duquel nombre je lui donnai dix-huit petites pierres; sur cela, nouvelle conférence à laquelle on me fit appeler. Un homme grave, & qui paroissoit avoir du poids dans le conseil, vouloit réduire à neuf les jours de notre campement, j'insistai pour le nombre que j'avois demandé, & enfin ils y consentirent.

Ils y consentent, & à quelles conditions.

De ce moment la joie se rétablit; Ereti même nous offrit un hangard immense tout près de la riviere, sous lequel étoient quelques pirogues qu'il en fit enlever sur le champ. Nous dressâmes dans ce hangard les tentes pour nos scorbutiques, au nombre de trente-quatre, douze de *la Boudeuse* & vingt-deux de *l'Etoile*, & quelques autres nécessaires au service. La garde fut composée de trente soldats, & je fis aussi descendre des fusils pour armer les travailleurs & les malades. Je restai à terre la premiere nuit, qu'Ereti voulut aussi passer dans nos tentes. Il fit apporter son souper qu'il joignit au nôtre, chassa la foule qui entouroit le camp, & ne retint avec lui que cinq ou six de ses amis. Après souper, il demanda des fusées, & elles lui firent au-moins autant de peur que de plaisir. Sur la fin de la nuit, il envoya chercher une de ses femmes qu'il fit cou-

Camp établi pour les malades & les travailleurs

cher dans la tente de M. de Nassau. Elle étoit vieille &
laide.

<small>Précautions prises, conduite des insulaires.</small>

La journée suivante se passa à perfectionner notre camp.
Le hangard étoit bien fait & parfaitement couvert d'une
espece de natte. Nous n'y laissâmes qu'une issue à laquelle
nous mîmes une barriere & un corps-de-garde. Ereti, ses
femmes & ses amis avoient seuls la permission d'entrer ; la
foule se tenoit en-dehors du hangard : un de nos gens,
une baguette à la main, suffisoit pour la faire écarter. C'étoit-là que les insulaires apportoient de toutes parts des
fruits, des poules, des cochons, du poisson & des pieces
de toile qu'ils échangeoient contre des clous, des outils,
des perles fausses, des boutons & mille autres bagatelles
qui étoient des trésors pour eux. Au reste ils examinoient
attentivement ce qui pouvoit nous plaire ; ils virent que
nous cueillons des plantes antiscorbutiques & qu'on s'occupoit aussi à chercher des coquilles. Les femmes & les
enfans ne tarderent pas à nous apporter à l'envi des paquets des mêmes plantes qu'ils nous avoient vu ramasser
& des paniers remplis de coquilles de toutes les especes.
On payoit leurs peines à peu de frais.

<small>Secours que nous en tirons.</small>

Ce même jour je demandai au chef de m'indiquer du
bois que je pusse couper. Le pays bas où nous étions n'est
couvert que d'arbres fruitiers & d'une espece de bois
plein de gomme & de peu de consistance ; le bois dur
vient sur les montagnes. Ereti me marqua les arbres que
je pouvois couper, & m'indiqua même de quel côté il les
falloit faire tomber en les abattant. Au reste les insulaires
nous aidoient beaucoup dans nos travaux ; nos ouvriers
abattoient les arbres & les mettoient en buches que les
gens du pays transportoient aux bateaux ; ils aidoient de

même à faire l'eau, empliſſant les pieces & les conduiſant aux chaloupes. On leur donnoit pour ſalaires des clous dont le nombre ſe proportionnoit au travail qu'ils avoient fait. La ſeule gêne quon eut, c'eſt qu'il falloit ſans ceſſe avoir l'œil à tout ce qu'on apportoit à terre, à ſes poches même; car il n'y a point en Europe de plus adroits filoux que les gens de ce pays.

Cependant il ne ſemble pas que le vol ſoit ordinaire entre eux. Rien ne ferme dans leurs maiſons, tout y eſt à terre ou ſuſpendu, ſans ſerrure ni gardiens. Sans doute la curioſité pour des objets nouveaux excitoit en eux de violens deſirs, & d'ailleurs il y a par-tout de la canaille. On avoit volé les deux premieres nuits, malgré les ſentinelles & les patrouilles, auxquelles on avoit même jetté quelques pierres. Les voleurs ſe cachoient dans un marais couvert d'herbes & de roſeaux, qui s'étendoit derriere notre camp. On le nettoya en partie, & j'ordonnai à l'Officier de garde de faire tirer ſur les voleurs qui viendroient dorénavant. Ereti lui-même me dit de le faire, mais il eut grand ſoin de montrer pluſieurs fois où étoit ſa maiſon, en recommandant bien de tirer du côté oppoſé. J'envoyois auſſi tous les ſoirs trois de nos bateaux armés de pierriers & d'eſpingoles ſe mouiller devant le camp.

Précautions priſes contre le vol.

Au vol près, tout ſe paſſoit de la maniere la plus amiable. Chaque jour nos gens ſe promenoient dans le pays ſans armes, ſeuls ou par petites bandes. On les invitoit à entrer dans les maiſons, on leur y donnoit à manger; mais ce n'eſt pas à une collation légere que ſe borne ici la civilité des maîtres de maiſons; ils leur offroient de jeunes filles; la caſe ſe rempliſſoit à l'inſtant d'une foule curieuſe d'hommes & de femmes qui faiſoient un cercle autour de

Uſages ſinguliers du pays.

l'hôte & de la jeune victime du devoir hospitalier ; la terre se jonchoit de feuillage & de fleurs, & des musiciens chantoient aux accords de la flûte une hymne de jouissance. Vénus est ici la déesse de l'hospitalité, son culte n'y admet point de mysteres, & chaque jouissance est une fête pour la nation. Ils étoient surpris de l'embarras qu'on témoignoit ; nos mœurs ont proscrit cette publicité. Toutefois je ne garantirois pas qu'aucun n'ait vaincu sa répugnance & ne se soit conformé aux usages du pays.

<small>Beauté de l'intérieur de l'île.</small>

J'ai plusieurs fois été, moi second ou troisieme, me promener dans l'intérieur. Je me croyois transporté dans le jardin d'Eden ; nous parcourions une plaine de gazon, couverte de beaux arbres fruitiers & coupée de petites rivieres qui entretiennent une fraîcheur délicieuse, sans aucun des inconvéniens qu'entraîne l'humidité. Un peuple nombreux y jouit des trésors que la nature verse à pleines mains sur lui. Nous trouvions des troupes d'hommes & de femmes assises à l'ombre des vergers ; tous nous saluoient avec amitié ; ceux que nous rencontrions dans les chemins, se rangeoient à côté pour nous laisser passer ; par-tout nous voyions régner l'hospitalité, le repos, une joie douce & toutes les apparences du bonheur.

<small>Présens faits au chef, de volailles & de graines d'Europe.</small>

Je fis présent au chef du canton où nous étions d'un couple de dindes & de canards mâles & femelles ; c'étoit le denier de la veuve. Je lui proposai aussi de faire un jardin à notre maniere & d'y semer différentes graines, proposition qui fut reçue avec joie. En peu de tems Ereti fit préparer & entourer de palissades le terrain qu'avoient choisi nos jardiniers. Je le fis bêcher ; ils admiroient nos outils de jardinage. Ils ont bien aussi autour de leurs maisons des especes de potagers garnis de giraumons, de patates, d'ignames & d'autres racines. Nous leur avons semé du bled, de l'orge, de l'avoine, du riz, du maïs, des oignons & des graines potageres de toute espece. Nous avons lieu de croire que ces plantations feront bien foignées; car ce peuple nous a paru aimer l'agriculture, & je crois qu'on l'accoutumeroit facilement à tirer parti du fol le plus fertile de l'univers.

Les premiers jours de notre arrivée j'eus la visite du chef d'un canton voisin, qui vint à bord avec un présent de fruits, de cochons, de poules & d'étoffes. Ce Seigneur, nommé *Toutaa*, est d'une belle figure & d'une taille extraordinaire. Il étoit accompagné de quelques-uns de ses parens, presque tous hommes de six pieds. Je leur fis présent de clous, d'outils, de perles fausses & d'étoffes de foie. Il fallut lui rendre sa visite chez lui; nous fûmes bien accueillis, & l'honnête Toutaa m'offrit une de ses femmes fort jeune & assez jolie. L'assemblée étoit nombreuse, & les musiciens avoient déja entonné les chants de l'himenée. Telle est la maniere de recevoir les visites de cérémonie.

Visite du chef d'un canton voisin.

Le 10 il y eut un insulaire tué, & les gens du pays vinrent se plaindre de ce meurtre. J'envoyai à la maison où avoit été porté le cadavre; on vit effectivement que l'homme avoit été tué d'un coup de feu. Cependant on ne laissoit fortir aucun de nos gens, avec des armes à feu, ni des vaisseaux ni de l'enceinte du camp. Je fis sans succès les plus exactes perquisitions pour connoître l'auteur de cet infame assassinat. Les insulaires crurent sans doute que leur compatriote avoit eu tort; car ils continuerent à venir à notre quartier avec leur confiance accoutumée. On me rapporta cependant qu'on avoit vu beaucoup de

Meurtre d'un insulaire.

gens emporter leurs effets à la montagne, & que même la maison d'Ereti étoit toute démeublée. Je lui fis de nouveaux préfens, & ce bon chef continua à nous témoigner la plus fincere amitié.

Perte de nos ancres, dangers que nous courons.

Cependant je preffois nos travaux de tous les genres; car, encore que cette relâche fût excellente pour nos befoins, je favois que nous étions mal mouillés. En effet, quoique nos cables, pomoyés prefque tous les jours, n'euffent pas encore paru rayés, nous avions découvert que le fond étoit femé de gros corail, & d'ailleurs, en cas d'un grand vent du large, nous n'avions pas de *chaffe*. La néceffité avoit forcé de prendre ce mouillage fans nous laiffer la liberté du choix, & bientôt nous eûmes la preuve que nos inquiétudes n'étoient que trop fondées.

Détails des manœuvres qui nous fauvent.

Le 12 à cinq heures du matin, les vents étant venus au Sud, notre cable du Sud-Eft & le grêlin d'une ancre à jet, que nous avions par précaution allongée dans l'Eft-Sud-Eft, furent coupés fur le fond. Nous mouillâmes auffi-tôt notre grande ancre; mais, avant qu'elle eût pris fond, la frégate vint à l'appel de l'ancre du Nord-Ouest, & nous tombâmes fur l'Etoile que nous abordâmes à bas-bord. Nous virâmes fur notre ancre, & l'Etoile fila rapidement, de maniere que nous fûmes féparés avant que d'avoir fouffert aucune avarie. La flûte nous envoya alors le bout d'un grêlin qu'elle avoit allongé dans l'Eft, fur lequel nous virâmes pour nous écarter d'elle davantage. Nous relevâmes enfuite notre grande ancre & rembarquâmes le grêlin & le cable coupés fur le fond. Celui-ci l'avoit été à 30 braffes de l'entalingure; nous le changeâmes bout pour bout & l'entalinguâmes fur une ancre de rechange de deux mille fept cents que l'Etoile avoit dans fa cale & que

nous

nous envoyâmes chercher. Notre ancre du Sud-Est mouillée sans orin à cause du grand fond, étoit perdue, & nous tâchâmes inutilement de sauver l'ancre à jet dont la bouée avoit coulé & qu'il fut impossible de draguer. Nous guindâmes aussi-tôt notre petit mât de hune & la vergue de mizaine, afin de pouvoir appareiller dès que le vent le permettroit.

L'après-midi il calma & passa à l'Est. Nous allongeâmes alors dans le Sud-Est une ancre à jet & l'ancre reçue de l'Etoile, & j'envoyai un bateau sonder dans le Nord, afin de savoir s'il n'y auroit pas un passage ; ce qui nous eût mis à portée de sortir presque de tout vent. Un malheur n'arrive jamais seul : comme nous étions tous occupés d'un travail auquel étoit attaché notre salut, on vint m'avertir qu'il y avoit eu trois insulaires tués ou blessés dans leurs cases à coups de bayonettes, que l'alarme étoit répandue dans le pays, que les vieillards, les femmes & les enfans fuyoient vers les montagnes emportant leurs bagages & jusqu'aux cadavres des morts, & que peut-être allions-nous avoir sur les bras une armée de ces hommes furieux. Telle étoit donc notre position de craindre la guerre à terre au même instant où les deux navires étoient dans le cas d'y être jettés. Je descendis au camp, & en présence du chef je fis mettre aux fers quatre soldats soupçonnés d'être les auteurs du forfait ; ce procédé parut les contenter.

Je passai une partie de la nuit à terre, où je renforçai les gardes, dans la crainte que les insulaires ne voulussent venger leurs compatriotes. Nous occupions un poste excellent entre deux rivieres distantes l'une de l'autre d'un quart de lieue au plus ; le front du camp étoit couvert par

Autre meurtre de trois insulaires.

Précautions prises contre les suites qu'il pouvoit avoir.

un marais, le reste étoit la mer dont assurément nous étions les maîtres. Nous avions beau jeu pour défendre ce poste contre toutes les forces de l'île réunies; mais heureusement, à quelques alertes près occasionnées par des filoux, la nuit fut tranquille au camp.

<small>Continuation du danger que courent les vaisseaux.</small>

Ce n'étoit pas de ce côté où mes inquiétudes étoient les plus vives. La crainte de perdre les vaisseaux à la côte nous donnoit des alarmes infiniment plus cruelles. Dès dix heures du soir les vents avoient beaucoup fraîchi de la partie de l'Est avec une grosse houle, de la pluie, des orages & toutes les apparences funestes qui augmentent l'horreur de ces lugubres situations. Vers deux heures du matin il passa un grain qui chassoit les vaisseaux en côte: je me rendis à bord, le grain heureusement ne dura pas; & dès qu'il fut passé, le vent vint de terre. L'aurore nous amena de nouveaux malheurs; notre cable du Nord-Oüest fut coupé; le grêlin, que nous avoit cédé l'Etoile & qui nous tenoit sur son ancre à jet, eut le même sort peu d'instans après; la frégate alors venant à l'appel de l'ancre & du grêlin du Sud-Est, ne se trouvoit pas à une enclablure de la côte où la mer brisoit avec fureur. Plus le péril devenoit instant, plus les ressources diminuoient; les deux ancres, dont les cables venoient d'être coupés, étoient perdues pour nous; leurs bouées avoient disparu, soit qu'elles eussent coulé, soit que les Indiens les eussent enlevées dans la nuit. C'étoient déja quatre ancres de moins depuis vingt-quatre heures, & cependant il nous restoit encore des pertes à essuyer.

A dix heures du matin le cable neuf, que nous avions entalingué sur l'ancre de deux mille sept cents de l'Etoile, laquelle nous tenoit dans le Sud-Est, fut coupé, & la frégate défendue par un feul grêlin, commença à chaffer en côte. Nous mouillâmes fous barbe notre grande ancre, la feule qui nous reftât en mouillage ; mais de quel fecours nous pouvoit-elle être? Nous étions fi près des brifans, que nous aurions été deffus avant que d'avoir affez filé de cable pour que l'ancre pût bien prendre fond. Nous attendions à chaque inftant le trifte dénouement de cette aventure, lorfqu'une brife de Sud-Oueft nous donna l'efpérance de pouvoir appareiller. Nos focqs furent bientôt hiffés ; le vaiffeau commençoit à prendre de l'air & nous travaillions à faire de la voile pour filer cable & grêlin & mettre dehors, mais les vents revinrent prefque auffitôt à l'Eft. Cet intervalle nous avoit toujours donné le tems de recevoir à bord le bout du grêlin de la feconde ancre à jet de l'Etoile qu'elle venoit d'allonger dans l'Eft & qui nous fauva pour le moment. Nous virâmes fur les deux grêlins & nous nous relevâmes un peu de la côte. Nous envoyâmes alors notre chaloupe à l'Etoile pour l'aider à s'amarrer folidement ; fes ancres étoient heureufement mouillées fur un fond moins perdu de corail que celui fur lequel étoient tombées les nôtres. Lorfque cette opération fut faite, notre chaloupe alla lever par fon orin l'ancre de deux mille fept cents; nous entalinguâmes deffus un autre cable & nous l'allongeâmes dans le Nord-Eft ; nous relevâmes enfuite l'ancre à jet de l'Etoile que nous lui rendîmes. Dans ces deux jours M. de la Giraudais, Commandant de cette flûte, a eu la plus grande part au falut de la frégate par les fecours qu'il m'a donnés ; c'eft avec plaifir que je paye ce tribut de reconnoiffance à cet Officier déja mon compagnon dans mes autres voyages, & dont le zele égale les talens.

Paix faite avec les Insulaires.

Cependant lorsque le jour étoit venu, aucun Indien ne s'étoit approché du camp, on n'avoit vu naviguer aucune pirogue, on avoit trouvé les maisons voisines abandonnées, tout le pays paroissoit un desert. Le Prince de Nassau, lequel avec quatre ou cinq hommes seulement s'étoit éloigné davantage, dans le dessein de rencontrer quelques insulaires & de les rassurer, en trouva un grand nombre avec Ereti environ à une lieue du camp. Dès que ce chef eut reconnu M. de Nassau, il vint à lui d'un air consterné. Les femmes éplorées se jetterent à ses genoux, elles lui baisoient les mains en pleurant & répétant plusieurs fois: *Tayo, maté, vous êtes nos amis & vous nous tuez*. A force de caresses & d'amitié il parvint à les ramener. Je vis du bord une foule de peuple accourir au quartier: des poules, des cocos, des régimes de bananes embellissoient la marche & promettoient la paix. Je descendis aussi-tôt avec un assortiment d'étoffes de soie & des outils de toute espece; je les distribuai aux chefs, en leur témoignant ma douleur du desastre arrivé la veille & les assurant qu'il seroit puni. Les bons insulaires me comblerent de caresses, le peuple applaudit à la réunion, & en peu de tems la foule ordinaire & les filoux revinrent à notre quartier qui ne ressembloit pas mal à une foire. Ils apporterent ce jour & le suivant plus de rafraîchissemens que jamais. Ils demanderent aussi qu'on tirât devant eux quelques coups de fusil; ce qui leur fit grand peur, tous les animaux tirés ayant été tués roides.

Appareillage de l'Etoile.

Le canot que j'avois envoyé pour reconnoître le côté du Nord, étoit revenu avec la bonne nouvelle qu'il y avoit trouvé un très-beau passage. Il étoit alors trop tard pour en profiter ce même jour; la nuit s'avançoit. Heureusement elle fut tranquille à terre & à la mer. Le 14 au matin, les vents étant à l'Est, j'ordonnai à l'Etoile, qui avoit son eau faite & tout son monde à bord, d'appareiller & de sortir par la nouvelle passe du Nord. Nous ne pouvions mettre à la voile par cette passe qu'après la flûte mouillée au Nord de nous. A onze heures elle appareilla sur une haussiere portée sur nous, je gardai sa chaloupe & ses deux petites ancres ; je pris aussi à bord, dès qu'elle fut sous voiles, le bout du cable de son ancre du Sud-Est mouillée en bon fond. Nous levâmes alors notre grande ancre, allongeâmes les deux ancres à jet, & par ce moyen nous restâmes sur deux grosses ancres & trois petites. A deux heures après midi nous eûmes la satisfaction de découvrir l'Etoile en-dehors de tous les récifs. Notre situation dès ce moment devenoit moins terrible ; nous venions au-moins de nous assurer le retour dans notre patrie, en mettant un de nos navires à l'abri des accidens. Lorsque M. de la Giraudais fut au large, il me renvoya son canot avec M. Lavari Leroi qui avoit été chargé de reconnoître la passe.

Nous travaillâmes tout le jour & une partie de la nuit à finir notre eau, à déblayer l'hôpital & le camp. J'enfouis près du hangard un acte de prise de possession inscrite sur une planche de chêne avec une bouteille bien fermée & luttée contenant les noms des Officiers des deux navires. J'ai suivi cette même méthode pour toutes les terres découvertes dans le cours de ce voyage. Il étoit deux heures du matin avant que tout fût à bord, la nuit fut assez orageuse pour nous causer encore de l'inquiétude, malgré la quantité d'ancres que nous avions à la mer.

Inscription enfouie.

Le 15 à six heures du matin, les vents étant de terre &

Appareillage de la Boudeu-

se ; nouveau danger qu'elle court.

le ciel à l'orage, nous levâmes notre ancre, filâmes le cable de celle de l'Etoile, coupâmes un des grêlins & filâmes les deux autres appareillant sous la mizaine & les deux huniers pour sortir par la passe de l'Est. Nous laissâmes les deux chaloupes pour lever les ancres ; & dès que nous fûmes dehors, j'envoyai les deux canots armés aux ordres du Chevalier de Suzannet, Enseigne de la marine, pour protéger le travail des chaloupes. Nous étions à un quart de lieue au large & nous commencions à nous féliciter d'être heureusement sortis d'un mouillage qui nous avoit causé de si vives inquiétudes, lorsque, le vent ayant cessé tout d'un coup, la marée & une grosse lame de l'Est commencerent à nous entraîner sur les récifs sous le vent de la passe. Le pis-aller des naufrages qui nous avoient menacés jusqu'ici, avoit été de passer nos jours dans une île embellie de tous les dons de la nature, & de changer les douceurs de notre patrie contre une vie paisible & exempte de soins. Mais ici le naufrage se présentoit sous un aspect plus cruel ; le vaisseau porté rapidement sur les récifs, n'y eût pas résisté deux minutes à la violence de la mer, & quelques-uns des meilleurs nageurs eussent à peine sauvé leur vie. J'avois dès le premier instant du danger rappellé canots & chaloupes pour nous remorquer. Ils arriverent au moment où, n'étant pas à plus de cinquante toises du récif, notre situation paroissoit désespérée, d'autant qu'il n'y avoit pas à mouiller. Une brise de l'Ouest, qui s'éleva dans le même instant, nous rendit l'espérance : en effet elle fraîchit peu-à-peu, & à neuf heures du matin nous étions absolument hors de danger.

Départ de Taïti ; perte

Je renvoyai sur-le-champ les bateaux à la recherche des ancres, & je restai à louvoyer pour les attendre. L'après-midi nous rejoignîmes l'Etoile. A cinq heures du soir notre chaloupe arriva ayant à bord la grosse ancre & le cable de l'Etoile qu'elle lui porta: notre canot, celui de l'Etoile & sa chaloupe revinrent peu de tems après ; celle-ci nous rapportoit notre ancre à jet & un grêlin. Quant aux deux autres ancres à jet, l'approche de la nuit & la fatigue extrême des matelots ne permirent pas de les lever ce même jour. J'avois d'abord compté m'entretenir la nuit sur les bords & les envoyer chercher le lendemain; mais à minuit il se leva un grand frais de l'Est-Nord-Est, qui me contraignit à embarquer les bateaux & à faire de la voile pour me tirer de dessus la côte. Ainsi un mouillage de neuf jours nous a coûté six ancres, perte que nous n'aurions pas essuyée, si nous eussions été munis de quelques chaînes de fer. C'est une précaution que ne doivent jamais oublier tous les navigateurs destinés à de pareils voyages. *que nous y avons essuyées.*

Maintenant que les navires sont en sûreté, arrêtons-nous un instant pour recevoir les adieux des insulaires. Dès l'aube du jour lorsqu'ils s'apperçurent que nous mettions à la voile, Ereti avoit sauté seul dans la premiere pirogue qu'il avoit trouvée sur le rivage, & s'étoit rendu à bord. En y arrivant il nous embrassa tous, il nous tenoit quelques instans entre ses bras versant des larmes & paroissant très-affecté de notre départ. Peu de tems après, sa grande pirogue vint à bord chargée de rafraîchissemens de toute espece ; ses femmes étoient dedans & avec elles ce même insulaire qui le premier jour de notre atterrage étoit venu s'établir à bord de l'Etoile. Ereti fut le prendre par la main, & il me le présenta en me faisant entendre que cet homme dont le nom est *Aotourou*, vouloit nous suivre, & me priant d'y consentir. Il le présenta ensuite à *Regret des insulaires à notre départ.*

L'un d'eux s'embarque avec nous, à sa demande & à celle de sa nation.

tous les Officiers chacun en particulier, difant que c'étoit fon ami qu'il confioit à fes amis, & il nous le recommanda avec les plus grandes marques d'intérêt. On fit encore à Ereti des préfens de toute efpece, après quoi il prit congé de nous & fut rejoindre fes femmes, lefquelles ne ceſſerent de pleurer tout le tems que la pirogue fut le long du bord. Il y avoit auſſi dedans une jeune & jolie fille que l'infulaire qui venoit avec nous fut embraffer. Il lui donna trois perles qu'il avoit à fes oreilles, la baifa encore une fois; & malgré les larmes de cette jeune époufe ou amante, il s'arracha de fes bras & remonta dans le vaiffeau. Nous quittâmes ainſi ce bon peuple, & je ne fus pas moins furpris du chagrin que leur caufoit notre départ, que je l'avois été de leur confiance affeftueufe à notre arrivée.

CHAPITRE

CHAPITRE III.

Description de la nouvelle île, mœurs & caractere de ses habitans.

> Lucis habitamus opacis,
> Riparumque toros & prata recentia rivis
> Incolimus.   *Virgil. Liv. VI.*

L'ILE à laquelle on avoit d'abord donné le nom de *nouvelle Cythere*, reçoit de ses habitans celui de *Taiti*. Sa latitude à notre camp a été conclue de plusieurs hauteurs méridiennes du soleil observées à terre avec un quart de cercle. Sa position en longitude a été déterminée par onze observations de la lune, selon la méthode des angles horaires. M. Verron en avoit fait beaucoup d'autres à terre pendant quatre jours & quatre nuits pout déterminer cette même longitude ; mais le cahier, où elles étoient écrites, lui ayant été enlevé, il ne lui est resté que les dernieres observations faites la veille de notre départ. Il croit leur résultat moyen assez exact, quoique leurs extrêmes different entre eux de 7 à 8^d. La perte de nos ancres & tous les accidens que j'ai détaillés ci-dessus, nous ont fait abandonner cette relâche beaucoup plûtôt que nous ne nous y étions attendus, & nous ont mis dans l'impossibilité d'en visiter les côtes. La partie du Sud nous est absolument inconnue, celle que nous avons parcourue depuis la pointe du Sud-Est jusqu'à celle du Nord-Ouest, me paroît avoir quinze à vingt lieues d'étendue, & le gissement de ses principales pointes est entre le Nord-Ouest & l'Ouest-Nord-Ouest.

Entre la pointe du Sud-Est & un autre gros cap qui s'avance dans le Nord, à sept ou huit lieues de celle-ci, on

Position géographique de Taiti.

Mouillage meilleur que celui où nous étions.

voit une baie ouverte au Nord-Eſt, laquelle a trois ou quatre lieues de profondeur. Ses côtes s'abaiſſent inſenſiblement juſqu'au fond de la baie où elles ont peu d'élévation & paroiſſent former le canton le plus beau de l'île & le plus habité. Il ſemble qu'on trouveroit aiſément pluſieurs bons mouillages dans cette baie. Le hazard nous ſervit mal dans la rencontre du nôtre. En entrant ici par la paſſe par laquelle eſt ſortie l'Etoile, M. de la Giraudais m'a aſſuré qu'entre les deux îles les plus ſeptentrionales, il y avoit un mouillage fort ſûr pour trente vaiſſeaux au-moins depuis 23 juſqu'à 12 & 10 braſſes, fond de ſable gris vazeux, qu'il y avoit une lieue d'évitage & jamais de mer. Le reſte de la côte eſt élevé & elle ſemble en général être toute bordée par un récif inégalement couvert d'eau & qui forme en quelques endroits de petits îlots ſur leſquels les inſulaires entretiennent des feux pendant la nuit pour la pêche & la ſureté de leur navigation; quelques coupures donnent de diſtance en diſtance l'entrée en-dedans du récif; mais il faut ſe méfier du fond. Le plomb n'amene jamais que du ſable gris; ce ſable recouvre de groſſes maſſes d'un corail dur & tranchant, capable de couper un cable dans une nuit, ainſi que nous l'a appris une funeſte expérience.

Au-delà de la pointe ſeptentrionale de cette baie, la côte ne forme aucune anſe, aucun cap remarquable. La pointe la plus occidentale eſt terminée par une terre baſſe, dans le Nord-Oueſt de laquelle, environ à une lieue de diſtance, on voit une île peu élevée qui s'étend deux ou trois lieues ſur le Nord-Oueſt.

Aſpect du pays. La hauteur des montagnes, qui occupent tout l'intérieur de Taïti, eſt ſurprenante, eu égard à l'étendue de l'île.

Loin d'en rendre l'afpect trifte & fauvage, elles fervent à l'embellir en variant à chaque pas les points de vue & préfentant de riches payfages couverts des plus riches productions de la nature, avec ce defordre dont l'art ne fut jamais imiter l'agrément. De-là fortent une infinité de petites rivieres qui fertilifent le pays & ne fervent pas moins à la commodité des habitans qu'à l'ornement des campagnes. Tout le plat pays, depuis les bords de la mer jufqu'aux montagnes, eft confacré aux arbres fruitiers, fous lefquels, comme je l'ai déja dit, font bâties les maifons des Taitiens, difperfées fans aucun ordre & fans former jamais de village; on croit être dans les champs élifées. Des fentiers publics, pratiqués avec intelligence & foigneufement entretenus, rendent par-tout les communications faciles.

Les principales productions de l'île font le cocos, la banane, le fruit à pain, l'igname, le curaffol, le giraumon & plufieurs autres racines & fruits particuliers au pays, beaucoup de cannes à fucre qu'on ne cultive point, une efpece d'indigo fauvage, une très-belle teinture rouge & une jaune; j'ignore d'où on les tire. En général M. de Commerçon y a trouvé la botanique des Indes. Aotourou, pendant qu'il a été avec nous, a reconnu & nommé plufieurs de nos fruits & de nos légumes, ainfi qu'un affez grand nombre de plantes que les curieux cultivent dans les ferres chaudes. Le bois propre à travailler croît dans les montagnes, & les infulaires en font peu d'ufage. Ils ne l'employent que pour leurs grandes pirogues, qu'ils conftruifent de bois de cedre. Nous leur avons auffi vu des piques d'un bois noir, dur & pefant, qui reffemble au bois de fer. Ils fe fervent pour bâtir les pirogues ordinaires de

Ses productions.

l'arbre qui porte le fruit à pain. C'est un bois qui ne fend point, mais il est si mol & si plein de gomme, qu'il ne fait que se mâcher sous l'outil.

Il ne paroit pas qu'il y ait de mines.

Au reste, quoique cette île soit remplie de très-hautes montagnes, la quantité d'arbres & de plantes dont elles sont par-tout couvertes, ne semble pas annoncer que leur sein renferme des mines. Il est du-moins certain que les insulaires ne connoissent point les métaux. Ils donnent à tous ceux que nous leur avons montrés, le même nom d'*aouri*, dont ils se servoient pour nous demander du fer. Mais cette connoissance du fer, d'où leur vient-elle? Je dirai bientôt ce que je pense à cet égard. Je ne connois ici qu'un seul article de commerce riche, ce sont de très-belles perles. Les principaux en font porter aux oreilles à leurs femmes & à leurs enfans; mais ils les ont tenu cachées pendant notre séjour chez eux. Ils font avec les écailles de ces huitres perlieres des especes de castagnettes qui sont un de leurs instrumens de danse.

Il y a de belles perles.

Animaux du pays.

Nous n'avons vu d'autres quadrupedes que des cochons, des chiens d'une espece petite, mais jolie; & des rats en grande quantité. Les habitans ont des poules domestiques absolument semblables aux nôtres. Nous avons aussi vu des tourterelles vertes charmantes, de gros pigeons d'un beau plumage bleu de roi & d'un très-bon goût; & des peruches fort petites, mais fort singulieres par le mélange de bleu & de rouge qui colorie leurs plumes. Ils ne nourrissent leurs cochons & leurs volailles qu'avec des bananes. Entre ce qui en a été consommé dans le séjour à terre & ce qui a été embarqué dans les deux navires, on a troqué plus de huit cents têtes de volailles & près de cent-cinquante cochons; encore, sans les travaux inquiétans des dernières journées; en auroit-on eu beaucoup davantage; car les habitans en apportoient de jour en jour un plus grand nombre.

Nous n'avons pas éprouvé de grandes chaleurs dans cette île. Pendant notre séjour le thermomètre de Réaumur n'a jamais monté à plus de 22^d, & il a été quelquefois à 18^d. Le soleil, il est vrai, étoit déjà à 8 ou 9^d de l'autre côté de l'équateur. Mais un avantage inestimable de cette île, c'est de n'y pas être infesté par cette légion odieuse d'insectes qui font le supplice des pays situés entre les tropiques; nous n'y avons vû non plus aucun animal venimeux. D'ailleurs le climat est si sain, que malgré les travaux forcés que nous y avons faits, quoique nos gens y fussent continuellement dans l'eau & au grand soleil, qu'ils couchassent sur le sol nud & à la belle étoile, personne n'y est tombé malade. Les scorbutiques que nous y avions débarqués & qui n'y ont pas eu une seule nuit tranquille, y ont repris des forces & s'y sont rétablis en aussi peu de tems, au point que quelques-uns ont été depuis parfaitement guéris à bord. Au reste la santé & la force des insulaires qui habitent des maisons ouvertes à tous les vents & couvrent à peine de quelques feuillages la terre qui leur sert de lit, l'heureuse vieillesse à laquelle ils parviennent sans aucune incommodité, la finesse de tous leurs sens & la beauté singuliere de leurs dents qu'ils conservent dans le plus grand âge, quelles meilleures preuves & de la salubrité de l'air & de la bonté du régime que suivent les habitans?

Les végétaux & le poisson sont leur principale nourriture; ils mangent rarement de la viande; les enfans & les jeunes filles n'en mangent jamais; & ce régime sans doute con-

Observations météorologiques.

Bonté du climat, vigueur des habitans.

Quelle est leur nourriture.

tribue beaucoup à les tenir exempts de presque toutes nos maladies. J'en dirois autant de leurs boissons ; ils n'en connoissent d'autre que l'eau : l'odeur seule du vin & de l'eau-de-vie leur donnoit de la répugnance ; ils en témoignoient aussi pour le tabac, les épiceries & en général pour toutes les choses fortes.

Il y a dans l'île deux races d'hommes.

Le peuple de Taïti est composé de deux races d'hommes très-différentes, qui cependant ont la même langue, les mêmes mœurs & qui paroissent se mêler ensemble sans distinction. La première, & c'est la plus nombreuse, produit des hommes de la plus grande taille : il est ordinaire d'en voir de six pieds & plus. Je n'ai jamais rencontré d'hommes mieux faits ni mieux proportionnés ; pour peindre Hercule & Mars, on ne trouveroit nulle part d'aussi beaux modeles. Rien ne distingue leurs traits de ceux des Européens ; & s'ils étoient vêtus, s'ils vivoient moins à l'air & au grand soleil, ils seroient aussi blancs que nous. En général leurs cheveux sont noirs. La seconde race est d'une taille médiocre, a les cheveux crépus & durs comme du crin, sa couleur & ses traits different peu de ceux des mulâtres. Le Taïtien, qui s'est embarqué avec nous, est de cette seconde race, quoique son pere soit chef d'un canton ; mais il possede en intelligence ce qui lui manque du côté de la beauté.

Détails sur quelques-uns de leurs usages.

Les uns & les autres se laissent croître la partie inférieure de la barbe ; mais ils ont tous les moustaches & le haut des joues rasés. Ils laissent aussi toute leur longueur aux ongles, excepté à celui du doigt du milieu de la main droite. Quelques-uns se coupent les cheveux très-courts, d'autres les laissent croître & les portent attachés sur le sommet de la tête. Tous ont l'habitude de se les oindre, ainſi que la barbe, avec de l'huile de cocos. Je n'ai rencontré qu'un ſeul homme eſtropié & qui paroiſſoit l'avoir été par une chûte. Notre Chirurgien major m'a aſſuré qu'il avoit vu ſur pluſieurs les traces de la petite vérole, & j'avois pris toutes les meſures poſſibles, pour que nous ne leur communicaſſions pas l'autre, ne pouvant ſuppoſer qu'ils en fuſſent attaqués.

On voit ſouvent les Taitiens nuds, ſans autre vêtement qu'une ceinture qui leur couvre les parties naturelles. Cependant les principaux s'enveloppent ordinairement dans une grande piece d'étoffe qu'ils laiſſent tomber juſqu'aux genoux. C'eſt auſſi-là le ſeul habillement des femmes, & elles ſavent l'arranger avec aſſez d'art pour rendre ce ſimple ajuſtement ſuſceptible de coquetterie. Comme les Taitiennes ne vont jamais au ſoleil ſans être couvertes, & qu'un petit chapeau de cannes, garni de fleurs, défend leur viſage de ſes rayons, elles ſont beaucoup plus blanches que les hommes. Elles ont les traits aſſez délicats; mais ce qui les diſtingue, c'eſt la beauté de leurs corps dont les contours n'ont point été défigurés par 15 ans de torture.

Au reſte, tandis qu'en Europe les femmes ſe peignent en rouge les joues, celles de Taiti ſe peignent d'un bleu foncé les reins & les feſſes; c'eſt une parure & en même tems une marque de diſtinction. Les hommes ſont ſoumis à la même mode. Je ne ſais comment ils s'impriment ces traits ineffaçables; je penſe que c'eſt en piquant la peau & y verſant le ſuc de certaines herbes, ainſi que je l'ai vu pratiquer aux indigenes du Canada. Il eſt à remarquer que de tout tems, on a trouvé cette peinture à la mode chez les peuples voiſins encore de l'état de nature. Quand Céſar fit ſa premiere deſcente en Angleterre, il y trouva

Leurs vêtemens.

Uſage de ſe piquer la peau

établi cet ufage de fe peindre; *omnes vero Britanni fe vitro inficiunt, quod cœruleum efficit colorem.* Le favant & ingénieux Auteur des recherches philofophiques fur les Américains, donne pour caufe à cet ufage général le befoin où on eft dans les pays incultes de fe garantir ainfi de la piquure des infectes cauftiques qui s'y multiplient au-delà de l'imagination. Cette caufe n'exifte point à Taiti, puifque, comme nous l'avons dit plus haut, on y eft exempt de ces infectes infupportables. L'ufage de fe peindre y eft donc une mode comme à Paris. Un autre ufage de Taiti, commun aux hommes & aux femmes, c'eft de fe percer les oreilles & d'y porter des perles ou des fleurs de toute efpece. La plus grande propreté embellit encore ce peuple aimable. Ils fe baignent fans ceffe & jamais ils ne mangent ni ne boivent fans fe laver avant & après.

Police intérieure.

Le caractere de la nation nous a paru être doux & bienfaifant. Il ne femble pas qu'il y ait dans l'île aucune guerre civile, aucune haine particuliere, quoique le pays foit divifé en petits cantons qui ont chacun leur Seigneur indépendant. Il eft probable que les Taitiens pratiquent entre eux une bonne foi dont ils ne doutent point. Qu'ils foient chez eux ou non, jour ou nuit, les maifons font ouvertes. Chacun cueille les fruits fur le premier arbre qu'il rencontre, en prend dans la maifon où il entre. Il paroîtroit que pour les chofes, abfolument néceffaires à la vie, il n'y a point de propriété & que tout eft à tous. Vis-à-vis de nous ils étoient filoux habiles, mais d'une timidité qui les faifoit fuir à la moindre menace. Au refte on a vu que les chefs n'approuvoient point ces vols, qu'ils nous preffoient au contraire de tuer ceux qui les commettoient. Ereti cependant n'ufoit point de cette févérité qu'il nous recommandoit.

mandoit. Lui dénoncions-nous quelque voleur, il le pourfuivoit lui-même à toutes jambes; l'homme fuyoit, & s'il étoit joint, ce qui arrivoit ordinairement, car Ereti étoit infatigable à la courfe, quelques-coups de baton & une reftitution forcée étoient le feul châtiment du coupable. Je ne croyois pas même qu'ils connuffent de punition plus forte, attendu que quand ils voyoient mettre quelqu'un de nos gens aux fers, ils en témoignoient une peine fenfible; mais j'ai fu depuis, à n'en pas douter, qu'ils ont l'ufage de pendre les voleurs à des arbres, ainfi qu'on le pratique dans nos armées.

Ils font prefque toujours en guerre avec les habitans des îles voifines. Nous avons vu les grandes pirogues qui leur fervent pour les defcentes & même pour des combats de mer. Ils ont pour armes l'arc, la fronde, & une efpece de pique d'un bois fort dur. La guerre fe fait chez eux d'une maniere cruelle. Suivant ce que nous a appris Aotourou, ils tuent les hommes & les enfans mâles pris dans les combats; ils leur levent la peau du menton avec la barbe, qu'ils portent comme un trophée de victoire; ils confervent feulement les femmes & les filles, que les vainqueurs ne dédaignent pas d'admettre dans leur lit; Aotourou lui-même eft le fils d'un chef Taitien & d'une captive de l'île de *Oopoa*, île voifine, & fouvent ennemie de Taiti. J'attribue à ce mélange la différence que nous avons remarquée dans l'efpece des hommes. J'ignore au refte comment ils panfent leurs bleffures : nos Chirurgiens en ont admiré les cicatrices.

Ils font en guerre avec les îles voifines.

J'expoferai à la fin de ce chapitre ce que j'ai pu entrevoir fur la forme de leur gouvernement, fur l'étendue du pouvoir qu'ont leurs petits fouverains, fur l'efpece de diftinction qui existe entre les principaux & le peuple, sur le lien enfin qui réunit ensemble, & sous la même autorité, cette multitude d'hommes robustes qui ont si peu de besoins. Je remarquerai seulement ici que dans les circonstances délicates, le Seigneur du canton ne décide point sans l'avis d'un conseil. On a vu qu'il avoit fallu une délibération des principaux de la nation, lorsqu'il s'étoit agi de l'établissement de notre camp à terre. J'ajouterai que le chef paroît être obéi sans réplique par tout le monde, & que les notables ont aussi des gens qui les servent, & sur lesquels ils ont de l'autorité.

Usage important.

Il est fort difficile de donner des éclaircissemens sur leur religion. Nous avons vu chez eux des statues de bois que nous avons prises pour des idoles ; mais quel culte leur rendent-ils ? La seule cérémonie religieuse dont nous ayons été témoins regarde les morts. Ils en conservent long-tems les cadavres étendus sur une espece d'échafaud que couvre un hangard. L'infection qu'ils répandent n'empêche pas les femmes d'aller pleurer auprès du corps une partie du jour, & d'oindre d'huile de cocos les froides reliques de leur affection. Celles dont nous étions connus, nous ont laissé quelquefois approcher de ce lieu consacré aux mânes : *Emoé, il dort*, nous disoient-elles. Lorsqu'il ne reste plus que les squelettes, on les transporte dans la maison, & j'ignore combien de tems on les y conserve. Je sçais seulement, parce que je l'ai vu, qu'alors un homme considéré dans la nation vient y exercer son ministere sacré, & que dans ces lugubres cérémonies, il porte des ornemens assez recherchés.

Pratique au sujet des morts.

Nous avons fait sur sa religion beaucoup de questions à Aotourou, & nous avons cru comprendre qu'en général

Superstition des insulaires.

ſes compatriotes ſont fort ſuperſtitieux, que les Prêtres ont chez eux la plus redoutable autorité, qu'indépendamment d'un être ſupérieur, nommé *Eri-t-Era*, *le Roi du Soleil* ou *de la Lumiere*, être qu'ils ne repréſentent par aucune image matérielle, ils admettent pluſieurs divinités, les unes bienfaiſantes, les autres malfaiſantes ; que le nom de ces divinités ou génies eſt *Eatoua*, qu'ils attachent à chaque action importante de la vie un bon & un mauvais génie, leſquels y préſident & décident du ſuccès ou du malheur. Ce que nous avons compris avec certitude, c'eſt que, quand la lune préſente un certain aſpect qu'ils nomment *Malama Tamai*, *Lune en état de guerre*, aſpect qui ne nous a pas montré de caractere diſtinctif qui puiſſe nous ſervir à le définir, ils ſacrifient des victimes humaines. De tous leurs uſages, un de ceux qui me ſurprend le plus, c'eſt l'habitude qu'ils ont de ſaluer ceux qui éternuent, en leur diſant, *Evaroua-t-eatoua*, *que le bon eatoua te reveille*, ou bien *que le mauvais eatoua ne t'endorme pas*. Voilà des traces d'une origine commune avec les nations de l'ancien continent. Au reſte, c'eſt ſur-tout en traitant de la religion des peuples, que le ſcepticiſme eſt raiſonnable, puiſqu'il n'y a point de matiere dans laquelle il ſoit plus facile de prendre la lueur pour l'évidence.

La poligamie paroît générale chez eux, du-moins parmi les principaux. Comme leur ſeule paſſion eſt l'amour, le grand nombre des femmes eſt le ſeul luxe des riches. Les enfans partagent également les ſoins du pere & de la mere. Ce n'eſt pas l'uſage à Taiti que les hommes, uniquement occupés de la pêche & de la guerre, laiſſent au ſexe le plus foible, les travaux pénibles du ménage & de la culture. Ici une douce oiſiveté eſt le partage des femmes, &

Pluralité des femmes.

le foin de plaire leur plus férieufe occupation. Je ne sçaurois affurer fi le mariage eft un engagement civil ou confacré par la religion, s'il eft indiffoluble ou fujet au divorce. Quoi qu'il en foit, les femmes doivent à leurs maris une foumiffion entiere : elles laveroient dans leur fang une infidélité commife fans l'aveu de l'époux. Son confentement, il eft vrai, n'eft pas difficile à obtenir, & la jaloufie eft ici un fentiment fi étranger, que le mari eft ordinairement le premier à preffer fa femme de fe livrer. Une fille n'éprouve à cet égard aucune gêne, tout l'invite à fuivre le penchant de fon cœur ou la loi de fes fens, & les applaudiffemens publics honorent fa défaite. Il ne femble pas que le grand nombre d'amans paffagers qu'elle peut avoir eu, l'empêche de trouver enfuite un mari. Pourquoi donc réfifteroit-elle à l'influence du climat, à la féduction de l'exemple? L'air qu'on refpire, les chants, la danfe prefque toujours accompagnée de poftures lafcives, tout rappelle à chaque inftant les douceurs de l'amour, tout crie de s'y livrer. Ils danfent au fon d'une efpece de tambour, & lorfqu'ils chantent, ils accompagnent la voix avec une flûte très-douce à trois ou à quatre trous, dans laquelle, comme nous l'avons déjà dit, ils foufflent avec le nez. Ils ont auffi une efpece de lutte qui eft en même tems exercice & jeu.

Caractere des infulaires. Cette habitude de vivre continuellement dans le plaifir, donne aux Taitiens un penchant marqué pour cette douce plaifanterie fille du repos & de la joie. Ils en contractent auffi dans le caractere une légereté dont nous étions tous les jours étonnés. Tout les frappe, rien ne les occupe; au milieu des objets nouveaux que nous leur préfentions, nous n'avons jamais réuffi à fixer deux minutes de fuite l'attention d'aucun d'eux. Il femble que la moin-

Canot de l'Isle Taiti à la Voile.

dre réflexion leur soit un travail insupportable, & qu'ils fuient encore plus les fatigues de l'esprit que celle du corps.

Je ne les accuserai cependant pas de manquer d'intelligence. Leur adresse & leur industrie, dans le peu d'ouvrages nécessaires dont ne sçauroient les dispenser l'abondance du pays & la beauté du climat, démentiroient ce témoignage. On est étonné de l'art avec lequel sont faits les instrumens pour la pêche ; leurs hameçons sont de nacre aussi délicatement travaillée que s'ils avoient le secours de nos outils ; leurs filets sont absolument semblables aux nôtres, & tissus avec du fil de pite. Nous avons admiré la charpente de leurs vastes maisons, & la disposition des feuilles de latanier qui en font la couverture.

<small>Détails sur quelques-uns de leurs ouvrages.</small>

Ils ont deux espèces de pirogues ; les unes petites & peu travaillées, sont faites d'un seul tronc d'arbre creusé ; les autres beaucoup plus grandes, sont travaillées avec art. Un arbre creusé fait, comme aux premieres, le fond de la pirogue depuis l'avant jusqu'aux deux tiers environ de sa longueur ; un second forme la partie de l'arriere qui est courbe & fort relevée : de sorte que l'extrémité de la pouppe se trouve à cinq ou six pieds au-dessus de l'eau ; ces deux pieces sont assemblées bout-à-bout en arc de cercle, & comme, pour assurer cet écart ils n'ont pas le secours des clous, ils percent en plusieurs endroits l'extrémité des deux pieces, & ils y passent des tresses de fil de cocos, dont ils font de fortes lieures. Les côtés de la pirogue sont relevés par deux bordages d'environ un pied de largeur, cousus sur le fond & l'un avec l'autre par des lieures semblables aux précédentes. Ils remplissent les coutures de fil de cocos, sans mettre aucun enduit sur ce calefatage. Une planche qui

<small>Construction de leurs bateaux.</small>

couvre l'avant de la pirogue, & qui a cinq ou six pieds de saillie, l'empêche de se plonger entiérement dans l'eau, lorsque la mer est grosse. Pour rendre ces légeres barques moins sujettes à chavirer, ils mettent un balancier sur un des côtés. Ce n'est autre chose qu'une piece de bois assez longue, portée sur deux traverses de quatre à cinq pieds de long, dont l'autre bout est amarré sur la pirogue. Lorsqu'elle est à la voile, une planche s'étend en dehors de l'autre côté du balancier. Son usage est pour y amarrer un cordage qui soutient le mât, & de rendre la pirogue moins volage, en plaçant au bout de la planche un homme ou un poids.

Leur industrie paroît davantage dans le moyen dont ils usent pour rendre ces bâtimens propres à les transporter aux îles voisines, avec lesquelles ils communiquent, sans avoir dans cette navigation d'autres guides que les étoiles. Ils lient ensemble deux grandes pirogues côté à côté, à quatre pieds environ de distance, par le moyen de quelques traverses fortement amarrées sur les deux bords. Par-dessus l'arriere de ces deux bâtimens ainsi joints, ils posent un pavillon d'une charpente très-légere, couvert par un toit de roseaux. Cette chambre les met à l'abri de la pluie & du soleil, & leur fournit en même tems un lieu propre à tenir leurs provisions seches. Ces doubles pirogues sont capables de contenir un grand nombre de personnes, & ne risquent jamais de chavirer. Ce sont celles dont nous avons toujours vû les chefs se servir; elles vont ainsi que les pirogues simples à la rame & à la voile: les voiles sont composées de nattes étendues sur un quarré de roseaux, dont un des angles est arrondi.

Les Taitiens n'ont d'autre outil pour tous ces ouvrages,

qu'une herminette, dont le tranchant est fait avec une pierre noire très-dure. Elle est absolument de la même forme que celle de nos charpentiers, & ils s'en servent avec beaucoup d'adresse. Ils emploient, pour percer les bois, des morceaux de coquilles fort aigus.

La fabrique des étoffes singulieres, qui composent leurs vêtemens, n'est pas le moindre de leurs arts. Elles sont tissues avec l'écorce d'un arbuste que tous les habitans cultivent autour de leurs maisons. Un morceau de bois dur, équarri & rayé sur ses quatre faces par des traits de différentes grosseurs, leur sert à battre cette écorce sur une planche très-unie. Ils y jettent un peu d'eau en la battant, & ils parviennent ainsi à former une étoffe très-égale & très-fine, de la nature du papier, mais beaucoup plus souple, & moins sujette à être déchirée. Ils lui donnent une grande largeur. Ils en ont de plusieurs sortes, plus ou moins épaisses, mais toutes fabriquées avec la même matiere ; j'ignore la méthode dont ils se servent pour les teindre.

Je terminerai ce chapitre en me justifiant, car on m'oblige à me servir de ce terme, en me justifiant, dis-je, d'avoir profité de la bonne volonté d'Aotourou pour lui faire faire un voyage qu'assurément il ne croyoit pas devoir être aussi long, & en rendant compte des connoissances qu'il m'a données sur son pays pendant le séjour qu'il a fait avec moi.

Le zele de cet insulaire pour nous suivre n'a pas été équivoque. Dès les premiers jours de notre arrivée à Taiti il nous l'a manifesté de la maniere la plus expressive, & sa nation parut applaudir à son projet. Forcés de parcourir une mer inconnue, & certains de ne devoir désormais qu'à l'humanité des peuples que nous allions découvrir,

Leurs étoffes.

Détail sur le Taïtien amené en France.

Raisons pour lesquelles on l'a amené.

les secours & les rafraîchissemens dont notre vie dépendoit, il nous étoit essentiel d'avoir avec nous un homme d'une des îles les plus considérables de cette mer. Ne devions-nous pas présumer qu'il parloit la même langue que ses voisins, que ses mœurs étoient les mêmes, & que son crédit auprès d'eux seroit décisif en notre faveur, quand il détailleroit & notre conduite avec ses compatriotes & nos procédés à son égard? D'ailleurs en supposant que notre patrie voulût profiter de l'union d'un peuple puissant situé au milieu des plus belles contrées de l'Univers, quel gage pour cimenter l'alliance que l'éternelle obligation dont nous allions enchaîner ce peuple en lui renvoyant son concitoyen bien traité par nous & enrichi de connoissances utiles qu'il leur porteroit. Dieu veuille que le besoin & le zele qui nous ont inspirés, ne soient pas funestes au courageux Aotourou!

Son séjour à Paris. Je n'ai épargné ni l'argent ni les soins pour lui rendre son séjour à Paris agréable & utile. Il y est resté onze mois, pendant lesquels il n'a témoigné aucun ennui. L'empressement pour le voir a été vif, curiosité stérile qui n'a servi presque qu'à donner des idées fausses à des hommes persifleurs par état, qui ne sont jamais sortis de la capitale, qui n'approfondissent rien, & qui, livrés à des erreurs de toute espece, ne voyent que d'après leurs préjugés & décident cependant avec sévérité & sans appel. Comment, par exemple, me disoient quelques-uns, dans le pays de cet homme on ne parle ni François ni Anglois ni Espagnol? Que pouvois-je répondre? Ce n'étoit pas toutefois l'étonnement d'une question pareille qui me rendoit muet. J'y étois accoutumé, puisque je savois qu'à mon arrivée plusieurs, de ceux même qui passent pour instruits, soutenoient

noient que je n'avois pas fait le tour du monde, puifque je n'avois pas été en Chine. D'autres, ariftarques tranchans, prenoient & répandoient une fort mince idée du pauvre infulaire, fur ce qu'après un féjour de deux ans avec des François, il parloit à peine quelques mots de la langue. Ne voyons-nous pas tous les jours, difoient-ils, des Italiens, des Anglois, des Allemands, auxquels un féjour d'un an à Paris fuffit pour apprendre le François? J'aurois pu répondre peut-être avec quelque fondement, qu'indépendamment de l'obftacle phyfique que l'organe de cet infulaire apportoit à ce qu'il pût fe rendre notre langue familiere, obftacle qui fera détaillé plus bas, cet homme avoit au moins 30 ans, que jamais fa mémoire n'avoit été exercée par aucune étude, ni fon efprit affujetti à aucun travail : qu'à la vérité un Italien, un Anglois, un Allemand pouvoient en un an jargonner paffablement le François; mais que ces étrangers avoient une grammaire pareille à la nôtre, des idées morales, phyfiques, politiques, fociales, les mêmes que les nôtres & toutes exprimées par des mots dans leur langue, comme elles le font dans la langue Françoife; qu'ainfi ils n'avoient qu'une traduction à confier à leur mémoire exercée dès l'enfance. Le Taïtien au contraire n'ayant que le petit nombre d'idées relatives d'une part à la fociété la plus fimple & la plus bornée, de l'autre à des befoins réduits au plus petit nombre poffible, auroit eu à créer, pour ainfi dire, dans un efprit auffi pareffeux que fon corps, un monde d'idées premieres, avant que de pouvoir parvenir à leur adapter les mots de notre langue qui les expriment. Voilà peut-être ce que j'aurois pu répondre; mais ce détail demandoit quelques minutes, & j'ai prefque toujours remarqué, qu'accablé de

F f

questions comme je l'étois, quand je me difpofois à y fatisfaire, les perfonnes qui m'en avoient honoré, étoient déja loin de moi. C'eft qu'il eft fort commun dans les capitales de trouver des gens qui queftionnent non en curieux qui veulent s'inftruire, mais en juges qui s'apprêtent à prononcer: alors qu'ils entendent la réponfe ou ne l'entendent point, ils n'en prononcent pas moins.

Cependant, quoique Aotourou eftropiât à peine quelques mots de notre langue, tous les jours il fortoit feul, il parcouroit la ville, & jamais il ne s'eft égaré. Souvent il faifoit des emplettes, & prefque jamais il n'a payé les chofes au-delà de leur valeur. Le feul de nos fpectacles qui lui plût, étoit l'opéra; car il aimoit paffionnément la danfe. Il connoiffoit parfaitement les jours de ce fpectacle; il y alloit feul, payoit à la porte comme tout le monde, & fa place favorite étoit dans les corridors. Parmi le grand nombre de perfonnes qui ont defiré le voir, il a toujours remarqué ceux qui lui ont fait du bien, & fon cœur reconnoiffant ne les oublioit pas. Il étoit particulierement attaché à Madame la Ducheffe de Choifeul qui l'a comblé de bienfaits & fur-tout de marques d'intérêt & d'amitié, auxquelles il étoit infiniment plus fenfible qu'aux préfens. Auffi alloit-il de lui-même voir cette généreufe bienfaitrice toutes les fois qu'il favoit qu'elle étoit à Paris.

Son départ de Paris.

Moyens pris pour le renvoyer chez lui.

Il en eft parti au mois de Mars 1770, & il a été s'embarquer à la Rochelle fur le navire *le Briffon*, qui a dû le transporter à l'île de France. Il a été confié pendant cette traverfée aux foins d'un négociant qui s'eft embarqué fur le même bâtiment dont il eft armateur en partie. Le Miniftere a ordonné au Gouverneur & à l'Intendant de l'île de France de renvoyer de-là Aotourou dans son île. J'ai donné un Mémoire fort détaillé sur la route à faire pour s'y rendre, & trente-six mille francs (c'est le tiers de mon bien) pour armer le navire destiné à cette navigation. Madame la Duchesse de Choiseul a porté l'humanité jusqu'à consacrer une somme d'argent pour transporter à Taiti un grand nombre d'outils de nécessité premiere, des graines, des bestiaux, & le Roi d'Espagne a daigné permettre que ce bâtiment, s'il étoit nécessaire, relâchât aux Philippines. Puisse Aotourou revoir bientôt ses compatriotes! Je vais détailler ce que j'ai cru comprendre sur les mœurs de son pays dans mes conversations avec lui.

J'ai déja dit que les Taitiens reconnoissent un Etre suprême qu'aucune image factice ne sçauroit représenter, & des divinités subalternes *de deux métiers*, comme dit Amyot, représentées par des figures de bois. Ils prient au lever & au coucher du soleil; mais ils ont en détail un grand nombre de pratiques superstitieuses pour conjurer l'influence des mauvais génies. La comete, visible à Paris en 1769, & qu'Aotourou a fort bien remarquée, m'a donné lieu d'apprendre que les Taitiens connoissent ces astres qui ne reparoissent, m'a-t-il dit, qu'après un grand nombre de lunes. Ils nomment les cometes *evetou eavé*, & n'attachent à leur apparition aucune idée sinistre. Il n'en est pas de même de ces especes de météores qu'ici le peuple croit être des étoiles qui filent. Les Taitiens, qui les nomment *epao*, les croyent un génie malfaisant *eatoua toa*.

Au reste, les gens instruits de cette nation, sans être astronomes, comme l'ont prétendu nos gazettés, ont une nomenclature des constellations les plus remarquables; ils

<small>Nouveaux détails sur les mœurs de Taiti.</small>

en connoissent le mouvement diurne, & ils s'en servent pour diriger leur route en pleine mer d'une île à l'autre. Dans cette navigation, quelquefois de plus de trois cents lieues, ils perdent toute vue de terre. Leur boussole est le cours du soleil pendant le jour, & la position des étoiles pendant les nuits, presque toujours belles entre les tropiques.

<small>Iles voisines</small>

Aotourou m'a parlé de plusieurs îles, les unes confédérées de Taiti, les autres toujours en guerre avec elle. Les îles amies sont *Aimeo*, *Maoroua*, *Aca*, *Oumaitia* & *Tapoua-massou*. Les ennemies sont *Papara*, *Aiatea*, *Otaa*, *Toumaraa*, *Oopoa*. Ces îles sont aussi grandes que Taiti. L'île de *Pare*, fort abondante en perles, est tantôt son alliée, tantôt son ennemie. *Enoua-motou* & *Toupai* sont deux petites îles inhabitées, couvertes de fruits, de cochons, de volailles, abondantes en poissons & en tortues; mais le peuple croit qu'elles sont la demeure des Génies; c'est leur domaine, & malheur aux bateaux que le hazard ou la curiosité conduit à ces îles sacrées. Il en coûte la vie à presque tous ceux qui y abordent. Au reste ces îles gissent à différentes distances de Taiti. Le plus grand éloignement dont Aotourou m'ait parlé, est à quinze jours de marche. C'est sans doute à-peu-près à cette distance qu'il supposoit être notre patrie, lorsqu'il s'est déterminé à nous suivre.

<small>Inégalité des conditions.</small>

J'ai dit plus haut que les habitans de Taiti nous avoient paru vivre dans un bonheur digne d'envie. Nous les avions cru presque égaux entre eux, ou du-moins jouissant d'une liberté qui n'étoit soumise qu'aux loix établies pour le bonheur de tous. Je me trompois; la distinction des rangs est fort marquée à Taiti, & la disproportion cruelle. Les Rois

& les Grands ont droit de vie & de mort sur leurs esclaves & valets; je serois même tenté de croire qu'ils ont aussi ce droit barbare sur les gens du peuple qu'ils nomment *Tataeinou, hommes vils ;* toujours est-il sûr que c'est dans cette classe infortunée qu'on prend les victimes pour les sacrifices humains. La viande & le poisson sont réservés à la table des Grands; le peuple ne vit que de légumes & de fruits. Jusqu'à la maniere de s'éclairer dans la nuit différentie les états, & l'espece de bois qui brûle pour les gens considérables, n'est pas la même que celle dont il est permis au peuple de se servir. Les Rois seuls peuvent planter devant leurs maisons l'arbre que nous nommons *le saule pleureur* ou *l'arbre du grand Seigneur*. On sait qu'en courbant les branches de cet arbre & les plantant en terre, on donne à son ombre la direction & l'étendue qu'on desire ; à Taiti il est la salle à manger des Rois.

Les Seigneurs ont des livrées pour leurs valets, suivant que la qualité des maîtres est plus ou moins élevée, les valets portent plus ou moins haut la piece d'étoffe dont ils se ceignent. Cette ceinture pend immédiatement sous les bras aux valets des chefs, elle ne couvre que les reins aux valets de la derniere classe des nobles. Les heures ordinaires des repas sont lorsque le soleil passe au méridien & lorsqu'il est couché. Les hommes ne mangent point avec les femmes, celles-ci seulement servent aux hommes les mets que les valets ont apprêtés.

A Taiti on porte régulierement le deuil qui se nomme *eeva*. Toute la nation porte le deuil de ses Rois. Le deuil des peres est fort long. Les femmes portent celui des maris, sans que ceux-ci leur rendent la pareille. Les marques de deuil sont de porter sur la tête une coeffure de plumes

Usage de porter le deuil.

dont la couleur est consacrée à la mort, & de se couvrir le visage d'un voile. Quand les gens en deuil sortent de leurs maisons, ils sont précédés de plusieurs esclaves qui battent des castagnettes d'une certaine maniere ; leur son lugubre avertit tout le monde de se ranger, soit qu'on respecte la douleur des gens en deuil, soit qu'on craigne leur approche comme sinistre & malencontreuse. Au reste il en est à Taiti comme par-tout ailleurs ; on y abuse des usages les plus respectables. Aotourou m'a dit que cet attirail du deuil étoit favorable aux rendez-vous, sans doute avec les femmes dont les maris sont peu complaisans. Cette claquette dont le son respecté écarte tout le monde, ce voile qui cache le visage, assurent aux amans le secret & l'impunité.

Secours réciproques dans les maladies.

Dans les maladies un peu graves tous les proches parens se rassemblent chez le malade. Ils y mangent & y couchent tant que le danger subsiste ; chacun le soigne & le veille à son tour. Ils ont aussi l'usage de saigner ; mais ce n'est ni au bras ni au pied. Un *Taoua*, c'est-à dire, un Médecin ou Prêtre inférieur, frappe avec un bois tranchant sur le crâne du malade, il ouvre par ce moyen la veine que nous nommons *sagittale* ; & lorsqu'il en a coulé suffisamment de sang, il ceint la tête d'un bandeau qui assujettit l'ouverture : le lendemain il lave la plaie avec de l'eau.

Remarques sur la langue

Voilà ce que j'ai appris sur les usages de ce pays intéressant, tant sur les lieux mêmes que par mes conversations avec Aotourou. On trouvera à la fin de cet Ouvrage le vocabulaire des mots Taitiens que j'ai pu rassembler. En arrivant dans cette île nous remarquâmes que quelques-uns des mots prononcés par les insulaires, se trouvoient dans le vocabulaire inféré à la fuite du voyage de le Maire fous le titre de *Vocabulaire des îles des Cocos*. Ces îles en effet, felon l'eſtime de le Maire & de Schouten, ne ſçauroient être fort éloignées de Taïti, peut-être font-elles partie de celles que m'a nommées Aotourou. La langue de Taïti eſt douce, harmonieuſe & facile à prononcer. Les mots n'en ſont preſque compoſés que de voyelles ſans aſpiration ; on n'y rencontre point de ſyllabes muettes, ſourdes ou naſales, ni cette quantité de conſonnes & d'articulations qui rendent certaines langues ſi difficiles. Auſſi notre Taïtien ne pouvoit-il parvenir à prononcer le François. Les mêmes cauſes qui font accuſer notre langue d'être peu muſicale, la rendoient inacceſſible à ſes organes. On eût plutôt réuſſi à lui faire prononcer l'Eſpagnol ou l'Italien.

M. Pereire, célebre par ſon talent d'enſeigner à parler & bien articuler aux ſourds & muets de naiſſance, a examiné attentivement & pluſieurs fois Aotourou, & a reconnu qu'il ne pouvoit phyſiquement prononcer la plûpart de nos conſonnes, ni aucune de nos voyelles naſales. M. Péreire a bien voulu me communiquer à ce ſujet un mémoire qu'on trouvera inféré à la ſuite du vocabulaire de Taïti.

Au reſte la langue de cette île eſt aſſez abondante, j'en juge par ce que, dans le cours du voyage, Aotourou a mis en ſtrophes cadencées tout ce qui l'a frappé. C'eſt une eſpece de récitatif obligé qu'il improviſoit. Voilà ſes annales, & il nous a paru que ſa langue lui fourniſſoit des expreſſions pour peindre une multitude d'objets tous nouveaux pour lui. D'ailleurs nous lui avons entendu chaque jour prononcer des mots que nous ne connoiſſions pas encore, & entre autres déclamer une longue priere, qu'il appelle la priere des Rois; & de tous les mots qui la composent, je n'en sçais pas dix.

J'ai appris d'Aotourou qu'environ huit mois avant notre arrivée dans son île, un vaisseau Anglois y avoit abordé. C'est celui que commandoit M. Wallas. Le même hazard qui nous a fait découvrir cette île, y a conduit les Anglois, pendant que nous étions à la riviere de la Plata. Ils y ont séjourné un mois, &, à l'exception d'une attaque que leur ont faite les insulaires qui se flattoient d'enlever le vaisseau, tout s'est passé à l'amiable. Voilà, sans doute, d'où proviennent & la connoissance du fer, que nous avons trouvée aux Taitiens, & le nom d'*aouri* qu'ils lui donnent, nom assez semblable pour le son au mot Anglois *iron*, *fer*, qui se prononce *airon*. J'ignore maintenant si les Taitiens, avec la connoissance du fer, doivent aussi aux Anglois celle des maux vénériens que nous y avons trouvé naturalisés, comme on le verra bientôt.

CHAPITRE

CHAPITRE IV.

Départ de Taïti ; découverte de nouvelles îles ; navigation jusqu'à la sortie des grandes Cyclades.

ON a vu combien la relâche à Taïti avoit été mêlangée de bien & de mal ; l'inquiétude & le danger y avoient accompagné nos pas jusqu'aux derniers instans, mais ce pays étoit pour nous un ami que nous aimions avec ses défauts. Le 16 Avril, à huit heures du matin, nous étions environ à dix lieues dans le Nord-Est-quart-Nord de sa pointe septentrionale, & je pris de là mon point de départ. A dix heures nous apperçûmes une terre sous le vent, qui paroissoit former trois îles, on voyoit encore l'extrémité de Taïti. A midi, nous reconnûmes parfaitement que ce que nous avions pris pour trois îles n'en étoit qu'une seule, dont les sommets nous avoient paru isolés dans l'éloignement. Par-dessus cette nouvelle terre, nous crûmes en voir une plus éloignée. Cette île est d'une hauteur médiocre & couverte d'arbres ; on peut l'appercevoir en mer de huit ou dix lieues. Aotourou la nomme *Oumaitia*. Il nous a fait entendre d'une maniere non équivoque, qu'elle étoit habitée par une nation amie de la sienne, qu'il y avoit été plusieurs fois, qu'il y avoit une maîtresse, & que nous y trouverions le même accueil & les mêmes rafraîchissemens qu'à Taïti.

Nous perdîmes Oumaitia de vûe dans la journée, & je dirigeai ma route de maniere à ne pas rencontrer *les îles Pernicieuses* que les désastres de l'Amiral Roggewin nous

1768.
Avril.

Vûe d'Oumaitia.

Direction de la route.

avertiſſoient de fuir. Deux jours après, nous eûmes une preuve inconteſtable que les habitans des îles de l'Océan Pacifique communiquent entre eux, même à des diſtances conſidérables. L'azur d'un ciel ſans nuages laiſſoit étinceler les étoiles ; Aotourou, après les avoir attentivement conſidérées, nous fit remarquer l'étoile brillante qui eſt dans l'épaule d'Orion, diſant que c'étoit ſur elle que nous devions diriger notre courſe, & que dans deux jours nous trouverions une terre abondante qu'il connoiſſoit, & où il avoit des amis ; nous crûmes même comprendre par ſes geſtes qu'il y avoit un enfant. Comme je ne faiſois pas déranger la route du vaiſſeau, il me répéta pluſieurs fois qu'on y trouvoit des cocos, des bananes, des poules, des cochons, & ſur-tout des femmes, que, par des geſtes très-expreſſifs, il nous dépeignoit fort complaiſantes. Outré de voir que ces raiſons ne me déterminoient pas, il courut ſaiſir la roue du gouvernail, dont il avoit déjà remarqué l'uſage, & malgré le timonier, il tâchoit de la changer, pour nous faire gouverner ſur l'étoile qu'il indiquoit. On eut aſſez de peine à le tranquilliſer, & ce refus lui donna beaucoup de chagrin. Le lendemain, dès la pointe du jour, il monta au haut des mâts & y paſſa la matinée, regardant toujours du côté de cette terre où il vouloit nous conduire, comme s'il eût eu l'eſpérance de l'appercevoir. Au reſte il nous avoit nommé la veille en ſa langue, ſans héſiter, la plupart des étoiles brillantes que nous lui montrions ; nous avons eu depuis la certitude qu'il connoît parfaitement les phaſes de la lune & les divers prognoſtics qui avertiſſent ſouvent en mer des changemens qu'on doit avoir dans le tems. Une de leurs opinions, qu'il nous a

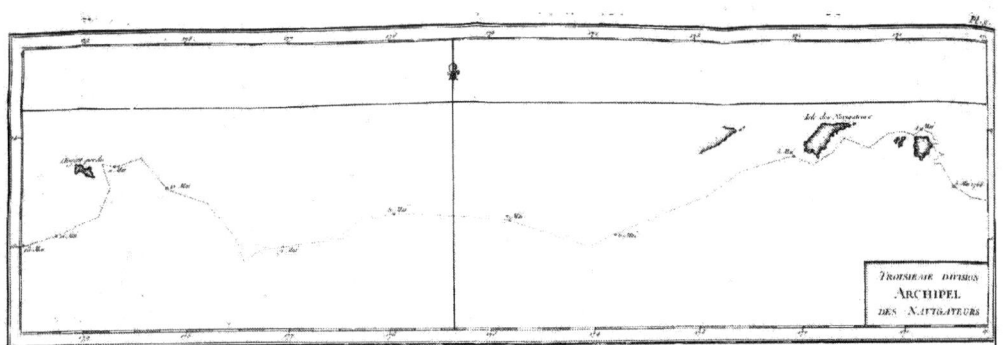

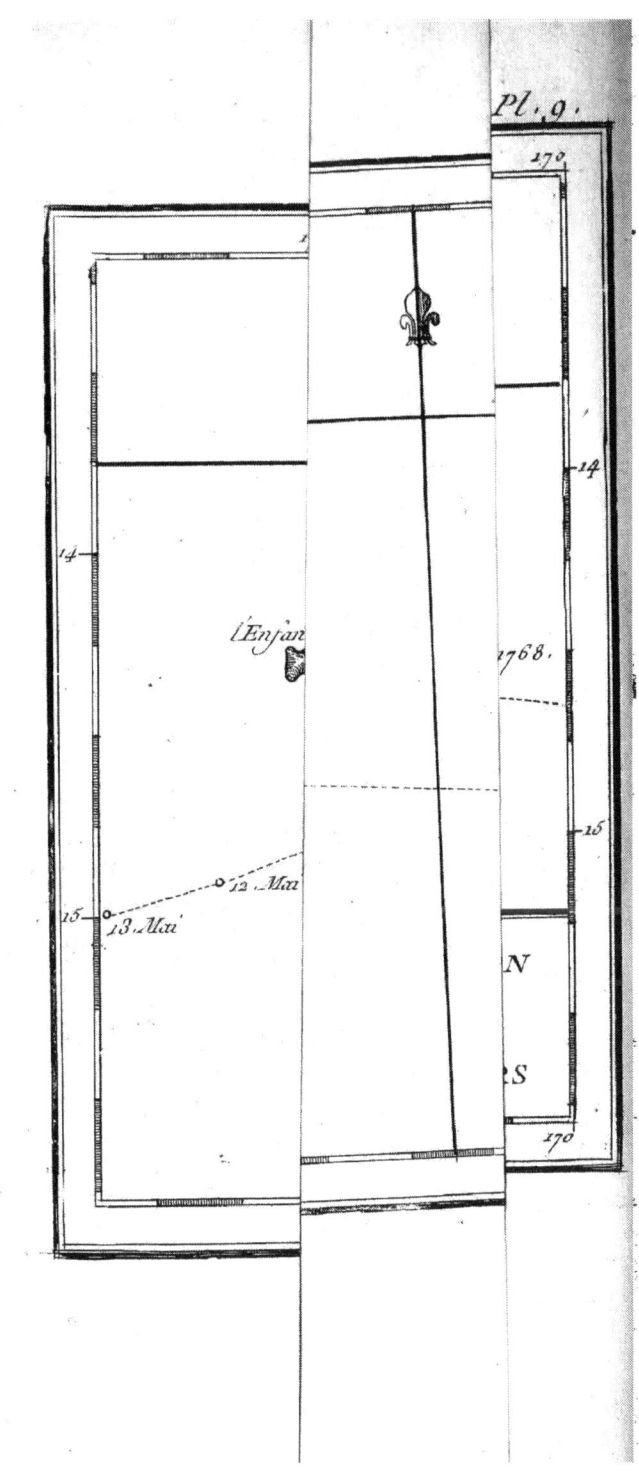

clairement énoncée, c'est qu'ils croient positivement que le soleil & la lune sont habités. Quel Fontenelle leur a enseigné la pluralité des mondes ?

Pendant le reste du mois d'Avril, nous eûmes très-beau tems, mais peu de frais, & le vent d'Est prenoit plus du Nord que du Sud. La nuit du 26 au 27, notre Pratique de la côte de France mourut subitement d'une attaque d'apoplexie. Ces Pratiques se nomment *Pilotes-côtiers*, & tous les vaisseaux du Roi ont ainsi un Pilote-Pratique de la côte de France. Ils sont différens de ceux qu'on nomme dans l'équipage *Pilotes*, *Aide-Pilotes* ou *Pilotins*. On a dans le monde une idée peu exacte de l'emploi qu'exercent ces Pilotes sur nos vaisseaux. On croit que ce sont eux qui en dirigent la route, & qu'ils servent ainsi comme de bâton à des aveugles. Je ne sçai pas s'il est encore quelque nation chez laquelle on abandonne à ces hommes subalternes l'art du pilotage, cette partie essentielle de la navigation. Dans nos vaisseaux, la fonction des Pilotes est de veiller à ce que les Timoniers suivent exactement la route que le Capitaine seul ordonne, à marquer tous les changemens qu'y font faire ou la qualité des vents ou les ordres du Commandant, & à observer les signaux; encore ne président-ils à ces détails que sous la direction de l'Officier de quart. Assurément les Officiers de la Marine du Roi sortent des écoles beaucoup plus profonds en géométrie, qu'il n'est nécessaire pour connoître parfaitement toutes les loix du pilotage. La classe des Pilotes, proprement dits, est encore chargée du soin des compas de routes & d'observation, des lignes de lock & de sonde, des fanaux, des pavillons, &c. & on voit que ces divers détails ne demandent que de l'exactitude. Aussi mon premier pilote dans ce voyage étoit-il un jeune homme de vingt ans : le second étoit du même âge, & les Aide-Pilotes naviguoient pour la premiere fois.

<small>Observations astronomiques.</small>

Mon estime comparée deux fois dans ce mois avec les observations astronomiques de M. Verron, differe la premiere fois, & c'étoit à Taiti, de 13′ 10″, dont j'étois plus Ouest;

<small>Seconde division d'îles.</small>

la seconde fois, qui est le 27 à midi, de 1ᵈ 13′ 37″ dont j'étois plus Est que l'observé. Au reste les différentes îles découvertes dans ce mois, forment la seconde division des îles de ce vaste Océan. Je l'ai nommée *l'archipel de Bourbon*.

<small>Mai.</small>

Le 3 Mai, presque à la pointe du jour, nous découvrîmes une nouvelle terre dans le Nord-Ouest à dix ou douze lieues de distance. Les vents étoient de la partie du Nord-Est, & je fis gouverner au vent de la pointe septentrionale de cette terre, laquelle est fort élevée, dans l'intention de la reconnoître. Les connoissances nautiques d'Aotourou ne

<small>Vûe de nouvelles îles.</small>

s'étendoient pas jusque-là : car sa premiere idée, en voyant cette terre, fut qu'elle étoit notre patrie. Dans la journée nous essuyâmes quelques grains, suivis de calme, de pluie & de brises du Ouest, tels que dans cette mer on en éprouve aux approches des moindres terres. Avant le coucher du soleil, nous reconnûmes trois îles, dont une beaucoup plus considérable que les deux autres. Pendant la nuit, que la lune rendoit claire, nous conservâmes la vûe de terre, nous courûmes dessus au jour, & nous prolongeâmes la côte orientale de la grande-île, depuis sa pointe du Sud jusqu'à celle du Nord ; c'est son plus grand côté qui peut avoir trois lieues ; l'île en a deux de l'Est à l'Ouest. Ses côtes sont par-tout escarpées, & ce n'est, à proprement parler, qu'une montagne élevée, couverte d'arbres jusqu'au sommet, sans vallées ni plage. La mer brisoit fortement le long de la rive. Nous y vîmes des feux, quelques cabannes couvertes de joncs & terminées en pointe, conftruites à l'ombre des cocotiers, & une trentaine d'hommes qui couroient fur le bord de la mer. Les deux petites îles font à une lieue de la grande dans l'Oueft-Nord-Oueft du monde, fituation qu'elles ont auffi entre elles. Un bras de mer peu large les fépare, & à la pointe du Oueft de la plus occidentale il y a un îlot. Elles n'ont pas plus d'une demi-lieue chacune, & leur côte eft également haute & efcarpée.

A midi je faifois route pour paffer entre ces petites îles & la grande, lorfque la vue d'une pirogue qui venoit à nous me fit mettre en panne pour l'attendre. Elle s'approcha à une portée de piftolet du vaiffeau fans vouloir l'accofter, malgré tous les fignes d'amitié dont nous pouvions nous avifer vis-à-vis de cinq hommes qui la conduifoient. Ils étoient nuds à l'exception des parties naturelles, & nous montroient du cocos & des racines. Notre Taitien fe mit nud comme eux & leur parla fa langue, mais ils ne l'entendirent pas; ce n'eft plus ici la même nation. Laffé de voir que, malgré l'envie qu'ils témoignoient de diverfes bagatelles qu'on leur montroit, ils n'ofoient approcher, je fis mettre à la mer le petit canot. Auffitôt qu'ils l'apperçurent, ils forcerent de nage pour s'enfuir, & je ne voulus pas qu'on les pourfuivît. Peu après on vit venir plufieurs autres pirogues, quelques-unes à la voile. Elles témoignerent moins de méfiance que la premiere, & s'approcherent affez pour rendre les échanges praticables; mais aucun infulaire ne voulut monter à bord. Nous eûmes d'eux des ignames, des noix de cocos, une poule d'eau d'un fuperbe plumage & quelques morceaux d'une fort belle écaille. L'un d'eux avoit un coq qu'il ne voulut

Echanges faits avec les infulaires.

jamais troquer. Ils échangerent aussi des étoffes du même tissu, mais beaucoup moins belles que celles de Taïti & teintes de vilaines couleurs rouges, brunes & noires; des hameçons mal faits avec des arrêtes de poissons, quelques nattes & des lances longues de six pieds, d'un bois durci au feu. Ils ne voulurent point de fer; ils préféroient de petits morceaux d'étoffe rouge aux clous, aux couteaux & aux pendans d'oreille qui avoient eu un succès si décidé à Taïti. Je ne crois pas ces hommes aussi doux que les Taitiens : leur physionomie étoit plus sauvage, & il falloit être toujours en garde contre les ruses qu'ils employoient pour tromper dans les échanges.

Description de ces insulaires.

Ces insulaires nous ont paru de stature médiocre, mais agiles & dispos. Ils ont la poitrine & les cuisses jusqu'au-dessus du genou peintes d'un bleu foncé, leur couleur est bronzée; nous en avons remarqué un beaucoup plus blanc que les autres. Ils se coupent ou s'arrachent la barbe; un seul la portoit un peu longue; tous en général avoient les cheveux noirs & relevés sur la tête.

Description de leurs pirogues.

Leurs pirogues sont faites avec assez d'art & munies d'un balancier; elles n'ont point l'avant ni l'arriere relevés, mais pontés l'un & l'autre; & sur le milieu de ces ponts il y a une rangée de chevilles terminées en forme de gros clous, mais dont les têtes sont recouvertes de beaux limas d'une blancheur éclatante. La voile de leurs pirogues est composée de plusieurs nattes & triangulaire; deux de ses côtés sont envergués sur des bâtons dont l'un sert à l'assujettir le long du mât, & l'autre, établi sur la ralingue de dehors, fait l'effet d'une livarde. Ces pirogues nous ont suivi assez au large, lorsque nous avons éventé nos voiles; il en est même venu quelques-unes des deux petites îles, & dans l'une il y avoit une

Canot des Isles des Navigateurs à la Voile.

femme vieille & laide. Aotourou a témoigné le plus grand mépris pour ces insulaires.

Nous trouvâmes un peu de calme, lorsque nous fûmes sous le vent de la grosse île, ce qui me fit renoncer à passer entre elle & les deux petites. Le canal est d'une lieue & demie, & il paroît qu'il y auroit quelque mouillage. A six heures du soir on découvrit du haut des mâts dans le Ouest Sud-Ouest une nouvelle terre qui se présentoit sous l'aspect de trois mondrains isolés. Nous courûmes dans le Sud-Ouest; & à deux heures après minuit nous revîmes cette terre dans l'Ouest-^{d}-Sud; les premieres îles que nous appercevions encore à la faveur d'un beau clair de lune, nous restoient alors au Nord-Est.

Le 5 au matin nous reconnûmes que cette nouvelle terre étoit une belle île dont nous n'avions la veille apperçu que les sommets. Elle est entrecoupée de montagnes & de vastes plaines couvertes de cocotiers & d'une infinité d'autres arbres. Nous prolongeâmes sa côte méridionale à une ou deux lieues de distance, sans y voir aucune apparence de mouillage, la mer s'y développoit avec fureur. Il y a même une bâture dans l'Ouest de sa pointe occidentale, laquelle met environ deux lieues au large. Plusieurs relevemens nous ont donné avec exactitude le gissement de cette côte. Un grand nombre de pirogues à la voile, semblables à celles des dernieres îles, vinrent autour des navires, mais sans vouloir s'approcher; une seule accosta l'Etoile. Les Indiens sembloient nous inviter par leurs signes à aller à terre; mais les brisans nous le défendoient. Quoique nous fissions alors sept & huit milles par heure, ces pirogues à la voile tournoient autour de nous avec la même aisance que si nous eussions été à l'an-

Suite d'îles.

cre. On en apperçut du haut des mâts plusieurs, qui voguoient dans le Sud.

Dès six heures du matin nous avions eu la connoissance d'une autre terre dans l'Ouest; des nuages ensuite nous en avoient dérobé la vue, elle se remontra vers dix heures. Sa côte couroit sur le Sud-Ouest, & nous parut avoir au-moins autant d'élévation & d'étendue que la premiere avec laquelle elle gît à-peu-près Est & Ouest du monde, à la distance d'environ douze lieues. Une brume épaisse, qui s'éleva dans l'après-midi & dura toute la nuit & le jour suivant, ne nous permit pas de la reconnoître. Nous distinguâmes seulement à sa pointe du Nord-Est deux petites îles de grandeur inégale.

Position de ces îles qui forment la troisieme division.

La longitude de ces îles est à-peu-près la même par laquelle s'estimoit être Abel Tasman, lorsqu'il découvrit les îles d'*Amsterdam* & de *Rotterdam*, des *Pilstaars*, du *Prince Guillaume*, & les bas fonds de *Fleemskerk*. C'est aussi celle qu'on assigne à peu de chose près, *aux îles de Salomon*. D'ailleurs les pirogues que nous avons vu voguer au large & dans le Sud, semblent indiquer d'autres îles dans cette partie. Ainsi ces terres paroissent former une chaîne étendue sous le même méridien; ce sera la troisieme division que nous avons nommée *l'archipel des Navigateurs*.

Le 11 au matin, après avoir gouverné à Ouest-quart-Sud-Ouest depuis la vue des dernieres îles, on découvrit la terre dans l'Ouest-Sud-Ouest à sept ou huit lieues de distance. On crut d'abord que c'étoient deux îles séparées, & le calme nous en tint éloignés tout le jour. Le 12 on reconnut que ce n'étoit qu'une seule île, dont les deux parties élevées étoient jointes par une terre basse qui paroissoit

QUATRIEME DIVISION
ARCHIPEL
DES GRANDES
CYCLADES

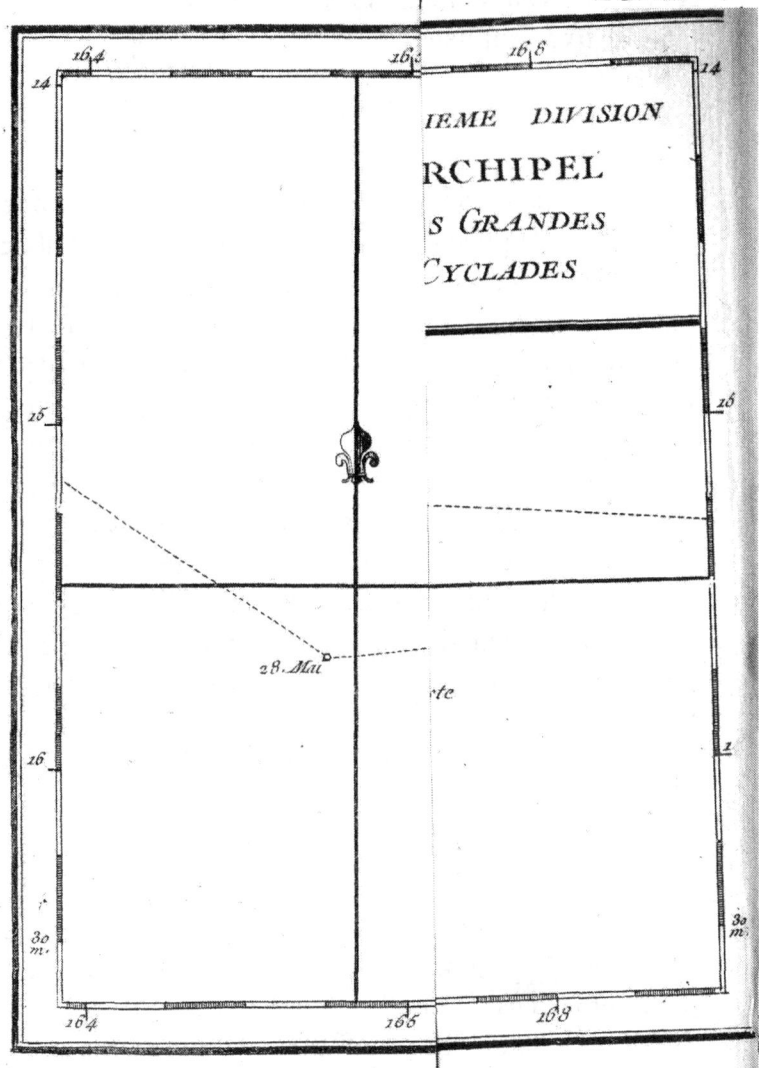

roiſſoit ſe courber en arc & former une baie ouverte au Nord-Eſt. Les groſſes terres courent ſur le Nord-Nord-Oueſt. Le vent debout nous a empêchés d'approcher de plus de ſix à ſept lieues cette île que j'ai appellée *l'Enfant perdu.*

Les mauvais tems, qui avoient commencé dès le 6 de ce mois, continuerent preſque ſans interruption juſqu'au 20 ; & pendant tout ce tems nous fûmes perſécutés par les calmes, la pluie & les vents d'Oueſt. En général dans cet océan nommé *Pacifique*, l'approche des terres procure des orages, plus fréquens encore dans les décours de la lune. Les tems à grains avec de gros nuages fixes à l'horiſon, ſont un indice preſque ſûr de quelques îles & un avis de s'en méfier. On ne ſe figure pas avec quels ſoins & quelles inquiétudes on navigue dans ces mers inconnues, menacés de toutes parts de la rencontre inopinée de terres & d'écueils, inquiétudes plus vives encore dans les longues nuits de la Zone Torride. Il nous falloit cheminer à tâtons, changeant de route, lorſque l'horiſon étoit trop noir devant nous. La diſette d'eau, le défaut de vivres, la néceſſité de profiter du vent, quand il daignoit ſouffler, ne nous permettoient pas de ſuivre les lenteurs d'une navigation prudente & de paſſer en panne ou ſur les bords le tems des ténebres.

Obſervations météorologiques.

Cependant le ſcorbut commençoit à reparoître. Une grande partie des équipages & preſque tous les Officiers en avoient les gencives atteintes & la bouche échauffée. Il ne reſtoit plus de rafraîchiſſemens que pour les malades, & l'on s'accoutume difficilement à ne vivre que de mauvaiſes ſalaiſons & de légumes déſſéchés. Dans le même tems il ſe déclara ſur les deux navires pluſieurs mala-

Situation critique où nous nous trouvons.

H h

dies vénériennes prises à Taiti. Elles portoient tous les symptômes connus en Europe. Je fis visiter Aotourou, il en étoit perdu ; mais il paroît que dans son pays on s'inquiete peu de ce mal : toutefois il consentit à se laisser traiter. Colomb rapporta cette maladie d'Amérique, la voilà dans une île au milieu du plus vaste Océan. Sont-ce les Anglois qui l'y ont portée ? ou bien ce Médecin qui parioit qu'en enfermant une femme saine avec quatre hommes sains & vigoureux, le mal vénérien naîtroit de leur commerce, doit-il gagner son pari ?

<small>Rencontre de nouvelles terres.</small> Le 22 à l'aube du jour, comme nous courions à Ouest, on apperçut de l'avant à nous une longue & haute terre. Lorsque le soleil fut levé, nous reconnûmes deux îles. La plus méridionale nous restoit depuis le Sud-quart-Sud-Est jusqu'au Sud-Ouest-quart-Sud ; elle paroissoit courir sur le Nord-Nord-Ouest corrigé & avoir environ douze lieues de longueur sur ce gissement. Elle reçut le nom du jour, *île de la Pentecôte*. La seconde nous restoit depuis le Sud-Ouest-5ᵈ-Sud jusqu'à l'Ouest Nord-Ouest ; l'instant où elle s'est montrée à nous, l'a fait appeller *l'île Aurore*. Nous tînmes d'abord le plus près, bas-bord amure pour tâcher de passer entre les deux îles. Les vents nous refuserent, & il fallut arriver pour passer sous le vent de l'île Aurore. En avançant dans le Nord le long de sa côte orientale, on apperçut dans le Nord-quart-Nord-Ouest une petite île élevée en pain de sucre, qui fut nommée *le pic de l'Etoile*. Nous continuâmes à ranger l'île Aurore à une lieue & demie de distance. Elle gît Nord & Sud corrigés, depuis sa pointe méridionale jusqu'à la moitié environ de sa longueur qui est de dix lieues ; ensuite elle décline vers le Nord-Nord-Ouest : elle a très-peu de largeur,

deux lieues au plus. Ses côtes font efcarpées & couvertes de bois. A deux heures après midi nous apperçûmes par-deffus cette île des cimes de hautes montagnes à dix lieues environ au-delà. Elles appartenoient à une terre dont à trois heures & demie nous vîmes au Sud-Sud-Oueft du compas la pointe du Sud-Oueft par-deffus l'extrémité feptentrionale de l'île Aurore. Après avoir doublé cette derniere, nous faifions route au Sud-Sud-Oueft, lorfqu'au coucher du foleil une nouvelle côte élevée & très-étendue s'offrit encore à nos regards. Elle fe prolongeoit depuis l'Oueft-Sud-Oueft jufqu'au Nord-Oueft-quart-Nord, à la diftance de quinze à feize lieues.

Nous courûmes plufieurs bords dans la nuit pour nous élever dans le Sud-Eft, afin de reconnoître fi la terre que nous avions au Sud-Sud-Oueft, tenoit à l'île de la Pentecôte, ou fi elle en formoit une troifieme. C'eft ce que nous vérifiâmes le 23 à la pointe du jour. Nous découvrîmes la féparation des trois îles. Celle de la Pentecôte & l'île Aurore font à-peu-près fous le même méridien, à deux lieues de diftance l'une de l'autre. La troifieme eft dans le Sud-Oueft de l'île Aurore, & leur moindre éloignement eft de trois ou quatre lieues. Sa côte du Nord-Oueft a au-moins douze lieues d'étendue, terre haute, efcarpée, par-tout couverte de bois. Nous l'avons côtoyée une partie de la matinée du 23. Plufieurs pirogues fe montroient le long de terre, fans qu'aucune cherchât à nous approcher. Il ne paroiffoit point de cafes, on voyoit feulement un grand nombre de fumées s'élever du milieu des bois, depuis les bords de la mer jufqu'au fommet des montagnes : fort près du rivage nous fondâmes plufieurs fois fans trouver de fond avec 50 braffes de ligne.

H h ij

244 VOYAGE

Débarquement à une des îles.

Sur les 9 heures la vue d'une côte où l'abordage paroissoit commode, me détermina a envoyer à terre pour y faire du bois dont nous avions le plus grand besoin, prendre des connoissances du pays & tâcher d'en tirer des rafraîchissemens pour nos malades. Je fis partir trois bateaux armés sous les ordres du Chevalier de Kerué Enseigne de la Marine, & nous nous tinmes sur les bords prêts à leur envoyer du secours & à les soutenir de l'artillerie des vaisseaux s'il étoit nécessaire. Nous les vîmes prendre terre, sans que les insulaires parussent s'être opposés à leur débarquement. A une heure après midi je m'embarquai avec quelques autres personnes dans une iole pour aller les rejoindre. Nous trouvâmes nos gens occupés à couper du bois, & que ceux du pays les aidoient à le porter dans les bateaux. L'Officier qui commandoit la descente, me dit qu'à son arrivée une troupe nombreuse d'insulaires étoit

Méfiance des insulaires.

venue le recevoir sur la plage l'arc & la fleche à la main, faisant signe qu'on n'abordât pas ; mais que quand, malgré leurs menaces, il avoit ordonné de mettre à terre, ils s'étoient reculés à quelques pas ; qu'à mesure que nos gens avançoient, les Sauvages se retiroient toujours dans l'attitude de faire partir leurs fleches sans vouloir se laisser approcher ; qu'ayant alors fait arrêter la troupe, & le Prince de Nassau ayant demandé à s'avancer vers eux, ils avoient cessé de reculer, lorsqu'ils avoient vu un homme seul ; des morceaux d'étoffes rouges qu'on leur distribua, acheverent d'établir une espece de confiance. Le Chevalier de Kerué prit aussi-tôt poste à l'entrée du bois, mit ses travailleurs à abattre des arbres sous la protection de la troupe, & envoya un détachement chercher des fruits. Insensiblement les insulaires se rapprocherent plus amiablement en apparence; on eut même d'eux quelques fruits : ils ne vouloient ni du fer ni des clous. Ils refuserent aussi constamment de troquer leurs arcs & leurs massues, seulement ils céderent quelques fleches. Au reste ils étoient toujours restés en grand nombre autour de nos gens sans jamais quitter leurs armes; ceux même qui n'avoient point d'arcs, tenoient des pierres prêtes à lancer. Ils avoient fait entendre qu'ils étoient en guerre avec les habitans d'un canton voisin du leur. Effectivement il s'en montra une troupe armée qui venoit de la partie occidentale de l'île, s'avançant en bon ordre, & ceux-ci paroissoient disposés à les bien recevoir ; mais il n'y avoit point eu d'attaque.

Nous trouvâmes les choses en cet état à notre arrivée à terre. Nous y restâmes jusqu'à ce que nos bateaux fussent chargés de fruits & de bois. Je fis aussi enterrer au pied d'un arbre l'acte de prise de possession de ces îles gravé sur une planche de chêne, & ensuite nous nous rembarquâmes. Ce départ dérangea sans doute le projet des insulaires qui n'avoient pas encore tout disposé pour nous attaquer. C'est-là du-moins ce que nous dûmes juger en les voyant s'avancer sur le bord de la mer & nous lancer une grêle de pierres & de fleches. Quelques coups de fusil tirés en l'air ne suffirent pas pour nous en débarrasser; plusieurs même s'avançoient dans l'eau pour nous ajuster de plus près, une décharge mieux nourrie rallentit aussitôt leur attaque, ils s'enfuirent dans le bois avec de grands cris. Un matelot fut légerement blessé d'une pierre. *Ils attaquent les François.*

Ces insulaires sont de deux couleurs, noirs & mulâtres. Leurs levres sont épaisses, leurs cheveux cotonnés, quel- *Description des insulaires.*

ques-uns même ont la laine jaune. Ils font petits, vilains, mal faits & la plupart rongés de lepre ; circonftance qui nous a fait nommer leur île *l'île des Lépreux*. Il parut peu de femmes, & elles n'étoient pas moins dégoûtantes que les hommes ; ils font nuds, à peine fe couvrent-ils d'une natte les parties naturelles ; les femmes ont auffi des écharpes pour porter leurs enfans fur le dos ; nous avons vu quelques-uns des tiffus qui les compofent, fur lefquels étoient de fort jolis deffeins faits avec une belle teinture cramoifie. J'ai remarqué qu'aucun n'avoit de barbe ; ils fe percent les narines pour y pendre quelques ornemens ; ils portent auffi aux bras en forme de bracelets une dent de *babirouffa*, ou un grand anneau d'une matiere que je crois de l'ivoire, & au col des plaques d'écaille de tortue, qu'ils nous ont fait entendre être commune fur leur rivage.

Quelles font leurs armes.

Leurs armes font l'arc & la fleche, des maffues de bois de fer, & des pierres qu'ils lancent fans fronde. Les fleches font des rofeaux armés d'une longue pointe d'os très-aigue. Quelques-unes de ces pointes font quarrées & garnies fur les arrêtes de petites pointes couchées en arriere qui empêchent de pouvoir retirer la fleche de la plaie. Ils ont encore des fabres de bois de fer. Leurs pirogues ne nous ont pas approchés. Elles nous ont paru de loin faites & voilées comme celles des îles des navigateurs.

Defcription du lieu où on a débarqué.

La plage où nous avons abordé préfentoit une très-petite étendue. A vingt pas du bord de la mer on trouve le pied d'une montagne dont la pente, quoique très-rapide, eft couverte de bois. Le terrein eft très-léger & a peu de profondeur : auffi les fruits, quoique de la même efpece qu'à Taiti, font-ils moins beaux ici & d'une moins bonne qualité. Nous y avons trouvé une efpece de figues particuliere. On rencontre beaucoup de routes tracées dans le bois & des espaces enclos par des palissades de trois pieds de haut. Sont-ce des retranchemens ou simplement des limites de possessions différentes ? Nous n'avons vu d'autres cases que cinq ou six petites hutes dans lesquelles on ne pouvoit entrer qu'en se traînant sur le ventre. Nous étions cependant environnés d'un peuple nombreux; je le crois fort misérable : cette guerre intestine dont nous avons été les témoins, est un cruel fléau. Nous entendîmes à plusieurs reprises le son rauque d'une espece de tambour sortir de la profondeur du bois vers le sommet de la montagne. C'est sans doute leur signal de ralliement ; car dès l'instant où nos coups de fusil les ont dispersés, il a recommencé à battre. Il redoubloit aussi son lugubre bruit, lorsque cette troupe ennemie que nous avons vue plusieurs fois, venoit à paroître. Notre Taitien, qui avoit désiré être de la descente, nous a paru trouver cette espece d'hommes fort vilaine ; il n'entendoit absolument aucun mot de leur langue.

A notre arrivée à bord nous rembarquâmes nos bateaux, & je fis *servir* courant au Sud-Ouest sur une longue côte que nous découvrîmes à toute vue depuis le Sud-Ouest jusqu'à l'Ouest-Nord-Ouest. Pendant la nuit il y eut peu de vent, & il ne cessa de varier ; de sorte que nous restâmes au pouvoir des courans qui nous entraînerent sur le Nord-Est. Ce tems continua la journée du 24 & la nuit suivante, & nous pûmes à peine nous élever à trois lieues de l'île des Lépreux. Le 25 à cinq heures du matin nous eûmes une assez jolie brise d'Est-Sud-Est; mais l'Etoile qui se trouvoit encore sous la terre, ne la ressentit pas & demeura en calme. Je fis route néanmoins toutes voiles dehors

Continuation de la route entre les terres.

pour reconnoître la terre d'Ouest. A huit heures nous découvrions des terres dans tous les points de l'horison, & nous paroissions enfermés dans un grand golfe. L'île de la Pentecôte venoit rechercher au Sud la nouvelle côte que nous avions découverte, & nous ne pouvions être assurés si elle en étoit détachée, ou si ce qui nous sembloit former la séparation, n'étoit pas une grande baie. Plusieurs endroits sur le reste de la côte nous offroient aussi l'apparence ou de passages ou de grands enfoncemens; un entre autres présentoit dans l'Ouest une ouverture considérable. Quelques pirogues traversoient d'une terre à l'autre. A dix heures nous fûmes obligés de revirer sur l'île aux Lépreux. L'Etoile qu'on n'appercevoit plus, même du haut des mâts, y étoit toujours en calme, quoique la brise d'Est-Sud-Est se soutînt au large. Nous courûmes sur cette flûte jusqu'à quatre heures du soir; ce ne fut qu'alors qu'elle ressentit la brise. Il étoit trop tard quand elle fut ralliée pour songer à des reconnoissances. Ainsi la journée du 25 fut perdue, nous passâmes la nuit sur les bords.

Les relevemens que nous fîmes le 26 au lever du soleil, nous apprirent que les courans nous avoient entraînés dans le Sud plusieurs milles au delà de notre estime. L'île de la Pentecôte se montroit toujours séparée des terres du Sud-Ouest, mais la séparation étoit plus étroite. Nous découvrions plusieurs autres coupures à cette côte, mais sans pouvoir distinguer le nombre des îles de l'archipel qui nous environnoit. La terre s'étendoit à nos yeux depuis l'Est-Sud-Est, en passant par le Sud, jusqu'à l'Ouest-Nord-Ouest du compas, & nous ne la voyons pas terminée. Je fis courir depuis le Nord-Ouest-quart-Ouest en

rondissant

rondissant jusqu'à l'Ouest le long d'une belle côte cou- verte d'arbres, sur laquelle il paroissoit de grands espaces de terrain cultivés, soit qu'ils le fussent en effet, soit que ce fût un jeu de la nature. Le coup d'œil annonçoit un pays riche, les croupes de quelques montagnes pelées & de couleur rouge en de certains endroits sembloient même indiquer que leurs entrailles renfermoient des minéraux. La route que nous suivions nous conduisoit à ce grand enfoncement apperçu la veille dans l'Ouest. A midi nous étions au milieu, & nous y observâmes la hauteur du soleil. L'ouverture en est de cinq à six lieues, elle court Est-quart-Sud-Est & Ouest-quart-Nord-Ouest du monde. Quelques hommes se montrerent à la côte du Sud, & d'autres approcherent des navires dans une pirogue; mais dès qu'ils en furent à une portée de mousquet, ils cesserent de s'avancer malgré nos invitations; ces hommes étoient noirs.

Aspect du pays.

Nous rangeâmes la côte septentrionale à trois quarts de lieue de distance; elle est peu élevée & couverte d'arbres. Une multitude de Negres se faisoient voir sur le rivage; il s'en détacha même quelques pirogues qui n'eurent pas plus de confiance que celle qui avoit vogué de la côte opposée. Après avoir longé celle-ci l'espace de deux à trois lieues, nous vîmes un grand enfoncement qui nous parut former une belle baie à l'ouvert de laquelle étoient deux gros îlots. J'envoyai sur-le-champ nos bateaux armés pour la reconnoître, & pendant ce tems nous restâmes sur les bords à une & deux lieues de terre, sondant souvent sans trouver de fond avec une ligne de 200 brasses.

Sur les cinq heures nous entendîmes une salve de mous-

Tentatives

quèterie qui nous caufa beaucoup d'inquiétude ; elle fortoit d'un de nos canots qui, malgré mes ordres, s'étoit féparé des autres & fe trouvoit mal-à-propos dans le cas d'être attaqué par les infulaires, ayant vogué tout à fait à terre. Deux fleches qui lui furent tirées, fervirent de prétexte à fa premiere décharge. Enfuite il longea la côte, faifant un feu très-vif de fa moufqueterie & de fes efpingoles tant à terre que fur trois pirogues qui pafferent à portée & lui décocherent aufli quelques fleches. Une pointe avancée nous déroboit alors la vue du canot, & fon feu continuel me donnoit lieu d'appréhender qu'il ne fût attaqué par une armée de pirogues. J'allois envoyer notre chaloupe à fon fecours, lorfque nous le vîmes doubler feul cette pointe qui nous l'avoit caché. Les Negres pouffoient des cris affreux dans le bois où ils s'étoient tous jettés, & dans lequel on entendoit battre leur tambour. Je fis aufli-tôt à ce canot le fignal de ralliement, & je pris des mefures pour que nous ne fuflions plus deshonorés par un pareil abus de la fupériorité de nos forces.

pour chercher un mouillage.

Ce qui nous empêche d'y mouiller. Les canots de la Boudeufe reconnurent que cette côte que nous avions cru continue, eft un amas d'îles qui fe croifent, enforte que la baie n'eft que la rencontre de plufieurs des canaux qui les féparent. Cependant ils y trouverent un affez bon fond de fable fur 40, 30 & 20 braffes d'eau ; mais fon inégalité continuelle rendoit ce mouillage peu fûr, pour nous fur-tout qui n'avions plus d'ancres à hafarder. Il falloit d'ailleurs y ancrer à une grande demi-lieue de la côte ; plus près le fond étoit de roches. Ainfi les vaiffeaux n'auroient pu protéger les bateaux, & le pays eft fi couvert, qu'il eût toujours fallu avoir les armes à la main pour mettre les travailleurs à l'abri des furprifes.

On ne devoit pas se flatter que les naturels oubliassent le mal qu'on venoit de leur faire, & consentissent à échanger des rafraîchissemens. On remarqua ici les mêmes productions que sur l'île des Lépreux. Les habitans y étoient aussi de la même espece, presque tous noirs, nuds, à l'exception des parties naturelles, portant les mêmes ornemens en colliers & en bracelets, & se servant des mêmes armes.

Nous passâmes la nuit sur les bords. Le 27 au matin nous *arrivâmes* & prolongeâmes la côte environ à une lieue de distance. Vers dix heures on distingua sur une pointe basse une plantation d'arbres disposés en allées de jardin. Le terrein sous les arbres étoit battu & paroissoit sablé ; un assez grand nombre d'habitans se montroient dans cette partie ; de l'autre côté de la pointe il y avoit une apparence d'enfoncement, & je fis mettre les bateaux dehors. Ce fut en vain ; ce n'étoit qu'un coude que formoit la côte, & nous la suivîmes jusqu'à la pointe du Nord-Ouest sans trouver de mouillage. Au delà de cette pointe les terres revenoient sur le Nord-Nord-Ouest, & s'étendoient à perte de vue, terres d'une élévation extraordinaire & qui présentoient au-dessus des nuages une chaîne suivie de montagnes. Au reste le tems fut sombre & à grains avec de la pluie par intervalles. Plusieurs fois dans le jour on crut voir la terre devant nous, terre de brume qui s'évanouissoit dans les éclaircis. Nous passâmes toute la nuit qui fut très-orageuse à louvoyer à petits bords & les marées nous porterent dans le Sud beaucoup au-delà de notre estime. Nous eûmes la vue des hautes montagnes toute la journée du 28 jusqu'au soleil couchant

Nouvelle tentative pour faire ici une relâche.

I i ij

que nous les relevâmes de l'Eſt au Nord-Nord-Eſt, à vingt ou vingt-cinq lieues de diſtance.

Le 29 au matin nous ne vîmes plus de terres, nous avions gouverné ſur l'Oueſt-Nord-Oueſt. Je nommai ces terres que nous venions de découvrir *l'archipel des grandes Cyclades*. A en juger par ce que nous en avons parcouru & par ce que nous avons apperçu dans le lointain, il contient au moins trois degrés en latitude & cinq en longitude. Je croirois même volontiers que c'eſt ſon extrémité ſeptentrionale que Roggewin a vue ſous le onzieme parallele & qu'il a nommé *Thienhoven* & *Groningue*. Pour nous, quand nous y atterrîmes, tout devoit nous perſuader que nous étions à *la terre auſtrale du Saint-Eſprit*. Les apparences ſembloient ſe conformer au récit de Quiros, & ce que nous découvrions chaque jour encourageoit nos recherches. Il eſt bien ſingulier que préciſément par la même latitude & la même longitude où Quiros place ſa grande baie *de Saint-Jacques & Saint-Philippe*, ſur une côte qui paroiſſoit au premier coup d'œil celle d'un continent, nous ayons trouvé un paſſage de largeur égale à celle qu'il donne à l'ouverture de ſa baie. Le Navigateur Eſpagnol a-t-il mal vû? A-t-il voulu maſquer ſes découvertes? Les Géographes avoient-ils deviné, en faiſant de la terre du Saint-Eſprit un même continent avec *la nouvelle Guinée?* Pour réſoudre ce problême, il falloit ſuivre encore le même parallele pendant plus de trois cents cinquante lieues. Je m'y déterminai, quoique l'état & la quantité de nos vivres nous avertiſſent d'aller promptement chercher quelque établiſſement Européen. On verra qu'il s'en eſt peu fallu que nous n'ayons été les victimes de notre conſtance.

Conjectures ſur ces terres.

M. Verron fit plusieurs observations pendant le mois de Mai, & leurs résultats déterminerent notre longitude le 5, le 9, le 13 & le 22. Il ne s'étoit pas encore trouvé autant de différences entre les observations & l'estime de nos routes, différences toutes du même côté. Le 5 à midi j'étois plus Est que l'observé de 4ᵈ 00′ 42″; le 9 de 4ᵈ 23′ 4″; le 13 de 3ᵈ 38′ 15″; le 22 enfin de 3ᵈ 35′. Toutes ces différences, on le voit, annonçoient que depuis l'île de Taïti les courans nous avoient beaucoup entraînés dans l'Ouest. On expliqueroit par-là comment tous les navigateurs qui ont traversé l'océan Pacifique, ont rencontré la nouvelle Guinée beaucoup plutôt qu'ils ne l'auroient dû. Aussi ont-ils donné à cet océan une étendue de l'Est à l'Ouest beaucoup moindre que celle qu'il a véritablement. Je dois toutefois faire remarquer que pendant la saison où le soleil a été dans l'hémisphere austral, nos estimes ont été dans l'Ouest des observations, & que depuis qu'il a passé de l'autre côté, nos différences ont changé. Le thermometre dans ce mois a été communément entre 19 & 20 degrés, il a deux fois baissé à 18 & une seule fois à 15.

Différences entre l'estime & les observations.

Tandis que nous étions entre les grandes Cyclades, quelques affaires m'avoient appelé à bord de l'Etoile, & j'eus occasion d'y vérifier un fait assez singulier. Depuis quelque tems il couroit un bruit dans les deux navires que le domestique de M. de Commerçon, nommé *Baré*, étoit une femme. Sa structure, le son de sa voix, son menton sans barbe, son attention scrupuleuse à ne jamais changer de linge, ni faire ses nécessités devant qui que ce fût, plusieurs autres indices avoient fait naître & accréditoient le soupçon. Cependant comment reconnoître une femme dans cet infatigable Baré, botaniste déja fort exercé que nous avions vu fuivre fon maître dans toutes fes herborifations, au milieu des neiges & fur les monts glacés du détroit de Magellan, & porter même dans ces marches pénibles provifions de bouche, armes & cahiers de plantes avec un courage & une force qui lui avoient mérité du Naturalifte le furnom de fa bête de fomme ? Il falloit qu'une fcene qui fe paffa à Taiti, changeât le foupçon en certitude. M. de Commerçon y defcendit pour herborifer ; à peine Baré qui le fuivoit avec les cahiers fous fon bras, eut mis pied à terre, que les Taitiens l'entourent, crient que c'eft une femme & veulent lui faire les honneurs de l'île. Le Chevalier de Bournand, qui étoit de garde à terre, fut obligé de venir à fon fecours & de l'efcorter jufqu'au bateau. Depuis ce tems il étoit affez difficile d'empêcher que les matelots n'alarmaffent quelquefois fa pudeur. Quand je fus à bord de l'Etoile, Baré les yeux baignés de larmes, m'avoua qu'elle étoit fille ; elle me dit qu'à Rochefort elle avoit trompé fon maître en fe préfentant à lui fous des habits d'homme au moment même de fon embarquement, qu'elle avoit déja fervi comme laquais un Genevois à Paris, que née en Bourgogne & orpheline, la perte d'un procès l'avoit réduite dans la mifere & lui avoit fait prendre le parti de déguifer fon fexe, qu'au refte elle favoit en s'embarquant qu'il s'agiffoit de faire le tour du Monde, & que ce voyage avoit piqué fa curiofité. Elle fera la premiere, & je lui dois la juftice qu'elle s'eft toujours conduite à bord avec la plus fcrupuleufe fageffe. Elle n'eft ni laide ni jolie & n'a pas plus de vingt-fix ou vingt-fept ans. Il faut convenir que fi les deux vaiffeaux euffent fait naufrage fur quelque ile déferte de ce vafte Océan, la chance eût été fort finguliere pour Baré.

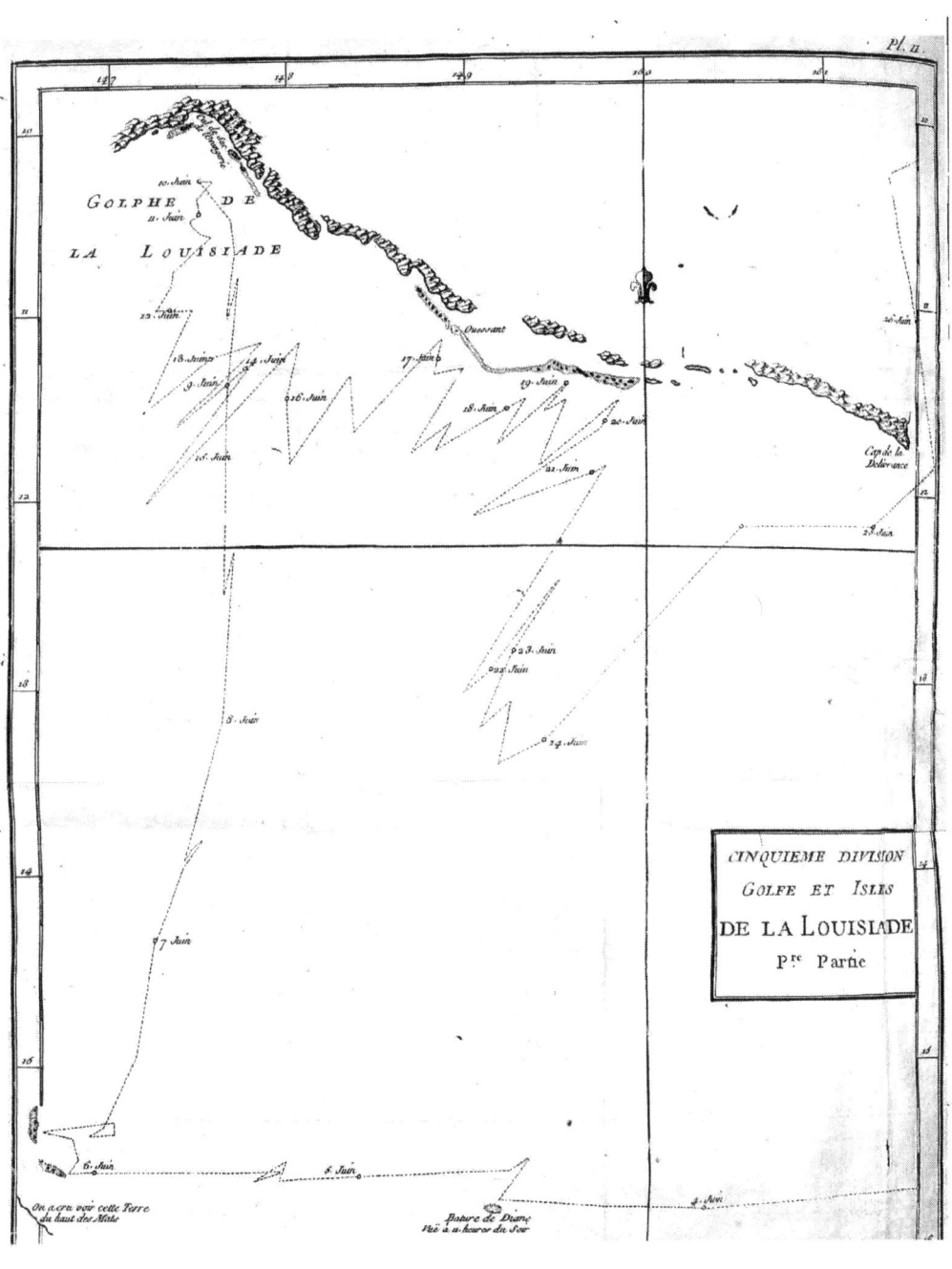

CHAPITRE V.

Navigation depuis les grandes Cyclades ; découverte du golfe de la Louisiade, extrémités où nous y sommes réduits ; découverte de nouvelles îles ; relâche à la nouvelle Bretagne.

Depuis le 29 Mai que nous cessâmes de voir la terre, je fis route à l'Ouest avec un vent d'Est & de Sud-Est très-frais. L'Etoile retardoit considérablement notre marche. Nous sondâmes toutes les vingt-quatre heures sans trouver de fond avec une ligne de 240 brasses. Le jour nous forcions de voiles, nous courions la nuit sous les huniers risés, virant de bord lorsque le tems étoit trop obscur. La nuit du 4 au 5 Juin nous faisions route à l'Ouest sous nos huniers à la faveur de la lune qui nous éclairoit, lorsqu'à onze heures du soir on apperçut à une demi-lieue de nous dans le Sud des brisans & une côte de sable très-basse. Nous prîmes aussitôt les amures à l'autre bord, signalant en même tems le danger à l'Etoile. Nous courûmes ainsi jusqu'à cinq heures du matin, & alors nous reprîmes notre route dans l'Ouest-Sud-Ouest pour aller reconnoître cette terre. Nous la revîmes à huit heures à une lieue & demie de distance. C'est un petit îlot de sable qui s'élève à peine au-dessus de l'eau & que ce peu de hauteur rend un écueil fort dangereux pour des vaisseaux qui font route de nuit ou par un tems de brume. Il est si ras, qu'à deux lieues de distance avec un horison fort net on ne le voit que du haut des mâts ; il est couvert d'oiseaux. Je l'ai nommé *la bâture de Diane*.

Direction de la route en quittant les Cyclades.

1768.
Juin.

Rencontre consécutive de brisans.

Dans la journée du 5, on crut à quatre heures après-midi appercevoir la terre & des brisans dans l'Oueſt; on ſe trompoit, & nous continuâmes à y courir juſqu'à dix heures du ſoir. Nous paſsâmes le reſte de la nuit, partie en panne, partie à courir de petits bords, & au point du jour nous reprîmes notre route toutes voiles dehors. Depuis vingt-quatre heures, il paſſoit le long des navires beaucoup de morceaux de bois & des fruits que nous ne connoiſſions pas; la mer étoit auſſi entièrement tombée, malgré le grand vent de Sud-Eſt, & ces circonſtances réunies me faiſoient penſer que nous avions de la terre dans le Sud-Eſt aſſez près de nous. Nous vîmes auſſi dans ces parages une eſpece de poiſſons volans ſinguliere. Ils ſont noirs à aîles rouges: ils paroiſſent avoir quatre aîles au lieu de deux, & leur groſſeur eſt un peu au-deſſus de la groſſeur commune de ces poiſſons.

<small>Indices de terre.</small>

Le 6, à une heure & demie de l'après-midi, une bâture qui ſe montra environ à trois quarts de lieue de l'avant à nous, m'avertit qu'il étoit tems de changer la route que je pourſuivois toujours à Oueſt. Elle avoit au-moins une demi-lieue d'étendue depuis le Oueſt-quart-Sud-Oueſt juſqu'au Oueſt-Nord-Oueſt, quelques-uns même crurent appercevoir une terre baſſe dans le Sud-Oueſt des briſans. Je fis gouverner au Nord juſqu'à quatre heures, & alors je remis encore le cap à Oueſt. Ce ne devoit pas être pour long-tems; à cinq heures & demie les vigies apperçurent du haut des mâts de nouveaux briſans dans le Nord-Oueſt & le Nord-Oueſt-quart-Oueſt à-peu-près à une lieue & demie de nous. Nous les approchâmes davantage afin de les mieux reconnoître. On les vit s'étendre du Nord-Nord-Eſt au Sud-Sud-Oueſt plus de deux milles, & on n'en appercevoit

percevoit pas la fin. Peut-être alloient-ils rejoindre ceux qu'on avoit découverts trois heures auparavant. La mer brifoit avec fureur fur ces écueils, & quelques têtes de roches s'élevoient fur l'eau de diftance en diftance. Cette derniere rencontre étoit la voix de Dieu & nous y fûmes dociles. La prudence ne permettant pas de fuivre pendant la nuit une route incertaine au milieu de ces parages funeftes, nous la paffâmes à courir des bords dans l'efpace que nous avions reconnu le jour, & le 7 au matin, je fis gouverner au Nord-Eft-quart-Nord, abandonnant le projet de pouffer plus loin à l'Oueft fous le parallele de 15 degrés.

Changement forcé dans la direction de la route.

Nous étions affurément bien fondés à croire que la terre auftrale du Saint-Efprit n'étoit autre que l'archipel des grandes Cyclades, que Quiros avoit pris pour un continent, & repréfenté fous un point de vûe romanefque. Quand je perféverois à courir fous le parallele de 15 d, c'eft que je voulois que la vûe des côtes orientales de la *nouvelle Hollande* portât nos conjectures à l'évidence. Or, en fuivant les obfervations aftronomiques, dont l'accord depuis plus d'un mois affuroit la juftefse, nous étions déjà le 6 à midi par 146 d de longitude orientale, c'eft-à-dire un degré plus à l'Oueft que ne l'eft la terre du Saint-Efprit felon M. Bellin. D'ailleurs la rencontre conféutive de ces brifans vus depuis trois jours, ces troncs d'arbres, ces fruits, ces goémons que nous trouvions à chaque inftant, la tranquillité de la mer, la direction des courans, tout nous a fuffifamment indiqué les approches d'une grande terre, & que même elle nous environnoit déjà dans le Sud-Eft. Cette terre n'eft autre que la côte orientale de la nouvelle Hollande. En effet, ces écueils multipliés & étendus au

Réflexions géographiques.

large, annoncent une terre baſſe; & quand je vois Dampierre abandonner par notre même latitude de 15.^d 35′ la côte occidentale de cette région ingrate où il ne trouve pas même d'eau douce, j'en conclus que la côte orientale ne vaut pas mieux. Je penſerois volontiers comme lui que cette terre n'eſt qu'un amas d'îles, dont les approches ſont défendues par une mer dangereuſe, ſemée d'écueils & de bas-fonds. Après de pareils éclairciſſemens, il y auroit eu de la témérité à riſquer de s'affaler ſur une côte dont on ne devoit eſpérer aucun avantage, & de laquelle on ne pouvoit ſe relever qu'en luttant contre les vents régnans. Nous n'avions plus de pain que pour deux mois, des légumes pour quarante jours; la viande ſalée étoit en plus grande quantité, mais elle infectoit. Nous lui préférions les rats qu'on pouvoit prendre. Ainſi de toutes façons il étoit tems de s'élever dans le Nord, en faiſant même prendre de l'Eſt à notre route.

Découvertes de nouvelles terres.

Malheureuſement les vents de Sud-Eſt nous abandonnerent ici, & quand enſuite ils revinrent, ce fut pour nous mettre dans la ſituation la plus critique où nous nous fuſſions encore trouvés. Depuis le 7, la route ne nous avoit valu que le Nord-quart-Nord-Eſt, lorſque le 10 au point du jour on découvrit la terre depuis l'Eſt juſqu'au Nord-Oueſt. Long-tems avant le lever de l'aurore, une odeur délicieuſe nous avoit annoncé le voiſinage de cette terre qui formoit un grand golfe ouvert au Sud-Eſt. J'ai peu vu de pays dont le coup d'œil fût plus beau. Un terrein bas, partagé en plaines & en boſquets, régnoit ſur le bord de la mer, & s'élevoit enſuite en amphithéatre juſqu'aux montagnes dont la cime ſe perdoit dans les nues. On en diſtinguoit trois étages, & la chaîne la plus élevée étoit à plus de 25 lieues dans l'intérieur du pays. Le triste état où nous étions réduits ne nous permettoit, ni de sacrifier quelque tems à la visite de ce magnifique pays que tout annonçoit être fertile & riche, ni de chercher en faisant route à Ouest, un passage au Sud de la nouvelle Guinée, qui nous frayât par le golfe de la Carpentarie une route nouvelle & courte aux îles Moluques. Rien n'étoit à la vérité plus problématique que l'existence de ce passage ; on croyoit même avoir vu la terre s'étendre jusqu'au Ouest-quart-Sud-Ouest. Il falloit tâcher de sortir, au-plutôt & par le chemin qui sembloit ouvert, de ce golfe dans lequel nous étions engagés beaucoup plus même que nous ne le croyions d'abord. C'est où nous attendoit le vent de Sud-Est pour mettre notre patience aux dernieres épreuves.

Toute la journée du 10, le calme nous laissa à la merci d'une grosse lame du Sud-Est qui nous jettoit à terre. A quatre heures du soir, nous n'étions pas à plus de trois quarts de lieue d'une petite île basse, à la pointe orientale de laquelle est attachée une bâture qui se prolonge à deux ou trois lieues dans l'Est. Nous parvînmes, vers cinq heures, à mettre le cap au large, & la nuit se passa dans cette inquietante situation, faisant tous nos efforts pour nous élever à l'aide des moindres brises. Le 11 après-midi, nous étions écartés de la côte environ de quatre lieues ; à deux lieues la mer y est sans fond. Plusieurs pirogues voguoient le long de terre sur laquelle il y eut toujours de grands feux allumés. Il y a ici de la tortue ; nous en trouvâmes les débris d'une dans le ventre d'un requin.

Situation critique dans laquelle nous nous trouvons.

Le 11, nous relevâmes au soleil couchant les terres les plus Est à l'Est-quart-Nord-Est 2^d Est du compas, & les plus Ouest à Ouest Nord-Ouest, les unes & les autres environ à quinze lieues de diſtance. Les jours ſuivans furent affreux : tout fut contre nous ; le vent conſtamment de l'Eſt-Sud-Eſt au Sud-Eſt très-grand frais, de la pluie, une brume ſi épaiſſe que nous étions forcés de tirer des coups de canon pour nous conſerver avec l'Etoile qui contenoit encore une partie de nos vivres, enfin une mer très-groſſe qui nous affaloit ſur la côte. A peine nous ſoutenions-nous en louvoyant, forcés de virer vent arriere, & ne pouvant faire que très-peu de voiles. Nous courions ainſi nos bords à tâtons au milieu d'une mer ſemée d'écueils, étant obligés de fermer les yeux ſur tous les indices des dangers. La nuit du 11 au 12, ſept ou huit de ces poiſſons qu'on nomme *cornets*, poiſſons qui ſe tiennent toujours ſur le fond, ſauterent ſur les paſſavans. Il vint auſſi ſur le gaillard d'avant du ſable & des goemons de fond que les vagues y dépoſoient en le couvrant. Je ne voulus pas faire ſonder ; la certitude du péril ne l'eût pas diminué, & il étoit le même quelque autre parti que nous euſſions pris. Au reſte, nous devons notre ſalut à la connoiſſance que nous eûmes de la terre le 10 au matin, immédiatement avant cette ſuite de gros tems & de brume. En effet les vents étant de l'Eſt-Sud-Eſt au Sud-Eſt, j'aurois penſé qu'en gouvernant au Nord-Eſt, c'eût été un excès de prudence accordé à l'obſcurité du tems. Toutefois cette route nous mettoit dans le riſque évident de nous perdre, puiſque nous avions la terre juſque dans l'Eſt-Sud-Eſt.

Le tems ſe remit au beau le 16 ; le vent demeurant également contraire, mais au-moins le jour nous étoit rendu. A ſix heures du matin nous vîmes la terre depuis le Nord juſqu'au Nord-Eſt-quart-Eſt du compas, & nous louvoyâmes pour la doubler. Le 17 au matin nous ne vî-

Dangers multipliés que nous courons.

mes point de terre au lever du foleil; mais à neuf heures & demie nous apperçûmes une petite île dans le Nord-Nord-Eft du compas à cinq ou fix lieues de diftance, & une autre terre dans le Nord-Nord-Oueft environ à neuf lieues. Peu après nous découvrîmes dans Nord-Eft-5 d.-Eft à quatre ou cinq lieues une autre petite île que fa reffemblance avec *Oueffant* nous fit appeller du même nom. Nous continuions notre bordée au Nord-Eft-quart-Eft efpérant doubler toutes les terres, lorfqu'à onze heures on en découvrit une nouvelle dans l'Eft-Nord-Eft-5 d.-Nord & des brifans dans l'Eft-Nord-Eft, qui paroiffoient venir joindre Oueffant. Dans le Nord-Oueft de cet îlot on voyoit une autre chaîne de brifans qui s'allongeoit à une demi-lieue. La premiere île nous fembloit être auffi entre deux chaînes de brifans.

Tous les navigateurs qui font venus dans ces parages, avoient toujours redouté de tomber dans le Sud de la nouvelle Guinée, & d'y trouver un golfe correfpondant à celui de la *Carpantarie*, d'où il leur fût enfuite difficile de fe relever. En conféquence ils ont tous gagné de bonne heure la latitude de la nouvelle Bretagne, fur laquelle ils alloient atterrir. Tous ont fuivi les mêmes traces; nous en ouvrions de nouvelles, & il falloit payer l'honneur d'une premiere découverte. Malheureufement le plus cruel de nos ennemis étoit à bord, la faim. Je fus obligé de faire une réduction confidérable fur la ration de pain & de légumes. Il fallut auffi défendre de manger le cuir dont on enveloppe les vergues & les autres vieux cuirs, cet aliment pouvant donner de funeftes indigeftions. Il nous reftoit une chevre, compagne fidele de nos aventures depuis notre fortie des îles Malouines où nous l'a-

Extrémités auxquelles nous fommes réduits.

vions prife. Chaque jour elle nous donnoit un peu de lait. Les eſtomacs affamés dans un inſtant d'humeur, la condamnerent à mourir ; je n'ai pu que la plaindre, & le boucher qui la nourriſſoit depuis ſi long-tems, a arroſé de ſes larmes la victime qu'il immoloit à notre faim. Un jeune chien pris dans le détroit de Magellan, eut le même fort peu de tems après.

Le 17 après midi les courans nous avoient été ſi favorables, que nous avions repris la bordée du Nord-Nord-Eſt, portant fort au vent d'Oueſſant & de ſes bâtures. Mais à quatre heures nous eûmes la conviction que ces briſans s'étendoient beaucoup plus loin que nous n'avions penſé ; on en découvroit juſque dans l'Eſt-Nord-Eſt, ſans que ce fût encore leur fin. Il fallut reprendre pour la nuit la bordée du Sud-Sud-Oueſt, & au jour celle de l'Eſt. Pendant toute la matinée du 18 nous ne vîmes point de terres, & déja nous nous livrions à l'eſpoir d'avoir doublé îlots & briſans. Notre joie fut courte. A une heure après midi une île ſe fit voir dans le Nord-Eſt-quart-Nord du compas, & bientôt elle fut ſuivie de neuf ou dix autres. Il y en avoit juſque dans l'Eſt-Nord-Eſt, & derriere ces îles une terre plus élevée s'étendoit dans le Nord-Eſt, environ à dix lieues de diſtance. Nous louvoyâmes toute la nuit ; le jour ſuivant nous donna le même ſpectacle d'une double chaîne de terres courant à-peu-près Eſt & Oueſt, ſavoir au Sud une ſuite d'îlots joints par des récifs à fleur d'eau, dans le Nord deſquels s'étendoient des terres plus élevées. Les terres que nous découvrîmes le 20, nous parurent prendre moins du Sud, & ne plus courir que ſur l'Eſt-Sud-Eſt ; c'étoit un amandement à notre poſition. Je pris le parti de courir des bords de vingt-quatre heures ;

nous perdions trop à virer plus souvent, la mer étant extrêmement grosse, le vent violent & constamment le même : d'ailleurs nous étions contraints à faire peu de voiles pour ménager une mâture caduque & des manœuvres endommagées, & nos navires marchoient très-mal, n'étant plus en assiette & n'ayant pas été carenés depuis si long-tems.

Nous vîmes la terre le 25 au lever du soleil depuis le Nord jusqu'au Nord-Nord-Est ; mais ce n'étoit plus une terre basse ; on appercevoit au contraire une terre extrêmement haute & qui paroissoit se terminer par un gros cap. Il étoit vraisemblable qu'elle couroit ensuite sur le Nord. Nous gouvernâmes tout le jour au Nord-Est-quart-Est & à l'Est-Nord-Est, sans voir de terres plus Est que le cap que nous doublions avec une satisfaction que je ne sçaurois dépeindre. Le 26 au matin, le cap étant beaucoup sous le vent à nous, & ne voyant plus de terres au vent, il fut enfin permis de mettre la route au Nord-Nord-Est. Nous appellâmes ce cap après lequel nous avions si long-tems aspiré, *le cap de la Délivrance,* & le golfe dont il fait la pointe orientale, *le golfe de la Louisiade.* C'est une terre que nous avons bien acquis le droit de nommer. Pendant les quinze jours passés dans ce golfe, les courans nous ont assez régulierement portés dans l'Est. Le 26 & le 27 le vent fut très-grand frais, la mer affreuse, le tems à grains & fort obscur. Il ne fut pas possible de faire du chemin pendant la nuit.

Nous nous étions élevés environ soixante lieues dans le Nord depuis le cap de la Délivrance, lorsque le 28 au matin on découvrit la terre dans le Nord-Ouest à neuf ou dix lieues de distance. C'étoient deux îles dont la plus

<small>Nous doublons enfin les terres du golfe</small>

méridionale restoit, à huit heures, dans le Nord-Ouest-quart-Ouest du compas. Une autre côte longue & élevée se fit appercevoir en même tems depuis l'Est-Sud-Est jusqu'à l'Est-Nord-Est. Celle-ci couroit sur le Nord ; & à mesure que nous avancions dans le Nord-Est, on la voyoit se prolonger davantage & tourner au Nord-Nord-Ouest. On découvrit cependant un espace où la côte étoit interrompue, soit que ce fût un canal ou l'ouverture d'une grande baie ; car on crut distinguer des terres dans le fond. Le 29 au matin, la côte que nous avions à l'Est continuoit à s'étendre sur le Nord-Ouest, sans que de ce côté notre horison fût borné. Je voulus la rallier pour la prolonger ensuite & chercher un mouillage. A trois heures après midi, étant à près de trois lieues de terre, nous avions trouvé fond par 48 brasses, sable blanc & morceaux de coquilles brisées : nous portâmes alors sur une anse qui paroissoit commode ; mais le calme survint & nous consomma inutilement le reste de la journée. La nuit se passa à courir de petits bords, & le 30 dès la pointe du jour j'envoyai les bateaux avec un détachement aux ordres du Chevalier de Bournand, pour visiter le long de la côte plusieurs anses qui sembloient promettre un mouillage, le fond trouvé au large étant d'un augure favorable. Je le suivis à petites voiles, prêt à le joindre au premier signal qu'il nous en feroit.

Rencontre de nouvelles îles.

Description des insulaires.

Vers les dix heures une douzaine de pirogues de différentes grandeurs vinrent assez près des navires, sans toutefois vouloir les accoster. Il y avoit vingt-deux hommes dans la plus grande, dans les moyennes huit ou dix, deux ou trois dans les plus petites. Ces pirogues paroissoient bien faites ; elles ont l'avant & l'arriere fort relevés, ce sont

les

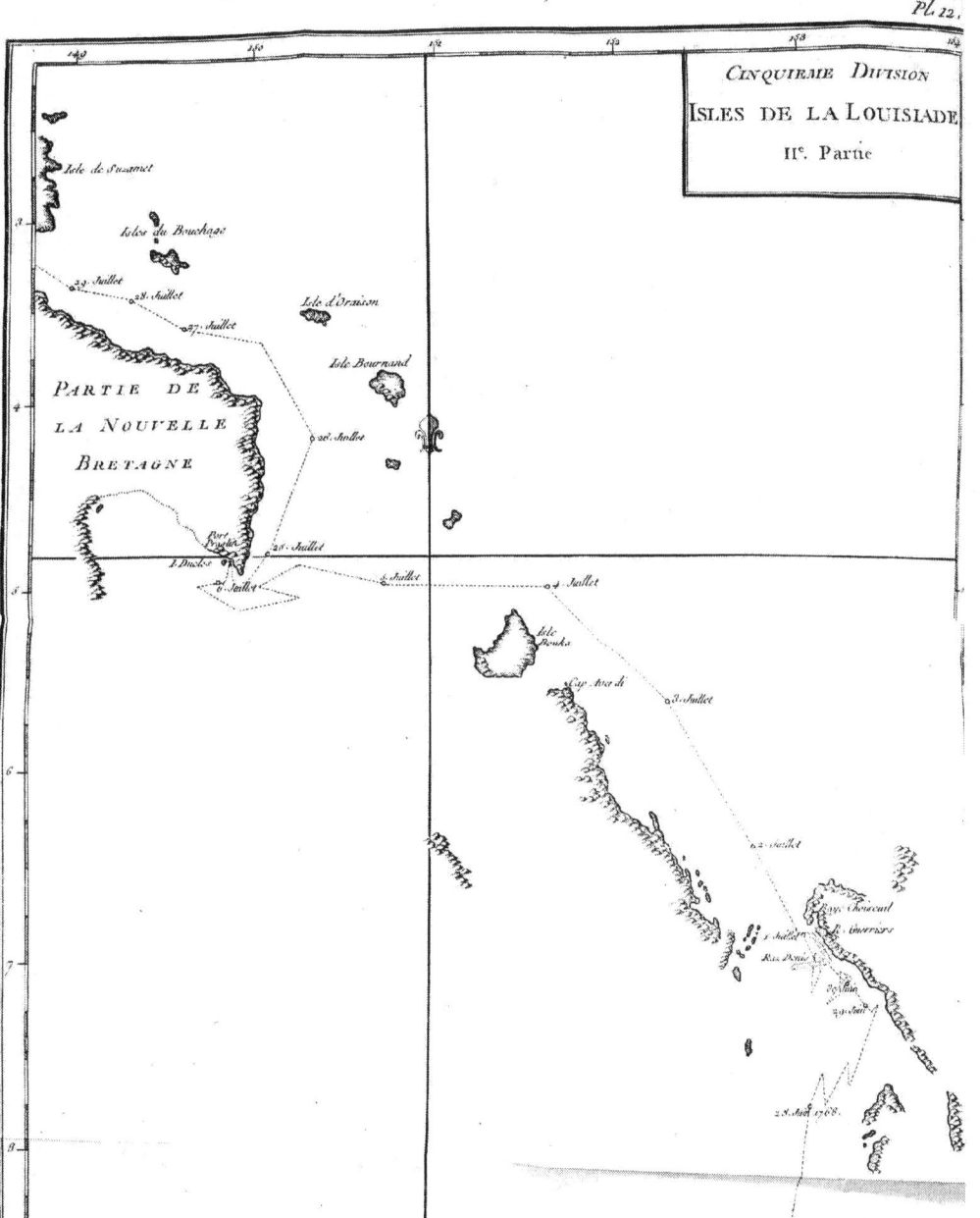

Pl. 12.

DIVISION
LOUISIADE

les premieres que nous ayons vu dans ces mers fans balancier. Ces infulaires font auffi noirs que les Negres d'Afrique, ils ont les cheveux crépus, mais longs, quelquesuns de couleur rouffe. Ils portent des bracelets & des plaques au front & fur le col. J'ignore de quelle matiere, elle m'a paru être blanche. Ils font armés d'arcs & de fagayes, ils faifoient de grands cris, & il parut que leurs difpofitions n'étoient pas pacifiques. Je rappellai nos bateaux à trois heures. Le Chevalier de Bournand me rapporta qu'il avoit trouvé prefque par-tout bon fond pour mouiller par 30, 25, 20, 15 jufqu'à 11 braffes fable vazeux, mais en pleine côte & fans riviere; qu'il n'avoit vu qu'un feul ruiffeau dans toute cette étendue. La côte ouverte eft prefque inabordable, la vague y brife par-tout, les montagnes viennent s'y terminer au bord de la mer, & le fol eft entiérement couvert de bois. Dans de petites anfes il y a quelques cabanes, mais en petit nombre; les infulaires habitent dans la montagne. Notre petit canot fut fuivi quelque tems par trois ou quatre pirogues qui fembloient vouloir l'attaquer. Un infulaire même fe leva plufieurs fois pour lancer une fagaye; mais il ne le fit pas, & le canot revint à bord fans guerroyer.

Tentative inutile pour trouver un mouillage.

Notre fituation au refte étoit affez critique. Nous avions des terres inconnues jufqu'à ce jour, d'une part depuis le Sud jufqu'au Nord-Nord-Oueft par l'Eft & le Nord; de l'autre depuis l'Oueft-quart-Sud-Oueft jufqu'au Nord-Oueft. Malheureufement l'horifon étoit tellement embrumé depuis le Nord-Oueft jufqu'au Nord-Nord-Oueft, qu'on n'y voyoit pas de ce côté à la diftance de deux lieues. C'étoit toutefois dans cet intervalle que je comptois chercher un paffage; nous étions trop avancés pour recu-

L l

ler. Il est vrai qu'une forte marée qui venoit du Nord & portoit dans le Sud-Est, nous faisoit espérer d'y trouver un débouché. Le fort de la marée se fit sentir depuis quatre heures jusqu'à cinq heures & demie du soir ; les vaisseaux, quoique poussés d'un vent très-frais, gouvernoient avec peine. La marée mollit à six heures. Pendant la nuit nous louvoyâmes du Sud au Sud-Sud-Ouest sur un bord, de l'Est-Nord-Est au Nord-Est sur l'autre. Le tems fut à grains avec beaucoup de pluie.

<small>1768.
Juillet.</small>

Le 1er Juillet à six heures du matin nous nous retrouvâmes au même point où nous étions la veille à l'entrée de la nuit, preuve qu'il y avoit eu flux & reflux. Nous gouvernâmes au Nord-Ouest & Nord-Ouest-quart-Nord. A dix heures nous donnâmes dans un passage large environ de quatre à cinq lieues entre la côte prolongée jusqu'ici à l'Est & les terres occidentales. Une marée très-forte, qui porte Sud-Est & Nord-Ouest, forme au milieu de ce passage un raz qui le traverse & où la mer s'élève & brise comme s'il y avoit des roches à fleur d'eau. Je le nommai *raz Denis*, du nom de mon maître d'équipage, bon & ancien serviteur du Roi. L'Etoile qui le passa deux heures après nous & plus dans l'Ouest, s'y trouva sur 5 brasses d'eau fond de roches. La mer y étoit alors si mauvaise, qu'ils furent contraints de fermer les écoutilles. A bord de la frégate nous y sondâmes par 44 brasses, fond de sable, gravier, coquilles & corail. La côte de l'Est commençoit ici à s'abaisser & à tourner au Nord. Nous y apperçûmes, étant à-peu près au milieu du passage, une jolie baie dont l'apparence promettoit un bon mouillage. Il faisoit presque calme & la marée dont le cours étoit alors au Nord Ouest, nous la fit dépasser en un instant. Nous

<small>Parages dangereux.</small>

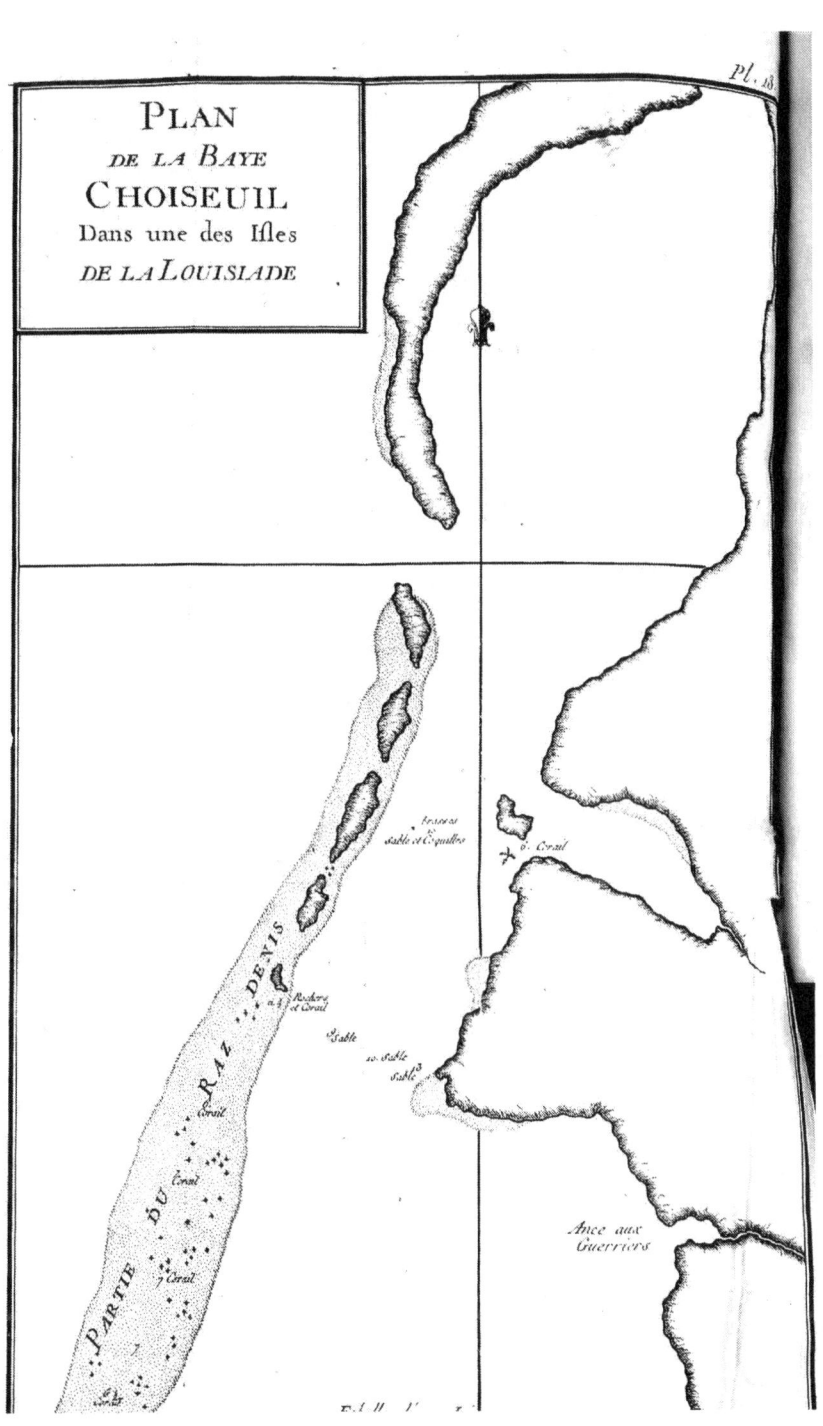

tînmes auſſitôt le vent dans l'intention de la viſiter. Un déluge de pluie, ſurvenu à onze heures & demie, nous déroba la vue de la terre & du ſoleil, & nous força de différer nos recherches.

A une heure après-midi, j'envoyai les bateaux armés aux ordres du Chevalier d'Oraiſon, Enſeigne de Vaiſſeau, pour ſonder & reconnoître la baie, & pendant le tems de cette opération nous tâchâmes de nous maintenir à portée de ſuivre ſes ſignaux. Le tems étoit beau, mais preſque calme. A trois heures, nous vîmes le fond ſous nous par 10 & 8 braſſes, fond de roches. A quatre heures nos bateaux firent ſignal de bon mouillage, & nous manœuvrâmes auſſi-tôt toutes voiles hautes pour le gagner. Il ventoit peu & la marée nous étoit contraire. A cinq heures nous répaſſâmes ſur le banc de roches par 10, 9, 8, 7, & 6 braſſes. Nous vîmes même dans le Sud-Sud-Eſt environ à une encablure, un remoux qui ſembloit indiquer qu'en cet endroit il n'y avoit pas plus de deux ou trois braſſes d'eau. En gouvernant au Nord-Oueſt & Nord-Oueſt-quart-Nord, nous augmentâmes d'eau. Je fis à l'Etoile le ſignal *d'arriver*, afin qu'elle évitât ce banc, & je lui envoyai ſon bateau pour la guider au mouillage. Cependant nous n'avancions point, le vent étant trop foible pour nous aider à refouler la marée, & la nuit approchoit à pas précipités. En deux heures entieres nous ne gagnâmes pas une demi-lieue, & il fallut renoncer à ce mouillage, étant impraticable d'aller le chercher à tâtons, environnés comme nous l'étions de baſſes, de récifs, & livrés à des courans rapides & irréguliers. Je fis donc gouverner à Oueſt-quart-Nord-Oueſt, & Oueſt-Nord-Oueſt pour nous remettre au large, ſondant ſouvent. Lorſque nous eûmes amené la pointe ſeptentrio-

Nouvelle tentative pour trouver une relâche.

nale de la terre au Nord-Eſt, nous *arrivâmes* au Nord-Oueſt, puis au Nord-Nord-Oueſt & au Nord. Je reprends le détail de l'expédition de nos bateaux.

Les inſulaires attaquent nos bateaux.

Avant que d'entrer dans la baie, ils en avoient d'abord rangé la pointe du Nord, qui eſt formée par une preſqu'île le long de laquelle ils trouverent fond depuis 9 juſqu'à 13 braſſes, ſable & corail. Ils s'enfoncerent enſuite dans la baie, & ils y trouverent à un quart de lieue en-dedans un très-bon mouillage ſur 9 & 12 braſſes, fond de ſable gris & gravier, à l'abri depuis le Sud-Eſt juſqu'au Sud-Oueſt en paſſant par l'Eſt & le Nord. Comme ils étoient occupés à ſonder, ils virent tout-d'un-coup paroître à l'entrée de la baie dix pirogues, ſur leſquelles il y avoit environ cent cinquante hommes armés d'arcs, de lances & de boucliers. Elles ſortoient d'une ance, qui renferme une petite riviere dont les bords ſont couverts de cabannes. Ces pirogues s'avancerent en bon ordre, voguant ſur nos bateaux à force de rames, & lorſqu'elles s'en jugerent aſſez près, elles ſe ſeparerent fort leſtement en deux bandes pour les envelopper. Les Indiens alors pouſſerent des cris affreux, & ſaiſiſſant leurs arcs & leurs lances, ils commencerent une attaque, qui devoit leur paroître un jeu, contre une poignée d'hommes. On fit ſur eux une premiere décharge qui ne les arrêta point. Ils continuerent à lancer leurs fleches & leurs ſagayes, ſe couvrant de leurs boucliers, qu'ils croyoient une arme défenſive. Une ſe-

Deſcription de leurs canots.

conde décharge les mit en fuite; pluſieurs ſe jetterent à la mer pour gagner la terre à la nage. On leur prit deux pirogues: elles ſont fort longues, bien travaillées, l'avant & l'arriere ſont extrèmement relevés, ce qui ſert d'abri contre les fleches en préſentant le bout. Sur le devant d'une de

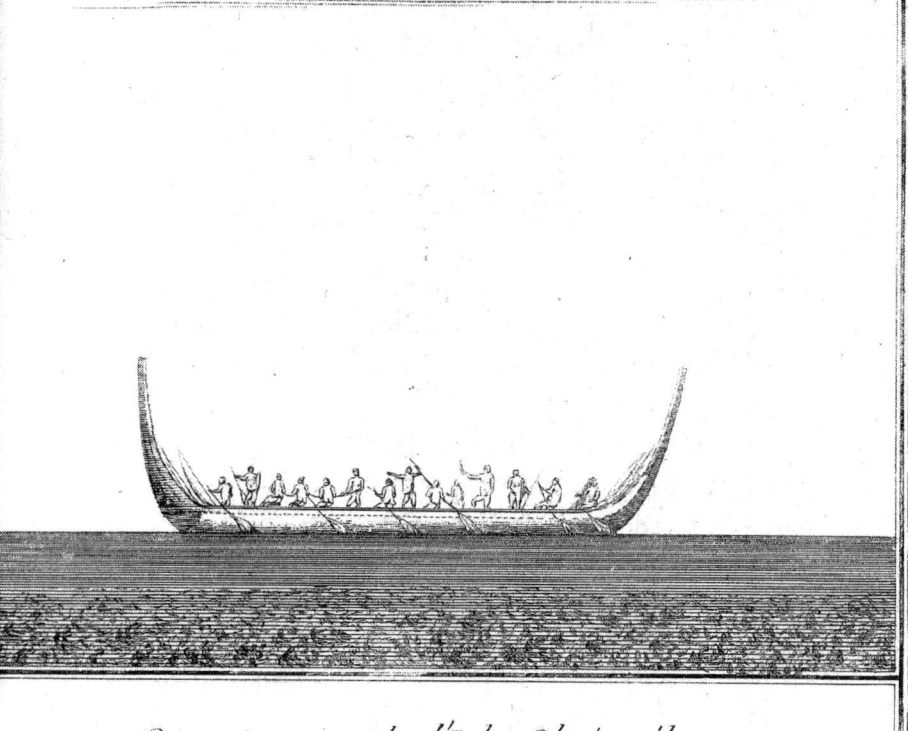

Canot Sauvage de l'Isle Choiseuil.

gravé par Croisey

ces pirogues il y avoit une tête d'homme sculptée ; les yeux étoient de nacre, les oreilles d'écaille de tortue, & la figure ressembloit à un masque garni d'une longue barbe. Les levres étoient teintes d'un rouge éclatant. On trouva dans leurs pirogues des arcs, des fleches en grand nombre, des lances, des boucliers, des cocos, & plusieurs autres fruits dont nous ne connoissions pas l'espece, de l'areke, divers petits meubles à l'usage de ces Indiens, des filets à mailles très-fines artistement tissus, & une mâchoire d'homme à demi grillée. Ces insulaires sont noirs & ont les cheveux crépus qu'ils teignent en blanc, en jaune & en rouge. Leur audace à nous attaquer, l'usage de porter des armes offensives & défensives, leur adresse à s'en servir, prouvent qu'ils sont presque toujours en état de guerre. Au reste, nous avons observé dans le cours de ce voyage, qu'en général les hommes negres sont beaucoup plus méchans que ceux dont la couleur approche de la blanche. Ceux-ci sont nuds, à l'exception d'une bande de natte qui leur couvre les parties naturelles. Leurs boucliers sont d'une forme ovale, faits de joncs tournés les uns au-dessus des autres, & parfaitement bien liés. Ils doivent être impénétrables aux fleches. Nous avons nommé la riviere & l'ance d'où sont sortis ces braves insulaires, *la riviere des Guerriers*; l'île entiere & la baie, *île & baie Choiseul*. La presqu'île du Nord est entierement couverte de cocotiers.

Description des insulaires.

Il venta peu les deux jours suivans. Après être sortis du passage nous découvrîmes dans l'Ouest une côte longue & montueuse, dont les sommets se perdoient dans les nues. Le 2 au soir nous voyons encore les terres de l'île Choiseul. Le 3 au matin nous ne voyions plus que la nou-

Suite de nos découvertes.

velle côte, qui eſt d'une hauteur ſurprenante, & qui court ſur le Nord-Oueſt-quart-Oueſt. Sa partie ſeptentrionale nous parut alors terminée par une pointe qui s'abaiſſe inſenſiblement & forme un cap remarquable. Je lui ai donné le nom de *cap l'Averdi*. Il nous reſtoit le 3 à midi, environ à douze lieues dans l'Oueſt-5^d-Nord du compas, & la hauteur méridienne que nous obſervâmes, nous donna le moyen de déterminer avec juſteſſe ſa poſition en latitude. Les nuages qui couvroient les ſommets des terres ſe diſſiperent au coucher du ſoleil, & nous laiſſerent appercevoir des cimes de montagnes d'une hauteur prodigieuſe. Le 4 les premiers rayons du jour nous firent voir des terres plus occidentales que le cap l'Averdi. C'étoit une nouvelle côte moins élevée que l'autre, & courant ſur le Nord-Nord-Oueſt. Entre la pointe Sud-Sud-Eſt de cette terre & le cap l'Averdi, il reſtoit un vaſte eſpace formant ou un paſſage ou un golfe conſidérable. Dans un grand éloignement on y appercevoit quelques mondrains. Derriere cette nouvelle côte, nous en apperçûmes une plus haute qui ſuivoit le même giſſement. Nous tînmes le plus près toute la matinée pour accoſter la terre baſſe. Nous en étions à midi environ à cinq lieues de diſtance, & nous relevâmes ſa pointe du Nord-Nord-Oueſt au Sud-Oueſt-quart-Oueſt. L'après midi trois pirogues, dans chacune deſquelles étoient cinq à ſix Negres, ſe détacherent de la côte & vinrent reconnoître les vaiſſeaux. Elles s'arrêterent à une portée de fuſil, & ce ne fut qu'après y avoir paſſé près d'une heure, que nos invitations réitérées les déterminerent enfin à s'approcher davantage. Quelques bagatelles qu'on leur jetta attachées ſur des morceaux de planches acheverent de leur donner un peu de confiance. Ils

accosterent le navire en montrant des noix de cocos &
criant *bouca, bouca, onellé*. Ils répétoient sans cesse ces
mots que nous criâmes ensuite comme eux, ce qui parut
leur faire plaisir. Ils ne resterent pas long-tems le long du
vaisseau. Ils nous firent signe qu'ils alloient nous chercher
des noix de cocos. On applaudit à leur dessein ; mais à
peine furent-ils éloignés à vingt pas, qu'un de ces hommes perfides tira une fleche qui n'atteignit heureusement
personne. Ils fuirent ensuite à force de rames ; nous étions
trop forts pour les punir.

Description d'insulaires qui s'approchent des navires

Ces Negres sont entierement nuds. Ils ont les cheveux
crépus & courts, les oreilles percées & fort allongées.
Plusieurs avoient la laine peinte en rouge & des taches
blanches en différens endroits du corps. Il paroît qu'ils
mâchent du bétel, puisque leurs dents sont rouges. Nous
avons vû que les habitans de l'île Choiseul en font aussi
usage ; car on trouva dans leurs pirogues de petits sacs où
il y en avoit des feuilles avec de l'areke & de la chaux.
On a eu de ceux-ci des arcs longs de six pieds, & des
fleches armées d'un bois fort dur. Leurs pirogues sont
plus petites que celles de l'ance des Guerriers, & nous
fûmes surpris de ne trouver aucune ressemblance dans
leur construction. Ces dernieres ont l'avant & l'arriere peu
relevés ; elles sont sans balancier, mais assez larges pour
que deux hommes y nagent en couple. Cette île que nous
avons appellée *Bouka*, paroît être extrèmement peuplée, si
l'on en juge par la quantité de cases dont elle est couverte
& par les apparences de culture que nous y avons apperçues. Une belle plaine à mi-côte, toute plantée de cocotiers & d'autres arbres, nous offroit la plus agréable perspective, & je desirois fort trouver un mouillage sur cette

côte ; mais le vent contraire & un courant rapide qui portoit dans le Nord-Oueſt nous en éloignoient viſiblement. Pendant la nuit nous tînmes le plus près gouvernant au Sud-quart-Sud-Oueſt & Sud-Sud-Oueſt, & le lendemain au matin l'île Bouka étoit déjà bien loin de nous dans l'Eſt & le Sud-Eſt. La veille au ſoir on avoit apperçu du haut des mâts une petite île qui fut relevée depuis le Nord-Oueſt juſqu'au Nord-Oueſt-quart-Oueſt du compas. Au reſte, nous ne pouvions être loin de la nouvelle Bretagne, & c'étoit-là que nous comptions trouver une relâche.

Relâche a la nouvelle Bretagne.

Nous eûmes connoiſſance le 5 après midi de deux petites îles dans le Nord & le Nord-Nord-Oueſt, à dix ou douze lieues de diſtance, & preſque au même inſtant d'une autre plus conſidérable entre le Nord-Oueſt & l'Oueſt ; les terres de cette derniere, les plus voiſines de nous à cinq heures & demie du ſoir, nous reſtoient au Nord-Oueſt-quart-Oueſt environ à ſept lieues. La côte étoit élevée & paroiſſoit renfermer pluſieurs baies. Comme nous n'avions plus ni eau ni bois, & que nos malades empiroient, je réſolus de m'arrêter ici, & nous fîmes toute la nuit les bordées les plus avantageuſes pour nous conſerver cette terre ſous le vent. Le 6, au point du jour, nous en étions à cinq ou ſix lieues, & nous portâmes deſſus dans le même moment où nous découvrions une nouvelle terre haute & de belle apparence dans le Oueſt-Sud-Oueſt de celle-ci, depuis dix-huit juſqu'à douze & dix lieues de diſtance. Sur les huit heures étant environ à trois lieues de la premiere, j'envoyai le Chevalier du Bouchage avec deux bateaux armés pour la reconnoître & y chercher un mouillage. A une heure après midi il nous ſignala qu'il en avoit trouvé un, & auſſi-tôt je fis ſervir & gouverner ſur

un

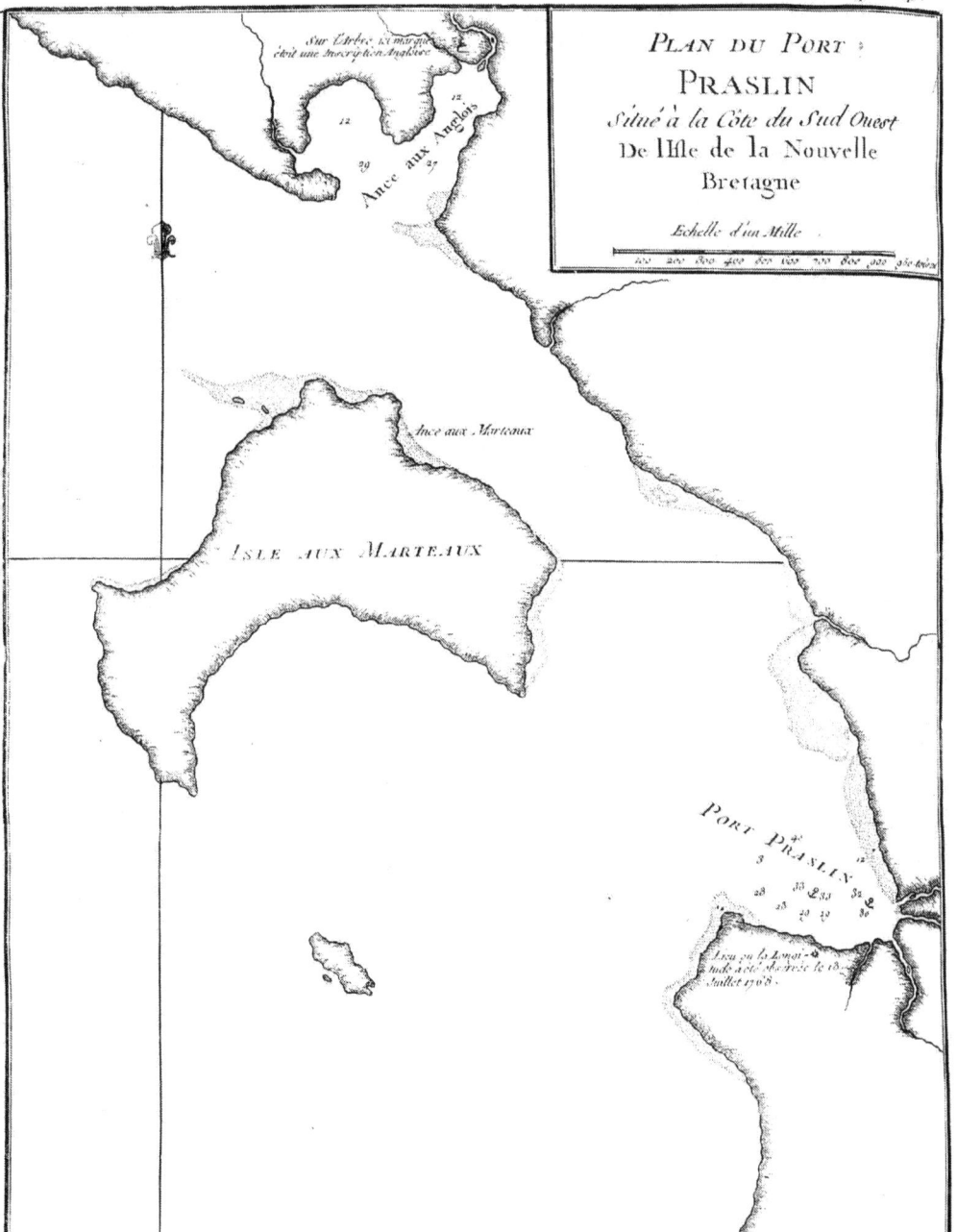

Pl. 14.

un canot qu'il détacha au-devant de nous ; à trois heures nous mouillâmes par 33 brasses d'eau, fond de sable blanc fin & vaseux. L'Etoile mouilla plus à terre que nous par 21 brasses même fond.

En entrant on laisse à bas-bord dans l'Ouest une petite île & un îlot, qui sont à une demi-lieue de la côte. Une pointe, qui s'avance vis-à-vis l'îlot, forme en-dedans un véritable port à l'abri de tous les vents, où le fond est partout d'un beau sable blanc, depuis 35 jusqu'à 15 brasses. Sur la pointe de l'Est il y a une bâture, mais visible, & qui ne s'étend pas au large. On voit aussi au nord de la baie deux petites bâtures qui découvrent à basse mer. A l'accore des récifs il y a 12 brasses d'eau. L'entrée de ce port est très-aisée ; la seule attention qu'on doive avoir, c'est de ranger la pointe de l'Est de près & avec beaucoup de voiles, parce que dès qu'elle est doublée on se trouve en calme, & qu'alors il faut entrer sur l'air du vaisseau. Notre mouillage étoit par les marques suivantes ; *l'îlot de l'entrée* restoit à l'Ouest-quart-Sud-Ouest-1^d-30'-Ouest, *la pointe Est de l'entrée* à Ouest-quart-Sud-Ouest-1^d-Sud ; *la pointe Ouest* à l'Ouest-quart-Nord-Ouest ; *le fond du port* au Sud-Est-quart-Est. Nous affourchâmes Est & Ouest. Nous passâmes le reste de la journée à nous amarrer, à amener vergues & mâts de hune, à mettre les chaloupes dehors, & à visiter tout le tour du port.

Qualités & indices du mouillage.

Il plut toute la nuit suivante & presque toute la journée du 7. Nous envoyâmes à terre nos pieces à l'eau ; nous y dressâmes quelques tentes, & on commença à faire l'eau, le bois, & les lessives, toutes choses de premiere nécessité. Le débarquement étoit magnifique, sur un sable fin, sans aucune roche ni vague ; l'intérieur du port dans un espace.

Description du port & des environs.

de quatre cents pas, contenoit quatre ruisseaux. Nous en prîmes trois pour notre usage, un destiné à faire l'eau de la Boudeuse, un second pour celle de l'Etoile, le troisieme pour laver. Le bois se trouvoit au bord de la mer, & il y en avoit de plusieurs especes, toutes très-bonnes pour brûler, quelques-unes superbes pour les ouvrages de charpente, de menuiserie, & même de tabletterie. Les deux vaisseaux étoient à portée de la voix l'un de l'autre & de la rive. D'ailleurs le port & ses environs fort au loin étoient inhabités, ce qui nous procuroit une paix & une liberté précieuses. Ainsi nous ne pouvions desirer un ancrage plus sûr, un lieu plus commode pour faire l'eau, le bois, & les diverses réparations dont les navires avoient le plus urgent besoin, & pour laisser errer à leur fantaisie nos scorbutiques dans les bois.

Tels étoient les avantages de cette relâche ; elle avoit aussi ses inconvéniens. Malgré les recherches que l'on en fit, on n'y découvrit ni cocos ni bananes, ni aucune des ressources qu'on auroit pû, de gré ou de force, tirer d'un pays habité. Si la pêche n'étoit pas abondante, on ne devoit attendre ici que la sureté & le strict nécessaire. Il y avoit alors tout lieu de craindre que nos malades ne s'y rétablissent pas. A la vérité nous n'en avions pas qui fussent attaqués fortement, mais plusieurs étoient atteints, & s'ils n'amendoient point ici, le progrès du mal ne pouvoit plus être que rapide.

Rencontre singuliere. Le premier jour, sur les bords d'une petite riviere éloignée de notre camp d'environ un tiers de lieue, on trouva une pirogue comme en dépôt & deux cabanes. La pirogue étoit à balancier, fort légere & en bon état. Il y avoit à côté les débris de plusieurs feux, de gros coquilla-

ges calcinés & des carcasses de têtes d'animaux que M. de Commerçon nous dit être de sangliers. Il n'y avoit pas long-tems que les Sauvages étoient venus dans cet endroit ; car on trouva dans les cabanes des figues bananes encore fraîches. On crut même entendre des cris d'hommes dans les montagnes, mais on a depuis vérifié qu'on avoit pris pour tels le gémissement de gros ramiers hupés d'un plumage azur & qu'on nomme dans les Moluques *l'oiseau couronné*. Nous fîmes au bord de cette riviere une rencontre plus extraordinaire. Un matelot de mon canot, cherchant des coquilles, y trouva enterré dans le sable un morceau d'une plaque de plomb, sur lequel on lisoit ce reste de mots Anglois HOR'D HERE
   ICK MAJESTY'S.
On y voyoit encore les traces des clous qui avoient servi à attacher l'inscription, laquelle paroissoit être peu ancienne. Les Sauvages avoient sans doute arraché la plaque & l'avoient mise en morceaux.

 Cette rencontre nous engageoit à reconnoître soigneusement tous les environs de notre mouillage. Aussi courûmes-nous la côte en-dedans de l'île qui couvre la baie ; nous la suivîmes environ deux lieues & nous aboutîmes à une baie profonde, mais peu large, ouverte au Sud-Ouest, au fond de laquelle nous abordâmes près d'une belle riviere. Quelques arbres sciés ou abattus à coups de hache, frapperent aussitôt nos regards & nous apprirent que c'étoit-là que les Anglois avoient relâché. Ensuite il nous en coûta peu de recherches pour retrouver le lieu où avoit été placée l'inscription. C'étoit à un très-gros arbre fort apparent sur la rive droite de la riviere, au milieu d'un grand espace où nous jugeâmes que les Anglois avoient dressé des tentes ;

marginalia: Traces trouvées d'un campement Anglois.

car on voyoit encore aux arbres plusieurs amarrages de bitord. Les clous étoient à l'arbre, & la plaque n'avoit été arrachée que depuis peu de jours ; car sa trace étoit fraîche. Dans l'arbre même il y avoit des gradins pratiqués par les Anglois ou par les insulaires. Des rejettons qui s'élevoient sur la coupe d'un des arbres abattus, nous fournirent un moyen de conclure qu'il n'y avoit pas plus de quatre mois que les Anglois avoient mouillé dans cette baie. Le bitord trouvé l'indiquoit suffisamment ; car, quoique dans un lieu fort humide, il n'étoit point pourri. Je ne doute pas que le vaisseau venu ici de relâche, ne soit le *Swallow*, bâtiment de quatorze canons, commandé par M. Carteret & sorti d'Europe au mois d'Août 1766 avec le *Delfin* que commandoit M. Walas. Nous avons eu depuis des nouvelles de ce bâtiment à Batavia, où nous en parlerons & d'où on verra que nous avons suivi sa trace jusqu'en Europe. C'est un hazard bien singulier que celui qui, au milieu de tant de terres, nous ramène à un point où cette nation rivale venoit de laisser un monument d'une entreprise semblable à la nôtre.

La pluie fut presque continuelle jusqu'au 11. Il y avoit apparence de grand vent dehors, mais le port est abrié de tous côtés par les hautes montagnes qui l'environnent. Nous accélérâmes nos travaux autant que le mauvais tems le permettoit. Je fis aussi pomoyer nos cables & relever une ancre pour mieux connoître la qualité du fond ; on n'en pouvoit souhaiter un meilleur. Un de nos premiers soins avoit été de chercher, assurément avec intérêt, si le pays pourroit fournir quelques rafraîchissemens aux malades & quelque nourriture solide pour les sains. Nos recherches furent infructueuses. La pêche étoit absolument

Productions du pays.

ingrate, & nous ne trouvâmes dans les bois que quelques lataniers & des choux palmistes en très-petit nombre ; encore les falloit-il disputer à des fourmis énormes, dont les essains innombrables ont forcé d'abandonner plusieurs pieds de ces arbres déjà abattus. On vit, il est vrai, cinq ou six sangliers ou cochons marons, & depuis ce tems il y eut toujours des chasseurs occupés à en chercher, sans que jamais on en ait tué. C'est le seul quadrupede que nous ayons rencontré ici.

Quelques personnes ont aussi cru y reconnoître les traces d'un chat tigre. Nous avons tué quelques gros pigeons de la plus grande beauté. Leur plumage est verd-doré. Ils ont le col & le ventre gris-blanc & une petite crête sur la tête. Il y a aussi des tourterelles, des veuves plus grosses que celles du Brésil, des perroquets, des oiseaux couronnés, & une espece d'oiseau dont le cri ressemble si fort à l'aboyement d'un chien, qu'il n'y a personne qui n'y soit trompé la premiere fois qu'on l'entend. Nous avons aussi vû des tortues en différentes parties du canal, mais nous n'étions pas dans le tems de la ponte. Il y a dans cette baie de belles ances de sable, où je crois qu'alors on en pourroit prendre un assez bon nombre.

Tout le pays est montagneux ; le sol y est très-léger, à peine le rocher est-il recouvert. Cependant les arbres y sont de la plus grande élévation, & il y a plusieurs especes de très-beaux bois. On y trouve le betel, l'areca & le beau jonc des Indes que nous tirons des Malais. Il croît ici dans les lieux marécageux ; mais soit qu'il exige une culture, soit que les arbres qui couvrent entierement la terre nuisent à son accroissement & à sa qualité, soit enfin que nous ne fussions pas dans la saison de sa maturité, on n'en a point coupé de beaux. Le poivrier auſſi eſt commun ici, mais ce n'étoit alors ni le tems des fruits ni celui des fleurs. Le pays eſt en général peu riche en botanique. Au reſte, il n'exiſte aucune trace qu'il ait jamais été habité à demeure. Il paroît certain que de tems-entems il y paſſe des Indiens; nous rencontrions fréquemmens ſur le bord de la mer des endroits où ils s'étoient arrêtés; on les reconnoiſſoit facilement aux débris de leurs repas.

Le 10 il mourut un Matelot à bord de l'Etoile. Sa maladie étoit compliquée & ne tenoit en rien du ſcorbut. Les trois jours ſuivans furent très-beaux, & nous les employâmes utilement. Nous refîmes le pied de notre mât d'artimont qui s'étoit rongé dans la carlingue, & l'Etoile recoupa le ſien dont la tête étoit conſentie. Nous prîmes auſſi à bord de cette flûte la farine & le biſcuit qui lui reſtoient encore pour nous proportionnellement à notre nombre. Il ſe trouva moins de légumes qu'on n'avoit cru, & je fus obligé de retrancher plus d'un tiers des gourganes qui faiſoient notre ſoupe : je dis notre, car tout ſe diſtribuoit également. Etats-majors & équipages étoient à la même nourriture ; notre ſituation égaliſoit les hommes comme la mort. Nous profitâmes auſſi du beau tems pour faire des obſervations eſſentielles.

Diſette cruelle que nous éprouvons.

Le 11 au matin M. Verron établit à terre ſon quart de cercle & une pendule à ſecondes ; il s'en ſervit le même jour pour obſerver la hauteur méridienne du ſoleil. Le mouvement de la pendule fut déterminé avec exactitude par des hauteurs correſpondantes, priſes deux jours de ſuite. Il y avoit le 13 une éclipſe de ſoleil viſible pour nous, & il falloit être en état de l'obſerver, ſi le tems le permettoit. Il fut très-beau, & on put voir le moment de l'immerſion & celui de l'émerſion. M. Verron obſervoit avec une lunette de neuf pieds; le Chevalier du Bouchage avec une lunette acromatique de Dollond, longue de quatre pieds; mon poſte étoit à la pendule. Le commencement de l'éclipſe fut pour nous le 13 à 10ʰ 50′ 45″ du matin, la fin à 00ʰ 28′ 16″ de tems vrai, & ſa grandeur de 3′ 22″. Nous avons enterré une inſcription ſous l'endroit même où étoit la pendule, & nommé ce port *le port Praſlin*.

<small>Obſervation de longitude.</small>

Cette obſervation eſt d'autant plus importante, qu'on peut enfin par ſon moyen, & par celui des obſervations aſtronomiques faites à la côte du Pérou, déterminer d'une façon ſûre l'étendue en longitude du vaſte océan Pacifique, juſqu'à ce jour ſi incertaine. Nous fûmes d'autant plus heureux d'avoir eu beau tems pendant la durée de l'éclipſe, que depuis ce jour juſqu'à notre départ, il n'y a pas eu une ſeule journée qui ne fût affreuſe. Le ciel n'eut jamais plus de trois aunes, & la pluie continuelle jointe à une chaleur étouffante, nous rendoit notre ſéjour ici pernicieux. Le 16 la frégate avoit achevé ſon travail, & nous employâmes tous nos bateaux à finir celui de l'Etoile. Cette flûte étoit preſque lege, & comme on ne trouve point ici de pierres propres à former du leſt, il fallut lui en faire un avec du bois: travail long, pénible & malſain au milieu de ces forêts où regne une éternelle humidité.

On y tuoit journellement des ſerpens, des ſcorpions, & une grande quantité d'inſectes d'une eſpece ſinguliere. Ils ſont longs comme le doigt, cuiraſſés ſur le corps; ils ont ſix pattes, des pointes ſaillantes des côtés, & une

<small>Deſcription de deux inſectes.</small>

queue fort longue. On m'apporta aussi un animal qui nous parut extraordinaire. C'est un insecte d'environ trois pouces de long, de la famille des mantes ; presque toutes les parties de son corps sont composées d'un tissu, que même en y regardant de près, on prendroit pour des feuilles ; chacune de ses aîles est la moitié d'une feuille, laquelle est entiere, quand les aîles sont rapprochées ; le dessous de son corps est une feuille d'une couleur plus morte que le dessus. L'animal a deux antenes & six pattes, dont les parties supérieures sont aussi des portions de feuilles. M. de Commerçon a décrit cet insecte particulier, & l'ayant conservé dans de l'esprit-de-vin, je l'ai remis au cabinet du Roi.

On trouvoit ici un grand nombre de coquilles dont plusieurs fort belles. Les bâtures offroient des trésors pour la conchyologie. On recolta dans un même endroit dix marteaux, espece, dit-on, fort rare (1). Aussi le zele des curieux étoit-il fort vif. Il fut rallenti par l'accident arrivé à un de nos matelots, lequel en échouant la senne, fut piqué dans l'eau par une espece de serpent. L'effet du venin se manifesta une demi-heure après. Le matelot ressentit des douleurs violentes dans tout le corps. L'endroit de la morsure qui étoit au côté gauche devint livide & enfla à vue d'œil. Quatre ou cinq scarifications en tirerent beaucoup de sang déja dissous. Aussitôt qu'on cessoit de faire promener par force le malade, les convulsions le prenoient. Il souffrit horriblement pendant cinq ou six heures. Enfin la thériaque & l'eau de lusse qu'on lui avoit admi-

Matelot piqué par un serpent d'eau

(1) Ils furent trouvés dans un anse de la grande ile qui forme cette baie, & que pour cette raison on a nommée *l'île aux Marteaux*.

nistrées

niſtrées dès la premiere demi-heure, provoquerent une ſueur abondante & l'ont tiré d'affaire.

Cette aventure rendit tout le monde plus circonſpect à ſe mettre dans l'eau. Notre Taitien ſuivit avec curioſité le malade pendant tout le traitement. Il nous fit entendre que dans ſon pays il y avoit le long de la côte des ſerpens qui mordoient les hommes à la mer, & que tous ceux qui étoient mordus en mouroient. Ils ont une médecine, mais je la crois fort peu avancée. Il fut émerveillé de voir le matelot, quatre ou cinq jours après ſon accident, revenir au travail. Fort ſouvent, en examinant les productions de nos arts, & les moyens divers par leſquels ils augmentent nos facultés & multiplient nos forces, cet inſulaire tomboit dans l'admiration de ce qu'il voyoit & rougiſſoit pour ſon pays; *aouaou, Tatti, fi de Tatti*, nous diſoit il avec douleur. Cependant il n'aimoit pas à marquer qu'il ſentoit notre ſupériorité ſur ſa nation. On ne ſçauroit croire à quel point il eſt haut. Nous avons remarqué qu'il eſt auſſi ſouple que fier, & ce caractere prouve qu'il vit dans un pays où les rangs ſont inégaux, & quel eſt celui qu'il y tient.

Le 19 au ſoir nous fûmes enfin en état de partir; mais il ſembla que le tems ne fit qu'empirer : grand vent de Sud, déluge de pluie, tonnere, grains en tourmente. La mer étoit très-groſſe dehors, & les oiſeaux pêcheurs ſe refugioient dans la baie. Le 22 nous reſſentîmes vers dix heures & demie du matin pluſieurs ſecouſſes de tremblement de terre. Elles furent très-ſenſibles ſur nos vaiſſeaux & durerent environ deux minutes. Pendant ce tems la mer hauſſa & baiſſa pluſieurs fois de ſuite, ce qui effraya beaucoup ceux qui pêchoient ſur les récifs, & leur

Tems affreux qui nous perſécute.

Tremblement de terre.

fit chercher un asyle dans les bateaux. Au reste il semble que dans cette saison les pluies soient ici sans interruption. Un orage n'attend pas l'autre, le tonnere gronde presque continuellement & la nuit donne l'idée des ténebres du chaos. Cependant nous allions tous les jours dans les bois chercher des lataniers & des palmistes, & tâcher de tuer quelques tourterelles. Nous nous partagions en plusieurs bandes, & le résultat ordinaire de ces caravanes pénibles étoit de revenir trempés jusqu'aux os & les mains vuides. On découvrit cependant les derniers jours quelques pommes de mangles & des prunes monbin ; c'eût été un secours utile si on en eût eu connoissance plutôt. On trouva aussi une espece de lierre aromatique, auquel les Chirurgiens crurent reconnoître une vertu antiscorbutique ; du-moins les malades qui en firent des infusions & s'en laverent, ont-ils éprouvé quelque soulagement.

<small>Efforts in-fructueux pour trouver des vivres.</small>

Nous avons tous été voir une cascade merveilleuse qui fournissoit les eaux du ruisseau de l'Etoile. L'art s'efforceroit en vain de produire dans le palais des Rois ce que la nature a jetté ici dans un coin inhabité. Nous en admirâmes les groupes saillans dont les gradations presque régulieres précipitent & diversifient la chûte des eaux ; nous suivions avec surprise tous ces massifs variés pour la figure & qui forment cent bassins inégaux, où sont reçues les napes de crystal coloriées par des arbres immenses, dont quelques-uns ont le pied dans les bassins même. C'est bien assez qu'il existe des hommes privilégiés, dont le pinceau hardi peut nous tracer l'image de ces beautés inimitables ; cette cascade mériteroit le plus grand peintre.

<small>Description d'une belle cascade.</small>

Cependant notre situation empiroit à chaque instant que nous demeurions ici & que nous perdions sans faire

<small>Notre situation empire chaque jour.</small>

de chemin. Le nombre & les maux de nos ſcorbutiques augmentoient. L'équipage de l'Etoile étoit encore dans un état plus triſte que le nôtre. Chaque jour j'envoyois des canots dehors reconnoître le tems. C'étoit conſtamment le vent de Sud preſque en tourmente & une mer affreuſe. Avec ces circonſtances l'appareillage étoit impoſſible, d'autant plus qu'on ne ſçauroit appareiller de ce port qu'en prenant une croupiere ſur une ancre, qu'il faut ſortir tout de ſuite & qu'on n'eût pu embarquer au large la chaloupe qui ſeroit reſtée pour lever l'ancre que nous n'étions pas dans le cas de perdre. Ces obſtacles me déterminerent à aller le 23 reconnoître une paſſe entre *l'île des Marteaux* & la grande terre. J'en trouvai une, par laquelle nous pouvions ſortir avec le vent de Sud en embarquant nos bateaux dans le canal. Elle avoit, il eſt vrai, d'aſſez grands inconvéniens, & nous ne fûmes pas heureuſement dans le cas de nous en ſervir.

Il avoit plu ſans interruption toute la nuit du 23 au 24; l'aurore amena le beau tems & le calme. Nous levâmes auſſi-tôt notre ancre d'affourche; nous envoyâmes établir une amarre à des arbres, une hauſſiere ſur une ancre à jet, & nous virâmes à pic ſur l'ancre de dehors. Pendant la journée entiere nous attendîmes le moment d'appareiller; déjà nous en déſeſpérions & l'approche de la nuit nous forçoit à nous réamarrer, lorſqu'à cinq heures & demie il ſe leva une briſe du fond du port. Auſſi tôt nous larguâmes notre amarre de terre, filâmes le grelin de l'ancre à jet ſur laquelle l'Etoile devoit appareiller après nous, & en une demi-heure nous fûmes ſous voiles. Les canots nous remorquerent juſqu'au milieu de la paſſe, où nous reſſentîmes aſſez de vent pour nous paſſer de leur ſecours. Nous

Sortie du port Praſlin.

les envoyâmes auſſi-tôt à l'Etoile pour la mettre dehors. A deux lieues au large, nous mîmes en travers pour l'attendre, embarquant notre chaloupe & nos petits canots. A huit heures nous commençâmes à appercevoir la flûte qui étoit ſortie du port ; mais le calme ne lui permit de nous joindre qu'à deux heures après minuit. Notre grand canot revint en même tems, & nous l'embarquâmes.

Dans la nuit il y eut des grains & de la pluie. Le beau tems revint avec le jour. Les vents étoient au Sud-Oueſt, & nous gouvernâmes depuis l'Eſt-quart-Sud-Eſt juſqu'au Nord-Nord-Eſt, rondiſſant comme la terre. Il n'eût pas été prudent de chercher à en paſſer au vent : nous ſoupçonnions que c'étoit la nouvelle Bretagne, & toutes les apparences nous le confirmoient. En effet, les terres que nous avions découvertes plus à l'Oueſt, ſe rapprochoient beaucoup de celles-ci, & on appercevoit au milieu de ce qu'on auroit pû prendre pour un paſſage, des mondrains iſolés, qui tenoient ſans doute au reſte par des terres plus baſſes. Telle eſt la peinture que fait Dampierre de la grande baie qu'il nomma *baie Saint-Georges*, & c'eſt à ſa pointe du Nord-Eſt que nous venions de mouiller, comme nous le vérifiâmes dès les premiers jours de notre ſortie. Dampierre fut plus heureux que nous. Il trouva pour relâche un canton habité qui lui procura des rafraîchiſſemens, & dont les productions lui firent concevoir de grandes eſpérances ſur ce pays, & nous, qui étions tout auſſi indigens que lui, nous ſommes tombés dans un déſert, qui n'a fourni à nos beſoins que du bois & de l'eau.

En ſortant du port Praſlin, je corrigeai ma longitude ſur celle que donna le calcul de l'éclipſe du ſoleil qu'on y avoit obſervée ; ma différence pouvoit être d'environ 3^d, dont j'étois plus Est. Le thermometre, pendant le séjour que nous y fîmes, fut constamment de 22 à 23^d; mais la chaleur y étoit plus grande qu'il ne sembloit l'annoncer. J'en attribue la cause au défaut d'air dont on manque ici, ce bassin étant enfermé de toutes parts, dans la partie sur-tout des vents régnans.

CHAPITRE VI.

Navigation depuis le port Praslin jusqu'aux Moluques; relâche à Boero.

Nous avions repris la mer après une relâche de huit jours, pendant lesquels, comme on l'a vû, le tems avoit été constamment mauvais, & les vents presque toujours au Sud. Le 25 ils revinrent au Sud-Est, variant jusqu'à l'Est, & nous suivîmes la côte environ à trois lieues d'éloignement. Elle rondissoit insensiblement, & bientôt nous apperçûmes au large des îles qui se succédoient de de distance en distance. Nous passâmes entre elles & la grand-terre, & je leur donnai le nom des Officiers des Etats-majors. Il n'étoit plus douteux que nous côtoyions la nouvelle Bretagne. Cette terre est très-élevée & paroît entrecoupée de belles baies, dans lesquelles nous appercevions des feux & d'autres traces d'habitations.

Distribution de hardes aux matelots.

Le troisieme jour de notre sortie je fis couper nos tentes de campagne pour distribuer de grandes culotes aux gens des deux équipages. Nous avions déjà fait, en différentes occasions, de semblables distributions de hardes de toute espece. Sans cela, comment eût-il été possible que ces pauvres gens fussent vêtus pendant une aussi longue campagne, où il leur avoit fallu plusieurs fois passer alternativement du froid au chaud, & essuyer maintes reprises du déluge? Au reste, je n'avois plus rien à leur donner, tout étoit épuisé. Je fus même forcé de retrancher encore une once de pain sur la ration. Le peu qui nous restoit de vivres étoit en partie gâté, & dans tout autre cas on eût

Extrême disette de vivres.

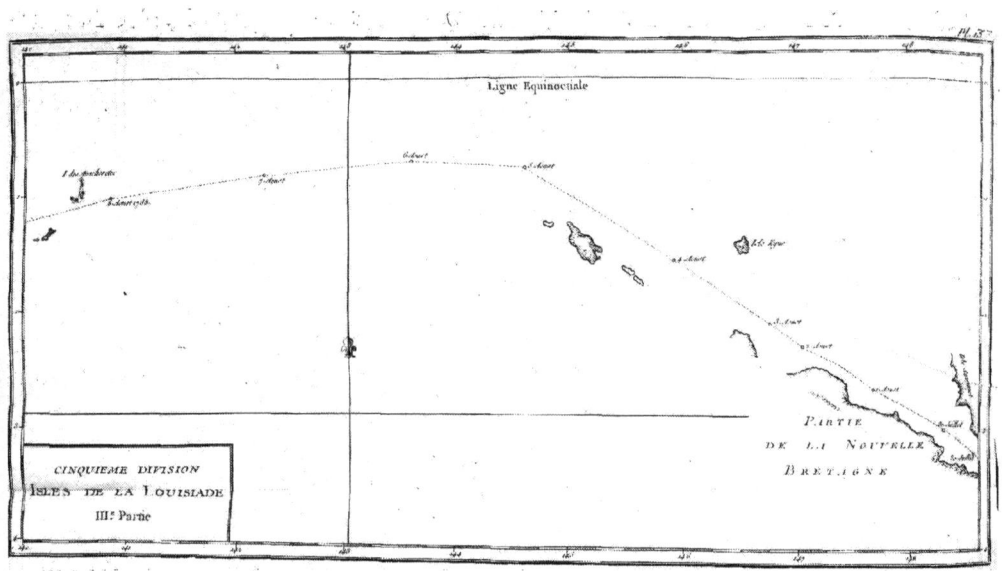

jetté à la mer toutes nos falaifons ; mais il falloit manger le mauvais comme le bon. Qui pouvoit fçavoir quand cela finiroit ? Telle étoit notre fituation de fouffrir en même tems du paffé qui nous avoit affoiblis, du préfent dont les triftes détails fe répétoient à chaque inftant, & de l'avenir dont le terme indéterminé étoit prefque le plus cruel de nos maux. Mes peines perfonnelles fe multiplioient par celles des autres. Je dois cependant publier qu'aucun ne s'eft laiffé abattre, & que la patience à fouffrir a été fupérieure aux pofitions les plus critiques. Les Officiers donnoient l'exemple, & jamais les matelots n'ont ceffé de danfer le foir, dans la difette comme dans les tems de la plus grande abondance. Il n'avoit pas été néceffaire de doubler leur paie.

Nous eûmes conftamment la vue de la nouvelle Bretagne jufqu'au 3 Août. Pendant ce tems il venta peu, il plut fouvent, les courans nous furent contraires, & les navires marchoient moins que jamais. La côte prenoit de plus en plus du Oueft. Le 29 au matin nous nous en trouvâmes plus près que nous n'avions encore été. Ce voifinage nous valut la vifite de quelques pirogues, deux vinrent à la portée de la voix de la frégate, cinq autres furent à l'Etoile. Elles étoient montées chacune par cinq ou fix hommes noirs, à cheveux crépus & laineux, quelques-uns les avoient poudrés de blanc. Ils portent la barbe affez longue, & des ornemens blancs aux bras en forme de bracelets. Des feuilles d'arbre couvrent, tant bien que mal, leur nudité. Ils font grands & paroiffent agiles & robuftes. Ils nous montroient une efpece de pain & nous invitoient par fignes à venir à terre ; nous les invitions à venir à bord ; mais nos invitations,

Defcription des habitans de la nouvelle Bretagne.

le don même de quelques morceaux d'étoffe jettés à la mer, ne leur inspirerent pas la confiance de nous accoster. Ils ramasserent ce qu'on avoit jetté, & pour remerciement l'un d'eux avec une fronde, nous lança une pierre qui ne vint pas jusqu'à bord ; nous ne voulûmes pas leur rendre le mal pour le mal, & ils se retirerent en frappant tous ensemble sur leurs canots avec de grands cris. Ils pousserent sans doute les hostilités plus loin à bord de l'Etoile ; car nous en vîmes tirer plusieurs coups de fusil qui les mirent en fuite. Leurs pirogues sont longues, étroites & à balancier. Toutes ont l'avant & l'arriere plus ou moins ornés de sculptures peintes en rouge, qui font honneur à leur adresse.

Le lendemain il en vint un beaucoup plus grand nombre, qui ne firent aucune difficulté d'accoster le navire. Celui de leurs conducteurs qui paroissoit être le chef, portoit un bâton long de deux ou trois pieds, peint en rouge, avec une pomme à chaque bout. Il l'éleva sur sa tête avec ses deux mains, en nous approchant, & il demeura quelque tems dans cette attitude. Tous ces Negres paroissoient avoir fait une grande toilette ; les uns avoient la laine peinte en rouge ; d'autres portoient des aigrettes de plume sur la tête, d'autres des pendans d'oreilles de certaines graines, ou de grandes plaques blanches & rondes pendues au col ; quelques-uns avoient des anneaux passés dans les cartilages du nez : mais une parure assez générale à tous, étoit des bracelets faits avec la bouche d'une grosse coquille sciée. Nous voulûmes lier commerce avec eux, pour les engager à nous apporter quelques rafraîchissemens. Leur mauvaise foi nous fit bientôt voir que nous n'y réussirions pas. Ils tâchoient de saisir ce qu'on leur proposoit, foit, & ne vouloient rien rendre en échange. A peine put-on tirer d'eux quelques racines d'ignames. On se lassa de leur donner, & ils se retirerent. Deux canots voguoient vers la frégate à l'entrée de la nuit, une fusée que l'on tira pour quelque signal, les fit fuir précipitamment.

Au reste, il sembla que les visites qu'ils nous avoient rendues ces deux derniers jours, n'avoient été que pour nous reconnoître & concerter un plan d'attaque. Le 31 on vit, dès la pointe du jour, un essain de pirogues sortir de terre, une partie passa par notre travers sans s'arrêter, & toutes dirigerent leur marche sur l'Etoile, que sans doute ils avoient observé être le plus petit des deux bâtimens, & se tenir derriere. Les Negres firent leur attaque à coups de pierres & de fleches. Le combat fut court. Une fusillade déconcerta leurs projets, plusieurs se jetterent à la mer, & quelques pirogues furent abandonnées : depuis ce moment nous cessâmes d'en voir.

Ils attaquent l'Etoile.

Le terres de la nouvelle Bretagne ne couroient maintenant que sur le Ouest-quart-Nord-Ouest & l'Ouest, & dans cette partie elles s'abaissoient considérablement. Ce n'étoit plus cette côte élevée & garnie de plusieurs rangs de montagnes ; la pointe septentrionale que nous découvrions étoit une terre presque noyée & couverte d'arbres de distance en distance. Les cinq premiers jours du mois d'Août furent pluvieux, le tems fut à l'orage & le vent à grains. Nous n'apperçûmes la côte que par lambeaux, dans les éclaircis & sans pouvoir en distinguer les détails. Toutefois nous en vîmes assez pour être convaincus que les marées continuoient à nous enlever une partie du médiocre chemin que nous faisions chaque jour. Je fis alors gouverner au Nord-Ouest, puis au Nord-Ouest-quart-Ouest,

Description de la partie septentrionale de la nouvelle Bretagne.
1768 Août.

O o

pour éviter un labyrinthe d'îles, qui font femées à l'extrémité feptentrionale de la nouvelle Bretagne. Le 4 après midi nous reconnûmes diftinctement deux îles que je crois être celles que Dampierre nomme *île Matthias* & *île Orageufe*. L'île Matthias, haute & montagneufe, s'étend fur le Nord-Oueft, huit à neuf lieues. L'autre n'en a pas plus de trois ou quatre, & entre les deux eft un îlot. Une île que l'on crut appercevoir le 5 à deux heures du matin dans l'Oueft, nous fit reprendre du Nord. On ne fe trompoit pas, & à dix heures la brume, qui jufqu'alors avoit été épaiffe, s'étant diffipée, nous apperçûmes dans le Sud-Eft quart-Sud cette île qui eft petite & baffe. Les marées cefferent alors de porter fur le Sud & fur l'Eft; ce qui fembloit venir de ce que nous avions dépaffé la pointe feptentrionale de la nouvelle Bretagne, que les Hollandois nomment *cap Solomafwer*. Nous n'étions plus alors que par 00^d 41′ de latitude méridionale. Nous avions fondé prefque tous les jours fans trouver de fond.

Ile des Anachoretes.

Nous courûmes à Oueft jufqu'au 7 avec un affez joli frais & beau tems fans voir de terre. Le 7 au foir l'horifon fort embrumé m'ayant paru, au coucher du foleil, être un horifon de terre depuis l'Oueft jufqu'au Oueft-Sud-Oueft, je me déterminai à tenir pour la nuit la route du Sud-Oueft-quart-Oueft; nous reprîmes au jour celle du Oueft. Nous vîmes dans la matinée environ à cinq ou fix lieues devant nous une terre baffe. Nous gouvernâmes à Oueft-quart-Sud-Oueft & Oueft-Sud-Oueft pour en paffer au Sud. Nous la rangeâmes environ à une lieue & demie. C'étoit une île plate, longue d'environ trois lieues, couverte d'arbres & partagée en plufieurs divifions liées enfemble par des bâtures & des bancs de fable. Il y a fur

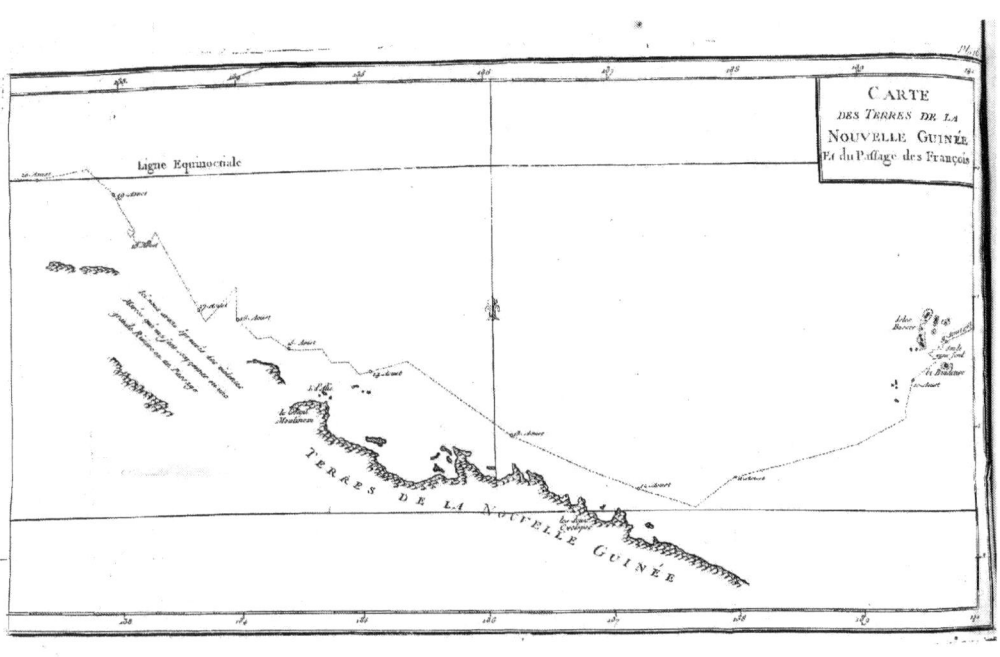

Pl. 16

133. 136 140

cette île une grande quantité de cocotiers, & le bord de la mer y est couvert d'un si grand nombre de cases, qu'on peut juger de-là qu'elle est extrêmement peuplée. Ces cases sont hautes, presque quarrées & bien couvertes. Elles nous parurent plus vastes & plus belles que ne sont ordinairement des cabanes de roseaux, & nous crûmes revoir les maisons de Taiti. On découvroit un grand nombre de pirogues occupées à la pêche tout autour de l'île ; aucune ne parut se déranger pour nous voir passer, & nous jugeâmes que ces habitans, qui n'étoient pas curieux, étoient contens de leur sort. Nous nommâmes cette île *l'île des Anachoretes*. A trois lieues dans l'Ouest de celle-ci on vit du haut des mâts une autre île basse.

La nuit fut très obscure & quelques nuages fixes dans le Sud nous y firent soupçonner de la terre. En effet au jour, nous découvrîmes deux petites îles dans le Sud-Est-quart-Sud 3ᵈ Sud à huit ou neuf lieues de distance. On ne les avoit pas encore perdues de vûe à huit heures & demie, lorsqu'on eut connoissance d'une autre île basse dans l'Ouest-quart-Sud-Ouest, & peu après d'une infinité de petites îles qui s'étendoient dans le Ouest-Nord-Ouest & le Sud-Ouest de cette derniere, laquelle peut avoir deux lieues de long ; toutes les autres ne sont à proprement parler, qu'une chaîne d'îlots raz & couverts de bois, rencontre désastrueuse. Il y avoit cependant un îlot séparé des autres & plus au Sud, lequel nous parut être plus considérable. Nous dirigeâmes notre route entre celui-là & l'archipel d'îlots, que je nommai *l'Echiquier*, & que je voulois laisser au Nord. Nous n'étions pas prêts d'en être dehors. Cette chaîne apperçue dès le matin, se prolongeoit beau-

Archipel nommé par nous l'Echiquier.

coup plus loin dans le Sud-Ouest que nous ne l'avions pu juger alors.

Danger que nous y courons.

Nous cherchions, comme je viens de le dire, à la doubler dans le Sud; mais à l'entrée de la nuit nous y étions encore engagés, sans sçavoir précisément jusqu'où elle s'étendoit. Le tems, inceſſamment chargé de grains, ne nous avoit jamais montré dans un même inſtant tout ce que nous devions craindre; pour ſurcroit d'embarras, le calme vint auſſitôt que la nuit, & ne finit preſque qu'avec elle. Nous la paſſâmes dans la continuelle appréhenſion d'être jettés ſur la côte par les courans. Je fis mettre deux ancres en mouillage, & allonger leurs bittures ſur le pont, précaution preſque inutile : car on ſonda pluſieurs fois ſans trouver le fond. Tel eſt un des plus grands dangers de ces terres : preſque à deux longueurs de navire des récifs qui les bordent, on n'a point la reſſource de mouiller. Heureuſement le tems ſe maintint ſans orages ; même vers minuit, il ſe leva une fraîcheur du Nord qui nous ſervit à nous élever un peu dans le Sud-Eſt. Le vent fraîchit à meſure que le ſoleil montoit, & il nous retira de ces îles baſſes, que je crois inhabitées ; au moins pendant le tems qu'on s'eſt trouvé à portée de les voir, on n'y a diſtingué ni feux, ni cabanes, ni pirogues. L'Etoile avoit été dans cette nuit plus en danger encore que nous; car elle fut très-long-tems ſans gouverner, & la marée l'entraînoit viſiblement à la côte, lorſque le vent vint à ſon aide. A deux heures après midi nous doublâmes l'îlot le plus occidental, & nous gouvernâmes à Oueſt-Sud-Oueſt.

Vue de la nouvelle Guinée.

Le 11 à midi, étant par 2^d 17′ de latitude auſtrale, nous apperçûmes dans le Sud une côte élevée qui nous parut être celle de la nouvelle Guinée. Quelques heures, après, on la vit plus clairement. C'est une terre haute & montueuse, qui dans cette partie s'étend sur l'Ouest-Nord-Ouest. Le 12 à midi, nous étions environ à dix lieues des terres les plus voisines de nous. Il étoit impossible de détailler la côte à cette distance, il nous parut seulement une grande baie vers $2^d\ 25'$ de latitude Sud, & des terres basses dans le fond qu'on ne découvroit que du haut des mâts. Nous jugeâmes aussi par la vîtesse avec laquelle nous doublions les terres, que les courans nous étoient devenus favorables, mais pour apprécier avec quelque justesse la différence qu'ils occasionnoient dans l'estime de notre route, il eût fallu cingler moins loin de la côte. Nous continuâmes à la prolonger à dix ou douze lieues de distance. Son gissement étoit toujours sur l'Ouest-Nord-Ouest, & sa hauteur prodigieuse. Nous y remarquâmes sur-tout deux pics très-élevés, voisins l'un de l'autre & qui surpassent en hauteur toutes les autres montagnes. Nous les avons nommés *les deux Cyclopes*. Nous eûmes occasion de remarquer que les marées portoient sur le Nord-Ouest. Effectivement nous nous trouvâmes le jour suivant plus éloignés de la côte de la nouvelle Guinée, qui revient ici sur l'Ouest. Le 14, au point du jour nous découvrîmes deux îles & un îlot qui paroissoit entre deux, mais plus au Sud. Elles gissent entre elles Est-Sud-Est & Ouest-Nord Ouest corrigés ; elles sont à deux lieues de distance l'une de l'autre, de médiocre hauteur, & n'ont pas plus d'une lieue & demie d'étendue chacune.

Nous avancions peu chaque journée. Depuis que nous étions sur la côte de la nouvelle Guinée, nous avions assez régulièrement une foible brise d'Est ou de Nord-Est, qui

Vents & courans que nous ressentons.

commençoit vers deux ou trois heures après midi, & duroit environ jusque vers minuit; à cette brise succédoit un intervalle plus ou moins long de calme qui étoit suivi de la brise de terre variable du Sud-Ouest au Sud-Sud-Ouest, laquelle se terminoit aussi vers midi par deux ou trois heures de calme. Nous revîmes le 15 au matin la plus occidentale des deux îles que nous avions reconnues la veille. Nous découvrîmes en même tems d'autres terres, qui nous parurent îles, depuis le Sud-Est-quart-Sud jusqu'à l'Ouest-Sud-Ouest, terres fort basses, par-dessus lesquelles nous appercevions dans une perspective éloignée les hautes montagnes du continent. La plus élevée, que nous relevâmes à huit heures du matin au Sud-Sud-Est du compas, se détachoit des autres, & nous la nommâmes *le géant Moulineau*. Nous donnâmes le nom de *la nymphe Alie* à la plus occidentale des îles basses dans le Nord-Ouest de Moulineau. A dix heures du matin nous tombâmes dans un raz de marée, où les courans paroissoient porter avec violence sur le Nord & Nord-Nord-Est. Ils étoient si vifs, que jusqu'à midi ils nous empêchèrent de gouverner; & comme ils nous entraînèrent fort au large, il nous devint impossible d'asseoir un jugement précis sur leur véritable direction. L'eau, dans le lit de marée, étoit couverte de troncs d'arbres flottans, de divers fruits & de goëmons; elle y étoit en même tems si trouble, que nous craignîmes d'être sur un banc, mais la sonde ne nous donna point de fond à 100 brasses. Ce raz de marée sembloit indiquer ici ou une grande riviere dans le continent, ou un passage qui couperoit les terres de la nouvelle Guinée, passage dont l'ouverture seroit presque Nord & Sud. Suivant deux distances des bords du soleil & de la lune, observées à l'octan par le Chevalier du Bouchage & M. Verron, notre longitude le 15 à midi étoit de 136ᵈ 16′ 30″ à l'Eſt de Paris. Mon eſtime ſuivie depuis la longitude déterminée au port Praſlin, en différoit de 2ᵈ 47′. Nous obſervâmes le même jour 1ᵈ 17′ de latitude auſtrale.

Obſervations comparées avec l'eſtime de la route.

Le 16 & le 17 il fit preſque calme, le peu de vent qui ſouffla fut variable. Le 16 on ne vit la terre qu'à ſept heures du matin, encore ne la vit-on que du haut des mâts, terre extrêmement haute & coupée. Nous perdîmes toute cette journée à attendre l'Etoile qui, maîtriſée par le courant, ne pouvoit pas mettre le cap en route; & le 17, comme elle étoit fort éloignée de nous, je fus obligé de virer ſur elle pour la rallier; ce que nous ne fîmes qu'aux approches de la nuit. Elle fut très-orageuſe avec un déluge de pluie & des tonneres épouvantables. Les ſix jours ſuivans nous furent tout auſſi malheureux: de la pluie, du calme, & le peu qui venta, ce fut du vent debout. Il faut s'être trouvé dans la poſition où nous étions alors, pour être en état de s'en former l'idée. Le 17 après midi on avoit apperçu depuis le Sud-Sud-Oueſt-5ᵈ-Sud du compas juſqu'au Sud-Oueſt-5ᵈ-Oueſt, à ſeize lieues environ de diſtance, une côte élevée qu'on ne perdit de vue qu'à la nuit. Le 18 à neuf heures du matin, on découvrit une île haute dans le Sud-Oueſt-quart-Oueſt, diſtante à-peu-près de douze lieues; nous la revîmes le lendemain, & elle nous reſtoit à midi depuis le Sud-Sud-Oueſt juſqu'au Sud-Oueſt dans un éloignement de quinze à vingt lieues. Les courans nous donnerent pendant ces trois derniers jours dix lieues de différence Nord; nous ne pûmes ſavoir quelle étoit celle qu'ils nous donnoient en longitude.

Passages de la ligne.

Le 20 nous passâmes la ligne pour la seconde fois de la campagne. Les courans continuoient à nous éloigner des terres. Nous n'en vîmes point le 20 ni le 21, quoique nous eussions tenu les bordées qui nous en rapprochoient le plus. Il nous devenoit cependant essentiel de rallier la côte & de la ranger d'assez près, pour ne pas commettre quelque erreur dangereuse, qui nous fît manquer le débouquement dans la mer des Indes, & nous engageât dans l'un des golfes de *Gilolo*. Le 22, au point du jour, nous eûmes connoissance d'une côte plus élevée qu'aucune autre partie de la nouvelle Guinée que nous eussions encore vue. Nous gouvernâmes dessus, & à midi on la releva depuis le Sud-Sud-Est-5^d-Sud, jusqu'au Sud-Ouest, où elle ne paroissoit pas terminée. Nous venions de passer la ligne pour la troisieme fois. La terre couroit sur l'Ouest-Nord-Ouest, & nous l'accostâmes, déterminés à ne la plus quitter jusqu'à être parvenus à son extrémité, que les Géographes nomment *le cap Mabo*. Dans la nuit nous doublâmes une pointe, de l'autre côté de laquelle la terre, toujours fort élevée, ne couroit plus que sur l'Ouest-quart-Sud-Ouest & l'Ouest-Sud-Ouest. Le 23 à midi, nous voyons une étendue de côte d'environ vingt lieues, dont la partie la plus occidentale nous restoit presque au Sud-Ouest à treize ou quatorze lieues. Nous étions beaucoup plus près de deux îles basses & couvertes d'arbres, éloignées l'une de l'autre d'environ quatre lieues. Nous en

Tentative inutile faite à terre.

approchâmes à une demi-lieue, & tandis que nous attendions l'Etoile écartée de nous à une grande distance, j'envoyai le Chevalier de Suzannet avec deux de nos bateaux armés, à la plus septentrionale des deux îles. Nous pensions y voir des habitations & nous espérions en tirer quelques

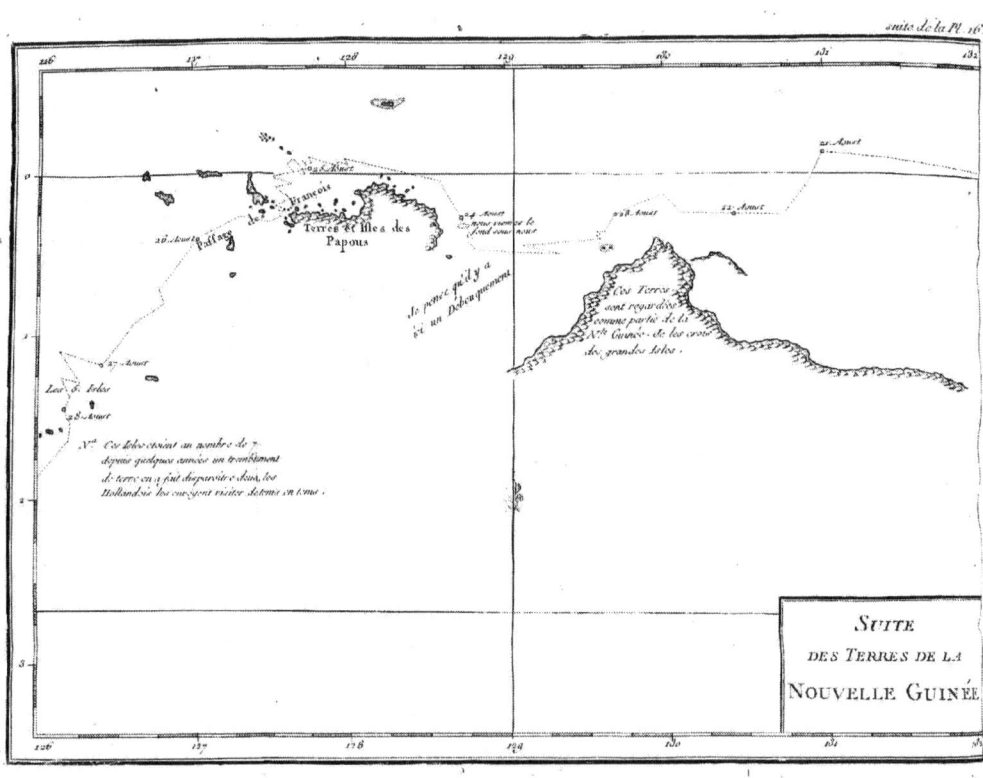

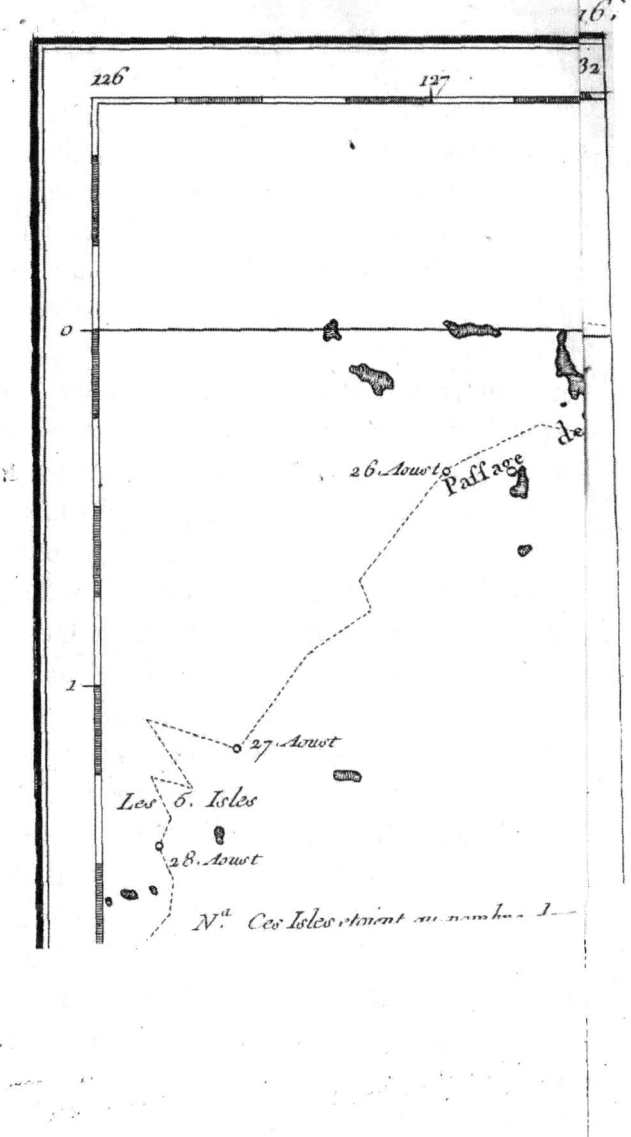

quelques rafraîchiſſemens. Un banc qui regne le long de l'île & s'étend même aſſez loin dans l'Eſt, força les bateaux de faire un grand tour pour le doubler. Le Chevalier de Suzannet ne trouva ni cafés, ni habitans, ni rafraîchiſſemens. Ce qui de loin nous avoit ſemblé former un village, n'étoit qu'un amas de roches minées par la mer & creuſées en caverne. Les arbres qui couvroient l'île ne portoient aucun fruit propre à la nourriture des hommes. On y enterra une inſcription. Les bateaux ne revinrent à bord qu'à dix heures du ſoir. L'Etoile venoit de nous rejoindre. La vue continuelle de la côte nous avoit appris que les courans portoient ici ſur le Nord-Oueſt.

Après avoir embarqué nos bateaux, nous tâchâmes de prolonger la terre autant que les vents conſtans au Sud & au Sud-Sud-Oueſt voulurent nous le permettre. Nous fûmes obligés de courir pluſieurs bords, dans l'intention de paſſer au vent d'une grande île, que nous avions apperçue au coucher du ſoleil dans l'Oueſt & l'Oueſt-quart-Nord-Oueſt. L'aube du jour nous ſurprit encore ſous le vent de cette île. Sa côte orientale, qui peut avoir cinq lieues de longueur, court à-peu-près Nord & Sud, & à ſa pointe méridionale on voit un îlot bas & de peu d'étendue. Entre elle & la terre de la nouvelle Guinée, qui ſe prolonge ici preſque ſur le Sud-Oueſt-quart-Oueſt, il ſe préſentoit un vaſte paſſage dont l'ouverture, d'environ huit lieues, gît Nord-Eſt & Sud-Oueſt. Le vent en venoit, & la marée portoit dans le Nord-Oueſt; comment gagner en louvoyant ainſi contre vent & mer? Je l'eſſayai juſqu'à neuf heures du matin. Je vis avec douleur que c'étoit infructueuſement, & je pris le parti d'*arriver*, pour ranger la côte ſeptentrionale de l'île, abandonnant à regret un dé-

Suite de la nouvelle Guinée

298 VOYAGE

bouché, que je crois très-beau pour se tirer de cette chaîne éternelle d'îles.

Nous eûmes dans cette matinée deux alertes consécutives. La premiere fois on cria d'enhaut qu'on voyoit devant nous une longue suite de brisans, & l'on prit aussitôt les amures à l'autre bord. Ces brisans examinés ensuite plus attentivement, se trouverent être des raz d'une marée violente, & nous reprîmes notre route. Une heure après plusieurs personnes crierent du gaillard d'avant qu'on voyoit le fond sous nous; l'affaire pressoit, mais l'alarme fut heureusement aussi courte qu'elle avoit été vive. Nous l'eussions même cru fausse, si l'Etoile, qui étoit dans nos eaux, n'eût apperçu ce même haut fond pendant près de deux minutes. Il lui parut un banc de corail. Presque Nord & Sud de ce banc, qui peut avoir encore moins d'eau dans quelque partie, il y a une ance de sable sur laquelle sont construites quelques cases environnées de cocotiers. La remarque peut d'autant plus servir de point de reconnoissance, que jusques-là nous n'avons vû aucunes traces d'habitations sur cette côte. A une heure après midi nous doublâmes la pointe du Nord-Est de la grande île, qui s'étend ensuite sur l'Ouest & l'Ouest-quart-Sud-Ouest, près de vingt lieues. Il fallut serrer le vent pour la prolonger, & nous ne tardâmes pas à appercevoir d'autres îles dans l'Ouest & l'Ouest-quart-Nord-Ouest. On en vit même une au soleil couchant qui fut relevée dans le Nord-Est-quart-Nord, à laquelle se joignoit une bâture qui parut s'étendre jusqu'au Nord-quart-Nord-Ouest: ainsi nous étions encore une fois enclavés.

Nous perdîmes dans cette journée notre premier Maître d'équipage nommé *Denys*, qui mourut du scorbut. Il

Danger caché.

Perte du maître d'équipage.

étoit Malouin & âgé d'environ cinquante ans, passés presque tous au service du Roi. Les sentimens d'honneur & les connoissances qui le distinguoient dans son état important, nous l'ont fait regretter universellement. Quarante-cinq autres personnes étoient atteintes du scorbut ; la limonade & le vin en suspendoient seuls les funestes progrès.

Nous passâmes la nuit sur les bords, & le 25 au lever du jour nous nous trouvâmes environnés de terres. Il s'offroit à nous trois passages, l'un ouvert au Sud-Ouest, le second à Ouest-Sud-Ouest, & le troisieme presque Est & Ouest. Le vent ne nous accordoit que ce dernier, & je n'en voulois point. Je ne doutois pas que nous ne fussions au milieu des îles des Papous. Il falloit éviter de tomber plus loin dans le Nord, de crainte, comme je l'ai déjà dit, de nous enfoncer dans quelqu'un des golfes de la côte orientale de Gilolo. L'essentiel, pour sortir de ces parages critiques, étoit donc de nous élever en latitude australe ; or au-delà du passage du Sud-Ouest, on appercevoit dans le Sud la mer ouverte autant que la vue pouvoit s'étendre : ainsi je me décidai à louvoyer pour gagner ce débouché. Toutes ces îles & îlots qui nous enfermoient sont fort escarpées, de hauteur médiocre, & couvertes d'arbres. Nous n'y avons apperçu aucun indice qu'elles soient habitées.

Navigation embarrassante.

A onze heures du matin, nous eûmes fond de sable sur 45 brasses ; c'étoit une ressource. A midi, nous observâmes 00ᵈ 5′ de latitude boréale, ainsi nous venions de passer la ligne pour la quatrieme fois. A six heures du soir, nous étions à même de donner dans le passage du Ouest-Sud-Ouest. C'étoit avoir gagné environ trois lieues par le travail de la journée entiere. La nuit nous fut plus favorable, graces à la lune dont la lumiere nous permit de lou-

Passage de la ligne pour la quatrieme fois.

voyer entre les pierres & les îles. D'ailleurs le courant qui nous avoit été contraire tant que nous fûmes par le travers des deux premieres passes, nous devint favorable, dès que nous vînmes à ouvrir le passage du Sud-Ouest.

<small>Description du canal par lequel nous debouquons.</small>

Le canal par lequel nous débouquâmes enfin dans cette nuit, peut avoir de deux à trois lieues de large. Il est borné à l'Ouest par un amas d'îles & d'ilots assez élevés. Sa côte de l'Est que nous avions prise au premier coup d'œil pour la pointe la plus occidentale de la grande île, n'est aussi qu'un amas de petites îles & de rochers qui de loin semblent former une seule masse, & les séparations entre ces îles présentent d'abord l'aspect de belles baies ; c'est ce que nous reconnoissions à chaque bordée que nous rapportions sur ces terres. Ce ne fut qu'à quatre heures & demie du matin que nous parvînmes à doubler les îlots les plus Sud du nouveau passage que nous nommâmes *le passage des François*. Le fond paroît augmenter au milieu de cet archipel en avançant vers le Sud. Nos sondes ont été de 55 à 75 & 80 brasses, fond de sable gris, vaze & coquilles pourries. Lorsque nous fûmes entierement hors du canal, nous sondâmes sans trouver de fond. Je fis alors gouverner au Sud-Ouest.

<small>Cinquieme passage de la ligne.</small>

Le 26, à la pointe du jour, nous découvrîmes une nouvelle île dans le Sud-Sud-Ouest, & peu après une autre dans l'Ouest-Nord-Ouest. A midi on ne voyoit plus le labyrinthe d'où nous sortions, & la hauteur méridienne nous donna 00^d 23′ de latitude australe. C'étoit pour la cinquieme fois que nous avions passé la ligne. Nous continuâmes de tenir le plus près bas-bord amure, & l'après midi nous eûmes connoissance d'une petite île dans le Sud-Est. Le lendemain, au lever du soleil, nous en vîmes une peu élevée, à neuf ou dix lieues dans le Sud-Sud-Est. Elle parut s'étendre Nord-Est & Sud-Ouest environ deux lieues. Un gros mondrain fort escarpé & d'une hauteur remarquable, que nous nommâmes *le gros Thomas*, se fit voir à dix heures du matin. A sa pointe méridionale il y a un petit îlot, il y en a deux à sa pointe septentrionale. Les courans avoient cessé de nous porter au Nord, nous eûmes au contraire de la différence Sud. Cette circonstance, jointe à l'observation de la latitude qui nous mettoit plus Sud que le cap Mabo, me donna l'entiere conviction que nous entrions enfin dans l'archipel des Moluques.

Je demanderois au reste quel est ce *cap Mabo* & où il est situé. On en fait le cap qui termine dans le Nord la partie occidentale de la nouvelle Guinée, Dampierre & Wood Rogers le placent, le premier dans un des golfes de Gilolo à 30′ de latitude australe, le second à huit lieues au plus de cette grande île. Mais toute cette partie n'est qu'un archipel assez vaste de petites îles, qu'à raison de leur nombre, l'Amiral Rogewin, qui les traversa en 1722, nomma *les mille Isles*. Comment donc le cap Mabo, voisin de Gilolo, appartient-il à la nouvelle Guinée ? où le placer même, si, comme nous avons tout lieu de le croire, la nouvelle Guinée elle-même n'est qu'un amas de grandes îles, dont les divers canaux sont encore inconnus ? Il ne devra appartenir qu'à celle de ces îles considérables qui sera la plus occidentale.

Discussion sur le cap Mabo.

Le 27 après midi, nous découvrîmes cinq à six îles, depuis l'Ouest-quart-Sud-Ouest-5ᵈ-Sud jusque dans l'Ouest-Nord-Ouest du compas. Pendant la nuit nous tînmes la bordée du Sud-Sud-Est, de sorte qu'on ne les revit plus le 28 au matin. Nous apperçûmes alors cinq autres

Entrée dans l'archipel des Moluques.

petites îles fur lefquelles nous courûmes. Elles nous ref-toient à midi depuis le Sud-Sud-Oueft-1ᵈ-Oueft, jufqu'au Oueft-quart-Sud-Oueft-1ᵈ-Sud, à la diftance de deux, trois, quatre & cinq lieues. On voyoit encore le gros Thomas à l'Eft-Nord-Eft-5ᵈ-Nord environ cinq lieues. On apperçut auffi alors une nouvelle île dans l'Oueft-Sud-Oueft, à fept ou huit lieues. Nous reffentîmes pendant ces vingt-quatre heures plufieurs fortes marées qui paroiffoient venir de l'Oueft. Cependant la différence de notre eftime à l'obfervation méridienne & aux relevemens nous donna dix à onze milles fur le Sud-Oueft-quart-Sud & Sud-Sud-Oueft. A neuf heures du matin, j'ordonnai à l'Etoile de monter fes canons & d'envoyer fon canot aux îles du Sud-Oueft, pour reconnoître s'il y avoit quelque mouillage, & fi ces îles fourniffoient quelques productions intéreffantes.

<small>Rencontre d'un Negre.</small>

Il fit prefque calme dans l'après midi, & le canot ne revint qu'à neuf heures du foir. Il avoit abordé à deux de ces îles, où on n'avoit trouvé aucune trace d'habitation ni de culture, ni aucune efpece de fruit. Les gens du canot étoient prêts à fe retirer lorfqu'ils virent avec furprife un Negre s'approcher feul dans une pirogue à deux balanciers. Il avoit à une oreille un anneau d'or, & pour armes deux zagayes. Il aborda le canot fans crainte ni furprife. On lui demanda à boire & à manger, & il offrit de l'eau & quelque peu d'une efpece de farine qui paroiffoit faire fa nourriture. On lui donna un mouchoir, un miroir & quelques bagatelles pareilles. Il rioit en recevant ces préfens & ne les admiroit pas. Il fembloit connoître les Européens, & on penfa que ce pouvoit être un Negre fugitif de quelqu'une des îles voifines où les Hollandois ont des

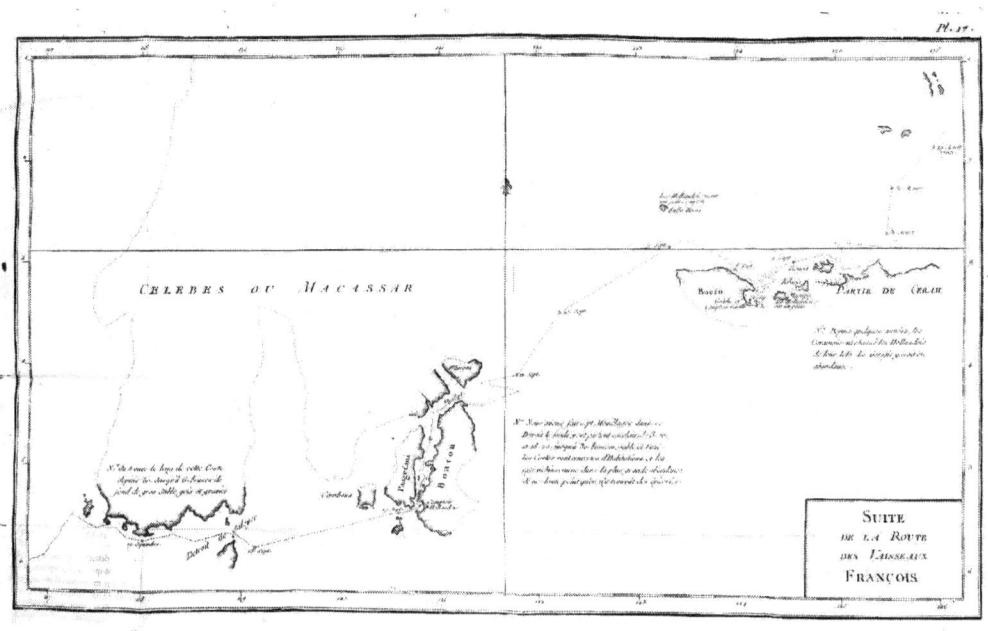

poftes, ou que peut-être y avoit-il été envoyé pour la pêche. Les Hollandois nomment ces îles *les cinq Ifles*, & de tems en tems ils les font vifiter. Ils nous ont dit qu'autrefois elles étoient au nombre de fept, mais que deux ont été abymées dans un tremblement de terre ; révolution affez fréquente dans ces parages. Il y a entre ces îles un prodigieux courant fans aucun mouillage. Les arbres & les plantes y font à-peu-près les mêmes qu'à la nouvelle Bretagne. Nos gens y prirent une tortue du poids environ de deux cents livres.

Depuis ce tems nous continuâmes à éprouver de fortes marées qui portoient fur le Sud, & nous tînmes la route qui en approchoit le plus. Nous fondâmes plufieurs fois fans trouver de fond, & nous n'eûmes connoiffance que d'une feule île dans l'Oueft & à dix ou douze lieues de nous, jufqu'au 30 après midi que nous apperçûmes dans le Sud & à un grand éloignement une terre confidérable. Le courant qui nous fervoit mieux que le vent, nous en approcha dans la nuit ; & le 31 au point du jour nous nous en trouvâmes à fept ou huit lieues. C'étoit *l'île Ceram*. Sa côte en partie boifée, défrichée en partie, couroit à-peu-près Eft & Oueft, fans que nous la viffions terminée. C'eft une île très haute : des montagnes énormes s'élevent fur le terrein de diftance en diftance, & le grand nombre de feux que nous y vîmes de tous les côtés, annonce qu'elle eft fort peuplée. Nous paffâmes la journée & la nuit fuivante à naviguer le long de la côte feptentrionale de cette île, courant des bordées pour nous élever dans l'Oueft & gagner fa pointe occidentale. Le courant nous étoit favorable, mais le vent étoit court.

Je remarquerai à l'occafion de la contrariété que nous

Vue de Ceam.

Remarque fur les Moufsons dans ces parages.

éprouvions depuis long-tems de la part des vents, que dans les Moluques on appelle mousson du Nord celle du Ouest, & mousson du Sud celle de l'Est; parce que pendant la premiere les vents soufflent plus ordinairement du Nord-Nord-Ouest que du Ouest, & pendant la seconde ils viennent le plus souvent du Sud Sud-Est. Ces vents regnent alors de même dans les îles des Papous & sur la côte de la nouvelle Guinée; nous le savions par une triste expérience, ayant employé trente-six jours à faire quatre cents cinquante lieues.

1768
Septembre.

Le premier Septembre, la lumiere du jour naissant nous montra que nous étions à l'entrée d'une baie dans laquelle il y avoit plusieurs feux. Bientôt après, nous apperçûmes deux embarcations à la voile, de la forme des bateaux Malays. Je fis arborer pavillon & flamme Hollandoise, & tirer un coup de canon, & je fis une faute sans le sçavoir. Nous avons appris depuis que les habitans de Ceram sont en guerre avec les Hollandois, qu'ils ont chassés de presque toutes les parties de leur île. Aussi courûmes-nous inutilement un bord dans la baie; les bateaux se réfugierent à terre, & nous profitâmes du vent frais pour continuer notre route. Le terrein du fond de la baie est bas & uni, entouré de hautes montagnes, & la baie est semée de plusieurs îles. Il nous fallut gouverner à Ouest-Nord-Ouest pour en doubler une assez grande, sur la pointe de laquelle on voit un îlot & un banc de sable, avec une bâture qui paroit s'alonger une lieue au large. Cette île se nomme *Bonao*, laquelle est coupée en deux par un canal fort étroit. Quand nous l'eûmes doublée, nous gouvernâmes jusqu'à midi à Ouest-quart-Sud-Ouest.

Il venta grand frais du Sud-Sud-Ouest au Sud-Sud-Est,
&

& nous louvoyâmes le reste du jour entre *Bonao*, *Kelang* & *Manipa*, cherchant à faire du chemin dans le Sud-Ouest. A dix heures du soir nous eûmes connoissance des terres de l'île *Boero* par des feux qui y étoient allumés ; & comme mon projet étoit de m'y arrêter, nous passâmes la nuit sur les bords pour nous en tenir à portée & au vent, si nous pouvions. Je sçavois que les Hollandois avoient sur cette île un comptoir foible, quoiqu'assez riche en rafraîchissemens. Dans l'ignorance profonde où nous étions de la situation des affaires en Europe, il ne nous convenoit pas d'en venir hasarder les premieres nouvelles chez des étrangers, qu'en un lieu où nous fussions à-peu-près les plus forts. Projet pour notre sûreté.

Ce ne fut pas sans d'excessifs mouvemens de joie que nous découvrîmes à la pointe du jour l'entrée du *golfe de Cajeli*. C'est où les Hollandois ont leur établissement ; c'étoit le terme où devoient finir nos plus grandes miseres. Le scorbut avoit fait parmi nous de cruels ravages depuis notre départ du port Praslin ; personne ne pouvoit s'en dire entierement exempt, & la moitié de nos équipages étoit hors d'état de faire aucun travail. Huit jours de plus passés à la mer eussent assurément coûté la vie à un grand nombre, & la santé à presque tous. Les vivres qui nous restoient étoient si pourris & d'une odeur si cadavéreuse, que les momens les plus durs de nos tristes journées étoient ceux où la cloche avertissoit de prendre ces alimens dégoûtans & malsains. Combien cette situation embellissoit encore à nos yeux le charmant aspect des côtes *de Boero !* Dès le milieu de la nuit, une odeur agréable, exhalée des plantes aromatiques dont les îles Moluques sont couvertes, s'étoit fait sentir plusieurs lieues en mer, & Triste état des équipages.

Q q

avoit semblé l'avant-coureur qui nous annonçoit la fin de nos maux. L'aspect d'un bourg assez grand situé au fond du golfe, celui de vaisseaux à l'ancre, la vûe de bestiaux errans dans les prairies qui environnent le bourg, causerent des transports, que j'ai partagés sans doute, & que je ne sçaurois dépeindre.

Il nous avoit fallu courir plusieurs bords, avant que de pouvoir entrer dans le golfe dont la pointe septentrionale se nomme *pointe de Liffatetto*, & celle du Sud-Est, *pointe Rouba*. Ce ne fut qu'à dix heures que nous pûmes mettre le cap sur le bourg. Plusieurs bateaux naviguoient dans la baie; je fis arborer pavillon Hollandois & tirer un coup de canon, aucun ne vint à bord; j'envoyai alors mon canot sonder en avant du navire. Je craignois un banc qui se trouve à la côte du Sud-Est du golfe. A midi & demi une pirogue, conduite par des Indiens, s'approcha du vaisseau; le chef nous demanda en Hollandois qui nous étions, & refusa toûjours de monter à bord. Cependant nous avancions à pleines voiles, suivant les signaux du canot qui sondoit. Bientôt nous vîmes le banc dont nous avions redouté l'approche. La mer étoit basse & le danger paroissoit à découvert. C'est une chaîne de roches mêlées de corail, laquelle part de la côte du Sud-Est du golfe, à une lieue environ en-dedans de la *pointe Rouba*, & s'étend du Sud-Est au Nord-Ouest, l'espace d'une demi-lieue. A quatre longueurs de canot de son extrémité on est sur cinq ou six brasses d'eau, mauvais fond de corail, & on passe tout de suite à 17 brasses, fond de sable & vaze. Notre route fut à peu-près le Sud-Ouest trois lieues depuis 10ʰ jusqu'à 1ʰ 30′ que nous mouillâmes vis-à-vis la loge auprès de plusieurs petits bâtimens Hollandois, à moins d'un

Bâture du golfe de Cajeli.

quart de lieue de terre. Nous étions par 27 brasses d'eau fond de sable & vaze, & nous fîmes les relevemens suivans.

La pointe *Liſſatetto* au Nord-4ᵈ-Eſt, deux lieues.

La pointe *Rouba* au Nord-Eſt-2ᵈ-Eſt, une demi-lieue.

Une preſqu'île à Oueſt-quart-Nord-Oueſt-1ᵈ-Oueſt, trois quarts de lieue.

La pointe d'une bâture qui s'allonge plus d'une demi-lieue au large de la preſqu'île, au Nord-Oueſt-quart-Oueſt.

Le pavillon de la loge Hollandoiſe, au Sud-quart-Sud-Oueſt-5ᵈ-Oueſt.

L'Etoile mouilla près de nous, plus dans l'Oueſt-Nord-Oueſt.

A peine avions-nous jetté l'ancre, que deux ſoldats Hollandois ſans armes, dont l'un parloit François, vinrent à bord me demander de la part du Réſident du comptoir quels motifs nous attiroient dans ce port, lorſque nous ne devions pas ignorer que l'entrée n'en étoit permiſe qu'aux ſeuls vaiſſeaux de la Compagnie Hollandoiſe. Je renvoyai avec eux un Officier pour déclarer au Réſident que la néceſſité de prendre des vivres nous forçoit à entrer dans le premier port que nous avions rencontré, ſans nous permettre d'avoir égard aux traités qui interdiſoient aux navires étrangers la relâche dans les ports des Moluques, & que nous ſortirions auſſitôt qu'il nous auroit fourni les ſecours dont nous avions le plus urgent beſoin. Les deux ſoldats revinrent peu de tems après pour me communiquer un ordre ſigné du Gouverneur d'Amboine, duquel le Réſident de Bocro dépend directement, par lequel il eſt expreſſément défendu à celui-ci de recevoir dans ſon port aucun vaiſſeau étranger. Le Réſident me prioit en même tems de lui

Relâche à Boero.

Embarras du Réſident.

donner par écrit une déclaration des motifs de ma relâche, afin qu'elle pût justifier auprès de son supérieur auquel il l'enverroit, la conduite qu'il étoit obligé de tenir en nous recevant ici. Sa demande étoit juste, & j'y satisfis en lui donnant une déposition signée, dans laquelle je déclarois qu'étant parti des îles Malouines & voulant aller dans l'Inde en passant par la mer du Sud, la mousson contraire & le défaut de vivres nous avoient empêché de gagner les îles Philippines & forcé de venir chercher au premier port des Moluques des secours indispensables, secours que je le sommois de me donner en vertu du titre le plus respectable, de l'humanité.

Bonne réception qu'il nous fait.

Dès ce moment il n'y eut plus de difficulté ; le Résident, en regle vis-à-vis de sa Compagnie, fit contre fortune bon cœur, & il nous offrit ce qu'il avoit d'un air aussi libre que s'il eût été le maître chez lui. Vers les cinq heures je descendis à terre avec plusieurs Officiers pour lui faire une visite. Malgré le trouble que devoit lui causer notre arrivée, il nous reçut à merveille. Il nous offrit même à souper, & certes nous l'acceptâmes. Le spectacle du plaisir & de l'avidité avec lequel nous le dévorions, lui prouva mieux que nos paroles que ce n'étoit pas sans raison que nous criions à la faim. Tous les Hollandois en étoient en extase, ils n'osoient manger dans la crainte de nous faire tort. Il faut avoir été marin & réduit aux extrémités que nous éprouvions depuis plusieurs mois, pour se faire une idée de la sensation que produit la vue de salades & d'un bon souper sur des gens en pareil état. Ce souper fut pour moi un des plus délicieux instans de mes jours, d'autant que j'avois envoyé à bord des vaisseaux de quoi y faire souper tout le monde aussi bien que nous.

Il fut réglé que nous aurions journellement du cerf pour entretenir nos équipages à la viande fraîche pendant le féjour, qu'on nous donneroit en partant dix-huit bœufs, quelques moutons & à-peu-près autant de volailles que nous en demanderions. Il fallut fuppléer au pain par du riz ; c'eſt la nourriture des Hollandois. Les infulaires vivent de pain de fagu qu'ils tirent du cœur d'un palmier auquel ils donnent ce nom ; ce pain reſſemble à la caſſave. Nous ne pûmes avoir cette abondance de légumes qui nous eût été ſi falutaire, les gens du pays n'en cultivent point. Le Réfident voulut bien en fournir pour les malades, du jardin de la Compagnie.

Au reſte, tout ici appartient à la compagnie directement ou indirectement, gros & menu bétail, grains & denrées de toute eſpece. Elle ſeule vend & achete. Les Maures à la vérité nous ont vendu des volailles, des chevres, du poiſſon, des œufs, & quelques fruits; mais l'argent de cette vente ne leur reſtera pas long-tems. Les Hollandois ſçauront bien le retirer pour des hardes fort ſimples, mais qui n'en ſont pas moins cheres. La chaſſe même du cerf n'eſt pas libre, le réfident ſeul en a le droit. Il donne à ſes chaſſeurs trois coups de poudre & de plomb, pour leſquels ils doivent apporter deux animaux qu'on leur paye alors ſix ſols piece. S'ils n'en rapportent qu'un, on retient, ſur ce qui leur eſt dû, le prix d'un coup de poudre & de plomb. *Police de la Compagnie.*

Dès le 3 au matin, nous établîmes nos malades à terre pour y coucher pendant notre féjour. Nous envoyions auſſi journellement la plus grande partie des équipages ſe promener & ſe divertir. Je fis faire l'eau des navires & les divers tranſports par des eſclaves de la compagnie que le

Résident nous loua à la journée. L'Etoile profita de ce tems pour garnir les chouquets de ses mâts majeurs, lesquels avoient un jeu dangereux. Nous avions affourché en arrivant ; mais sur ce que les Hollandois nous dirent de la bonté du fond & de la régularité des brises de terre & du large, nous relevâmes notre ancre d'affourche. Effectivement nous y vîmes les bâtimens Hollandois sur une seule ancre.

Nous eûmes pendant notre relâche ici le plus beau tems du monde. Le thermometre y montoit ordinairement à 23^d dans la plus grande chaleur du jour ; la brise du Nord-Est au Sud-Est le jour, changeoit sur le soir ; elle venoit alors de terre, & les nuits étoient fort fraîches. Nous eûmes occasion de connoître l'intérieur de l'île ; on nous permit d'y faire plusieurs chasses de cerfs, par battues, auxquelles nous prîmes un grand plaisir. Le pays est charmant, entre-coupé de bosquets, de plaines, & de côteaux dont les vallons sont arrosés par de jolies rivieres. Les Hollandois y ont apporté les premiers cerfs qui s'y sont prodigieusement multipliés ; & dont la chair est excellente. Il y a aussi un grand nombre de sangliers ; & quelques especes de gibier à plumes.

Détails sur l'île Boero. On donne à l'île de Boëro ou Burro environ dix-huit lieues de l'Est à l'Ouest ; & treize du Nord au Sud. Elle étoit autrefois soumise au Roi de Ternate ; lequel en tiroit tribut. Le lieu principal est *Cajeli*, situé au fond du golfe de ce nom, dans une plaine marécageuse, qui s'étend près de quatre milles entre les rivieres *Soweill* & *Abbo*. Cette derniere est la plus grande de l'île, & toutefois ses eaux sont fort troubles. Le débarquement est ici fort incommode, sur-tout de basse mer, pendant laquelle il faut que les bateaux s'arrêtent fort loin de la plage. La loge Hollandoise, & quatorze habitations d'Indiens, autrefois dispersées en divers endroits de l'île, mais aujourd'hui réunies autour du comptoir, forment le bourg de Cajeli. On y avoit d'abord construit un fort en pierre : un accident le fit sauter en 1689, & depuis ce tems on s'y contente d'une enceinte de foibles palissades, garnie de six canons de petit calibre, tant bien que mal en batterie ; c'est ce qu'on appelle *le fort de la Défense*, & j'ai pris ce nom pour un sobriquet. La garnison, aux ordres du Résident, est composée d'un Sergent & 25 hommes : sur toute l'île il n'y a pas cinquante blancs. Quelques-autres negreries y sont répandues, où l'on cultive du riz. Dans le tems où nous y étions, les forces des Hollandois y étoient augmentées par trois navires, dont le plus grand étoit *le Draak*, sénault de quatorze canons, commandé par un Saxon nommé *Kop-le-Clerc*. Son équipage est de cinquante Européens, & sa destination de croiser dans les Moluques, sur-tout contre les Papous & les Ceramois.

Les naturels du pays se divisent en deux classes, *les Maures* & *les Alfouriens*. Les premiers sont réunis sous la loge & soumis entierement aux Hollandois qui leur inspirent une grande crainte des nations étrangeres. Ils sont observateurs zélés de la loi de Mahomet, c'est-à-dire qu'ils se lavent souvent, ne mangent point de porc, & prennent autant de femmes qu'ils en peuvent nourrir. Ajoutez à cela qu'ils en paroissent fort jaloux & les tiennent renfermées. Leur nourriture est le sagu, quelques fruits, & du poisson. Les jours de fêtes ils se régalent avec du riz que la compagnie leur vend. Leurs chefs ou *orencaies* se tiennent auprès du Résident, qui paroît avoir pour eux quelques

_{Sur les naturels du pays.}

égards, & contient le peuple par leur moyen. La compagnie a fçu femer parmi ces chefs des habitans un levain de jaloufie réciproque qui affure l'efclavage général, & la politique qu'elle obferve ici vis-à-vis des naturels, eft la même dans tous fes autres comptoirs. Si un chef forme quelque complot, un autre le découvre & en avertit auffi-tôt les Hollandois.

Ces Maures au refte font vilains, pareffeux & peu guerriers. Ils ont une extrême frayeur des Papous qui viennent quelquefois au nombre de deux ou trois cents brûler les habitations, enlever ce qu'ils peuvent & fur-tout des efclaves. La mémoire de leur derniere vifite faite il y avoit trois ans, étoit encore récente. Les Hollandois ne font point faire le fervice d'efclaves aux naturels de Boëro. La Compagnie tire ceux dont elle fe fert, ou de Celebes ou de Ceram, les habitans de ces deux îles fe vendant réciproquement.

Peuple fage. Les *Alfouriens* font libres fans être ennemis de la Compagnie. Satisfaits d'être indépendans, ils ne veulent point de ces babioles que les Européens donnent ou vendent en échange de la liberté. Ils habitent épars çà & là les montagnes inacceffibles dont eft rempli l'intérieur de l'île. Ils y vivent de fagu, de fruits & de la chaffe. On ignore quelle eft leur religion ; feulement on dit qu'ils ne font point Mahometans : car ils élevent & mangent des cochons. De tems-en-tems, les chefs des Alfouriens viennent vifiter le Réfident ; ils feroient auffi-bien de refter chez eux.

Productions de Boero. Je ne fçais s'il y a eu autrefois des épiceries fur cette île ; en tout cas, il eft certain qu'il n'y en a plus aujourd'hui. La compagnie ne tire de ce pofte que des bois d'ébene d'ébene noirs & blancs, & quelques autres efpeces de bois, très-recherchées pour la menuiferie. Il y a auffi une belle poivriere dont la vue nous a confirmé que le poivrier eft commun à la nouvelle Bretagne. Les fruits y font rares; des cocos, des bananes, des pamplemouffes, quelques limons & citrons, des oranges ameres, & fort peu d'ananas. Il y croît une fort bonne efpece d'orge nommée *ottong* & le *fago borneo*, dont on fait une bouillie qui nous a paru déteftable. Les bois font habités par un grand nombre d'oifeaux d'efpeces très-variées, & dont le plumage eft charmant, entre autres des perroquets de la plus grande beauté. On y trouve cette efpece de chat fauvage qui porte fes petits dans une poche placée au bas de fon ventre, cette chauve-fouris dont les aîles ont une énorme envergure, des ferpens monftrueux qui peuvent avaler un mouton, & cet autre ferpent, plus dangereux cent fois, qui fe tient fur les arbres & fe darde dans les yeux des paffans qui regardent en l'air. On ne connoît point de remedes contre la piquûre de ce dernier : nous en tuâmes deux, dans une chaffe de cerf. La riviere de *Abbo*, dont les bords font prefque par-tout couverts d'arbres touffus, eft infeftée de crocodiles énormes, qui dévorent bêtes & gens. C'eft la nuit qu'ils fortent, & il y a des exemples d'hommes enlevés par eux dans les pirogues. On les empêche d'approcher, en portant des torches allumées. Le rivage de Boero fournit peu de belles coquilles. Ces coquilles précieufes, objet de commerce pour les Hollandois, fe trouvent fur la côte de Ceram, à Amblaw & à Banda, d'où on les envoye à Batavia. C'eft auffi à Amblaw que fe trouve le catakoi de la plus belle efpece.

 Henri Ouman, Réfident de Boéro, y vit en fouverain. Bons procé-

dés du Résident à notre égard.

Il a cent esclaves pour le service de sa maison, & il possede en abondance le nécessaire & l'agréable. Il est sous-marchand, & ce grade est le troisieme au service de la compagnie. C'est un homme né à Batavia, lequel a épousé une créole d'Amboine. Je ne sçaurois trop me louer de ses bons procédés à notre égard. Ce fut sans doute pour lui un moment de crise que celui où nous entrâmes ici ; mais il se conduisit en homme d'esprit. Après s'être mis en regle vis-à-vis de ses chefs, il fit de bonne grace ce dont il ne pouvoit se dispenser, & il y joignit les façons d'un homme franc & généreux. Sa maison étoit la nôtre ; à toute heure on y trouvoit à boire & à manger, & ce genre de politesse en vaut bien un autre, pour qui sur-tout se ressentoit encore de la famine. Il nous donna deux repas de cérémonie, dont la propreté, l'élégance & la bonne chere nous surprirent dans un endroit si peu considérable. La maison de cet honnête Hollandois est jolie, élégamment meublée & entierement à la Chinoise. Tout y est disposé pour y procurer du frais, elle est entourée de jardins & traversée par une riviere. Du bord de la mer on y arrive par une avenue de grands arbres. Sa femme & ses filles, habillées à la Chinoise, font très-bien les honneurs du logis. Elles passent le tems à apprêter des fleurs pour des distillations, à nouer des bouquets & préparer du bétel. L'air qu'on respire dans cette maison agréable est délicieusement parfumé, & nous y eussions tous fait bien volontiers un long séjour. Quel contraste de cette existence douce & tranquille, avec la vie dénaturée que nous menions depuis dix mois !

Conduite d'Aotourou à Boero.

Je dois dire un mot de l'impression qu'a faite sur Aotourou la vue de cet établissement Européen. On conçoit que fa furprife a dû être grande à l'aspect d'hommes vêtus comme nous, de maifons, de jardins, d'animaux domeftiques en grand nombre & fi variés. Il ne pouvoit fe laffer de regarder tous ces objets nouveaux pour lui. Surtout il prifoit beaucoup cette hofpitalité exercée d'un air franc & de connoiffance. Comme il ne voyoit pas faire d'échange, il ne penfoit pas que nous payaffions, il croyoit qu'on nous donnoit. Au refte il fe conduifit avec efprit vis-à-vis des Hollandois. Il commença par leur faire entendre qu'il étoit chef dans fon pays & qu'il voyageoit pour fon plaifir avec fes amis. Dans les vifites, à table, à la promenade il s'étudioit à nous copier exactement. Comme je ne l'avois pas mené à la premiere vifite que nous fîmes, il s'imagina que c'étoit parceque fes genoux font cagneux, & il vouloit abfolument faire monter deffus des matelots pour les redreffer. Il nous demandoit fouvent fi Paris étoit auffi beau que ce comptoir.

Cependant nous avions embarqué, le 6 après midi, le riz, les beftiaux & tous les autres rafraîchiffemens. Le mémoire du bon Réfident étoit fort cher; mais on nous affura que les prix étoient réglés par la Compagnie, & qu'on ne pouvoit s'écarter de fon tarif. Du refte les vivres y étoient d'une excellente qualité; le bœuf & le mouton ne font pas à beaucoup près auffi bons dans aucun pays chaud de ma connoiffance, & les volailles y font de la plus grande délicateffe. Le beurre de Boero a dans ce pays une réputation que les Bretons ne trouverent pas légitimement acquife. Le 7 au matin je fis embarquer les malades, & on difpofa tout pour appareiller le foir avec la brife de terre. Les vivres frais & l'air fain de Boero avoient procuré à nos fcorbutiques un amendement fenfi-

Bonne qualité des vivres qu'on y trouve.

ble. Ce séjour à terre, quoiqu'il n'eût été que de six jours, les mettoit dans le cas de se guérir à bord, ou du-moins de ne pas empirer avec l'usage des rafraîchissemens que nous étions désormais en état de leur donner.

Observations sur les moussons & les courans.

Il eût sans doute été à souhaiter pour eux & même pour les gens sains de prolonger la relâche ici ; mais la fin de la mousson de l'Est nous pressoit de partir pour Batavia. Si une fois elle changeoit, il nous devenoit impossible de nous y rendre, parce qu'alors, outre le vent contraire à combattre, les courans suivent encore la loi de la mousson régnante. Il est vrai qu'ils conservent près d'un mois le cours de celle qui a précédé ; mais le changement de mousson, qui arrive ordinairement en Octobre, peut primer comme il peut retarder d'un mois. Septembre est peu venteux, Octobre & Novembre le sont encore moins. C'est la saison des calmes & celle que choisit le Gouverneur d'Amboine pour faire sa tournée dans les îles dépendantes de son Gouvernement. Juin, Juillet & Août sont très-pluvieux. La mousson de l'Est, au Nord de Ceram & de Boero, souffle ordinairement du Sud-Sud-Est au Sud-Sud-Ouest ; dans les îles d'Amboine & de Banda elle est de l'Est au Sud-Est. Celle de l'Ouest souffle de l'Ouest-Sud-Ouest au Nord-Ouest. Le mois d'Avril est le terme où finissent communément les vents d'Ouest, c'est la mousson orageuse, comme celle de l'Est est la mousson pluvieuse. Le Capitaine Clerk nous dit qu'il avoit en vain croisé devant Amboine pour y entrer pendant tout le mois de Juillet ; il y avoit essuyé des pluies continuelles qui avoient mis tout son équipage sur les cadres. C'est dans ce même tems que nous étions si bien arrosés au port Praslin.

Remarque sur les trem-

Il y avoit eu cette année à Boero trois tremblemens de

terre presque consécutifs, le 7 Juin, le 12 & le 27 Juillet. C'est le 22 de ce même mois que nous en avions ressenti un à la nouvelle Bretagne. Ces tremblemens de terre ont, dans cette partie du monde, de terribles conséquences pour la navigation. Quelquefois ils anéantissent des îles & des bancs de sable connus ; quelquefois aussi ils en créent où il n'y en avoit pas, & il n'y a rien à gagner à ce marché. Il seroit bien moins dangereux aux navigateurs que les choses restassent comme elles sont.

blemens de terre.

Le 7 après midi, tout étoit à bord, & nous n'attendions que la brise de terre, pour mettre à la voile. Elle ne fut sensible qu'à huit heures du soir. J'envoyai aussi-tôt un canot, avec un feu, se mouiller sur la pointe du banc qui est à la côte du Sud-Est, & nous travaillâmes à appareiller. On ne nous avoit pas trompé, en nous assurant que la tenue étoit forte dans ce mouillage. Nous fûmes très-long-tems à faire avec le cabestan des efforts inutiles ; le tourne-vire même cassa, & nous ne parvînmes qu'à l'aide de poulies de franc funin, à retirer notre ancre de la vaze colante où elle étoit enfoncée. Nous ne fûmes sous voiles qu'à onze heures. La pointe du banc une fois doublée, nous embarquâmes nos bateaux & l'Etoile les siens, & nous gouvernâmes successivement au Nord-Est, au Nord-Est-quart-Nord & Nord-Nord-Est, pour sortir du golfe de Cajeli.

Sortie de Boero.

Pendant notre séjour ici M. Verron avoit fait à bord plusieurs observations de distance, dont le résultat moyen lui servit à déterminer la longitude de ce golfe, & le place 2ᵈ 53′ plus à l'Ouest que nos estimes suivies depuis la longitude observée à la nouvelle Bretagne. Au reste, quoique nous ayons trouvé établie, comme de raison, aux

Observations astronomiques.

Moluques, la vraie date d'Europe, sur laquelle nous perdions un jour, en suivant autour du monde le cours du soleil, je continuerai à marquer la date de nos journaux, en prévenant qu'au-lieu du mercredi 7, on comptoit dans l'Inde le jeudi 8. Je ne corrigerai ma date qu'à l'île de France.

CHAPITRE VII.

Route depuis Boëro jusqu'à Batavia.

QUOIQUE je fusse convaincu que les Hollandois représentent la navigation dans les Moluques, comme beaucoup plus dangereuse encore qu'elle ne l'est effectivement, je n'ignorois cependant pas qu'elle ne fût semée d'écueils & de difficultés. La plus grande étoit pour nous de n'avoir aucune carte fidelle de ces parages, les cartes Françoises de cette partie de l'Inde étant plus propres à faire perdre les navires qu'à les guider. Je n'avois pu tirer des Hollandois de Boëro que des connoissances vagues & des lumieres fort imparfaites. Lorsque nous y arrivâmes, le Draak devoit en partir sous peu de jours, pour conduire un Ingénieur à Macassar, & j'avois bien compté le suivre jusqueslà. Mais le Résident donna ordre au Commandant de ce sénaut de rester à Cajeli jusqu'à ce que nous fussions sortis. Ainsi nous appareillâmes seuls, & je dirigeai ma route pour passer au Nord de Boëro & aller chercher le détroit de Button, que les Hollandois nomment *Button's strat*.

Nous rangeâmes la côte de Boëro environ à une lieue & demie de distance, & les courans ne nous firent éprouver aucune différence sensible jusqu'à midi. Nous avions apperçu le 8 au matin les îles de Kilang & de Manipa. Depuis la terre basse que l'on trouve à la sortie du golfe de Cajeli, la côte est fort élevée & court sur l'Ouest-Nord-Ouest & Ouest-quart-Nord-Ouest. Le 9 nous eûmes connoissance dans la matinée de l'île de *Xullabessie*. Elle est peu considérable, & les Hollandois y ont un comptoir dans une

1768. Septembre.
Difficultés de la navigation dans les Moluques.

Route que nous faisons.

redoute nommée *Claverblad* ou *le Trefle*. La garnison est d'un Sergent & vingt-cinq hommes aux ordres du sieur Arnoldus Holtman, qui n'est que teneur de livres. Cette île dépendoit autrefois du gouvernement d'Amboine, elle releve aujourd'hui de celui de Ternate. Tant que nous courûmes le long de Boero nous eûmes peu de vent, & les brises réglées à-peu-près comme dans la baie ; les courans dans ces deux jours nous porterent dans l'Ouest près de 8 lieues. Nous évaluâmes avec assez de précision cette différence par les fréquens relevemens que nous faisions. La derniere journée ils nous porterent aussi un peu dans le Sud, ce que vérifia la hauteur méridienne observée le 10.

Nous avions vû les dernieres terres de Boero le 9 au coucher du soleil. Nous trouvâmes au large des vents assez frais du Sud au Sud-Sud-Est, & nous passâmes dans des raz de marée sensibles. Je fis gouverner au Sud-Ouest quand les vents le permirent, afin de terrir entre *Wawoni* & *Button*, voulant passer par le détroit de ce nom. On prétend que dans cette saison il est dangereux de passer dans l'Est de Button, que l'on y court risque d'être affalés sur la côte par les courans & le vent, & qu'alors il faut pour s'en relever, attendre que la mousson du Ouest soit bien établie. Voilà ce que m'a dit un marin Hollandois, & je n'en suis pas garant. Ce que je puis attester avec connoissance de cause, c'est que le passage du détroit est infiniment préférable à l'autre route, soit au Nord, soit au Sud de l'écueil nommé *Toukanbessie* : cette derniere route étant semée de dangers tant visibles que cachés, redoutables même aux pratiques.

Avis nautique.

Le 10 au matin, le nommé Julien Launai, Tailleur, mourut à bord du scorbut. Il commençoit à entrer en convalescence

Pl. 18

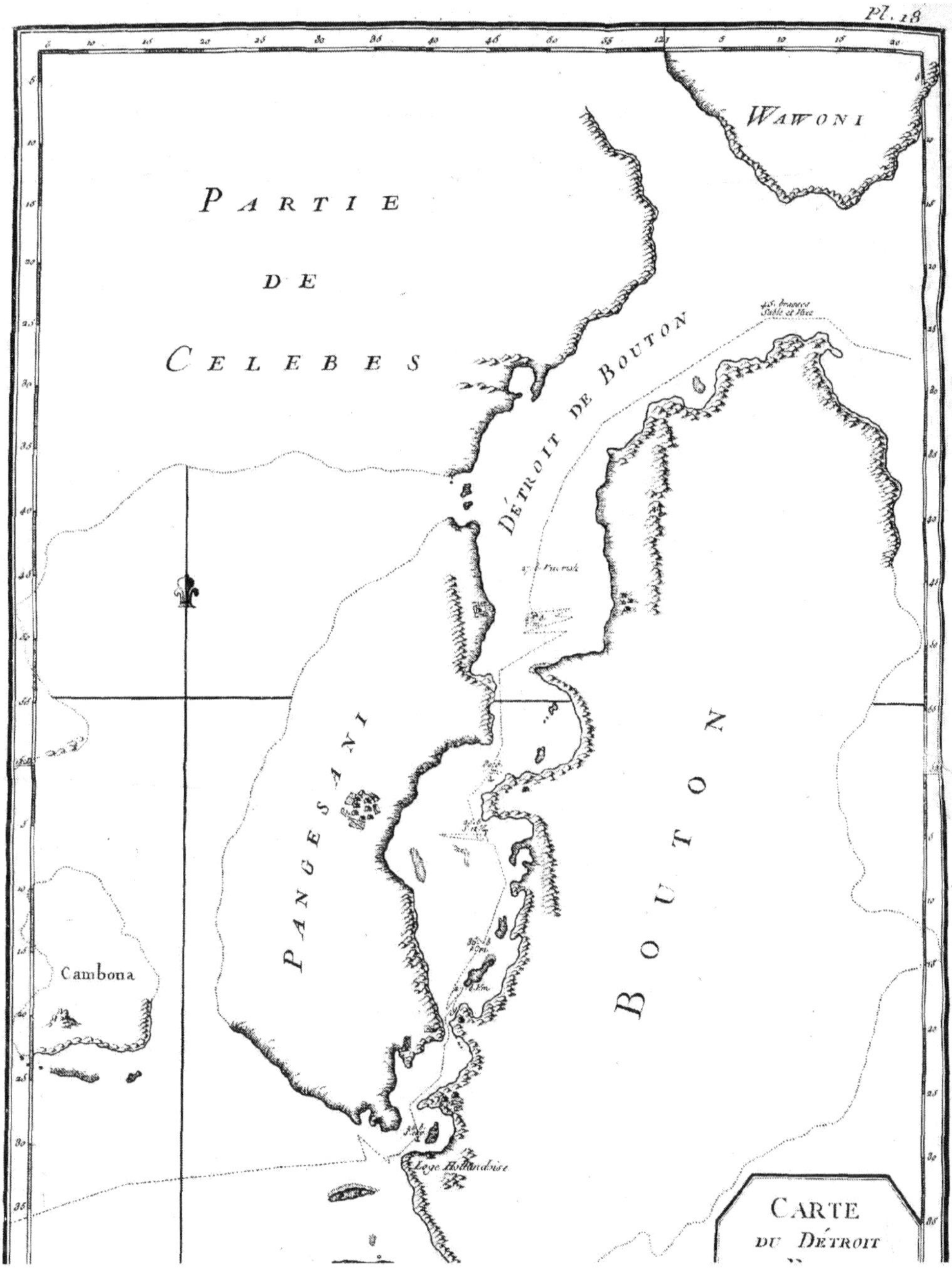
PARTIE
DE
CELEBES
WAWONI
DÉTROIT DE BOUTON
PANGESANI
BOUTON
Cambona
Loge Hollandoise
CARTE
DU DÉTROIT

valefcence, deux débauches d'eau-de-vie l'ont tué.

Le 11 à huit heures du matin, on vit la terre depuis l'Oueſt-quart-Sud-Oueſt juſqu'au Sud-Oueſt-quart-Sud-5ᵈ-Oueſt. A neuf heures nous reconnûmes que c'étoit l'île de Wawoni, île haute, ſur-tout dans ſon milieu; à onze heures, on découvrit la partie ſeptentrionale de Button. A midi, nous obſervâmes 4ᵈ 6′ de latitude auſtrale. La pointe ſeptentrionale de Wawoni nous reſtoit alors à Oueſt-5ᵈ-Nord, ſa pointe méridionale au Sud-Oueſt-quart-Oueſt-4ᵈ-Oueſt, huit à neuf lieues, & la pointe du Nord-Eſt de Button au Sud-Oueſt-quart-Oueſt-4ᵈ-Sud, environ à neuf lieues. L'après midi, nous courûmes juſqu'à deux lieues de Wawoni, enſuite nous revirâmes au large & nous louvoyâmes toute la nuit pour nous mettre au vent de l'entrée du détroit de Button, & être à même d'y donner à la pointe du jour. En effet, elle nous reſtoit le 12 à ſix heures du matin, entre le Nord-Oueſt-quart-Oueſt & l'Oueſt-Nord-Oueſt, & je fis porter ſur la pointe ſeptentrionale de Button. En même tems, je fis mettre les canots dehors, & je les gardai à la remorque. A neuf heures nous embouquâmes le détroit avec une jolie briſe qui dura juſqu'à dix heures & demie, & reprit un peu avant midi.

Vue du détroit de Button.

Il convient, en entrant dans ce détroit, de ranger la terre de Button, dont la pointe ſeptentrionale eſt d'une moyenne hauteur & hachée en pluſieurs mondrains. Le cap, qui fait l'entrée de bas-bord, eſt taillé en falaiſe. Il a en-avant de lui quelques pierres blanches aſſez élevées au-deſſus de l'eau, & dans l'Eſt, une jolie baie dans laquelle nous vîmes une petite embarcation à la voile. La pointe correſpondante de *Wawoni* eſt baſſe, aſſez unie,

Deſcription de l'entrée.

& elle se prolonge dans l'Oueſt. La terre de *Celebes* ſe préſente alors devant vous; on voit un paſſage ouvert dans le Nord entre cette grande île & Wawoni, paſſage faux; celui du Sud, qui eſt le vrai, paroît preſque fermé; on y apperçoit dans l'éloignement une terre baſſe hachée en eſpeces d'îlots. A meſure qu'on entre, on découvre ſur la côte de Button de gros caps ronds & de jolies ances. Au large d'un de ces caps ſont deux roches, qu'il eſt impoſſible de ne pas prendre de loin pour deux navires à la voile, l'un aſſez grand, l'autre plus petit. Environ à une lieue dans l'Eſt d'elles, & à un quart de lieue de la côte, la ſonde nous donna 45 braſſes fond de ſable & de vaze. Le détroit depuis l'entrée gît ſucceſſivement du Sud-Oueſt au Sud.

A midi nous obſervâmes 4ᵈ 29′ de latitude auſtrale, nous avions alors un peu dépaſſé les deux roches. Elles ſont au large d'un îlot, derriere lequel il paroît un joli enfoncement. Nous y vîmes une embarcation faite en forme de coffre quarré, avec une pirogue à la remorque. Elle cheminoit à la voile & à la rame, en côtoyant la terre. Un matelot François, repris à Boero, qui depuis quatre ans naviguoit avec les Hollandois dans les Moluques, nous dit que c'étoit un bateau d'Indiens forbans qui cherchent à faire des priſonniers pour les vendre. Notre rencontre parut les gêner. Ils amenerent leur voile & ſe hâlerent à la perche tout-à-fait terre-à-terre, derriere l'îlot.

Aſpect du pays.

Nous continuâmes notre route dans le détroit, les vents rondiſſant comme le canal, & nous ayant permis de venir par degrés du Sud-Oueſt au Sud. Nous crûmes vers deux heures après midi que la marée commençoit à nous être contraire; la mer alors baignoit le pied des arbres ſur la côte, ce qui prouveroit que le flot vient ici du Nord, au-moins dans cette faifon. A deux heures & demie, nous paffâmes devant un fuperbe port qui eft à la côte de Celebes. Cette terre offre un coup-d'œil charmant par la variété des terrains bas, des côteaux & des montagnes. La verdure y embellit le payfage, & tout annonce une contrée riche. Bientôt après l'île de *Pangafani* & les îlots qui en font au Nord, fe détacherent, & nous diftinguâmes les divers canaux qu'ils préfentent. Les hautes montagnes de Célebes paroiffoient au-deffus & dans le Nord de ces terres. C'eft par cette longue île de Pangafani & par celle de Button qu'eft enfuite formé le détroit. A cinq heures & demie nous étions enclavés de maniere qu'on n'apperce-voit ni entrée ni fortie ; & la fonde nous donna 27 braffes d'eau & un excellent fond de vaze.

La brife, qui vint alors de l'Eft-Sud-Eft, nous força de tenir le plus près pour ne pas nous écarter de la côte de Button. A fix heures & demie, les vents refufant de plus en plus & la marée contraire étant affez forte, nous mouillâmes une ancre à jet à-peu-près à mi-canal, par la même fonde que nous avions déjà eue, 27 braffes vaze molle ; ce qui dénote un fond égal dans toute cette partie. La largeur du détroit, depuis l'entrée jufqu'à ce premier mouillage, varie de fept, huit, neuf jufqu'à dix milles. La nuit fut très-belle. Nous penfâmes qu'il y avoit des habitations fur cette partie de Button, parce que nous y vîmes plufieurs feux. Pangafani nous parut beaucoup plus peuplé, à en juger par la grande quantité de feux qui brilloient de toutes parts. Cette île eft ici baffe, unie, couverte de beaux arbres, & je ne ferois pas furpris qu'elle contînt des épiceries.

Premier mouillage.

S s ij

Trafic avec les habitans.

Le 13 au matin il vint autour des navires un grand nombre de pirogues à balancier. Les Indiens nous apporterent des poules, des œufs, des bananes, des perruches & des catakois. Ils demandoient de l'argent de Hollande, sur-tout des pieces argentées qui valent deux sols & demi. Ils prenoient aussi volontiers des couteaux à manches rouges. Ces insulaires venoient d'une peuplade considérable, située sur les hauteurs de Button vis-à-vis notre mouillage, laquelle occupe cinq ou six croupes de montagnes. Le terrein y est par-tout défriché, séparé par des fossés & bien planté. Les habitations y sont les unes ramassées en villages, les autres au milieu d'un champ entouré de haies. Ils cultivent le riz, le maïs, des patates, des ignames & d'autres racines. Nulle part nous n'avons mangé de bananes d'un goût aussi délicat. Ils ont aussi en grande abondance des cocos, des citrons, des pommes de mangles & des ananas. Tout ce peuple est fort bazané, petit & laid. Leur langue, de même que celle des habitans des Moluques, est le Malais & leur religion, celle de Mahomet. Ils paroissent fins négocians, mais ils sont doux & de bonne foi. Ils nous proposerent à acheter des pieces de coton coloriées & fort grossieres. Je leur montrai de la muscade & du clou, & je leur en demandai. Ils me répondirent qu'ils en avoient de secs dans leurs maisons, & que lorsqu'ils en vouloient, ils alloient en chercher à Ceram & aux environs de Banda, où ce n'est assurément pas les Hollandois qui les en fournissent. Ils me dirent qu'un grand navire de la Compagnie avoit passé dans le détroit il y avoit environ dix jours.

Depuis le lever du soleil, le vent étoit foible & contraire, variant du Sud au Sud-Ouest; j'appareillai à dix heures & demie fur un prime flot, & nous louvoyâmes bord fur bord fans faire beaucoup de chemin. A quatre heures après midi nous donnâmes dans un paffage qui n'a pas plus de quatre milles de large. Il eft formé, du côté de Button, par une pointe baffe qui eft fort faillante, & laiffe à fon Nord un grand enfoncement dans lequel il y a trois îles; du côté de Pangafani, par fept ou huit petits îlots couverts de bois, qui en font au plus à un demi quart de lieue. Dans un de nos bords, nous rangeâmes prefque à portée de piftolet ces îlots, tout près defquels nous filâmes 15 braffes, fans trouver de fond. La fonde nous avoit donné dans le canal 35, 30, 27 braffes fond de vaze. Nous avions paffé en dehors, c'eft-à-dire dans l'Oueft des trois îles dépendantes de la côte de Button. Elles font affez confidérables & peuplées.

La côte de Pangafani eft ici élevée en amphithéâtre avec une terre baffe au pied, que je crois être fouvent noyée. Je le conclus de ce que les infulaires ont leurs habitations fur la croupe des montagnes. Peut-être auffi, comme ils font prefque toujours en guerre avec leurs voifins, veulent-ils laiffer une lifiere de bois entre leurs foyers & les ennemis qui tenteroient des defcentes. Il paroît même qu'ils fe font redouter des habitans de Button, qui traitent ceux-ci de forbans, auxquels on ne peut fe fier. Auffi les uns & les autres portent-ils toujours le cric à leur ceinture. A huit heures du foir le vent ayant manqué tout-à-fait, nous laiffâmes tomber notre ancre à jet par 36 braffes fond de vaze molle; l'Etoile mouilla dans le Nord & plus à terre. Nous venions ainfi de paffer le premier goulet étroit.

Second mouillage.

Le 14, nous appareillâmes à huit heures du matin fous

Troifieme

&quatrieme mouillages

Avis nautiques.

toutes voiles, la brife étant foible, & nous louvoyâmes jufqu'à midi, qu'ayant vû un banc dans le Sud-Sud-Oueft, je fis mouiller par 20 braffes, fable & vaze, & j'envoyai un canot fonder autour du banc. Il vint dans la matinée plufieurs pirogues le long du bord, une entre autres qui portoit à pouppe pavillon Hollandois deferlé. A fon approche, toutes les autres fe retirerent pour lui faire place. C'étoit la voiture d'un orencaie ou chef. La compagnie leur accorde fon pavillon & le droit de le porter. A une heure après midi, nous remîmes à la voile pour tâcher de gagner quelques lieues ; il n'y eut pas moyen, le vent étoit trop foible & trop court ; nous perdîmes environ une demi-lieue, & à trois heures & demie nous remouillâmes par 13 braffes fond de fable, vaze, coquillage & corail.

Cependant M. le Corre que j'avois envoyé dans le canot, pour fonder entre le banc & la terre, revint & me fit le rapport fuivant. Près du banc, il y a 8 & 9 braffes d'eau; à mefure qu'on fe rapproche de la côte de Button, terre haute & efcarpée par le travers d'une fuperbe baie, l'eau va toujours en augmentant, jufqu'à ce qu'on ne trouve plus de fond en filant 80 braffes de ligne, à-peu-près à mi-canal entre le banc & la terre. Par conféquent, fi le calme prenoit dans cette partie, il n'y a de mouillage que près le banc. Le fond au refte, dans fes environs, eft d'une bonne qualité. Plufieurs autres bancs s'étendent entre celui-ci & la côte de Pangafani. On ne fçauroit donc trop recommander de hanter dans tout ce détroit la terre de Button. C'eft le long de cette côte que font les bons mouillages; elle ne cache aucun danger, & d'ailleurs les vents en viennent le plus fréquemment. D'ici, prefque jufqu'au débouquement, elle paroîtroit n'être qu'une chaîne d'îles succeſſives : mais c'eſt qu'elle eſt coupée de pluſieurs baies, qui doivent former de ſuperbes ports.

La nuit fut très-belle & ſans vent. Le 15, à cinq heures du matin, nous appareillâmes avec une foible briſe de l'Eſt-Sud-Eſt, & je fis gouverner pour rallier tout-à-fait la côte de Button. A ſept heures & demie nous avions doublé le banc & la briſe nous manqua. Je mis chaloupe & canot dehors, & je ſignalai à l'Etoile d'en faire autant. La marée étoit favorable, & nos bateaux nous remorquerent juſqu'à trois heures du ſoir. Nous paſſâmes devant deux magnifiques baies, où je penſe bien que l'on trouveroit à mouiller, mais le long & fort près des hautes terres, il n'y a pas de fond. A trois heures & demie le vent ſouffla de l'Eſt-Sud-Eſt bon frais, & nous fîmes route pour aller chercher un mouillage à portée de la paſſe étroite par laquelle on débouque de ce détroit. Nous n'en découvrions encore aucune apparence. Au contraire plus nous avancions, moins nous appercevions d'iſſue. Les terres des deux bords qui ſe croiſent ici, paroiſſent une côte continue & ne laiſſent pas même ſoupçonner aucune ouverture.

A quatre heures & demie nous étions par le travers & dans l'Oueſt d'une baie fort ouverte, & l'on vit un bateau du pays qui paroiſſoit s'y enfoncer vers le Sud. J'envoyai mon canot à ſa ſuite, avec ordre de me l'amener, dans l'intention de me procurer par ce moyen un pilote. Pendant ce tems nos autres bateaux furent employés à ſonder. Un peu au large & preſque par le travers de la pointe ſeptentrionale de la baie, on trouva 25 braſſes d'eau fond de ſable & corail, enſuite nous perdîmes le fond. Je fis mettre à l'autre bord, puis en travers ſous les huniers, pour donner aux bateaux le tems de ſonder. Après

Suite & deſcription du détroit.

avoir dépassé l'ouverture de la baie, on retrouve fond le long de la terre qui tient à sa pointe méridionale. Nos canots signalerent 45, 40, 35, 29 & 28 brasses fond de vaze, & nous manœuvrâmes pour gagner ce mouillage, aidés par les chaloupes. A cinq heures & demie nous y laissâmes tomber une de nos ancres de bossoir par 35 brasses d'eau fond de vaze molle. L'Etoile mouilla dans le Sud de nous.

<small>Cinquieme mouillage.</small>

Comme nous venions de mouiller, mon canot revint avec le bateau Malays. On n'avoit pas eu de peine à le déterminer à suivre, & nous y prîmes un Indien qui demanda quatre ducatons (environ quinze francs) pour nous conduire; ce fut un marché bientôt conclu. Le pilote coucha à bord & sa pirogue fut l'attendre de l'autre côté de la passe. Il nous dit qu'il alloit s'y rendre par le fond d'une baie voisine de celle près de laquelle nous étions, où il n'y avoit qu'un portage fort court pour la pirogue. Au reste nous eussions alors pu facilement nous passer du secours de ce pilote; quelques instans avant que nous mouillassions, le soleil donnant sur l'entrée du goulet dans un jour plus favorable, nous fit découvrir dans le Sud-Sud-Ouest-4ᵈ-Ouest la pointe de bas-bord du débouquement; mais il faut la deviner : elle chevauche un rocher à double étage qui fait la pointe de stribord. Quelques-uns de nos Messieurs profiterent du reste du jour pour aller se promener. Ils ne trouverent point d'habitations à portée de notre mouillage. Ils fouillerent aussi le bois dont cette partie est entierement couverte, sans y trouver aucune production intéressante. Ils rencontrerent seulement près du rivage un petit sac qui contenoit quelques noix-muscades seches.

Le

Le lendemain je fis virer à deux heures & demie du matin; il étoit quatre heures avant que nous fussions sous voiles. A peine ventoit-il; toutefois remorqués par nos bateaux, nous gagnâmes l'embouchure du passage. La mer alors étoit toute basse sur les deux rives; &, comme nous avions éprouvé jusqu'ici que le flot venoit du Nord, nous attendions à chaque instant le courant favorable; mais nous étions loin de compte. Le flot ici vient du Sud du-moins dans cette saison, & j'ignore où sont les limites des deux puissances. Le vent avoit considérablement renforcé & souffloit à pouppe. Ce fut en vain qu'avec son secours nous luttâmes une heure & demie contre le courant; l'Etoile qu'il fit retrograder la premiere, mouilla presque à l'embouchure de la passe à la côte de Button, dans une espece de coude où la marée fait un retour & n'est pas aussi sensible. A l'aide du vent je bataillai encore près d'une heure sans desavantage ; mais le vent ayant abandonné la partie, j'eus bientôt perdu un grand mille, & je mouillai à une heure après midi par 30 brasses fond de sable & de corail. Je restai tout appareillé & gouvernant pour soulager mon ancre qui n'étoit qu'une ancre à jet très-foible.

Sixieme mouillage.

Toute la journée les pirogues environnerent les navires. Elles alloient & venoient comme à une foire chargées de rafraîchissemens, de curiosités & de pieces de coton. Le commerce se faisoit sans nuire à la manœuvre. A quatre heures après midi, le vent ayant fraîchi & la mer étant presque étale, nous levâmes l'ancre, & avec tous nos bateaux devant la frégate, nous donnâmes dans la passe suivis de l'Etoile remorquée de même par les siens. A cinq heures & demie le plus étroit étoit heureusement passé,

Sortie du détroit de Button; description de la passe.

T t

& à six heures & demie nous mouillâmes en-dehors dans la baie nommée *baie de Button* sous le poste Hollandois.

Reprenons la description de la passe. Quand on vient du Nord, elle ne commence à s'ouvrir que lorsqu'on en est environ à un mille. Le premier objet qui frappe du côté de Button, est une roche détachée & minée par-dessous, laquelle présente exactement l'image d'une galere tentée, dont la moitié de l'éperon seroit emportée ; les arbustes qui la couvrent, produisent l'effet de la tente ; de basse mer, la galere tient à la baie : lorsque la mer est haute, c'est un îlot. La terre de Button, médiocrement élevée dans cette partie, y est couverte de maisons & le rivage enclos de pêcheries. L'autre côté de la passe est coupé à pic. Sa pointe est reconnoissable par deux entailles qui forment deux étages dans le rocher. Lorsqu'on a dépassé la galere, les terres des deux bords sont entierement escarpées, pendantes même en quelques endroits sur le canal. On croiroit que le dieu de la mer, d'un coup de son trident, y ouvrit un passage à ses eaux amoncelées. Les côtes cependant offrent un aspect riant. Celle de Button est cultivée en amphithéâtre & garnie de cases dans tous les endroits qui ne sont point assez rapides pour qu'un homme ne puisse pas y arriver. Celle de Pangasani qui n'est qu'une roche presque vive, est toutefois couverte d'arbres ; mais on n'y voit que deux ou trois habitations.

A un mille & demi ou deux milles au Nord de la passe, plus près de Button que de Pangasani, on trouve 20, 18, 15, 12 & 10 brasses, fond de vaze ; à mesure qu'on fait le Sud, avançant en canal, le fond change, on trouve du sable & du corail par diverses profondeurs, depuis 35 jusqu'à 12 brasses, ensuite on perd le fond.

Le paſſage peut avoir une demi-lieue de longueur ; ſa largeur varie depuis environ cent cinquante juſqu'à quatre cents toiſes, eſtime jugée au coup-d'œil ; le canal va en ſerpentant & du côté de Pangaſani, environ aux deux tiers de ſa longueur, il y a une pêcherie qui avertit de *défendre* ce côté & de hanter celui de Button. En général il faut, autant qu'il eſt poſſible, tenir le milieu du goulet. Il convient auſſi, à moins d'un vent favorable aſſez frais, d'avoir ſes bateaux devant ſoi, pour ſe tenir bien gouvernant dans les ſinuoſités du canal. Au reſte, le courant y eſt aſſez fort pour le faire paſſer d'un tems calme, même d'un foible vent contraire ; il ne l'eſt pas aſſez pour vaincre un vent ennemi qui ſeroit frais, & permettre alors de paſſer en cajolant ſous les huniers. En débouquant de la paſſe, les terres de Button, pluſieurs îles qui en ſont dans le Sud-Oueſt, & les terres de Pangaſani préſentent l'aſpect d'un grand golfe. Le meilleur mouillage y eſt vis-à-vis le comptoir Hollandois à environ un mille de terre.

Avis ſur cette navigation.

Notre pilote Buttonien nous avoit aidé de ſes lumieres, autant qu'un homme qui connoît le local & n'entend rien à la manœuvre de nos vaiſſeaux, le pouvoit faire. Il avoit la plus grande attention à nous avertir des dangers, des bancs, des mouillages. Seulement il vouloit que nous miſſions toujours le cap droit où nous avions affaire, il ne tenoit compte de notre maniere de ſerrer le vent, pour le ménager & s'en aſſurer. Il penſoit auſſi que nous tirions 8 ou 10 braſſes d'eau. Dans la matinée, il nous étoit venu à bord un autre Indien, vieillard fort inſtruit, que nous crûmes le pere du pilote. Ils reſterent avec nous juſqu'au ſoir, & je les renvoyai dans un de mes canots. Leur habitation eſt voiſine du comptoir Hollandois. Ils ne voulurent abſolument goûter à aucuns de nos mets, pas même au pain; quelques bananes & du betel, voilà quelle fut leur nourriture. Ils ne furent pas si religieux sur la boisson. Le pratique & son pere burent largement de l'eau-de-vie, assurés sans doute que Mahomet n'avoit défendu que le vin.

Grande visite des insulaires. Le 17 à cinq heures du matin, nous fûmes sous voiles. Le vent étoit debout, foible d'abord, ensuite assez frais, & nous restâmes *sur les bords*. Dès les premiers rayons du jour, nous vîmes déboucher de toutes parts un essaim de pirogues, les navires en furent bientôt environnés, & le commerce s'établit. Tout le monde s'en trouva bien. Les Indiens tirerent assurément avec nous meilleur parti de leurs denrées qu'ils n'eussent fait avec les Hollandois; mais ils s'en défaisoient toujours à vil prix, & les matelots purent tous se munir de poules, d'œufs & de fruits. On ne voyoit que volaille sur les deux vaisseaux, tout en étoit garni jusqu'aux hunes. Je conseille toutefois à ceux qui reviendroient ici, de faire emplette, s'ils le peuvent, de la monnoie dont les Hollandois se servent dans les Moluques, sur-tout de ces pieces argentées qui valent deux sols & demi. Comme les Indiens ne connoissoient pas les monnoies que nous avions, ils ne donnoient aucune valeur ni aux réaux d'Espagne, ni à nos pieces de douze & de vingt-quatre sols : fort souvent même ils ne vouloient pas les prendre. Ceux-ci débiterent aussi quelques cotonnades plus fines & plus jolies que celles que nous avions encore vues, & une énorme quantité de catakois & de perruches du plus beau plumage.

Vers neuf heures du matin, nous eûmes la visite de cinq *orencaies* de Button. Ils vinrent dans un canot semblable à ceux des Européens, à cette différence près qu'on le voguoit avec des pagayes au lieu d'avirons. Ils portoient à pouppe un grand pavillon Hollandois. Ces orencaies sont bien vêtus. Ils ont des culottes longues, des camisoles avec des boutons de métal & des turbans, tandis que les autres Indiens sont nuds. Ils avoient aussi la marque distinctive que leur donne la compagnie, qui est la canne à pomme d'argent, avec cette marque ⚜. Le plus âgé avoit au-dessus une M de la façon suivante ⚜. Ils venoient, dirent-ils, se ranger à l'obéissance de la compagnie, & quand ils sçurent que nous étions François, ils ne furent point déconcertés, & dirent que très-volontiers ils offroient leurs hommages à la France. Ils accompagnerent leur compliment de bien venu du don d'un chevreuil. Je leur fis au nom Roi un présent d'étoffes de soie, qu'ils partagerent en cinq lots, & je leur appris à connoître le pavillon de la nation. Je leur proposai de la liqueur; c'étoit ce qu'ils attendoient, & Mahomet leur permit d'en boire à la prospérité du Souverain de Button, de la France, de la compagnie de Hollande, & à notre heureux voyage. Ils m'offrirent alors tous les secours qui pouvoient dépendre d'eux, & ajouterent que, depuis trois ans, il avoit passé en divers tems trois vaisseaux Anglois auxquels ils avoient fourni eau, bois, volailles & fruits, qu'ils étoient leurs amis, & qu'ils voyoient bien que nous le serions aussi. Dans ce moment leurs verres étoient pleins, & ils avoient deja plusieurs fois vuidé rasade. Au reste, ils me prévinrent que le Roi de Button résidoit dans ce canton, & je vis bien qu'ils avoient les mœurs de la capitale. Ils l'appellent *Sultan*, nom qu'ils ont sans doute reçu des Arabes en même tems que leur religion. Ce Sultan est despote & puissant, si le nombre des sujets fait la puissance ; car son île est grande & bien peuplée. Les orencaies, après avoir pris congé de nous, firent une visite à bord de l'Etoile. Ils y burent aussi à la santé de leurs nouveaux amis, & il fallut leur prêter une main secourable pour s'embarquer dans leurs pirogues.

Situation des Hollandois à Button.

Je leur avois demandé entre deux rasades si leur île produisoit des épiceries, ils me répondirent que non, & je crois volontiers qu'ils ont dit la vérité, en considérant la foiblesse du poste que les Hollandois entretiennent ici. Ce poste est l'assemblage de sept ou huit huttes de bambous, avec une espece de palissade décorée d'une gaule de pavillon. Là résident pour la compagnie un Sergent & trois hommes. Cette côte au reste présente le plus agréable coup d'œil. Elle est par-tout défrichée & garnie de cases. Les plantations de cocotiers y sont fréquentes. Le terrein s'éleve en pente douce & offre par-tout des enclos cultivés. Le bord de la mer est tout en pêcheries. La côte qui est vis-à-vis Button n'est ni moins riante, ni moins peuplée.

Notre pilote revint aussi nous voir dans la matinée, & il m'apporta quelques cocos, les meilleurs que j'eusse encore rencontrés. Il m'avertit que, lorsque le soleil auroit monté, la brise du Sud-Est seroit très-forte, & je lui fis boire un grand coup d'eau-de-vie pour la bonne nouvelle. Effectivement nous vîmes toutes les pirogues se retirer vers onze heures. Elles ne vouloient pas se compromettre au large aux approches du vent frais, qui ne manqua pas de souffler, comme nous l'avoit annoncé l'Indien. Une brise de Sud-Est fraîche & vigoureuse nous prit, comme nous courions un bord sur une île à l'Ouest de Button; elle nous permit de gouverner à Ouest-Sud-Ouest, & nous fit faire bon chemin, malgré la marée. J'avertirai ici qu'il faut se méfier d'un banc, qui s'étend assez au large de cette île dont je viens de parler. Au reste, en louvoyant pendant la matinée, nous sondâmes plusieurs fois, sans trouver fond, à 50 brasses de ligne.

Avis nautiques.

Nous observâmes à midi 5ᵈ 31′ 30″ de latitude australe, & cette observation, jointe à celle que nous avions faite à l'entrée du détroit, nous servit à en déterminer la longueur avec précision. A trois heures nous apperçûmes l'extrémité méridionale de Pangasani. Nous voyions, dès le matin, les hautes montagnes de l'*île Cambona*, sur laquelle est un pic, dont la tête s'éleve au-dessus des nuages. Vers quatre heures & demie, nous découvrîmes une portion des terres de Celebes. Nous embarquâmes nos bateaux au soleil couchant, & nous mîmes toutes voiles dehors, gouvernant à Ouest-Sud-Ouest, jusqu'à dix heures du soir que nous mîmes le cap à Ouest-quart-Sud-Ouest; & nous courûmes à cette route toute la nuit, bonnettes greiées haut & bas.

Mon intention étoit d'aller ainsi prendre connoissance de l'île *Saleyer*, à trois ou quatre lieues dans le Sud de sa pointe septentrionale, c'est-à-dire par 5ᵈ 55′ à 6ᵈ de latitude, afin de chercher ensuite le détroit de ce nom, qui est entre cette île & celle de Celebes, le long de laquelle on court sans la voir: attendu que sa côte, presque depuis Pangasani, forme un golfe d'une immense profondeur. Au reste il faut de même revenir chercher *le détroit de Saleyer* lorsqu'on passe par le *Toukan bessie*, & on conclura sans doute de ce qui a été détaillé ci-dessus, que la route par *la rue de Button* est, à tous égards, préférable. C'est une des navigations les plus sures & les plus agréables que

Remarques sur cette navigation.

Avantages de la route précédente

l'on puiſſe faire. Elle réunit à la bonté des mouillages & à l'agrément de faire le chemin à ſon aiſe, tous les avantages de la meilleure relâche. L'abondance étoit auſſi grande maintenant ſur nos vaiſſeaux que l'avoit été la diſette. Le ſcorbut diſparoiſſoit à vue d'œil. Il s'y déclaroit à la vérité un grand nombre de cours de ventre, occaſionnés par le changement de nourriture : cette incommodité, dangereuſe dans les pays chauds, où il eſt ordinaire qu'elle ſe convertiſſe en flux de ſang, devient encore plus communément une maladie grave dans le parage des Moluques. A terre, comme à la mer, il eſt mortel d'y dormir à l'air, ſur-tout lorſque le tems eſt ſerein.

Paſſage du détroit de Saleyer.

Le 18 au matin nous ne vîmes point la terre, & je crois que pendant la nuit les courans nous firent perdre environ trois lieues ; nous continuâmes la route du Oueſt-quart-Sud-Oueſt. A neuf heures & demie nous eûmes bonne connoiſſance des hautes terres de *Saleyer* depuis le Oueſt-Sud-Oueſt juſqu'au Oueſt-quart-Nord-Oueſt, & à meſure que nous avançâmes, nous découvrîmes une pointe moins élevée qui ſemble terminer cette île au Nord. Je fis alors gouverner depuis le Oueſt-quart-Nord-Oueſt ſucceſſivement juſqu'au Nord-Oueſt-quart-Nord, afin de bien reconnoître le détroit. Ce paſſage, formé par les terres de Celebes & celles de Saleyer, eſt encore reſſerré par trois îles qui le barrent. Les Hollandois les nomment *Bougerones*, & ce paſſage *le Bout-ſaron*. Ils ont ſur Saleyer un poſte commandé aujourd'hui par Jan Hendrik Voll, teneur de livres.

Deſcription de ce paſſage.

Nous obſervâmes à midi 5^d 55′ de latitude auſtrale. Nous crûmes d'abord voir une premiere île au Nord de la terre moyenne que nous avions priſe pour la pointe de Saleyer ;

Saleyer; mais c'est un terrein assez élevé & terminé luimême par une pointe presque noyée qui tient à Saleyer par une langue de terre extrêmement basse. Ensuite nous découvrîmes à la fois deux îles assez longues & d'une moyenne élevation, distantes entre elles de 4 à 5 lieues, & enfin, entre ces deux-là, nous en apperçûmes une troisieme très petite & très-basse. Le bon passage est auprès de cette petite île, soit au Nord soit au Sud. Je me suis déterminé pour ce dernier qui m'a paru le plus large. Afin de faciliter la narration, nous nommerons la petite île *l'île du Passage*, & les deux autres, l'une *l'île du Sud*, l'autre *l'île du Nord*.

Lorsque nous les eûmes suffisamment reconnues, je mis en travers à l'entrée de la nuit pour attendre l'Etoile. Elle ne se rallia qu'à huit heures du soir, & nous donnâmes dans le passage, en conservant le milieu du canal, dont la largeur peut être de six à sept milles. A neuf heures & demie nous étions Nord & Sud de *l'île du Passage*, & *l'île du Sud* par son milieu, nous restoit entre le Sud & le Sud-quart-Sud-Est. Je fis alors gouverner à Ouest-quart-Sud-Ouest à une heure du matin, puis mettre en travers, bas-bord amure jusqu'à quatre heures du matin. Avant & dans le passage on sonda plusieurs fois à la main sans trouver de fond, avec 20 & 25 brasses de ligne. Nous ralliâmes le 19 au point du jour la côte de Celebes, & nous la rangeâmes à la distance de trois ou quatre milles. Il est en vérité difficile de voir un plus beau pays dans le monde. La perspective offre dans le fond du tableau de hautes montagnes, au pied desquelles regne une plaine immense, cultivée par-tout & par-tout garnie de maisons. Le bord de la mer forme une plantation suivie de cocotiers, &

Description de cette partie de Celebes.

l'œil d'un marin, à peine échappé aux salaisons, voit avec ravissement des troupeaux de bœufs errer dans ces plaines riantes qu'embellissent des bosquets semés de distance en distance. La population dans cette partie paroît être considérable. A midi & demi nous étions par le travers d'une grosse bourgade, dont les habitations, construites au milieu des cocotiers, suivoient pendant une grande étendue la direction de la côte, le long de laquelle on trouve 18 & 20 brasses fond de sable gris, fond qui diminue à mesure qu'on approche de terre.

Cette partie méridionale de Celebes est terminée par trois pointes longues, unies & basses, entre lesquelles il y a deux baies assez profondes. Sur les deux heures nous avions donné chasse à un bateau Malais, dans l'espérance d'y trouver quelqu'un qui nous pût procurer des connoissances pratiques de ces parages. Il avoit aussitôt mis à courir à terre, & lorsque nous le joignîmes à portée de mousquet, il étoit entre la terre & nous, & nous n'étions plus que sur 7 brasses d'eau. Je lui fis tirer trois ou quatre coups de canon, dont il ne tint compte. Il nous prenoit sans doute pour un navire de la Compagnie Hollandoise, & craignoit l'esclavage. Presque tous les gens de cette côte sont pirates, & les Hollandois en font des esclaves, quand ils les prennent. Obligé d'abandonner ce bateau, je mandai le canot de l'Etoile que j'envoyai sonder devant moi.

Difficultés de la navigation dans cette partie.

Nous étions dans ce moment presque par le travers de la troisieme pointe de Celebes, nommée *Tanakeka*, après laquelle la côte court sur le Nord-Nord-Ouest. Presque dans le Nord-Ouest de cette pointe il y a quatre îles, dont la plus considérable, appéllée *Tanakeka*, comme la pointe du Sud-Ouest de Celebes, est basse, unie, & longue d'environ trois lieues. Les trois autres, plus septentrionales que celles-ci, sont très-petites. Il s'agissoit alors de doubler le bas fond dangereux de *brill* où *la lunette*, que je crois être Nord & Sud de Tanakeka, à la distance de quatre ou cinq lieues au plus. Deux passages se présentoient, l'un entre la pointe Tanakeka & les îles, & on prétend que c'est celui-là que suivent les Hollandois, l'autre entre l'île Tanakeka & la lunette. Je préférai ce dernier dont les routes sont moins composées, & que je croyois le plus large.

J'ordonnai au bateau de l'Etoile de diriger sa route, de maniere à passer environ à une lieue & demie de l'île Tanakeka, & je le suivis sous les huniers, l'Etoile se tenant dans mes eaux. Nous cheminâmes sur 8, 9, 10, 11 & 12 brasses d'eau, gouvernant du Ouest-Nord-Ouest au Ouest-quart-Nord-Ouest, puis à Ouest quand nous vînmes à 13, 14, 15 & 16 brasses, & que l'île la plus septentrionale nous resta au Nord-Nord-Est. Je rappellai pour-lors le bateau de l'Etoile, & je fis route au Sud-Ouest-quart-Sud, sondant d'horloge en horloge (1), & trouvant toujours de 15 à 16 brasses fond de gros sable gris & gravier. A dix heures du soir, le fond augmenta, on eut à dix heu- & demie 70 brasses, sable & corail, puis on n'en trouva plus en filant 120 brasses. A minuit, je fis signal à l'Etoile d'embarquer son bateau & de forcer de voiles, & je gouvernai au Sud-Ouest, pour passer à mi-canal entre la lunette & le banc nommé *Saras*, sondant toutes les heures sans trouver de fond. Au reste, lorsque le vent n'est pas favorable & frais pour entreprendre de doubler la lunette,

(1) Chaque horloge à bord est d'une demi-heure.

il convient de mouiller à la côte de Celebes, dans quelqu'une des baies, & d'y attendre un tems fait ; sans cela on court risque d'être entraîné par les courans sur ce dangereux bas-fond, sans pouvoir s'en défendre.

Su`te de la direction de la route.

Au jour on ne vit point de terre ; à dix heures je fis courir à Ouest-Sud-Ouest, & à midi nous observâmes 6ᵈ 10′ de latitude. Estimant alors avoir doublé le banc de Saras, certain au moins par l'observation d'en être au Sud, je dirigeai notre course à Ouest, & après avoir fait cinq à six lieues à cette route, je fis gouverner à Ouest-quart-Nord-Ouest, sondant d'heure en heure sans trouver de fond. Nous nous entretînmes ainsi en canal, entre le *Sestenbanc* & *la Poule* au Nord, *le Pater noster* & *le Tangayang* au Sud, portant toutes voiles dehors jour & nuit, afin de gagner sur l'Étoile le tems de sonder. On m'avoit dit qu'ici les courans portoient sur les îles & banc de Tangayang. Par l'observation de la hauteur méridienne qui fut de 5ᵈ 44′, nous eûmes au contraire au moins neuf minutes de différence Nord. Le meilleur conseil à donner, c'est de s'entretenir ici, à n'avoir pas fond. On sera sûr alors d'être en canal ; si on approchoit trop des îles du Sud, on commenceroit à ne plus trouver que 30 brasses d'eau.

Nous courûmes toute la journée du 21 pour reconnoître les îles *Alambaï*. Les cartes Françoises en marquent trois ensemble, & une plus grande dans le Sud-Est d'elles, à sept lieues de distance. Cette derniere n'existe point où ils la placent, & les îles Alambaï sont toutes les quatre réunies. Je comptois être au soleil couchant par leur latitude, & je fis gouverner à Ouest-quart-Sud-Ouest, jusqu'à ce qu'on eût couru le chemin de la vue. Pendant le jour on s'étoit dispensé de sonder. A huit heures du soir la fonde donna 40 braffes d'eau, fond de fable & vaze. Nous gouvernâmes alors au Sud-Oueft-quart-Oueft & Oueft-Sud-Oueft, jufqu'à fix heures du matin ; puis, comptant avoir dépaffé les îles Alambai, à Oueft-quart-Sud-Oueft jufqu'à midi. La fonde, pendant la nuit, donna conftamment 40 braffes, fond de vaze molle, jufqu'à quatre heures qu'elle n'en donna que 38. A minuit nous vîmes un bateau qui couroit à l'encontre de nous; dès qu'il nous apperçut, il tint le vent, & deux coups de canon ne le firent pas *arriver*. Ces gens-là craignent plus les Hollandois que les coups de canon. Un autre, que nous vîmes le matin, ne fut pas plus curieux de nous accofter. Nous obfervâmes à midi 6ᵈ 8′ de latitude, & cette obfervation nous donna encore une différence Nord de huit minutes avec notre eftime.

Nous étions enfin hors de tous les pas périlleux qui font redouter la navigation des Moluques à Batavia. Les Hollandois prennent les plus grandes précautions pour tenir fecretes les cartes fur lefquelles ils naviguent dans ces parages. Il eft vraifemblable qu'ils en groffiffent les dangers; du-moins, j'en vois peu dans les détroits de Button, de Saleyer & dans le dernier paffage dont nous fortions, trois objets dont à Boero ils nous avoient fait des monftres. Je conviens que cette navigation feroit beaucoup plus difficile de l'Oueft à l'Eft, les points d'atterrage dans l'Eft n'étant pas beaux & pouvant aifément fe manquer, au-lieu que ceux de l'Oueft font beaux & sûrs. Toutefois, dans l'une & l'autre route, l'effentiel eft d'avoir, tous les jours, de bonnes obfervations de latitude. Le défaut de ce fecours, pourroit jetter dans des erreurs funeftes. Nous n'avons pû, ces derniers jours, évaluer fi l'effet des cou-

Remarques générales fur cette navigation.

342 VOYAGE

rans étoit dans l'Eſt ou dans l'Oueſt, n'ayant point eu de points de relevement.

Inexactitude des cartes connues de cette partie.

Je dois avertir ici que toutes les cartes marines Françoiſes de cette partie ſont pernicieuſes. Elles ſont inexactes, non-ſeulement dans les giſſemens des côtes & îles, mais même dans des latitudes eſſentielles. Les détroits de Button & de Saleyer ſont extrêmement fautifs; nos cartes ſuppriment même les trois îles qui rétréciſſent ce dernier paſſage, & celles qui ſont dans le Nord-Nord-Oueſt de l'île Tanakeka. M. d'Aprés, du-moins, avertit qu'il ne garantit point ſa carte des Moluques ni celle des Philippines, n'ayant pû trouver de mémoires ſatisfaiſans ſur cette partie. Pour la ſureté des navigateurs, je ſouhaiterois la même délicateſſe à tous ceux qui compilent des cartes. Celle qui m'a donné le plus de lumieres, eſt la carte d'Aſie de M. Danville, publiée en 1752. Elle eſt très-bonne depuis Ceram, juſqu'aux îles Alambai. Dans toute cette route j'ai vérifié, par mes obſervations, l'exactitude de ſes poſitions & des giſſemens qu'il donne aux parties intéreſſantes de cette navigation difficile. J'ajouterai que la nouvelle Guinée & les îles des Papous approchent plus de la vraiſemblance ſur ſa carte que ſur aucune autre que j'euſſe entre les mains. C'eſt avec plaiſir que je rends cette juſtice au travail de M. Danville. Je l'ai connu particulierement, & il m'a paru auſſi bon citoyen que bon critique & ſçavant éclairé.

Depuis le 22 au matin nous ſuivîmes la route du Oueſt-quart-Sud-Oueſt juſqu'au lendemain 23 à huit heures que nous gouvernâmes à Oueſt-Sud-Oueſt. La ſonde donna 47, 45, 42 & 41 braſſes; & ce fond, je le dirai une fois pour tout, eſt ici & ſur toute la côte de Java un excellent

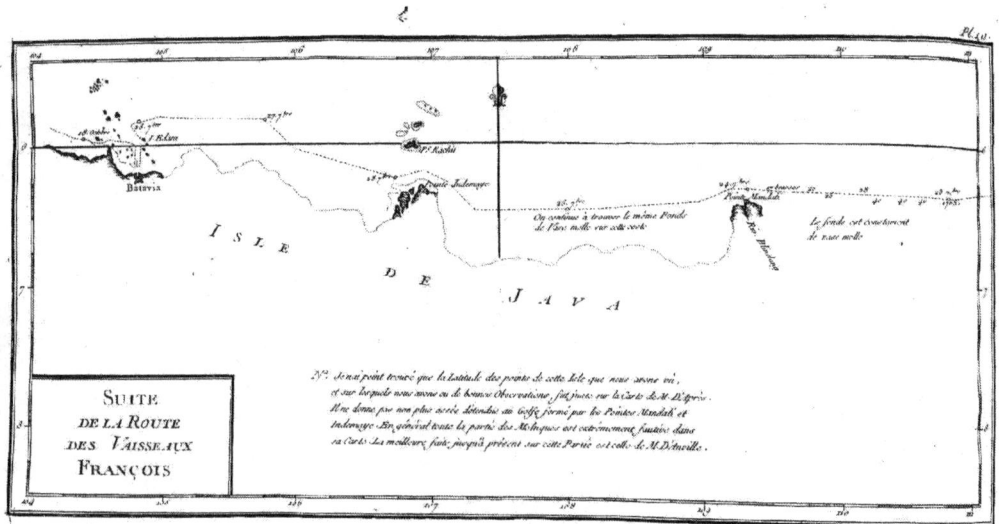

Pl. 19.

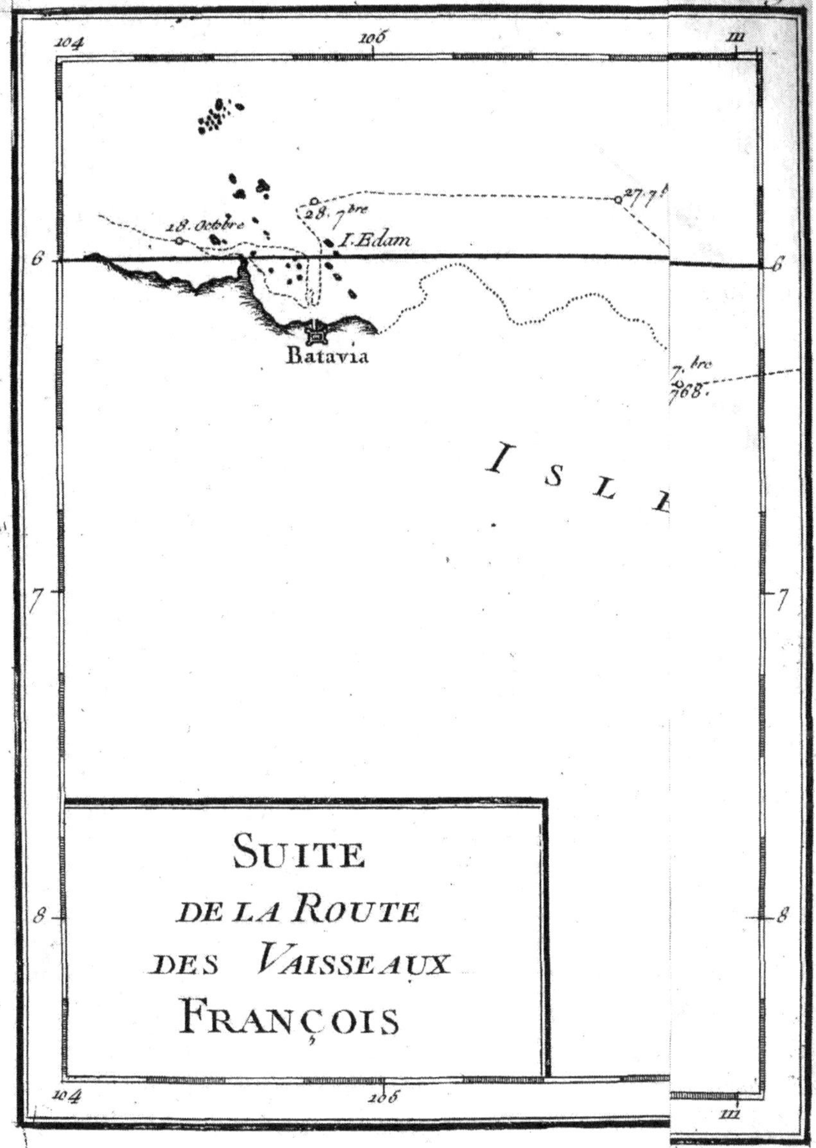

18. Octobre 28. 7bre 27. 7b

I. Edam

Batavia

7.bre
768.

I S L

SUITE
DE LA ROUTE
DES VAISSEAUX
FRANÇOIS

fond de vaze molle. Nous trouvâmes encore sept minutes de différence Nord par la hauteur méridienne que nous observâmes de 6ᵈ 24'. L'Etoile avoit signalé la vue de terre dès six heures du matin ; mais le tems s'étant mis à grains, nous ne l'apperçûmes point alors. Je fis après midi prendre plus du Sud à la route, & à deux heures on découvrit du haut des mâts la côte septentrionale de l'île *Maduré*. On la releva à six heures depuis le Sud-Est-quart-Sud jusqu'à Ouest quart-Sud-Ouest-5ᵈ-Ouest ; l'horison étoit trop fort pour qu'on pût estimer à quelle distance elle nous restoit. La sonde de l'après-midi fut constamment de 40 brasses. Nous vîmes un grand nombre de bateaux pêcheurs, dont quelques-uns à l'ancre & qui avoient leurs filets dehors.

Vue de l'île Java.

Les vents pendant la nuit varierent du Sud-Est au Sud-Ouest, nous tînmes le plus près, bas-bord amure & la sonde depuis dix heures du soir donna 28, 25 & 20 brasses ; elle fut de 17 brasses, lorsqu'à neuf heures du matin nous eûmes rallié la terre, & à midi elle n'en donna plus que dix. La grosse terre de *la pointe d'Alang* sur l'île *Java* nous restoit alors au Sud-Est-quart-Sud environ à deux lieues, *l'île Mandali* au Sud-Ouest-quart-Ouest-2ᵈ-Sud, deux milles, & les terres les plus Ouest à Ouest-Sud-Ouest quatre lieues. Dans cette position nous observâmes 6ᵈ 22' 30", ce qui étoit assez conforme à la latitude estimée.

Observations géographiques.

En transportant ce point de midi sur la carte à grand point de M. d'Aprés, suivant les relevemens, je trouvai,

1°. Que la côte de Java y est placée de neuf à douze minutes plus Sud qu'elle ne l'est effectivement par le terme moyen de notre observation méridienne.

2°. Que le gissement de la pointe d'Alang n'y est pas exact, attendu qu'il la fait courir sur le Ouest-Sud-Ouest & Sud-Ouest-quart-Ouest, tandis que dans la vérité elle court, depuis l'île Mandali, sur le Ouest-quart-Sud-Ouest, environ quinze milles; après quoi elle reprend du Sud & forme un grand golfe.

3°. Qu'il donne trop peu d'étendue à cette partie de la côte, & qu'à suivre le relevement sur sa carte, nous eussions d'un midi à l'autre fait treize milles de moins à Ouest, soit que la côte ait cette quantité de plus en étendue, soit que le courant nous eût entraînés dans l'Est.

Rencontre de navires Hollandois.

Outre un grand nombre de bateaux pêcheurs, nous avions vu dans la matinée quatre navires, dont deux faisoient la même route que nous & portoient pavillon Hollandois déferlé. Sur les trois heures nous en joignîmes un auquel nous parlâmes; c'étoit un sénaut venant de *Malacca* & allant à *Japara*. Sa conserve, navire à trois mâts & qui sortoit aussi de Malacca, alloit à *Saramang*. Ils ne tarderent pas à mouiller à la côte. Nous la rangeâmes à la distance d'environ trois quarts de lieue jusqu'à quatre heures du soir. Je fis alors gouverner à Ouest-quart-Nord-Ouest, afin de ne pas m'enfoncer dans le golfe & de passer au large d'un banc de corail qui est à cinq ou six lieues de terre. Jusqu'ici la côte de Java est peu élevée sur le bord de la mer; mais on apperçoit de hautes montagnes dans l'intérieur. A cinq heures & demie nous avions le milieu des îles *Carimon Java* au Nord-2^d-Ouest, environ à huit lieues.

Route le long de Java.

Nous courûmes à Ouest-quart-Nord-Ouest jusqu'à quatre heures du matin, puis à Ouest jusqu'à midi. La sonde, qui la veille avoit été près de terre de 9 à 10 brasses, les, augmenta dès sept heures du soir à 30 & elle donna dans la nuit 32, 34 & 35 brasses. Au soleil levant nous ne vîmes point de terre, seulement quelques navires &, suivant l'ordinaire, une infinité de bateaux pêcheurs. Malheureusement il fit calme presque toute la journée du 25 jusqu'à cinq heures du soir. Je dis malheureusement, d'autant plus qu'il nous étoit intéressant d'avoir connoissance de la côte avant la nuit, afin de diriger la route en conséquence pour passer entre *la pointe Indermaye* & *les îles Rachit*, & ensuite au large des roches sous l'eau qui en sont à l'Ouest. Depuis midi qu'on avoit observé 6^d 26' de latitude, nous gouvernions à Ouest & Ouest-quart-Sud-Ouest; mais le soleil se coucha sans qu'on pût découvrir la terre. Quelques-uns crurent, mais sans certitude, appercevoir *les Montagnes bleues* qui sont à quarante lieues dans l'Est de Batavia. De six heures du soir à minuit, je fis gouverner à Ouest & Ouest-quart-Nord-Ouest, sondant d'heure en heure par 25, 24, 21, 20 & 19 brasses. A une heure du matin nous courûmes à Ouest-quart-Nord-Ouest, depuis deux heures jusqu'à quatre, au Nord-Ouest, puis au Nord-Ouest-quart-Ouest jusqu'à six heures. Mon intention, estimant à une heure du matin être à mi-canal entre les îles Rachit & la terre de Java, étoit de m'élever dans le Nord des roches. La sonde me donna trois fois 20 brasses, puis 22, puis 23, & pour lors je me supposai à trois ou quatre lieues dans le Nord-Nord-Ouest des îles Rachit.

J'étois bien loin de compte; le 26 les rayons du soleil levant nous montrerent la côte de Java depuis le Sud-quart-Sud-Ouest jusqu'à Ouest quelques degrés Nord, & a sept heures & demie on vit du haut des mâts les îles Ra-

Erreur dans l'estime de notre route.

chit, environ à sept lieues de distance dans le Nord-Nord-Ouest & le Nord-Ouest-quart-Nord. Cette vue me donnoit une énorme & dangereuse différence sur la carte de M. d'Aprés; mais je suspendis mon jugement jusqu'à ce que la hauteur méridienne prononçât s'il falloit attribuer cette différence aux courans, ou bien en accuser la carte. Je fis gouverner à Ouest-quart-Nord-Ouest & Ouest-Nord-Ouest, afin de bien reconnoître la côte qui est ici extrêmement basse & n'offre aucune montagne dans l'intérieur. Le vent étoit du Sud-Sud-Est au Sud-Est & à l'Est, joli frais.

Causes de cette erreur.

A midi la pointe la plus méridionale d'*Indermaye* nous restoit à l'Est-quart-Sud-Est-2ᵈ-Sud, environ à quatre lieues, le milieu des *îles Rachit* au Nord-Est, à cinq lieues de distance, & le terme moyen des hauteurs observées à bord nous plaça par 6ᵈ 12′ de latitude. D'après cette hauteur & le relevement, il me parut que le golfe entre l'île Mandali & la pointe Indermaye, a sur la carte vingt-deux minutes d'étendue de moins de l'Est à l'Ouest que dans la réalité, & que la côte y est jettée 16 minutes plus au Sud que ne la placeroient nos observations. La même correction doit avoir lieu pour les îles Rachit, en y ajoutant que la distance entre ces îles & la terre de Java, est au-moins de deux lieues plus considérable que celle marquée sur la carte. A l'égard des gissemens des diverses parties de la côte entre elles, ils m'ont paru y être assez exacts, autant qu'on en peut juger par des estimes faites successivement, à la vue & en courant. Au reste les différences, notées ci-dessus, sont très-périlleuses pour qui navigue de nuit sur cette carte.

Route jusqu'à Batavia.

Depuis le matin la fonde avoit donné 21, 23, 19 & 18

braſſes. La briſe de l'Eſt-Sud-Eſt continua, & nous rangeâmes la terre à trois ou quatre milles, afin de paſſer dans le Sud de ces roches cachées dont j'ai déjà parlé & qu'on marque à cinq ou ſix lieues dans l'Oueſt des îles Rachit. A une heure après midi un bateau qui étoit mouillé devant nous, appareilla ſtribord amure, ce qui me fit penſer qu'alors le courant changeoit & nous devenoit contraire. Nous lui parlâmes à deux heures; un Hollandois, qui le commandoit & qui nous a paru y être ſeul blanc avec des mulatres, nous dit qu'il alloit à Amboine & Ternate, & qu'il ſortoit de Batavia dont il ſe faiſoit à vingt-ſix lieues. Après être ſorti du paſſage de Rachit & avoir paſſé en-dedans des roches ſous l'eau, je voulois porter au Nord-Oueſt pour doubler des bancs de ſable nommés *les bancs périlleux* qui s'avancent aſſez au large entre les pointes *Indermaye* & *Sidari*. Les vents nous refuſerent, & ne pouvant préſenter qu'à Oueſt-Nord-Oueſt, je pris le parti à ſept heures du ſoir de laiſſer tomber une ancre à jet par 13 braſſes fond de vaze environ à une lieue de terre. Le louvoyage étoit court & peu ſûr entre les roches ſous l'eau d'une part, & les bancs périlleux de l'autre. Nous avions ſondé depuis midi par 19, 15, 14 & 10 braſſes. Avant que de mouiller, nous courûmes un petit bord au large qui nous remit par 13 braſſes.

Nous appareillâmes le 27 à deux heures du matin avec les vents de terre, qui, cette nuit, nous vinrent par l'Oueſt, au-lieu que les nuits précédentes ils avoient fait le tour du Nord au Sud par l'Eſt. Ayant gouverné au Nord-Oueſt, nous ne revîmes la terre qu'à huit heures du matin, terre extrêmement baſſe & preſque noyée; nous tînmes la même route juſqu'à midi, & depuis l'apareillage juſqu'à cette heure-là, nos fondes varierent de 13 à 16, 20, 22, 23 & 24 brasses. A dix heures & demie, on avoit eu fond de corail, je fis resonder un instant après, le fond étoit de vaze comme à l'ordinaire.

A midi, nous observâmes 5ᵈ 48′ de latitude; d'en-bas on ne voyoit pas la terre, tant elle est basse. On la releva d'en-haut, depuis le Sud jusqu'au Sud-Ouest-quart-Ouest, à la distance estimée de cinq à six lieues: la hauteur de ce jour, comparée avec le relevement, ne donneroit pas au-delà de deux ou trois minutes, dont cette partie de la côte de Java seroit placée trop Sud sur la carte de M. d'Aprés; différence égale à zéro, puisqu'il faudroit supposer l'estime de la distance du relevement parfaitement juste. Les courans nous avoient encore porté Nord, & je crois Ouest.

Nouvelle erreur dans notre estime.

Toute la journée le tems fut très-beau & le vent favorable, je fis prendre, après midi, un peu du Nord à la route, afin d'éviter les basses de la pointe de *Sidaru*. A minuit, comptant les avoir dépassées, je mis le cap à Ouest-quart-Sud-Ouest & Ouest-Sud-Ouest; puis au Sud-Ouest, voyant que le fond, de 19 brasses qu'il y avoit à une heure du matin, étoit augmenté successivement jusqu'à 27. A trois heures du matin on apperçut une île dans le Nord-Ouest-5ᵈ-Nord environ à trois lieues. Convaincu pour-lors que j'étois plus avancé que je ne le croyois, craignant même de dépasser Batavia, je mouillai pour attendre le jour. Au soleil levant nous reconnûmes toutes les îles de la baie de Batavia; celle *d'Edam*, sur laquelle est un pavillon, nous restoit au Sud-Est-quart-Sud, environ à quatre lieues, & *l'île d'Onrust* ou *du Carenage* au Sud-Sud-Ouest-4ᵈ-Sud, à près de cinq lieues; nous nous trouvâmes ainsi dix lieues plus à l'Oueſt que nous ne l'eſtimions, différence qui a pû provenir & des courans & de ce que la côte n'eſt pas projettée exactement.

A dix heures & demie du matin je tentai un premier appareillage; mais le vent étant preſque auſſitôt tombé tout-à-fait & la marée contraire, je mouillai ſous voiles une ancre à jet. Nous appareillâmes de nouveau à midi & demi; nous gouvernâmes ſur le milieu de l'île d'Edam, juſqu'à en être environ à trois quarts de lieue, le dôme de la grande Egliſe de Batavia nous reſtant alors au Sud, nous mîmes le cap deſſus, paſſant entre les baliſes qui indiquent le chenal. A ſix heures, nous mouillâmes dans la rade par 6 braſſes fond de vaze, ſans affourcher, attendu qu'on ſe contente ici d'avoir une ſeconde ancre prête à laiſſer tomber. Une heure après l'Etoile mouilla dans l'Eſt-Nord-Eſt de nous, & à deux encablures. C'eſt ainſi qu'après avoir tenu la mer pendant dix mois & demi, nous arrivâmes le 28 Septembre 1768, dans une des plus belles colonies de l'univers, où nous nous regardâmes tous, comme ayant terminé notre voyage.

Mouillage à Batavia.

Batavia, ſuivant mon eſtime, eſt par 6ᵈ 11′ de latitude auſtrale, & 104ᵈ 52′ de longitude orientale du méridien de Paris.

CHAPITRE VIII.

Séjour à Batavia, & détail sur les Moluques.

LE tems des maladies, qui commence ici ordinairement à la fin de la mousson de l'Est, & les approches de la mousson pluvieuse de l'Ouest, nous avertissoient de ne rester à Batavia que le moins qu'il nous seroit possible. Toutefois, malgré l'impatience où nous étions d'en sortir au plutôt, nos besoins devoient nous y retenir un certain nombre de jours, & la nécessité d'y faire cuire du biscuit, qu'on ne trouva pas tout fait, nous arrêta plus long-tems encore que nous n'avions compté. Il y avoit dans la rade, à notre arrivée, 13 ou 14 vaisseaux de la compagnie de Hollande, dont un portoit le pavillon Amiral. C'est un vieil vaisseau qu'on laisse pour cette destination; il a la police de la rade & rend les saluts à tous les vaisseaux marchands. J'avois déjà envoyé un Officier pour rendre au Général compte de notre arrivée, lorsqu'il vint à bord un canot de ce vaisseau Amiral, avec je ne sçais quel papier écrit en Hollandois. Il n'y avoit point d'Officier dedans le canot, & le Patron, qui sans doute en faisoit les fonctions, me demanda qui nous étions & une déposition écrite & signée de moi. Je lui répondis que j'avois envoyé faire ma déclaration à terre, & je le congédiai. Il revint peu de tems après insistant sur sa premiere demande; je le renvoyai une seconde fois avec la même réponse, & il se le tint pour dit. L'Officier qui étoit allé chez le Général ne fut de retour qu'à neuf heures du soir. Il n'avoit point vû son Excellence qui étoit à la campagne, & on l'avoit conduit chez le *Sa-*

[marginal note: Cérémonial à l'arrivée.]

bandar ou Introducteur des étrangers, qui lui donna rendez-vous au lendemain, & lui dit que si je voulois descendre à terre, il me conduiroit chez le Général.

Les visites, dans ce pays, se font de bonne heure; l'excessive chaleur y contraint. Nous partîmes à six heures du matin, conduits par le Sabandar M. Vanderluys, & nous allâmes trouver M. Vander Para, Général des Indes orientales, lequel étoit dans une de ses maisons de plaisance à trois lieues de Batavia. Nous vîmes un homme simple & poli, qui nous reçut à merveille & nous offrit tous les secours dont nous pouvions avoir besoin. Il ne parut ni surpris ni fâché que nous eussions relâché aux îles Moluques; il approuva même beaucoup la conduite du Résident de Boero & ses bons procédés à notre égard. Il consentit à ce que je misse nos malades à l'hôpital de la Compagnie, & il envoya sur-le-champ l'ordre de les y recevoir. A l'égard des fournitures nécessaires aux vaisseaux du Roi, il fut convenu qu'on remettroit les états de demandes au Sabandar, qui seroit chargé de nous pourvoir de tout. Un des droits de sa charge étoit de gagner & avec nous & avec les fournisseurs. Lorsque tout fut réglé, le Général me demanda si je ne saluerois pas le pavillon; je lui répondis que je le ferois, à condition que ce seroit la place qui rendroit le salut & coup pour coup. Rien n'est plus juste, me dit-il, & la citadelle a les ordres en conséquence. Dès que je fus de retour à bord, nous saluâmes de quinze coups de canon, & la ville répondit par le même nombre.

Visite au Général de la Compagnie.

Je fis aussitôt descendre à l'hôpital les malades des deux navires au nombre de vingt-huit, les uns encore affectés du scorbut, les autres, en plus grand nombre, attaqués du flux de sang. On travailla aussi à remettre au Sabandar l'état de nos besoins, en biscuit, vin, farine, viande fraîche & légumes, & je le priai de nous faire fournir notre eau par les chalans de la Compagnie. Nous songeâmes en même tems à nous loger en ville pour le tems de notre séjour. C'est ce que nous fîmes dans une grande & belle maison, que l'on appelle *iner logment*, dans laquelle on est logé & nourri pour deux *risdales* par jour, non compris les domestiques; ce qui fait près d'une pistole de notre monnoie. Cette maison appartient à la Compagnie, qui l'afferme à un particulier, lequel a, par ce moyen, le privilege exclusif de loger tous les étrangers. Cependant les vaisseaux de guerre ne sont pas soumis à cette loi; & en conséquence l'Etat-major de l'Etoile s'établit en pension dans une maison bourgeoise. Nous louâmes aussi plusieurs voitures, dont on ne sçauroit absolument se passer dans cette grande ville, voulant sur-tout en parcourir les environs, plus beaux infiniment que la ville même. Ces voitures de louage sont à deux places, traînées par deux chevaux, & le prix, chaque jour, en est un peu plus de dix francs.

Nous rendîmes en corps, le troisieme jour de notre arrivée, une visite de cérémonie au Général, que le Sabandar en avoit prévenu. Il nous reçut dans une seconde maison de plaisance, nommée *Jacatra*, laquelle est à-peu-près au tiers de la distance de Batavia à la maison où j'avois été le premier jour. Je ne sçaurois mieux comparer le chemin qui y mene, qu'aux plus beaux boulevards de Paris, en les supposant encore embellis à droite & à gauche par des canaux d'une eau courante. Nous eussions dû faire aussi d'autres visites d'étiquette, introduits de même par le Sabandar, sçavoir chez le Directeur-général,
chez

chez le Préſident de Juſtice, & chez le Chef de la marine. M. Vanderſluys ne nous en dit rien, & nous n'allâmes viſiter que le dernier.

Son titre eſt *Scopen hagen*. Quoique cet Officier n'ait au ſervice de la Compagnie que le grade de Contre-Amiral, celui-ci eſt néanmoins Vice-Amiral des Etats, par une faveur particuliere du Stathouder. Ce prince a voulu diſtinguer ainſi un homme de qualité que le dérangement de ſa fortune a forcé de quitter la marine des Etats qu'il a bien ſervi, pour venir prendre ici le poſte qu'il y occupe.

Le Scopen hagen eſt membre de la haute Régence, dans les aſſemblées de laquelle il a ſéance & voix délibérative pour les affaires de marine ; il jouit auſſi de tous les honneurs des Edel-heers. Celui-ci tient un grand état, fait bonne chere, & ſe dédommage des mauvais momens qu'il a ſouvent paſſés à la mer, en occupant une maiſon délicieuſe hors de la ville.

Pendant que nous reſtâmes ici, les principaux de Batavia s'empreſſerent à nous en rendre le ſéjour agréable. De grands repas à la ville & à la campagne, des concerts, des promenades charmantes, la variété de cent objets réunis ici & preſque tous nouveaux pour nous, le coup d'œil de l'entrepôt du plus riche commerce de l'univers ; mieux que cela, le ſpectacle de pluſieurs peuples qui, bien qu'oppoſés entierement pour les mœurs, les uſages, la religion, forment cependant une même ſociété ; tout concouroit à amuſer les yeux, à inſtruire le navigateur, à intéreſſer même le philoſophe. Il y a de plus ici une Comédie qu'on dit aſſez bonne ; nous n'avons pû juger que de la ſalle qui nous a paru jolie : n'entendant pas la langue, ce fut bien aſſez pour nous d'y aller une fois. Nous fûmes infiniment

Amuſemens qu'on trouve à Batavia.

Y y

plus curieux des Comédies Chinoises, quoique nous n'entendissions pas mieux ce qui s'y débitoit; il ne seroit pas fort agréable de les voir tous les jours, mais il faut en avoir vû une de chaque genre. Indépendamment des grandes pieces qui se repréfentent fur un théâtre, chaque carrefour, dans le quartier Chinois, a fes treteaux, fur lefquels on joue tous les foirs des petites pieces & des pantomimes. *Du pain & des fpectacles*, demandoit le peuple Romain; il faut aux Chinois du commerce & des farces. Dieu me garde de la déclamation de leurs acteurs & actrices qu'accompagnent toujours quelques inftrumens. C'eft la charge du récitatif obligé, & je ne connois que leurs geftes qui foient encore plus ridicules. Au refte, quand je parle de leurs acteurs, c'eft improprement; ce font des femmes qui font les rôles d'hommes. Au furplus, & on en tirera telles conclufions qu'on voudra, j'ai vû les coups de bâtons prodigués fans mefure fur les planches chinoifes, y avoir un fuccès tout auffi brillant que celui dont ils jouiffent à la comédie Italienne & chez Nicolet.

Beautés de fes dehors.

Nous ne nous laffions point de nous promener dans les environs de Batavia. Tout Européen, accoutumé même aux plus grandes capitales, feroit étonné de la magnificence de fes dehors. Ils font enrichis de maifons & de jardins fuperbes, entretenus avec ce goût & cette propreté qui frappe dans tous les pays Hollandois. Je ne craindrai pas de dire qu'ils furpaffent en beauté & en richëffes ceux de nos plus grandes villes de France, & qu'ils approchent de la magnificence des environs de Paris. Je ne dois pas oublier un monument qu'un particulier y a élevé aux Mufes. Le fieur Mohr, premier Curé de Batavia, homme riche à millions, mais plus eftimable par fes connoiffances

& son goût pour les sciences, y a fait construire dans un jardin d'une de ses maisons, un observatoire qui honoreroit toute maison royale. Cet édifice, qui est à peine fini, lui a coûté des sommes immenses. Il fait mieux encore, il y observe lui-même. Il a tiré d'Europe les meilleurs instrumens en tout genre, nécessaires aux observations les plus délicates, & il est en état de s'en servir. Cet Astronome, le plus riche sans contredit des enfans d'Uranie, a été enchanté de voir M. Verron. Il a voulu qu'il passât les nuits dans son observatoire ; malheureusement il n'y en a pas eu une seule qui ait été favorable à leurs desirs. M. Mohr a observé le dernier passage de Venus, & il a envoyé ses observations à l'Académie de Harlem ; elles serviront à déterminer avec précision la longitude de Batavia.

Il s'en faut bien que cette ville, quoique belle, réponde à ce qu'annoncent ses dehors. On y voit peu de grands édifices, mais elle est bien percée ; les maisons sont commodes & agréables ; les rues sont larges & ornées la plûpart d'un canal bien revêtu & bordé d'arbres, qui sert à la propreté & à la commodité. Il est vrai que ces canaux entretiennent une humidité malsaine qui rend le séjour de Batavia pernicieux aux Européens. On attribue aussi en partie le danger de ce climat à la mauvaise qualité des eaux ; ce qui fait que les gens riches ne boivent ici que des eaux de *Selse*, qu'ils font venir de Hollande à grands frais. Les rues ne sont point pavées, mais de chaque côté il y a un large & beau parapet revêtu de pierres de taille ou de briques, & la propreté hollandoise ne laisse rien à desirer pour l'entretien de ces trotoirs. Je ne prétends pas au reste donner une description détaillée de Batavia, sujet épuisé tant de fois. On aura l'idée de cette ville fameuse en sachant qu'elle est

Intérieur de la ville.

bâtie dans le goût des belles villes de la Hollande, avec cette différence que les tremblemens de terre imposent la nécessité de ne pas élever beaucoup les maisons, qui n'ont ici qu'un étage. Je ne décrirai point non plus le camp des Chinois, lequel est hors de la ville, ni la police à laquelle ils sont soumis, ni leurs usages, ni tant d'autres choses déjà dites & redites.

<small>Richesses & luxe des habitans.</small>

On est frappé du luxe établi à Batavia ; la magnificence & le goût qui décorent l'intérieur de presque toutes les maisons, annoncent la richesse des habitans. Ils nous ont cependant dit que Batavia n'étoit plus à beaucoup près ce qu'elle avoit été. Depuis quelques années la Compagnie y a défendu aux particuliers le commerce d'Inde en Inde, qui étoit pour eux la source d'une immense circulation de richesses. Je ne juge point ce nouveau réglement de la Compagnie; j'ignore ce qu'elle gagne à cette prohibition. Je sais seulement que les particuliers attachés à son service, ont encore le secret de tirer trente, quarante, cent jusqu'à deux cents mille livres de revenu d'emplois qui ont de gages quinze cents, trois mille, six mille livres au plus. Or presque tous les habitans de Batavia sont employés de la Compagnie. Cependant il est sûr qu'aujourd'hui le prix des maisons, à la ville & à la campagne, est plus des deux tiers au-dessous de leur ancienne valeur. Toutefois Batavia sera toujours riche du plus au moins; & par le secret dont nous venons de parler, & parce qu'il est difficile à ceux qui ont fait fortune ici, de la faire repasser en Europe. Il n'y a de moyen d'y envoyer ses fonds que par la Compagnie qui s'en charge à huit pour cent d'escompte; mais elle n'en prend que fort peu à la fois à chaque particulier. Ces fonds d'ailleurs ne se peuvent envoyer en fraude, l'espece d'argent qui circule ici perdant en Europe vingt-huit pour cent. La Compagnie se sert de l'Empereur de Java pour faire frapper une monnoie particuliere qui est la monnoie des Indes.

Nulle part dans le monde les états ne sont moins confondus qu'à Batavia ; les rangs y sont assignés à chacun ; des marques extérieures les constatent d'une façon immuable, & la sérieuse étiquette est plus severe ici qu'elle ne le fut jamais à aucun congrès. La haute Régence, le Conseil de Justice, le Clergé, les Employés de la Compagnie, ses Officiers de Marine & enfin le Militaire, telle y est la gradation des états.

Détails sur l'administration de la Compagnie.

La haute Régence est composée du Général qui y préside, des Conseillers des Indes, dont le titre est *Edel-heer*, du Président du Conseil de Justice & du Scopen hagen. Elle s'assemble au château deux fois par semaine. Les Conseillers des Indes sont aujourd'hui au nombre de seize, mais ils ne sont pas tous à Batavia. Quelques-uns ont les gouvernemens importans du cap de Bonne-Espérance, de Ceylan, de la côte de Coromandel, de la partie orientale de Java, de Macassar & d'Amboine, & ils y résident. Ces Edel-heers ont la prérogative de faire dorer en plein leurs voitures, devant lesquelles ils ont deux coureurs, tandis que les particuliers n'en peuvent avoir qu'un. Il faut de plus que tous les carosses s'arrêtent quand ceux des Edel-heers passent ; & alors hommes & femmes sont obligés de se lever. Le Général, outre cette distinction, est le seul qui puisse aller à six chevaux ; il est toujours suivi d'une garde à cheval, ou au moins des Officiers de cette garde & de quelques ordonnances ; lorsqu'il passe, hommes & femmes sont obligés de descendre de leurs voitures, & il n'y a que celles des Edel-heers qui chez lui puiſſent entrer juſqu'au perron. Ils ont ſeuls les honneurs du Louvre. J'en ai vu quelques-uns aſſez ſenſés pour rire en particulier avec nous de ces magnifiques prérogatives.

Le Conſeil de Juſtice juge ſouverainement & ſans appel au civil comme au criminel. Il y a vingt ans qu'il condamna à mort un Gouverneur de Ceylan. Cet Edel-heer fut convaincu d'avoir commis d'horribles concuſſions dans ſon gouvernement, & exécuté à Batavia dans la place qui eſt vis-à-vis de la citadelle. Au reſte la nomination du Général des Indes, celle des Edel-heers & des Conſeillers de Juſtice vient d'Europe. Le Général & la haute Régence de Batavia propoſent aux autres emplois, & leur choix eſt toujours ratifié en Hollande. Toutefois le Général nomme en dernier reſſort à toutes les places militaires. Un des plus conſidérables & des meilleurs emplois pour le revenu, après les gouvernemens, eſt celui de Commiſſaire de la campagne. Cet Officier a l'inſpection ſur tout ce qui fait le domaine de la Compagnie dans l'île Java, même ſur les poſſeſſions & la conduite des divers Souverains de l'île; il a de plus la police abſolue ſur les Javans ſujets de la Compagnie. Cette police eſt fort ſévere, & les fautes un peu graves ſont punies de ſupplices rigoureux. La conſtance des Javans à ſouffrir des tourmens barbares eſt incroyable; mais quand on les exécute, il faut leur laiſſer des caleçons blancs & ſur-tout ne pas leur trancher la tête. La Compagnie même compromettroit ſon autorité en refuſant d'avoir pour eux cette complaiſance; les Javans ſe révolteroient. La raiſon en eſt ſimple: comme il eſt de foi dans leur religion qu'ils ſeroient mal reçus dans l'autre monde s'ils y arrivoient décapités & sans caleçons blancs, ils osent croire que le despotisme n'a de droits sur eux que dans celui-ci.

Un autre emploi fort recherché, dont les fonctions sont belles & le revenu considérable, c'est celui de Sabandar ou Ministre des étrangers. Ils sont deux, le Sabandar des chrétiens & celui des payens. Le premier est chargé de tout ce qui regarde les étrangers Européens. Le second a le détail de toutes les affaires relatives aux diverses nations de l'Inde, en y comprenant les Chinois. Ceux-ci sont les courtiers de tout le commerce intérieur de Batavia, où leur nombre passe aujourd'hui celui de cent mille. C'est aussi à leur travail & à leurs soins que les marchés de cette grande ville doivent l'abondance qui y regne depuis quelques années. Tel est au reste l'ordre des Emplois au service de la Compagnie, assistant, teneur de livres, sous-marchand, marchand, grand marchand, gouverneur. Tous ces grades civils ont un uniforme, & les grades militaires ont une espece de correspondance avec eux. Par exemple le Major a rang de grand marchand, le Capitaine de sous-marchand, &c. mais les militaires ne peuvent jamais parvenir aux places de l'administration sans changer d'état. Il est tout simple que dans une Compagnie de commerce le corps militaire n'ait aucune influence. On ne l'y regarde que comme un corps soudoyé, & cette idée est ici d'autant plus juste qu'il n'est entierement composé que d'étrangers.

Ordre des emplois au service de la Compagnie.

La Compagnie possede en propre une portion considérable de l'île Java. Toute la côte du Nord à l'Est de Batavia lui appartient. Elle a réuni, depuis plusieurs années, à son domaine, l'île *Maduré*, dont le Souverain s'étoit ré-

Domaines de la Compagnie sur l'île Java.

volté, & le fils est aujourd'hui Gouverneur de cette même île dont son pere étoit Roi. Elle a de même profité de la révolte du Roi de *Balımbuam*, pour s'approprier cette belle province qui fait la pointe orientale de Java. Ce Prince, frere de l'Empereur, honteux d'être soumis à des marchands, & conseillé, dit-on, par les Anglois qui lui avoient fourni des armes, de la poudre, & même construit un fort, voulut secouer le joug. Il en a coûté deux ans & de grandes dépenses à la Compagnie pour le soumettre, & cette guerre venoit d'être terminée deux mois avant que nous arrivassions à Batavia. Les Hollandois avoient eu le désavantage dans une premiere bataille; mais dans une seconde le Prince Indien a été pris avec toute sa famille & conduit dans la citadelle de Batavia, où il est mort peu de jours après. Son fils & le reste de cette famille infortunée devoient être embarqués sur les premiers vaisseaux, & conduits au cap de Bonne-Espérance, où ils finiront leurs jours sur l'île *Roben*.

En combien de souverainetés est partagée l'île Java.

Le reste de l'île Java est divisé en plusieurs Royaumes. L'Empereur de Java, dont la résidence est dans la partie méridionale de l'île, a le premier rang; ensuite le Sultan de *Mataran* & le Roi de *Bantam*. *Tseribon* est gouverné par trois Rois vassaux de la Compagnie, dont l'agrément est aussi nécessaire aux autres Souverains pour monter sur leur trône précaire. Il y a chez tous ces Rois une garde Européenne qui répond de leur personne. La Compagnie a de plus quatre comptoirs fortifiés chez l'Empereur, un chez le Sultan, quatre à Bantam & deux à Tseribon. Ces Souverains sont obligés de donner à la Compagnie leurs denrées aux taux d'un tarif qu'elle-même a fait. Elle en tire du riz, des sucres, du caffé, de l'étain, de l'arrak, &

leur

leur fournit feule l'opium dont les Javans font une grande confommation, & dont la vente produit des profits confidérables.

Batavia eft l'entrepôt de toutes les productions des Moluques. La récolte des épiceries s'y apporte toute entiere ; on charge chaque année fur les vaiffeaux ce qui eft néceffaire pour la confommation de l'Europe & on brûle le refte. C'eft ce commerce feul qui affure la richeffe, je dirai même l'exiftence de la Compagnie des Indes Hollandoife ; il la met en état de fupporter les frais immenfes auxquels elle eft obligée, & les déprédations de fes employés auffi fortes que fes dépenfes même. C'eft auffi fur ce commerce exclufif & fur celui de Ceylan qu'elle dirige fes principaux foins. Je ne dirai rien fur Ceylan que je ne connois pas, la Compagnie vient d'y terminer une guerre ruineufe, avec plus de fuccès qu'elle n'a pû faire celle du golfe Perfique, où fes comptoirs ont été détruits. Mais comme nous fommes prefque les feuls vaiffeaux du Roi qui aient pénétré dans les Moluques, on me permettra quelques détails fur l'état actuel de cette importante partie du monde, que fon éloignement & le filence des Hollandois dérobent à la connoiffance des autres nations.

Commerce de Batavia.

On ne comprenoit autrefois fous le nom de *Moluques* que les petites îles fituées prefque fous la ligne, entre 15′ de latitude Sud & 50′ de latitude Nord, le long de la côte occidentale de *Gilolo*, dont les principales font *Ternate, Tidor, Mothier* ou *Mothir, Machian* & *Bachian*. Peu-à-peu ce nom eft devenu commun à toutes les îles qui produifoient des épiceries. *Banda, Amboine, Ceram, Bouro* & toutes les îles adjacentes ont été rangées fous la même dénomination, dans laquelle même quelques-uns

Détails fur les Moluques.

ont voulu, mais sans succès, faire entrer *Bouton* & *Celebes*. Les Hollandois divisent aujourd'hui ces pays, qu'ils appellent *pays d'Orient*, en quatre gouvernemens principaux, desquels dépendent les autres comptoirs, & qui ressortissent eux-mêmes de la haute Régence de Batavia. Ces quatre gouvernemens sont *Amboine*, *Banda*, *Ternate* & *Macassar*.

<small>Gouvernement d'Amboine.</small> D'Amboine, dont un Edel-heer est Gouverneur, relevent six comptoirs; sçavoir, sur Amboine même, *Hila* & *Larique*, dont les Résidens ont l'un le grade de Marchand, l'autre celui de Sous-marchand; dans l'Ouest d'Amboine les îles *Manipa* & *Boero*, sur la premiere desquelles est un simple teneur de livres, & sur la seconde notre bienfaiteur Hendrik Ouman, Sous-marchand; *Haroeko*, petite île à-peu-près dans l'Est-Sud-Est d'Amboine, où réside un Sous-marchand, & enfin *Saparoea*, île aussi dans le Sud-Est, & environ à quinze lieues d'Amboine. Il y réside un Marchand, lequel a sous sa dépendance la petite île *Neeslaw*, où il détache un Sergent & quinze hommes; il y a un petit fort construit sur une roche à Saparoea & un bon mouillage dans une jolie baie. Cette île & celle de Neeslaw fourniroient en clous la cargaison d'un navire. Toutes les forces du gouvernement d'Amboine consistent dans le fond de cent cinquante hommes, aux ordres d'un Capitaine, un Lieutenant & cinq Enseignes. Il y a de plus deux Officiers d'artillerie & un Ingénieur.

<small>Gouvernement de Banda.</small> Le gouvernement de *Banda* est plus considérable pour les fortifications, & la garnison y est plus nombreuse; le fond en est de trois cents hommes, commandés par un Capitaine en premier, un Capitaine en second, deux Lieutenans, quatre Enseignes, & un Officier d'artillerie.

Cette garnison, ainsi que celle d'Amboine & des autres chefs-lieux, fournit tous les postes détachés. L'entrée à Banda est fort difficile pour qui ne la connoît pas. Il faut ranger de près la montagne de *Gunongapi* sur laquelle est un fort, en se méfiant d'un banc de roches qu'on laisse à bas-bord. La passe n'a pas plus d'un mille de large, & on n'y trouve point de fond. Il convient ensuite de ranger le banc pour aller chercher par 8 ou 10 brasses sous le fort *London*, le mouillage dans lequel peuvent ancrer cinq ou six vaisseaux.

Trois postes dépendent du gouvernement de Banda, *Ourien*, où est un teneur de livres; *Wayer*, où réside un Sous-marchand; & l'île *Pulo Ry en Rhun*, voisine de Banda, couverte aussi de muscades. C'est un Grand-marchand qui y commande. Il y a sur cette île un fort; il n'y peut mouiller que des sloops, encore sont-ils sur un banc qui défend les approches du fort. Il faudroit même le canoner à la voile, car tout attenant le banc il n'y a plus de fond. Au reste, il n'y a point d'eau douce sur l'île; la garnison est obligée de la faire venir de Banda. Je crois que l'île *Arrow* est aussi dans le district de ce gouvernement. Il y a dessus un comptoir avec un Sergent & quinze hommes, & la Compagnie en retire des perles. Il n'en est pas ainsi de Timor & Solor, qui bien qu'elles en soient voisines, ressortissent directement de Batavia. Ces îles fournis- du bois de sandal. Il est assez singulier que les Portugais aient conservé un poste à Timor, & plus singulier encore qu'ils n'en tirent pas un grand parti.

Ternate a quatre comptoirs principaux dans sa dépendance; sçavoir *Gorontalo*, *Manado*, *Limbotto* & *Xullabessie*. Les Résidens des deux premiers ont le grade de

Gouvernement de Ternate.

Sous-marchands; les seconds ne sont que teneurs de livres. Il en dépend en outre plusieurs petits postes commandés par des Sergens. Deux cents cinquante hommes sont répartis dans le gouvernement de Ternate, aux ordres d'un Capitaine, un Lieutenant, neuf Enseignes, & un Officier d'artillerie.

<small>Gouvernement de Macassar.</small>

Le gouvernement de *Macassar*, sur l'île Celebes, lequel est occupé par un Edel-heer, a dans son département quatre comptoirs; *Boelacomba en Bonthain* & *Bima*, où résident deux Sous-marchands; *Saleyer* & *Maros*, dont les Résidens ne sont que teneurs de livres. Macassar ou *Jonpandam* est la plus forte place des Moluques; toutefois les naturels du pays y resserrent soigneusement les Hollandois dans les limites de leur poste. La garnison y est composée de trois cents hommes, que commandent, un Capitaine en premier, un Capitaine en second, deux Lieutenans & sept enseignes. Il y a aussi un Officier d'artillerie. On ne trouve pas d'épiceries dans le district de ce gouvernement, à moins qu'il ne soit vrai que Button en produit, ce que je n'ai pû vérifier. L'objet de son établissement a été de s'assurer d'un passage qui est une des clefs des Moluques, & d'ouvrir avec *Celebes & Borneo* un commerce avantageux. Ces deux grandes îles fournissent aux Hollandois de l'or, de la soie, du coton, des bois précieux, & même des diamans, en échange pour du fer, des draps, & d'autres marchandises de l'Europe ou de l'Inde.

<small>Politique des Hollandois dans les Moluques.</small>

Ce détail des différens postes occupés par les Hollandois dans les Moluques, est à peu de choses près exact. La police qu'ils y ont établie, fait honneur aux lumieres de ceux qui étoient alors à la tête de la Compagnie. Lorsqu'ils en eurent chassé les Espagnols & les Portugais, succès qui avoient été le fruit des combinaisons les plus éclairées, du courage & de la patience, ils sentirent bien que ce n'étoit pas assez pour rendre le commerce des épiceries exclusif, d'avoir éloigné des Moluques tous les Européens. Le grand nombre de ces îles en rendoit la garde presque impossible, il ne l'étoit pas moins d'empêcher un commerce de contrebande des Insulaires avec la Chine, les Philippines, Macassar & tous les vaisseaux interlopes qui voudroient le tenter. La Compagnie avoit encore plus à craindre qu'on n'enlevât des plants d'arbres & qu'on ne parvînt à les faire réussir ailleurs. Elle prit donc le parti de détruire, autant qu'il seroit possible, les arbres d'épiceries dans toutes ces îles, en ne les laissant subsister que sur quelques-unes qui fussent petites & faciles à garder; alors tout se trouvoit réduit à bien fortifier ces dépôts précieux. Il fallut soudoyer les Souverains, dont cette denrée faisoit le revenu, pour les engager à consentir à ce qu'on en anéantît ainsi la source. Tel est le subside annuel de 20000 risdales que la Compagnie Hollandoise paye au Roi de Ternate & à quelques autres Princes des Moluques. Lorsqu'elle n'a pu déterminer quelqu'un de ces Souverains à permettre que l'on brûlât ses plants, elle les brûloit malgré eux, si elle étoit la plus forte, ou bien elle leur achetoit annuellement les feuilles des arbres encore vertes, sçachant bien qu'après trois ans de ce dépouillement, les arbres périroient; ce qu'ignorent sans doute les Indiens.

Par ce moyen, tandis que la canelle ne se recolte que sur Ceylan, les îles Banda ont été seules consacrées à la culture de la muscade; Amboine & Uleaster qui y touche, à la culture du gérofle, sans qu'il soit permis d'avoir du gérofle à Banda, ni de la mufcade à Amboine. Ces dépôts en fourniffent au-delà de la confommation du monde entier. Les autres poftes des Hollandois dans les Moluques ont pour objet d'empêcher les autres nations de s'y établir, de faire des recherches continuelles pour découvrir & brûler les arbres d'épiceries & de fournir à la fubfiftance des feules îles où on les cultive. Au refte tous les Ingénieurs & marins employés dans cette partie, font obligés, en fortant d'emploi, de remettre leurs cartes & plans, & de prêter ferment qu'ils n'en conservent aucun. Il n'y a pas long-tems qu'un habitant de Batavia a été fouetté, marqué & relégué fur une île prefque déferte, pour avoir montré à un Anglois un plan des Moluques.

La recolte des épiceries fe commence en Décembre, & les vaiffeaux deftinés à s'en charger, arrivent dans le courant de Janvier à Amboine & Banda, d'où ils repartent pour Batavia en Avril & Mai. Il va auffi tous les ans deux vaiffeaux à Ternate, dont les voyages fuivent de même la loi des mouffons. De plus, il y a quelques fénauts de douze ou quatorze canons deftinés à croifer dans ces parages.

Chaque année les Gouverneurs d'Amboine & de Banda affemblent vers la mi-Septembre tous les orencaies ou chefs de leurs départemens. Ils leur donnent d'abord des feftins & des fêtes qui durent plufieurs jours, & enfuite ils partent avec eux dans de grands bateaux nommés *coracores*, pour faire la tournée de leur gouvernement & brûler les plants d'épiceries inutiles. Les Réfidens des comptoirs particuliers font obligés de fe rendre auprès de leurs Gouverneurs généraux & de les accompagner dans cette tournée qui finit ordinairement à la fin d'Octobre ou au commencement de Novembre & dont le retour eſt célébré par de nouvelles fêtes. Lorſque nous étions à Boero, M. Ouman ſe diſpoſoit à partir pour Amboine avec les orencaies de ſon île.

Les Hollandois ont maintenant la guerre avec les habitans de Ceram, île riche en clous. Ces Inſulaires ne veulent point laiſſer détruire leurs plants, & ils ont chaſſé la Compagnie de tous les poſtes principaux qu'elle occupoit ſur leur terrein : elle n'a conſervé que le petit comptoir de *Savai*, ſitué dans la partie ſeptentrionale de l'île, où elle tient un Sergent & quinze hommes. Les Ceramois ont des armes à feu & de la poudre, & tous, indépendamment d'un patois national, parlent bien le Malais. Les Papous ſont auſſi continuellement en guerre avec la Compagnie & ſes vaſſaux. On leur a vu des bâtimens armés de pierriers & montés de deux cents hommes. Le Roi de *Salviati*, l'une de leurs plus grandes îles, vient d'être arrêté par ſurpriſe, comme il alloit rendre hommage au Roi de Ternate, duquel il eſt vaſſal, & les Hollandois le retiennent priſonnier.

Quoi de plus ſage que le plan que nous venons d'expoſer? quelles meſures pouvoient être mieux concertées pour établir & pour ſoutenir un commerce excluſif? Auſſi la Compagnie en jouit-elle depuis long-tems, & c'eſt à quoi elle doit cet état de ſplendeur qui la rend plus ſemblable à une puiſſante République, qu'à une ſociété de Marchands. Mais, ou je me trompe fort, ou le tems n'eſt pas loin, auquel ce commerce précieux doit recevoir de mortelles atteintes. J'oſerai le dire, pour en détruire l'excluſion, il n'y a qu'à le vouloir. La meilleure ſauvegarde des Hollandois, eſt l'ignorance du reſte de l'Europe ſur l'état véritable de ces îles, & le nuage myſtérieux qui enveloppe ce jardin des Heſperides. Mais il eſt des difficultés que la force de l'homme ne peut vaincre, & des inconvéniens auxquels toute ſa ſageſſe ne ſçauroit remédier. Les Hollandois peuvent bien conſtruire à Amboine & Banda des fortifications reſpectables, ils peuvent les munir de garniſons nombreuſes; mais après quelques années, des tremblemens de terre, preſque périodiques, viennent renverſer de fond-en-comble tous ces ouvrages, & chaque année la malignité du climat emporte les deux tiers des ſoldats, matelots & ouvriers qu'on y envoye. Voilà des maux ſans remede. Les forts de Banda, bouleverſés ainſi il y a trois ans, ſont à peine reconſtruits aujourd'hui; ceux d'Amboine ne le ſont pas encore. D'ailleurs la Compagnie a pû parvenir à détruire, dans quelques îles, une partie des épiceries connues; mais il en eſt qu'elle ne connoît pas, & d'autres même qu'elle connoît & qui ſe défendent contre ſes efforts

Aujourd'hui les Anglois fréquentent beaucoup les parages des Moluques, & ce n'eſt aſſurément pas ſans deſſein. Il y avoit pluſieurs années que de petits bâtimens qui partoient de *Bancoul*, étoient venus examiner les paſſages & prendre les connoiſſances relatives à cette navigation difficile. On a lû que les habitans de Bouton nous ont dit que trois navires Anglois avoient depuis peu paſſé dans ce détroit ; nous avons auſſi parlé des ſecours qu'ils ont donnés à l'infortuné Souverain de Balimbuam, & il paroît certain que c'eſt d'eux auſſi que les Ceramois tirent de la poudre & des armes; ils leur avoient même conſtruit un fort que le Capitaine le Clerc nous a dit avoir détruit, & dans lequel il a trouvé deux canons. En 1764 M. Watſon, qui
commandoit

commandoit le Kinsberg, frégate de vingt-six canons, vint à l'entrée de *Savaī*, s'y fit donner, à coups de fusils, un pilote pour le conduire au mouillage, & commit beaucoup de vexations dans ce foible comptoir. Il fit aussi je ne sçais quelle tentative chez les Papous, mais elle ne lui réussit pas. Sa chaloupe fut enlevée par ces Indiens, & tous les Européens qui étoient dedans, entre autres un fils de Mylord Sandwic, Garde de la Marine, qui la commandoit, furent attachés à des poteaux, circoncis & massacrés ensuite dans les tourmens.

Il semble au reste que les Anglois ne veulent point cacher leurs projets à la compagnie Hollandoise. Il y a quatre ans qu'ils établirent un poste dans une des îles des Papous, nommée *Soloc* ou *Tafara*. M. Dalrimple qui le fonda en fut le premier Gouverneur ; mais les Anglois ne l'ont gardé que trois ans. Ils viennent de l'abandonner, & M. Dalrimple a passé à Batavia en 1768, sur le *Patty*, Capitaine Dodwell, d'où il s'est rendu à Bancoul, où le Patty a coulé bas dans la rade. Ce poste fournissoit des nids d'oiseaux, de la nacre, des dents d'éléphant, des perles & des *tripans* ou *swalopps*, espece de glu ou d'écume dont les Chinois font grand cas. Ce que je trouve merveilleux, c'est qu'ils venoient vendre leurs cargaisons à Batavia, je le sçais du négociant qui les y achetoit. Le même homme m'a assuré que les Anglois avoient aussi des épiceries par le moyen de ce poste ; peut-être les tiroient-ils des Ceramois. Pourquoi l'ont-ils abandonné ? c'est ce que j'ignore. Il se peut qu'ayant déjà levé un grand nombre de plans d'épiceries, les ayant transplantés dans quelqu'une de leurs possessions aux Indes, & se croyant assurés de leur réussite, ils aient abandonné un poste dispendieux, trop capable d'alarmer une nation & d'en éclairer une autre.

Nous apprîmes à Batavia les premieres nouvelles des vaisseaux dont nous avions plusieurs fois dans notre voyage retrouvé la trace. M. Wallas y étoit arrivé en Janvier 1768, & reparti presque aussitôt. M. Carteret, séparé involontairement de son chef, peu après être sorti du détroit de Màgellan, a fait un voyage plus long de beaucoup, & dont je crois les aventures plus compliquées. Il est venu à Macassar à la fin de Mars de la même année, ayant perdu presque tout son équipage, & son vaisseau étant délabré. Les Hollandois n'ont pas voulu le souffrir à Jompandam, & l'ont renvoyé à Bontain, consentant avec peine à ce qu'il y prît des Maures pour remplacer les hommes qu'il avoit perdus; après deux mois de séjour dans l'île Celebes, il s'est rendu le 3 Juin à Batavia, où il a caréné, & d'où il n'est reparti que le 15 de Septembre, c'est-à-dire, douze jours seulement avant que nous y arrivassions. M. Carteret a peu parlé ici de son voyage; il en a dit assez cependant pour qu'on ait sçu que dans un passage qu'il nomme *le détroit de Saint-Georges*, il a eu affaire avec des Indiens dont il montroit les fleches, qui ont blessé plusieurs de ses gens, entre autres son second, lequel est reparti de Batavia sans être guéri.

1768 Octobre. Maladies contractées à Batavia.

Il n'y avoit pas plus de huit ou dix jours que nous étions à Batavia, lorsque les maladies commencerent à s'y déclarer. De la santé, la meilleure en apparence, on passoit en trois jours au tombeau. Plusieurs de nous furent attaqués de fievres violentes, & nos malades n'éprouvoient aucun soulagement à l'hôpital. J'accélerai, autant qu'il m'étoit possible, l'expédition de nos besoins ; mais notre Sabandar étant aussi tombé malade, & ne pouvant plus agir, nous essuyâmes des difficultés & des lenteurs. Ce ne fut que le 16 Octobre que je pus être en état de sortir, & j'appareillai pour aller me mouiller en-dehors de la rade ; l'Etoile ne devoit avoir son biscuit que ce jour-là. Elle ne finit de l'embarquer qu'à la nuit, & dès que le vent le lui permit, elle vint mouiller auprès de nous. Presque tous les Officiers de mon bord étoient ou déjà malades, ou ressentoient les dispositions à le devenir. Le nombre des dissenteries n'avoit point diminué dans les équipages, & le séjour prolongé à Batavia eût certainement fait plus de ravages parmi nous que n'avoit fait le voyage entier. Notre Taïtien, que l'enthousiasme de tout ce qu'il voyoit avoit sans doute préservé quelque tems de l'influence de ce climat pernicieux, tomba malade dans les derniers jours, & sa maladie a été fort longue, quoiqu'il ait eu pour les remedes toute la docilité à laquelle pourroit se dévouer un homme né à Paris ; aussi quand il parle de Batavia, ne la nomme-t-il que la terre qui tue, *enoua maté*.

CHAPITRE IX.

Départ de Batavia; relâche à l'île de France; retour en France.

LE 16 Octobre j'appareillai seul de la rade de Batavia pour mouiller par 7 brasses & demie fond de vaze molle, environ une lieue en-dehors. J'étois ainsi à un demi-mille dans l'Ouest-quart-Nord-Ouest de la balise qu'on laisse à stribord, quand on entre à Batavia. L'île *d'Edam* me restoit au Nord-Nord-Est-4ᵈ-Est, trois lieues; *Onrust* au Nord-Ouest-quart-Ouest, deux lieues un tiers; *Rotterdam* au Nord-2ᵈ-Ouest, une lieue & demie. L'Etoile, qui ne put avoir son pain que fort tard, appareilla à trois heures du matin; & gouvernant sur les feux que je tins allumés toute la nuit, elle vint mouiller auprès de moi.

<small>Détail sur la route à faire pour sortir de Batavia.</small>

Comme la route pour sortir de Batavia est intéressante, on me permettra le détail de celle que j'ai faite. Le 17 nous fûmes sous voiles à cinq heures du matin, & nous gouvernâmes au Nord-quart-Nord-Est pour passer dans l'Est de *Rotterdam* environ à une demi-lieue; puis au Nord-Ouest-quart-Nord pour passer au Sud de *Horn* & de *Harlem*; ensuite du Ouest-quart-Nord-Ouest au Ouest-quart-Sud-Ouest, pour ranger au Nord les îles *d'Amsterdam* & de *Middelbourg*, sur la derniere desquelles est un pavillon; puis à Ouest, laissant à stribord une balise placée dans le Sud *de la petite Cambuis*. A midi nous observâmes 5ᵈ 55′ de latitude méridionale, & nous étions pour lors Nord & Sud de la pointe Sud-Est *de la grande Cambuis*, environ à un mille. J'ai de-là fait route pour passer entre deux balises placées, l'une au Sud de la pointe

Nord-Oueſt de la grande Cambuis, l'autre Eſt & Oueſt de *l'île des Antropophages*, autrement dite *Pulo Laki*. Pour lors on range la côte à la diſtance qu'on veut ou qu'on peut. A cinq heures & demie le courant nous affalant ſur la côte, je mouillai une ancre à jet par 11 braſſes fond de vaze, la pointe Nord-Oueſt de *la baie de Bantam* me reſtant à Oueſt-quart-Nord-Oueſt-2ᵈ-Oueſt environ cinq lieues, & le milieu de *Pulo Baby* au Nord-Oueſt-5ᵈ-Oueſt trois lieues.

Il y a, pour ſortir de Batavia, une autre route que celle que j'ai priſe. En partant de la rade, on range la côte de Java, laiſſant à bas-bord une tonne qui ſert de baliſe, environ à deux lieues & demie de la ville; puis on range *l'île Kepert* au Sud; on ſuit la côte & on paſſe entre deux baliſes ſituées, l'une au Sud de l'île Middelbourg, l'autre vis-à-vis de celle-là ſur un banc qui tient à la pointe de la grande terre; on retrouve enſuite la baliſe qui eſt au Sud de la petite Cambuis, & pour lors les deux routes ſe réuniſſent. La carte particuliere que je donne de la ſortie de Batavia, indique ces deux routes avec exactitude.

Le 18 à deux heures du matin, nous étions à la voile, mais il nous fallut mouiller le ſoir; ce ne fut que le 19 après midi que nous ſortîmes *du détroit de la Sonde* paſſant au Nord *de l'île du Prince*. Nous obſervâmes à midi 6ᵈ 30' de latitude auſtrale, & à quatre heures après midi, étant environ à quatre lieues de la pointe Nord-Oueſt de l'île du Prince, je pris mon point de départ ſur la carte de M. d'Aprés par 6ᵈ 21' de latitude auſtrale & 102ᵈ de longitude orientale du méridien de Paris. Au reſte on peut mouiller par-tout le long de l'île de Java. Les Hollandois y entretiennent de petits poſtes de diſtance en diſtance,

Sortie du détroit de la Sonde.

& chacun d'eux a ordre d'envoyer un soldat à bord des vaisseaux qui passent avec un regiſtre ſur lequel on prie d'inſcrire le nom du vaiſſeau, d'où il vient & où il va. On met ce qu'on veut ſur ce regiſtre ; mais je ſuis fort éloigné d'en blâmer l'uſage, puiſque par ce moyen on peut avoir des nouvelles de bâtimens dont ſouvent on eſt inquiet, & que d'ailleurs le ſoldat, chargé de préſenter ce regiſtre, apporte auſſi des poules, des tortues & d'autres rafraîchiſſemens qu'il vend à fort bon compte. Il n'y avoit plus de ſcorbut au-moins apparent à bord de mes vaiſſeaux ; mais beaucoup de gens y étoient attaqués du flux de ſang. Je pris donc le parti de faire route pour l'île de France, ſans attendre l'Etoile, & je lui en fis le ſignal le 20.

Route juſqu'à l'île de France.

Cette route n'eut rien de remarquable que le beau & bon tems qui l'a rendue fort courte. Nous eûmes conſtamment le vent de Sud-Eſt très-frais. Nous en avions beſoin ; car le nombre des malades augmentoit chaque jour, les convaleſcences étoient fort longues, & il ſe joignit aux flux de ſang des fievres chaudes ; un de mes charpentiers en mourut la nuit du 30 au 31. Ma mâture me cauſoit auſſi beaucoup d'inquiétude. Il y avoit lieu d'appréhender que le grand mât ne rompît cinq ou ſix pieds au-deſſous du trelingage. Je le fis jumeller, & pour le ſoulager, je dégreyai le mât de perroquet & tins toujours deux ris dans le grand hunier. Ces précautions retardoient conſidérablement notre marche ; malgré cela, le dix-huitieme jour de notre ſortie de Batavia, nous eûmes la vue de *l'île Rodrigue*, & le ſurlendemain celle de *l'île de France.*

1768. Novembre.

Vue de l'île Rodrigue.

Le 5 Novembre à quatre heures du ſoir, nous étions Nord & Sud de la pointe Nord-Eſt de l'île Rodrigue, d'où j'ai conclu la différence suivante de notre estime depuis l'île du Prince jusqu'à Rodrigue. M. Pingré y a observé 60ᵈ 52′ de longitude à l'Est de Paris, & à quatre heures je me trouvois, suivant mon estime, par 61ᵈ 26′. En supposant donc que l'observation faite sur l'île à l'habitation, y ait été faite à deux minutes dans l'Ouest de la pointe dont j'étois Nord & Sud à quatre heures, ma différence sur douze cents lieues de route étoit trente-quatre minutes sur l'arriere du vaisseau. La différence des observations faites le 3 par M. Verron, a été pour le même moment de 1ᵈ 12′ sur l'avant du vaisseau.

Nous avions eu connoissance de l'île Ronde le 7 à midi ; à cinq heures du soir nous étions Nord & Sud de son milieu. Nous tirâmes du canon à l'entrée de la nuit, espérant qu'on allumeroit le feu *de la pointe aux Canonniers*; mais ce feu, mentionné par M. d'Aprés dans son instruction, ne s'allume plus, de maniere qu'après avoir doublé *le coin de Mire* qu'on peut ranger d'aussi près qu'on veut, je me trouvai fort embarrassé pour éviter la bâture dangereuse qui avance plus d'une demi-lieue au large de la pointe aux Canonniers. Je louvoyai, afin de m'entretenir au vent du port, tirant de tems en tems un coup de canon ; enfin entre onze heures & minuit il vint à bord un des pilotes du port entretenus par le Roi. Je me croyois hors de peine, & je lui avois remis la conduite du bâtiment, lorsqu'à trois heures & demie il nous échoua près de la *baie des Tombeaux*. Par bonheur il n'y avoit pas de mer, & la manœuvre que nous fîmes rapidement pour tâcher *d'abattre* du côté du large, nous réussit ; mais que l'on conçoive quelle douleur mortelle c'eût été pour nous, après tant de dangers nécessaires heureusement évités ; de venir

Atterrage à l'île de France.

Danger que court la frégate.

échouer au port par la faute d'un ignorant auquel l'ordonnance nous forçoit de nous livrer. Nous en fûmes quittes pour quarante-cinq pieds de notre fausse quille qui furent emportés.

Avis nautique.

Cet accident, dont il s'en est peu fallu que nous ne fussions la victime, me met dans le cas de faire la réflexion suivante. Lorsqu'on en veut à l'île de France, & que l'on verra que de jour on ne peut atteindre l'entrée du port, la prudence exige que de bonne heure on prenne son parti de ne pas s'engager trop près de la terre. Il convient de s'entretenir pour la nuit en-dehors & au vent de l'île Ronde, non en cape, mais en louvoyant avec un bon corps de voiles à cause des courans. Au reste il y a mouillage entre les petites îles; nous y avons trouvé de 30 à 25 brasses fond de sable; mais il n'y faudroit mouiller que dans le cas d'une extrême nécessité.

Relâche à l'île de France.

Le 8 dans la matinée nous entrâmes dans le port où nous fûmes amarrés dans la journée. L'Etoile parut à six heures du soir & ne put entrer que le lendemain. Nous nous trouvâmes être en arriere d'un jour, & nous y reprîmes la date de tout le monde.

Détail de ce que nous y faisons.

Dès le premier jour j'envoyai tous mes malades à l'hôpital, je donnai l'état de mes besoins en vivres & agrès, & nous travaillâmes sur-le-champ à disposer la frégate pour être carénée. Je pris tous les ouvriers du port qu'on put me donner & tous ceux de l'Etoile, étant déterminé à partir aussitôt que je serois prêt. Le 16 & le 18 on chauffa la frégate. Nous trouvâmes son doublage vermoulu, mais son franc-bord étoit aussi sain qu'en sortant du chantier.

Nous fûmes obligés de changer ici une partie de notre mâture.

mâture. Notre grand mât avoit un fenton au pied & devoit manquer par-là auſſitôt que par la tête, où la meche étoit caſſée. On me donna un grand mât d'une feule piece, deux mâts de hune, des ancres, des cables & du filain dont nous étions abſolument indigens. Je remis dans les magaſins du Roi mes vieux vivres, & j'en repris pour cinq mois. Je livrai pareillement à M. Poivre, Intendant de l'île de France, le fer & les clous embarqués à bord de l'Etoile, ma cucurbite, ma ventouſe, beaucoup de médicamens, & quantité d'effets devenus inutiles pour nous, & dont cette colonie avoit beſoin. Je donnai auſſi à la légion vingt-trois ſoldats qui me demanderent à y être incorporés. Meſſieurs de Commerçon & Verron conſentirent pareillement à différer leur retour en France; le premier pour examiner l'hiſtoire naturelle de ces îles & celle de Madagaſcar; le ſecond pour être à portée d'aller obſerver dans l'Inde le paſſage de Venus; on me demanda de plus M. de Romainville Ingénieur, & quelques jeunes volontaires & pilotins pour la navigation d'Inde en Inde.

Il n'étoit pas malheureux, après un auſſi long voyage, d'être encore en état d'enrichir cette colonie d'hommes & d'effets néceſſaires. La joie que j'en reſſentis fut cruellement altérée par la perte que nous y fîmes du Chevalier du Bouchage, Enſeigne de vaiſſeau, ſujet d'un mérite diſtingué, qui joignoit aux connoiſſances qui font le grand Officier de mer, toutes les qualités du cœur & de l'eſprit qui rendent un homme précieux à ſes amis. Les ſoins affectueux & l'habileté de M. de la Porte, notre Chirurgien-major, n'ont pu le ſauver. Il mourut dans mes bras le 19 Novembre, d'une diſſenterie commencée à Batavia. Peu de jours après un jeune fils de M. le Moyne Commiſ-

Perte de deux Officiers.

faire-ordonnateur de la Marine, embarqué avec moi, volontaire, & nommé depuis peu Garde de la Marine, mourut de la poitrine.

J'admirai à l'île de France les forges qui y ont été établies par Messieurs de Rosting & Hermans. Il en est peu d'aussi belles en Europe, & le fer qu'elles fabriquent est de la premiere qualité. On ne conçoit pas ce qu'il a fallu de constance & d'habileté pour perfectionner cet établissement, & ce qu'il a coûté de frais. Il a maintenant neuf cents Negres, dont M. Hermans a tiré & fait exercer un bataillon de deux cents hommes, parmi lesquels s'est établi l'esprit de corps. Ils sont entre eux fort délicats sur le choix de leurs camarades, & refusent d'admettre tous ceux qui ont commis la moindre friponnerie. Voilà donc le point d'honneur avec l'esclavage.

1768. Décembre.

Pendant notre séjour ici nous avions constamment joui du plus beau tems. Le 5 Décembre le ciel commença à se couvrir de gros nuages, les montagnes s'embrumerent, tout annonça la saison des pluies & l'approche de l'ouragan qui se fait sentir dans ces îles presque toutes les années. Le 10 j'étois prêt à mettre à la voile; la pluie & le vent debout ne me le permirent pas. Je ne pus appareiller que le 12 au matin, laissant l'Etoile au moment d'être carenée. Ce bâtiment ne pouvoit être en état de sortir avant la fin du mois, & notre jonction étoit dorénavant inutile. Cette flûte, sortie de l'île de France à la fin du mois de Décembre, est arrivée en France un mois après moi. A midi je pris mon point de départ par la latitude australe observée de 20ᵈ 22', & par 54ᵈ 40' de longitude à l'Est de Paris.

Départ de l'île de France.

Route jus-

Le tems fut d'abord très-couvert, avec des grains &

de la pluie. Nous ne pûmes avoir connoiſſance de l'île de Bourbon. A meſure que nous nous éloignâmes le tems devint plus beau. Le vent étoit favorable & frais, mais bientôt notre nouveau grand mât nous cauſa les mêmes inquiétudes que le premier. Il faiſoit à la tête un arc ſi conſidérable, que je n'oſai me ſervir de grand perroquet ni porter le hunier tout haut. {qu'au cap de Bonne-Eſpérance.}

Depuis le 22 Décembre juſqu'au 8 Janvier nous eûmes conſtamment vent debout, mauvais tems ou calme. Ces vents d'Oueſt étoient, me diſoit-on, ſans exemple ici dans cette ſaiſon. Ils ne nous en moleſterent pas moins quinze jours de ſuite que nous paſſâmes à la cape ou à louvoyer avec une très-groſſe mer. Nous eûmes la connoiſſance de la côte d'Afrique avant que d'avoir eu la ſonde. Lors de la vue de cette terre que nous prîmes pour *le cap des Baſſes*, nous n'avions pas de fond. Le 30 nous trouvâmes 78 braſſes, & depuis ce jour nous nous entretînmes *ſur le banc des Eguilles*, avec la vue preſque continuelle de la côte. Bientôt nous rencontrâmes pluſieurs navires Hollandois de la flotte de Batavia. L'avant-coureur en étoit parti le 20 Octobre & la flotte le 6 Novembre: les Hollandois étoient encore plus ſurpris que nous de ces vents d'Oueſt qui ſouffloient ainſi contre ſaiſon. {Mauvais tems que nous eſſuyons.} {1769. Janvier.}

Enfin le 8 Janvier au matin nous eûmes connoiſſance du *cap False*, & bientôt après la vue des *terres du cap de Bonne-Eſpérance*. J'obſerverai qu'à cinq lieues dans l'Eſt-Sud-Eſt du cap False, il y a une roche ſous l'eau fort dangereuſe; qu'à l'Eſt du cap de Bonne-Eſpérance eſt un recif qui s'avance plus d'un tiers de lieue au large, & au pied du cap même un rocher qui met au large à la même diſtance. J'avois atteint un vaiſſeau Hollandois apperçu le {Avis nautiques.}

matin, & j'avois diminué de voiles pour ne le pas dépasser; afin de le suivre en cas qu'il voulût entrer de nuit. A sept heures du soir il amena perroquets, bonnettes, & même ses huniers; pour-lors je pris le bord du large, & je louvoyai toute la nuit avec un grand frais de vent de Sud, variable du Sud-Sud-Est au Sud-Sud-Ouest.

Au point du jour les courans nous avoient entraînés de près de neuf lieues dans le Ouest-Nord-Ouest; le vaisseau Hollandois étoit à plus de quatre lieues sous le vent à nous. Il fallut forcer de voiles pour regagner ce que nous avions perdu; aussi ceux qui doivent passer la nuit sur les bords dans l'intention d'entrer au jour dans la baie du cap, feront-ils bien de mettre en-travers dès la pointe orientale du cap de Bonne-Espérance, en se tenant environ à trois lieues de terre; dans cette position les courans les auront mis en bonne posture d'entrer de grand matin. A neuf heures du matin, nous mouillâmes dans la baie du Cap, à la tête de la rade, & nous affourchâmes Nord-Nord-Est & Sud-Sud-Ouest. Il y avoit ici quatorze grands navires de toutes nations, & il en arriva plusieurs autres pendant le séjour que nous y fîmes. M. Carteret en étoit sorti le jour des Rois. Nous saluâmes de quinze coups de canon la ville, qui nous en rendit un pareil nombre.

Relâche au cap de Bonne-Espérance.

Nous eûmes tout lieu de nous louer du Gouverneur & des habitans du cap de Bonne-Espérance; ils s'empressèrent de nous procurer l'utile & l'agréable. Je ne m'arrêterai point à décrire cette place que tout le monde connoît. Le Cap releve immédiatement de l'Europe & n'est point dans la dépendance de Batavia, ni pour l'administration militaire & civile, ni pour la nomination des emplois. Il suffit même d'en avoir exercé un au Cap, pour n'en pouvoir posséder aucun à Batavia. Cependant le Conseil du Cap correspond avec celui de Batavia pour les affaires de commerce. Il est composé de huit personnes, du nombre desquelles est le Gouverneur, qui en est le Président. Le Gouverneur n'entre point dans le Conseil de Justice, auquel préside le Commandant en second ; seulement il signe les arrêts de mort.

Il y a un poste militaire à *False-baye* & un à *la baie de Saldagna*. Cette derniere qui forme un port superbe, à l'abri de tous les vents, n'a pu devenir le chef-lieu, parce qu'il n'y a pas d'eau. On travaille maintenant à augmenter l'établissement de False-baye; c'est où les vaisseaux mouillent pendant l'hiver, quand la baie du Cap est interdite. On y trouve les mêmes secours & à tout aussi bon compte qu'au Cap. Il y a par terre huit lieues de mauvais chemin d'un de ces lieux à l'autre.

A-peu-près à moitié chemin des deux est le canton de Constance, qui produit le fameux vin de ce nom. Ce vignoble, où l'on cultive des plants de muscat d'Espagne, est fort petit, mais il est faux qu'il appartienne à la Compagnie, & qu'il soit, comme on le croit ici, entouré de murs & gardé. On le distingue en haut Constance & petit Constance, séparés par une haie, & appartenans à deux propriétaires différens. Le vin qui s'y recueille est à-peu-près égal en qualité, quoique chacun des deux Constances ait ses partisans. Il se fait année commune cent vingt à cent trente barriques de ce vin, dont la Compagnie prend un tiers à un prix tarifé, le reste se vend aux acheteurs qui se présentent. Le prix actuel est de trente piastres l'alvrame ou le baril de soixante & dix bouteilles de vin blanc, trente-cinq piastres l'alvrame de rouge. Mes

Détail sur le vignoble de Constance.

camarades & moi nous allâmes dîner chez M. de Vanderfpie, propriétaire du haut Conftance. Il nous fit la meilleure chere du monde; & nous y bûmes beaucoup de fon vin, foit en dînant, foit en goûtant des différentes pieces pour faire notre emplette.

Le terroir de Conftance, terminé en pente douce, eft d'un fable graveleux. La vigne s'y cultive fans échalas; le fep eft taillé à petit bois. Le vin s'y fait en mettant dans la cuve la grape égrenée. Les futs pleins fe conservent dans un cellier à rez-de-chauffée, dans lequel l'air a une libre circulation. Nous vifitâmes en revenant de Conftance deux maifons de plaifance qui appartiennent au Gouverneur. La plus grande nommée *Newland* a un jardin beaucoup plus beau que celui de la Compagnie au Cap. Nous avons trouvé ce dernier fort inférieur à fa réputation. De longues allées de charmilles très-hautes lui donnent l'air d'un jardin de Moines; il eft planté de chênes qui y viennent très-mal.

Etat des Hollandois au cap.

Les plantations des Hollandois fe font fort étendues fur toute la côte, & l'abondance y eft par-tout le fruit de la culture, parce que le cultivateur, foumis aux feules loix, y eft libre & fûr de fa propriété. Il y a des habitans jufqu'à près de cent cinquante lieues de la capitale; ils n'ont d'ennemis à craindre que les bêtes féroces; car les Hottentots ne les moleftent point. Une des plus belles parties de la colonie du Cap, eft celle à laquelle on a donné le nom de *petite Rochelle*. C'eft une peuplade de François chaffés de leur patrie par la révocation de l'édit de Nantes. Elle furpaffe toutes les autres par la fécondité du terrein & l'induftrie des colons. Ils ont confervé à cette mere adoptive le nom de leur ancienne patrie, qu'ils aiment toujours, toute rigoureufe qu'elle leur a été.

Le Gouvernement envoye de tems-en-tems des caravanes viſiter l'intérieur du pays. Il s'en eſt fait une de huit mois en 1763. Le détachement perça dans le Nord & fit, m'a-t-on aſſuré, des découvertes importantes; ce voyage n'eut pas cependant le ſuccès qu'on devoit s'en promettre; le mécontentement & la diſcorde ſe mirent dans le détachement & forcerent le chef à revenir ſur ſes pas, laiſſant ſes découvertes imparfaites. Les Hollandois avoient eu connoiſſance d'une nation jaune, dont les cheveux ſont longs, & qui leur a paru très-farouche.

C'eſt dans ce voyage que l'on a trouvé le quadrupede de dix-ſept pieds de hauteur, dont j'ai remis le deſſein à M. de Buffon; c'étoit une femelle qui allaitoit un faon dont la hauteur n'étoit encore que de ſept pieds. On tua la mere, le faon fut pris vivant, mais il mourut après quelques jours de marche. M. de Buffon m'a aſſuré que cet animal eſt celui que les *Naturaliſtes* nomment *la giroffe*. On n'en avoit pas revû depuis celui qui fut apporté à Rome du tems de Céſar, & montré à l'amphithéâtre. On a auſſi trouvé il y a trois ans, & apporté au Cap, où il n'a vécu que deux mois, un quadrupede d'une grande beauté, lequel tient du taureau, du cheval & du cerf; & dont le genre eſt abſolument nouveau. J'ai pareillement remis à M. de Buffon le deſſein exact de cet animal dont je crois que la force & la vîteſſe égalent la beauté. Ce n'eſt pas ſans raiſon que l'Afrique a été nommée la mere des monſtres.

Munis de bons vivres, de vins & de rafraîchiſſemens de toute eſpece, nous appareillâmes de la rade du Cap le 17 après midi. Nous paſſâmes entre l'île *Roben* & la côte; à ſix heures du ſoir le milieu de cette île nous reſtoit au

Départ du cap.

Sud-Sud-Est= 4ᵈ-Sud environ à quatre lieues de distance; c'est d'où je pris mon point de départ par 33ᵈ 46ʹ de latitude Sud, & 15ᵈ 48ʹ de longitude orientale de Paris. Je desirois de rejoindre M. Carteret sur lequel j'avois certainement un grand avantage de marche, mais qui avoit encore onze jours d'avance sur moi.

Vue de Sainte-Helene.

Je dirigeai ma route pour prendre connoissance de *l'île Sainte-Helene*, afin de m'assurer la relâche à *l'Ascension*, relâche qui devoit faire le salut de mon équipage. Effectivement nous en eûmes la vue le 29 à deux heures après midi, & le relevement que nous en fîmes ne nous donna de différence avec l'estime de notre route que huit à dix lieues. La nuit du 3 au 4 Février étant par la latitude de l'Ascension & m'en faisant environ à dix-huit lieues de distance, je fis courir sous les deux huniers. Au point du jour nous vîmes l'île à-peu-près à neuf lieues de distance, & à onze heures nous mouillâmes dans l'ance du Nord-Ouest *ou de la montagne de la Croix* par 12 brasses fond de sable & corail. Suivant les observations de M. l'abbé de la Caille, nous étions à ce mouillage par 7ᵈ 54ʹ de latitude Sud, & 16ᵈ 19ʹ de longitude occidentale de Paris.

1769.
Février.

Relâche à l'Ascension.

A peine eûmes-nous jetté l'ancre que je fis mettre les bateaux à la mer & partir trois détachemens pour la pêche de la tortue ; le premier dans *l'ance du Nord-Est* ; le second dans *l'ance du Nord-Ouest*, vis-à-vis de laquelle nous étions; le troisieme dans *l'ance aux Anglois*, laquelle est dans le Sud-Ouest de l'île. Tout nous promettoit une pêche favorable ; il n'y avoit point d'autre navire que le nôtre, la saison étoit avantageuse & nous entrions en nouvelle lune. Aussitôt après le départ des détachemens, je fis toutes mes dispositions pour jumeller au-dessous du capelage,

lage, mes deux mâts majeurs : sçavoir le grand mât avec un petit mât de hune, le gros bout en-haut ; & le mât de misaine, lequel étoit fendu horizontalement entre les jottereaux, avec une jumelle de chêne.

On m'apporta dans l'après-midi la bouteille qui renferme le papier sur lequel s'inscrivent ordinairement les vaisseaux de toutes nations qui relâchent à l'Ascension. Cette bouteille se dépose dans la cavité d'un des rochers de cette baie, où elle est également à l'abri des vagues & de la pluie. J'y trouvai écrit le *Swallow*, ce vaisseau Anglois commandé par M. Carteret, que je desirois de rejoindre. Il étoit arrivé ici le 31 Janvier & reparti le premier Février ; c'étoient déjà six jours que nous lui avions gagnés depuis le cap de Bonne-Espérance. J'inscrivis la Boudeuse & je renvoyai la bouteille.

La journée du 5 se passa à jumeller nos mâts sous le capelage, opération délicate dans une rade où la mer est clapoteuse, à tenir nos agrêts & à embarquer les tortues. La pêche fut abondante ; on en avoit retourné dans la nuit soixante & dix, mais nous ne pûmes en prendre à bord que cinquante-six, on remit les autres en liberté. Nous observâmes au mouillage 9ᵈ 45′ de variation Nord-Ouest. Le 6 à trois heures du matin, les tortues & bateaux étant embarqués, nous commençâmes à lever nos ancres ; à cinq heures nous étions sous voiles enchantés de notre pêche & de l'espoir que notre premier mouillage seroit dorénavant dans notre patrie. Combien nous en avions fait depuis le départ de Brest ! *Départ de l'Ascension.*

En partant de l'Ascension, je tins le vent pour ranger les îles *du cap Verd* d'aussi près qu'il me seroit possible. Le 11 au matin, nous passâmes la ligne pour la sixieme fois *Passage de la ligne.*

Ccc

dans ce voyage par 20ᵈ de longitude eſtimée. Quelques jours après, comme malgré la jumelle dont nous l'avions fortifié, le mât de miſaine faiſoit une très-mauvaiſe figure, il fallut le ſoutenir par des pataras, degréer le petit perroquet, & tenir preſque toujours le petit hunier aux bas-ris & même ſerré.

Rencontre du Swallow. Le 25 au ſoir, on apperçut un navire au vent & de l'avant à nous, nous le conſervâmes pendant la nuit, & le lendemain nous le joignîmes; c'étoit le Swallow. J'offris à M. Carteret tous les ſervices qu'on peut ſe rendre à la mer. Il n'avoit beſoin de rien; mais ſur ce qu'il me dit qu'on lui avoit remis au Cap des lettres pour France, j'envoyai les chercher à ſon bord. Il me fit préſent d'une fleche qu'il avoit eue dans une des îles rencontrées dans ſon voyage autour du monde, voyage qu'il fut bien loin de nous ſoupçonner d'avoir fait. Son navire étoit fort petit, marchoit très-mal, & quand nous eûmes pris congé de lui, nous le laiſſâmes comme à l'ancre. Combien il a dû ſouffrir dans une auſſi mauvaiſe embarcation! Il y avoit huit lieues de différence entre ſa longitude eſtimée & la nôtre; il ſe faiſoit plus à l'Oueſt de cette quantité.

Erreur dans l'eſtime de notre route 1769. Mars. Nous comptions paſſer dans l'Eſt *des îles Açores*, lorſque le 4 Mars dans la matinée, nous eûmes connoiſſance *de l'île Tercere*, que nous doublâmes dans la journée en la rangeant de fort près. La vue de cette île, en la ſuppoſant bien placée ſur le grand plan de M. Bellin, nous donneroit environ ſoixante & ſept lieues d'erreur du côté du Oueſt, dans l'eſtime de notre route; erreur conſidérable dans un trajet auſſi court que celui de l'Aſcenſion aux Açores. Il eſt vrai que la poſition de ces îles en longitude eſt encore incertaine. Cependant je crois que dans les parages des îles du cap Verd il regne des courans très-violens. Au reste, il étoit essentiel de déterminer la longitude des Açores par de bonnes observations astronomiques, & de bien constater la distance des unes aux autres, & leurs gissemens entre elles. Rien de tout cela n'est juste sur les cartes d'aucune nation. Elles ne different que par le plus ou le moins d'erreur Cet objet important vient d'être rempli par M. de Fleurieu, Enseigne des vaisseaux du Roi.

Je corrigeai ma longitude en quittant Tercere sur celle qu'assigne à cette île la carte à grand point de M. Bellin. Nous eûmes fond le 13 après midi, & le 14 au matin la vue d'Ouessant. Comme les vents étoient courts & la marée contraire pour doubler cette île, nous fûmes forcés de prendre la bordée du large, les vents étoient à Ouest grand frais, & la mer fort grosse. Environ à dix heures du matin, dans un grain violent, la vergue de misaine se rompit entre les deux poulies de drisse & la grand-voile fut au même instant deralinguée depuis un point jusqu'à l'autre. Nous mîmes aussitôt à la cape sous la grand voile d'étai le petit focq & le focq de derriere, & nous travaillâmes à nous raccommoder. Nous envergâmes une grande voile neuve, nous refîmes une vergue de misaine avec la vergue d'artimon, une vergue de grand hunier, & un bout dehors de bonnettes, & à quatre heures du soir nous nous retrouvâmes en état de faire de la voile. Nous avions perdu la vue d'Ouessant, & pendant la cape, le vent & la mer nous avoient fait dériver dans sa manche.

Déterminé à entrer à Brest, j'avois pris le parti de louvoyer avec des vents variables du Sud-Ouest au Nord-Ouest, lorsque le 15 au matin, on vint m'avertir que le

Vue d'Ouessant.

Coup de vent qui nous dégraye.

Arrivée à Saint-Malo.

mât de misaine menaçoit de se rompre au-dessous du capelage. La secousse qu'il avoit reçue dans la rupture de sa vergue avoit augmenté son mal; & quoique nous en eussions soulagé la tête en abaissant sa vergue, faisant le ris dans la misaine, & tenant le petit hunier sur le ton avec tous ses ris faits, cependant nous reconnûmes après un examen attentif, que ce mât ne résisteroit pas long-tems au tangage que la grosse mer nous faisoit éprouver *au plus près*; d'ailleurs toutes nos manœuvres & poulies étoient pourries, & nous n'avions plus de rechange; quel moyen, dans un état pareil, de combattre entre deux côtes contre le gros tems de l'équinoxe? Je pris donc le parti de faire vent arriere & de conduire la frégate à Saint-Malo. C'étoit alors le port le plus prochain qui pût nous servir d'asyle. J'y entrai le 16 après midi, n'ayant perdu que sept hommes pendant deux ans & quatre mois écoulés depuis notre sortie de Nantes.

>Puppibus & læti Nautæ imposuere coronas.
>*Virgil. Æneid. liv. IV.*

Fin du Voyage autour du Monde.

VOCABULAIRE
DE
L'ILE TAITI.

A

A Bobo,	demain.
Aibou,	venez.
Ainé,	fille.
Aiouta,	il y en a.
Aipa,	le terme de négation, il n'y en a pas.
Aneania,	importun, ennuyeux.
Aouaou,	fi, terme de mépris, de déplaisance.
Aouereré,	noir.
Aouero,	œuf.
Aouri,	fer, or, argent, tout métal ou instrument de métal.
Aoutti,	poisson volant.
Aouira,	éclair.
Apalari,	briser, détruire.
Ari,	coco.
Arioi,	célibataire & homme sans enfans.
Ateatea,	blanc.

Je ne connois aucun mot qui commence par nos lettres consonnes suivantes *B, C, D.*

E

Ea,   racine.

Eaï,	le feu.
Eaia,	perruche.
Eaibou,	vase.
Eaiabou-maa,	vase qui sert à mettre le manger.
Eame,	boisson faite avec le coco.
Eani,	toutes façons de se battre.
Eao,	les nuages, & fleur en bouton ou non ouverte.
Eatoua,	la Divinité. Le même mot exprime aussi ses Ministres, ainsi que les Génies subalternes bienfaisans ou malfaisans.
Eeva,	deuil.
Eie,	voile de pirogue.
Eiva eoura,	danse ou fête des Taitiens.
Eivi,	petit.
Eite,	entendre.
Elao,	mouche.
Emaa,	fronde.
Emao,	requin, veut dire aussi mordre.
Emeitai,	donner.
Emoe,	dormir.
Enapo,	hier.
Enene,	décharger.
Enia,	dedans, sur.
Enninnito,	s'étendre en bâillant.
Enoanoa,	sentir bon.
Enomoi,	terme pour appeller, venez ici.
Enoo-te-papa,	asseyez-vous.
Enoua,	la terre & ses différentes parties.
Enoua Taiti,	le pays de Taiti.
Enoua Paris,	le pays de Paris.

Eo,	suer.
Eoe-tea,	fleche.
Eoe-pai,	pagaye ou rame.
Emoure-papa,	l'arbre dont ils tirent le coton ou la bourre pour leurs étoffes.
Eone,	sable, poussiere.
Eonou,	tortue.
Eote,	baiser.
Eouai,	pluie.
Eouao,	voler, dérober.
Eououa,	boutons sur le visage.
Eoui,	roter.
Eounoa,	bru, belle-fille.
Eouramai,	lumiere.
Eouri,	danseur.
Eouriaye,	danseuse.
Epao,	vapeur lumineuse qui file dans le ciel, que le peuple nomme *étoile qui file*. A Taiti on les regarde comme des génies malfaisans.
Epata,	coup de langue pour appeller la femme.
Epepe,	papillon,
Epija,	oignon.
Epoumaa,	sifflet. Il sert à appeller aux repas.
Epouponi,	souffler le feu.
Epoure,	prier.
Epouta,	blessure; ce mot exprime aussi la cicatrice.
Era,	soleil.
Era-ouao,	soleil levant.
Era-ouopo,	soleil couchant.

Era-ouavatea,	soleil à midi.
Eraï,	le ciel.
Erepo,	sale, malpropre.
Ero,	fourmi.
Eri,	Roi.
Erie,	royal.
Eroi,	laver, nettoyer.
Eroleva,	ardoise.
Eroua,	trou.
Erouai,	vomir.
Eroupe,	pigeon bleu d'une espece fort grosse, semblable à ceux qui sont chez M. le Maréchal de Soubise.
Etai,	la mer.
Etao,	lancer.
Etaye,	pleurer.
Eteina,	frere ou sœur aînée.
Etouana,	frere ou sœur cadette.
Etere,	aller.
Etere maine,	revenir.
Etio,	huître.
Etipi,	couper, coupé.
Etoi,	hache.
Etoumou,	tourterelle.
Etouna,	anguille.
Etoouo,	raper.
Evai,	l'eau.
Evaie,	humide.
Evaine,	femme.
Evana,	arc.
Evare,	maison.

Evaroua-t-eatoua,

Evaroua-t-eatoua, Souhait qui se fait aux personnes qui éternuent, & qui veut dire que le mauvais génie ne t'endorme pas, ou que le bon génie te réveille.
Evero, lance.
Evetou, étoile.
Evetou-eave, comete.
Evi, fruit acide, semblable à une poire, particulier à Taiti.
Evuvo, flûte.

Les mots suivans se prononcent *e* long, comme l'η des Grecs.

ηti, figures de bois qui représentent des génies subalternes, & se nomment *ηti-tane* ou *ηti-aine*, suivant que ces génies sont du sexe masculin ou du féminin. Ces figures servent à des cérémonies religieuses, & les Taitiens en ont plusieurs dans leurs maisons.
ηieie, corbeille.
ηou, pet. Ils l'ont en horreur & brûlent tout ce qui est dans les maisons où l'on a peté.
ηouou, moule.
ηreou-tataou, couleur à piquer; c'est celle qui sert à ces caracteres ineffaçables qu'ils s'impriment sur les différentes parties du corps.

ηriri & aussi *ouariri*, se fâcher, se mettre en colere.

Je ne connois aucun mot qui commence par les consonnes suivantes *F*, *G*.

H

Horreo,	fonde faite avec les coquilles les plus pefantes, fe prononce comme s'il y avoit un *h* devant l'*o*.

I

Ióre,	rat.
Iroiroi,	fatiguer.
Iroto,	dedans.
Ivera,	chaud.

Je ne connois aucun mot qui commence par la confonne *L*.

M

Maa,	manger.
Maea,	enfans jemeaux.
Maeo,	fe gratter, démanger.
Mai,	de plus, fe dit auffi *maine*; c'eft un adverbe de répétition: *etere*, aller, *etere-mai* ou *etere-maine*, aller une feconde fois, revenir.
Maglli,	froid.
Mala,	plus.
Malama,	la lune.
Malou,	confidérable, grand.
Mama,	léger.
Mamai,	malade.
Manoa,	bonjour, ferviteur, expreffion de politeffe ou d'amitié.
Manou,	oifeau, léger.

Mao,	émérillon pour la pêche.
Matai,	vent.
Matai malac,	vent d'Eſt ou de Sud-Eſt.
Matai-aouerai,	vent d'Oueſt ou de Sud-Oueſt.
Matao,	hameçon.
Matapo,	borgne, louche.
Matari,	les pléiades.
Matie,	l'herbe, *gramen*.
Maio,	montagne.
Mate,	tuer.
Mea,	choſe.
Meia,	bananier, bananes.
Metoua,	parens; *Metoua-tane* ou *eoure*, pere; *metoua-aine* ou *erao*, mere.
Mimi,	uriner.
Móa,	coq, poule.
Moea,	natte.
Mona,	beau, bon.
Moreou,	calme, tems ſans vent.
Motoua,	petit-fils.

N

Nate,	donner.
Nie,	voile de bateau.
Niouniou,	jonquille.

O

Oai,	murailles & pierres.
Oaite,	ouvrir.
Oorah,	la piece d'étoffe dont on s'enveloppe.

Ooróa,	généreux, qui donne.
Opoupoui,	boire.
Oualilo,	voler, dérober.
Ouaoura,	aigrette de plumes.
Ouaora,	guérir ou guéri.
Ouanao,	accoucher.
Ouare,	cracher.
Ouatere,	timonier.
Ouera,	chaud.
Oueneo,	cela ne sent pas bon, infecte.
Ouetopa,	perdre, perdu.
Ouhi,	hé.
Quope,	mûr, en maturité.
Oupani,	fenêtre.
Oura,	rouge.
Ouri,	chien & quadrupedes.

P

Pai,	pirogue.
Paia,	assez.
Papa,	bois, siege & tout meuble de bois.
Papanit,	fermer, boucher.
Paoro,	coquille, nacre.
Parouai,	habit, étoffe.
Patara,	grand-pere.
Patiri,	tonnere.
Picha,	coffre.
Pirara,	poisson.
Piropiro,	puanteur d'un pet ou des excrémens.
Piriot,	boiteux.

Piripiri,	négatif, avare qui ne donne point.
Po,	jour.
Póe,	perle, pendant d'oreilles.
Poi,	pour, à.
Pouri,	obscur.
Pona,	gras, embonpoint, bien portant.
Porotata,	loge à chiens.
Pouaa,	cochon, sanglier.
Pouerata,	fleurs.
Poupoui,	à la voile.
Pouta,	blessure.
Poto,	petit, exigu.

Je ne connois aucun mot qui commence par la lettre Q.

R

Rai,	grand, gros, considérable.
Ratira,	vieux, âgé.
Roa,	gros, fort gras.
Rωa,	fil.

Aucun mot venu à ma connoissance ne commence par la lettre S.

T

Taitai,	salé.
Taio,	ami.
Tamai,	ennemi, en guerre.
Tane,	homme, mari.
Taotiti,	nom de la grande Prêtresse obligée à la virginité. Elle a dans le pays la plus grande considération.
Tara-tane,	femme mariée.

VOCABULAIRE

Taporai,	battre, maltraiter.
Taoua-mai,	Médecin.
Taoumi,	hauffecol pour les cérémonies.
Taoumta,	couverture de tête.
Taoura,	corde.
Tata,	homme.
Tatoue,	l'acte de la génération.
Tcarea,	jaune.
Teouteou,	valet, efclave.
Tero,	noir.
Tetouara,	femme barrée.
Tiarai,	fleurs blanches qu'ils portent aux oreilles en guife de pendans.
Titi,	cheville.
Tinatore,	ferpent.
Toa,	fort, puiffant, malfaifant.
Tomaiti,	enfant.
Toni,	terme d'appel ou cri pour les filles. On y ajoute *Peio* allongé, ou *Pijo* prononcé doucement comme le grand *j* des Efpagnols. Si la fille fe donne un coup fur la partie extérieure du genou, c'eft un refus; mais fi elle dit *enomoi,* c'eft l'expreffion de fon confentement.
Toto,	fang.
Touapouou,	boffu.
Touaine,	frere & fœur, en ajoutant le mot qui diftingue le fexe.
Toubabaou,	pleurer.
Touie,	maigre.

Toumaay,	action de faire des armes. C'est avec un morceau de bois armé de pointes faites avec des matieres plus dures que le bois. Ils se placent comme nous pour faire des armes.
Toura,	dehors.
Toutai,	faire ses nécessités.
Toutη,	excrémens.
Toupanoa,	ouvrir fenêtre ou porte.
Touroutoto,	vieillard décrépit.
Toutoi-papa,	lumiere des grands; niao-papa, lumiere du peuple.

V

Vareva,	pavillon qu'on porte devant les Rois & les principaux.

Je ne connois point de mots qui commencent par les lettres *U*, *X*, *Y*, *Z*.

Noms de différentes parties du corps.

Aoupo,	le dessus de la tête.
Boho,	crâne.
Eouttou,	le visage.
Mata,	les yeux.
Taria,	les oreilles.
Etaa,	mâchoire.
Eiou,	le nez.
Lamolou,	les levres.
Ourou,	les cheveux.
Allelo,	la langue.

VOCABULAIRE

Eniou,	les dents.
Eniaou,	curedents. Ils les font de bois.
Oumi,	la barbe.
Papaourou,	les joues.
Arapoa,	gorge, gosier.
Taah,	menton.
Eou,	mamelles, tetons.
Aoao,	le cœur.
Erima,	la main.
Apourima,	le dedans de la main.
Eaiou,	les ongles.
Etoua,	dos.
Etapono,	épaules.
Obou,	intestins.
Tinai,	ventre.
Pito,	nombril.
Toutaba,	glandes des aînes.
Etoe,	fesses.
Aoua,	cuisses.
Eanai,	jambes.
Etapoué,	pied.
Eoua,	testicules.
Eoure,	sexe de l'homme.
Erao,	sexe de la femme.
Eomo,	clitoris.

Nombres.

Atai,	un.
Aroua,	deux.
Atorou,	trois.
Aheha,	quatre.

Erima,

Erima,	cinq.
Aouno,	six.
Ahitou,	sept.
Awarou,	huit.
Ahiva,	neuf.
Aourou,	dix.

Ils n'ont point de mots pour exprimer onze, douze, &c. Ils reprennent *atai*, *aroua*, &c. jusqu'à vingt qu'ils disent *ataitao*.

Ataitao-mala atai, vingt plus un ou vingt & un, &c.

Ataitao-mala aourou, trente, c'est-à-dire, vingt plus dix.

Aroua-tao, quarante ; *aroua-tao mala atorou*, quarante-trois, &c.

Arouo-tao mala aourou, quarante plus dix ou cinquante.

Je n'ai pu faire compter Aotourou au-delà de ce dernier nombre.

Noms de plantes.

Amiami,	cotiledon.
Amoa,	fougere.
Aoute,	rose.
Eaaeo,	canne à sucre.
Eaere,	le saule pleureur, autrement dit le saule du grand Seigneur.
Eaia,	poires.
Eape,	araum de Virginie.
Eatou,	lys de S. Jacques.
Eoe,	bambou.
Eoai,	indigo.
Eora,	saffran des Indes.
Eotonoutou,	figues.

E e e

Eoui,	igname.
Epoua,	rhubarbe.
Eraca,	marons, chataignes.
Erea,	gingembre.
Etaro,	araum violet.
Eti,	sang-dragon.
Etiare,	grenadille ou fleur de la passion.
Etoutou,	rivina.
Mairerao,	sumak à trois feuilles.
Mati,	raisins.
Oporo-maa,	poivre.
Pouraou,	rose de Cayenne.
Toroire,	héliotrope.

Ils ont une espece d'article qui représente nos articles *à* & *de*; c'est le mot *te*. Ainsi ils disent *parouai-te-Aotourou*, l'habit d'Aotourou ou à Aotourou; *maa te-Eri*, le manger des Rois.

Je joins ici quelques réflexions de M. Pereire, que M. de la Condamine m'a communiquées, & dont j'ai supprimé plusieurs articles qui ne contenoient que des questions ou des doutes.

OBSERVATIONS

SUR l'articulation de l'Insulaire de la mer du Sud, que M. de Bougainville a amené de l'île Taiti, & sur le Vocabulaire qu'il a fait du langage de cette île. Par M. Peirere, *de la Société Royale de Londres, Interprete du Roi.*

M. de la Condamine m'ayant fait l'honneur de m'inviter d'aller avec lui examiner le langage de cet étranger, qu'on lui avoit dépeint comme fort extraordinaire, nous avons été le voir ensemble le 25 Avril 1769.

Comme on m'avoit dit qu'il ne pouvoit pas prononcer le françois, mon premier soin a été de chercher à reconnoître quels étoient les sons de cette langue qui manifesteroient chez lui cette difficulté. J'ai donc commencé par lui faire entendre successivement tous les sons dont nous nous servons, & j'ai observé avec surprise que malgré l'envie qu'il marquoit avoir de les imiter, il n'a pû absolument articuler aucune des consonnes qui commencent les syllabes *ca da fa ga sa za*, non plus que le son qu'on nomme *l* mouillée, ni pas une des voyelles appellées nazales. Ce n'est pas tout ; il n'a pas sçu faire de distinction entre les articulations *cha* & *ja*, & n'a prononcé qu'imparfaitement le *b* & l'*l* ordinaire, & plus imparfaitement encore la double *r*, c'est-à-dire l'*r* forte ou initiale. Je suis porté à croire outre cela, bien que je ne m'en sois pas assuré sur lui, que ce ne sera pas sans grande difficulté qu'il prononcera l'*r* même simple, lorsqu'elle se trouvera immédiatement précédée d'un *p*, d'un *t*, ou d'un *v*, quoiqu'il articule bien ces confonnes quand elles font immédiatement fuivies de voyelles & que par conféquent il aura bien de la peine à prononcer, par exemple les fyllabes *pré*, *trou*, *vrai*, quoiqu'il prononce franchement *Poutaveri*, nom qu'il s'eft donné lui-même, en voulant prendre celui de *Bougainville* : car (chofe encore remarquable) il n'a pû prononcer ce nom autrement.

Ma conjecture eft fondée fur ce qu'en l'entendant parler en fa langue avec M. de Bougainville, j'ai cru remarquer qu'il n'employoit jamais deux confonnes confécutivement ou fans l'interpofition de quelques voyelles ; & fur ce que dans le Vocabulaire que M. de Bougainville a fait de cette langue, contenant environ deux cents cinquante mots, Vocabulaire que M. de la Condamine à qui il l'a prêté, a eu la complaifance de me communiquer, je n'ai trouvé que le feul mot *taoum'ta* (couverture de tête), où il fe rencontre deux confonnes enfemble ; encore ne puis-je pas m'empêcher de foupçonner dans ce mot l'omiffion de quelque voyelle entre l'*m* & le *t*.

La douceur de ce langage eft telle que tous les mots finiffent par des voyelles, & il falloit bien que cela fût, ou que pas un ne commençât par des confonnes, car autrement on entendroit quelquefois deux confonnes de fuite, ou fans voyelle intermédiaire, entre la fin d'un mot & le commencement du mot fuivant, & alors je n'aurois pas eu occafion de faire la remarque précédente.

Les mots, dans ce Dictionnaire, commencent ou par des voyelles ou par des confonnes explofives *p*, *t*, ou par la nazale *m*, je n'y vois que peu de mots qui commencent par *r*, & deux feuls qui commencent par *n*. Je penfe que ce peut être par erreur que ces mots se trouvent écrits de la sorte, & qu'il se peut pareillement qu'il n'y ait d'autres consonnes initiales dans la langue de Taiti que les trois susdites *m, p, t*, car indépendamment de ce que j'ai déjà dit par rapport à l'*r* forte, j'ai observé que Poutaveri qui m'a très-bien répété les syllabes *ma, pa, ta*, n'a pû prononcer à beaucoup près si franchement aucune des autres syllabes que je lui ai fait entendre commençant toujours par les consonnes ; alors soit qu'il trouvât ou non de la difficulté à prononcer ces syllabes, il n'a pas sçu chercher à les prononcer sans les faire précéder d'une voyelle, le plus souvent aspirée, ce qui m'a persuadé qu'il ne les a jamais articulés autrement. En effet, s'il y avoit dans son île des mots qui commençassent par les consonnes des syllabes *na, ra, va*, &c. il paroît clair qu'il prononceroit ces syllabes avec la même netteté qu'il a fait *ma, pa, ta*, c'est-à-dire sans hésiter ni les faire précéder d'aucun autre son. C'est par un pareil défaut d'habitude que l'*l* mouillée, quoiqu'également usitée & semblablement prononcée en France & en Espagne dans le milieu des mots, est pour l'ordinaire aussi mal-aisée à prononcer à un François, lorsqu'elle est initiale, comme dans ces mots Espagnols, *llamar, llevar*, qu'à un Espagnol lorsqu'elle est finale, comme dans les mots François *bétail, soleil*, cette articulation ne se trouvant jamais au commencement d'un mot François ni à la fin d'un mot Espagnol.

J'ai trouvé dans plusieurs mots du Vocabulaire Taitien, des consonnes que Poutaveri n'a pû prononcer ou n'a prononcé qu'imparfaitement, ce qui me fait penser qu'on ne s'en est servi en écrivant ces mots que faute d'autres lettres qui puſſent exprimer mieux ſur le papier les ſons étrangers qu'il aura fait entendre. Ces mots ſont, 1°. *abobo* (demain) *eaibou* (vaſe) *toubabaou* (pleurer) & *obou* (ventre) qui ſuppoſent en Poutaveri l'articulation franche du *b*, lettre que pourtant il ne prononce qu'à l'Eſpagnole, ou ſans preſque joindre les levres; 2°. *maglli* (froid) *allelo* (la langue) & quelques autres qui feroient croire qu'il a dans ſa langue le *g* guttural, lequel y manque entierement, & l'*l* qui n'y eſt, à ce qu'il m'a paru, que d'une maniere équivoque.

Le nom de flûte en cette langue, *evuvo*, me paroît très-remarquable, en ce qu'il prouveroit que le ſon de l'*u* voyelle François qui manque à toutes les autres nations du monde connu, eſt d'uſage à Taiti.

Le mot *aoua* a cela de particulier qu'il ſignifie également *pluie* & les *teſticules ;* & le mot *etai* qu'il équivaut à *mer* & à *pleurer*. Au reſte, ſi chacun de ces mots ſignifie plus d'une choſe, on trouve auſſi dans ce Dictionnaire des choſes ſignifiées chacune par plus d'un mot, *pleurer* y étant exprimé, tant par *etai* que par *toubabaou*, & *blanc* tant par *ateatea* que par *eani*.

La comparaiſon de quelques mots de ce petit Vocabulaire entre eux décele de l'art & de l'invention dans ces inſulaires pour la formation de leur langue, *epouta* (cicatrice) vient viſiblement de *pouta* (bleſſure), *evaie* (humide, aqueux) d'*evai* (eau); *mamai* (malade), & *taoua mai* (médecin) de *mai* (mal); *toua pouou* (boſſu) d'*etoua* (dos); *ataitao* (vingt) d'*atai* (un), &c.

Il étoit naturel de penſer après cela qu'*era* (le ſoleil) étant le plus bel être de la nature, qui l'échauffe, la vivifie, la réjouit, ſerviroit de racine aux noms de pluſieurs choses avec lesquelles cet astre auroit quelque rapport par quelqu'une de ces qualités. Je n'ai cependant trouvé que trois de ces mots parmi les deux cent-cinquante environ du Vocabulaire, mais leur dérivation d'*Era* ne me paroît point équivoque: ce sont *eraï* (ciel), *ouéra* (chaud), & *erao* (partie naturelle de la femme).

TABLE
DES MATIERES.
PREMIERE PARTIE.

CHAP. I. *Depart de la Boudeuse de Nantes ; relâche à Brest ; route de Brest à Montevideo ; jonction avec les frégates Espagnoles pour la remise des îles Malouines,* page 19

Objet du voyage. Départ de Nantes. Coup de vent. Relâche à Brest. Départ de Brest. Description des Salvages. Erreur dans l'estime de la route. Position des Salvages rectifiée. Observations nautiques. Passage de la ligne. Remarques sur la variation. Causes des différences qu'on éprouve dans la traversée au Brésil. Observations sur les courans. Entrée dans la riviere de la Plata. Mouillage à Montevideo. Route par terre de Buenos-Aires à Montevideo.

CHAP. II. *Détails sur les établissemens des Espagnols dans la riviere de la Plata,* 31

On est dans l'erreur sur la source de ce fleuve. Date des premiers établissemens que les Espagnols y font. Situation de la ville de Buenos-Aires. Sa population. Cette ville manque de port. Etablissemens religieux. Confréries & Processions de Negres. Dehors de Buenos-Aires, leurs productions. Abondance de bestiaux. Rareté du bois, moyen d'y remédier. Détails sur les Américains de cette contrée. Race de brigands établie dans le Nord de la riviere. Etendue du gouvernement de la Plata. Commerce de cette province. Colonie du Saint-Sacrement. Détails

sur

TABLE DES MATIERES.

sur la ville de Montevideo ; sur le mouillage dans cette baie. La relâche y est excellente pour les équipages.

CHAP. III. *Départ de Montevideo ; navigation jusqu'aux îles Malouines ; leur remise aux Espagnols ; détails historiques sur ces îles,* 44

Départ de Montevideo. Coup de vent essuyé dans la riviere. Route de Montevideo aux îles Malouines. Faute commise dans la direction de cette route. Prise de possession de notre établissement aux Malouines par les Espagnols. Détail historique sur ces îles. Americ Vespuce en a le premier connoissance. Depuis lui, des navigateurs Anglois & François en ont connoissance. Premier établissement dans ces îles. Détail sur la maniere dont il se fait. Premiere année. Seconde année. Les Anglois viennent s'y établir dans une autre partie.

CHAP. IV. *Détails sur l'histoire naturelle des îles Malouines,* 54

Aspect qu'elles présentent. Leur position géographique. Des ports. Des marées. Des vents. Des eaux. Du sol. Tourbe & ses qualités. Des plantes. Gommier résineux. Plante propre à faire de la bierre. Des fruits. Des fleurs. Plantes marines. Des coquilles. Des animaux. Il n'y a qu'un seul quadrupede. Des oiseaux à pieds palmés. Ils sont en grand nombre. Oiseaux à pieds non palmés. Des amphibies. Des poissons. Des crustacées.

CHAP. V. *Navigation des îles Malouines à Rio Janéiro ; jonction de la Boudeuse avec l'Etoile. Hostilités des Portugais contre les Espagnols. Etat des revenus que le Roi de Portugal tire de Rio Janeiro,* 74

Départ des Malouines pour Rio-Janeiro. Entrée à Rio-Janeiro. Discussion au sujet du salut. Jonction avec la flûte l'Etoile. Difficultés qu'éprouve un vaisseau Espagnol de la part du Viceroi. Secours que nous donnons aux Espagnols. Visite du Vice-

F ff

roi à bord de la frégate. Hostilités des Portugais contre les Espagnols. Mauvais procédés du Viceroi à notre égard. Ils nous déterminent à partir de Rio-Janeiro. Détails sur les richesses de cette place. Réglemens pour l'exploitation des mines. Mines de diamans. Précautions contre la contrebande. Mines d'or. Revenus que le Roi de Portugal tire de Rio-Janeiro.

CHAP. VI. *Départ de Rio Janéiro. Second voyage à Montevideo; avaries qu'y reçoit l'Etoile*, 86
Départ de Rio-Janeiro. Eclipse de soleil. Entrée dans la riviere de la Plata. Seconde relâche à Montevideo. Nouvelles que nous y apprenons. Avaries que reçoit l'Etoile. Il faut la faire monter à la Encenada de Baragan. Elle s'y raccommode. Détails sur cette espece de port. Départ de plusieurs vaisseaux pour l'Europe; arrivée de quelques autres.

CHAP. VII. *Détails sur les Missions du Paraguai & l'expulsion des Jésuites de cette province*, 94
Date de l'établissement des Missions. Conditions stipulées entre la Cour d'Espagne & les Jésuites. Zele & succès des Missionnaires. Révolte des Indiens contre les Espagnols. Cause de leur mécontentement. Ils prennent les armes & sont battus. Troubles appaisés. Les Indiens paroissent dégoûtés de l'administration des Jésuites. Gouvernement des Missions montré en perspective. Détails intérieurs de l'administration. Conséquences qu'on en tire. Expulsion des Jésuites de la Province de la Plata. Mesures prises à ce sujet par la Cour d'Espagne. Mesures prises par le Gouverneur général. Le secret est au moment d'être divulgué par un accident imprévu. Conduite du Gouverneur général. Les Jésuites sont arrêtés dans toutes les villes Espagnoles. Arrivée à Buenos-Aires des Caciques & des Corregidors des Missions. Ils paroissent publiquement devant le Gouverneur général. Quelle étoit l'étendue des Missions. Détail sur l'entrée du Gouverneur général dans les Missions. Relation de cet évenement publiée à Buenos-Aires.

CHAP. VIII. *Départ de Montevideo ; navigation jusqu'au cap des Vierges ; entrée dans le détroit ; entrevue avec les Patagons ; navigation jusqu'à l'île Sainte-Elifabeth*, 112

L'Etoile part de la Encenada pour Montevideo. Danger de cette navigation. Perte de trois hommes. Préparatifs du départ. Etat des équipages en partant de Montevideo. Départ de Montevideo. Position de cette ville déterminée aftronomiquement. Sondes & navigation jufqu'au détroit de Magellan. Vigie non marquée fur les cartes. Vue du cap des Vierges. Sa pofition. Difcuffion fur cette pofition donnée au cap des Vierges. Digreffion fur les inftrumens propres à obferver en mer la longitude. Difficultés effuyées avant que d'entrer dans le détroit. Remarque fur la qualité du fond à l'entrée du détroit. Remarques nautiques fur cette entrée. Defcription du cap d'Orange, fa bâture. Mouillage dans la baie de Poffeffion. Paffage du premier goulet. Vue des Patagons. Américains de la terre de Feu. Mouillage dans la baie Boucault. Entrevue avec les Patagons. Defcription de ces Américains. Qualité du fol de cette partie de l'Amérique. Remarque fur les marées. Second mouillage dans la baie Boucault. Obfervation de longitude. Perte d'une ancre. Paffage du fecond goulet. Mouillage près de l'île Sainte-Elifabeth. Defcription de cette île.

CHAP. IX. *Navigation depuis l'île Sainte-Elifabeth jufqu'à la fortie du détroit de Magellan ; détails nautiques fur cette navigation*, 136

Difficultés du paffage le long de l'île Sainte-Elifabeth. Mauvais tems, nuit fâcheufe. Mouillage dans la baie Duclos. Defcription de cette baie. Nouvelle obfervation fur les marées. Defcription d'un cap fingulier. Defcription du cap Forward. Mouillage dans la baie Françoife. Avis fur ce mouillage. Mouillage dans la baie Bougainville. Relâche dans cette baie pour y faire de l'eau & du bois. Obfervations aftronomiques & météorologiques. Defcription de cette partie du détroit. Reconnoiffance faite de plufieurs ports aux terres de Feu. Rencontre de Sauvages. Baie & port de

F f f ij

Beaubassin; sa description. Baie de la Cormorandiere. Baie & port de la Cascade. Description du pays. Utilité des trois ports décrits précédemment. Départ de la baie Bougainville. Mouillage dans la baie Fortescû. Détails des contrariétés que nous y essuyons. Traces trouvées du passage des Anglois. Observations astronomiques & nautiques. Rencontre & description des Pecherais. Accident funeste qui arrive à l'un d'eux. Continuation du mauvais tems. Danger que court la frégate. Ouragan violent. Assertion discutée sur le canal de la Sainte-Barbe. Utilité à retirer de la connoissance de ce canal. Coup de vent de la plus grande force. Sortie de la baie Fortescû. Description du détroit depuis le cap Galant jusqu'au débouquement. Nuit critique. Sortie du détroit; description de cette partie. Point de départ du détroit de Magellan. Observations générales sur cette navigation. Conclusion qu'on en tire.

SECONDE PARTIE.

CHAP. I. *Navigation depuis le détroit de Magellan jusqu'à l'arrivée à l'île Taïti; découvertes qui la précedent*, 175

Direction de la route en sortant du détroit. Observation sur le gissement des côtes du Chili. Ordre de marche de la Boudeuse & de l'Etoile. Perte d'un matelot tombé à la mer. Terre de David cherchée inutilement. Incertitude sur la latitude de l'île de Pâques. Observations météorologiques. Observations astronomiques comparées avec l'estime de la route. Rencontre des premieres îles. Observations sur une de ces îles. Elle est habitée malgré sa petitesse. Suite d'îles rencontrées. Description de la plus grande. Premiere division nommée *archipel dangereux*. Erreur dans les cartes de cette partie de la mer Pacifique. Observations astronomiques comparées avec l'estime de la route. Observations météorologiques. Usage avantageux de la poudre de limonade & de l'eau de mer desalée. Seconde division d'îles nommée *archipel de Bourbon*. Vue de Taïti. Manœuvres pour y aborder. Premier trafic avec les Insulaires. Description de la côte vue du large. Continuation du trafic avec les Insulaires. Mouillage à Taïti. Embarras pour amarrer les navires.

CHAP. II. *Séjour dans l'île Taïti ; détail du bien & du mal qui nous y arrivent*, 192

Descente à terre. Visite au chef du canton. Description de sa maison. Réception qu'il nous fait. Campement à terre projetté de notre part. Opposition de la part des Insulaires. Ils y consentent & à quelles conditions. Camp établi pour les malades & les travailleurs. Précautions prises ; conduite des Insulaires. Secours que nous en tirons. Mesures prises contre le vol. Usage singulier du pays. Beauté de l'intérieur de l'île. Présent fait au Chef de volailles & de graines d'Europe. Visite du Chef d'un canton voisin. Meurtre d'un Insulaire. Perte de nos ancres, danger que nous courons. Détail des manœuvres qui nous sauvent. Autre meurtre de trois Insulaires. Précautions prises contre les suites qu'il pouvoit avoir. Continuation du danger que courent les vaisseaux. Paix faite avec les Insulaires. Appareillage de l'Etoile. Inscription enfouie. Appareillage de la Boudeuse, nouveau danger qu'elle court. Départ de Taïti, perte que nous y avons essuyée. Regret des Insulaires à notre départ. L'un d'eux s'embarque avec nous à sa demande & celle de sa nation.

CHAP. III. *Description de Taïti ; mœurs & caractere des habitans*, 209

Position géographique de Taïti. Mouillage meilleur que celui où nous étions. Aspect du pays. Ses productions. Il ne paroît pas qu'il y ait de mines. Il y a de belles perles. Animaux du pays. Observations météorologiques. Bonté du climat, vigueur des habitans. Quelle est leur nourriture. Il y a dans l'île deux races d'hommes. Détails sur quelques-uns de leurs usages. Leurs vêtemens. Usage de se piquer la peau. Police intérieure. Ils sont en guerre avec les îles voisines. Usage important. Pratique au sujet des morts. Pluralité des femmes. Caractere des Insulaires. Détails sur quelques-uns de leurs ouvrages. Construction de leurs *bateaux. Leurs étoffes. Détails fur le Taïtien amené en France. Raifons pour lefquelles on l'a amené. Son féjour à Paris. Son départ de cette ville. Moyen pris pour le renvoyer chez lui. Nouveaux détails fur les mœurs de Taïti. Iles voifines. Inégalité des conditions. Ufage de porter le deuil. Secours réciproques dans les maladies. Remarques fur la langue.

CHAP. IV. *Départ de Taïti; découverte de nouvelles îles; navigation jufqu'à la fortie des grandes Cyclades*, 233
Vue d'Oumaitia. Direction de la route. Obfervations aftronomiques. Seconde divifion d'îles. Vue de nouvelles îles. Echanges faits avec les Infulaires. Defcription de ces Infulaires. Defcription de leurs pirogues. Suite d'îles; pofition de ces îles qui en forment la troifieme divifion. Obfervations météorologiques. Situation critique où nous nous trouvons. Rencontre de nouvelles terres. Débarquement à une des îles. Méfiance des Infulaires. Ils attaquent les François. Defcription des Infulaires. Quelles font leurs armes. Defcription du lieu où on a débarqué. Continuation de la route entre les terres. Afpect du pays. Tentatives pour chercher un mouillage. Ce qui nous empêche d'y mouiller. Nouvelle tentative pour faire ici une relâche. Conjectures fur ces terres. Différences entre l'eftime & les obfervations.

CHAP. V. *Navigation depuis les grandes Cyclades, découverte du golfe de la Louifiade, extrémités où nous y fommes réduits; découvertes de nouvelles îles; relâche à la nouvelle Bretagne,* 255
Direction de la route en quittant les Cyclades. Rencontre confécutive de brifans. Indices de terres. Changement forcé dans la direction de la route. Réflexions géographiques. Découverte de nouvelles terres. Situation critique dans laquelle nous nous trouvons. Dangers multipliés qui nous environnent. Extrémités auxquelles nous fommes réduits. Nous doublons enfin les terres du golfe. Rencontre de nouvelles îles. Defcription des Infulaires.

DES MATIERES. 415

Tentative inutile pour trouver un mouillage. Parages dangereux. Nouvelle tentative pour trouver une relâche. Les Insulaires attaquent nos bateaux. Description de leurs canots. Description des Insulaires. Suite de nos découvertes. Description d'Insulaires qui s'approchent des navires. Relâche à la nouvelle Bretagne. Qualités & indices du mouillage. Description du port & des environs. Rencontre singuliere. Traces d'un campement Anglois. Productions du pays. Disette cruelle que nous éprouvons. Observations de longitude. Description de deux insectes. Matelot piqué par un serpent d'eau. Tems affreux qui nous persécute. Tremblement de terre. Efforts infructueux pour trouver des vivres. Description d'une belle cascade. Notre situation empire chaque jour. Sortie du port Praslin.

CHAP. VI. *Navigation depuis le port Praslin jusqu'aux Moluques ; relâche à Boero,* 286

Distribution de hardes aux matelots. Extrême disette des vivres. Description des habitans de la nouvelle Bretagne. Ils attaquent l'Etoile. Description de la partie septentrionale de la nouvelle Bretagne. Ile des Anachoretes. Archipel nommé par nous *l'Echiquier*. Danger que nous y courons. Vue de la nouvelle Guinée. Vents & courans que nous ressentons. Observations comparées avec l'estime de la route. Passages de la ligne. Tentatives inutiles faites à terre. Suite de la nouvelle Guinée. Danger caché. Perte du maître d'équipage. Navigation embarrassante. Passage de la ligne pour la quatrieme fois. Description du canal par lequel nous débouquons. Cinquieme passage de la ligne. Discussion sur le cap Mabo. Entrée dans l'archipel des Moluques. Rencontre d'un Negre. Vue de Ceram. Remarque sur les moussons dans ces parages. Projet pour notre sureté. Triste état des équipages. Bâture du golfe de Cajeli. Relâche à Boero. Embarras du Résident Hollandois. Bonne reception qu'il nous fait. Police de la Compagnie des Indes Hollandoises. Détails sur l'île de Boero ; sur les naturels du pays. Peuple sage. Productions de Boero. Bons procédés du Résident à notre égard. Conduite d'Aotourou à Boero. Bonne qualité des vivres qu'on y trouve. Obſervations ſur les mouſſons & les courans. Remarque ſur les tremblemens de terre. Sortie de Boero. Obſervations aſtronomiques.

CHAP. VII. *Route depuis Boëro juſqu'à Batavia*, 319

Difficultés de la navigation dans les Moluques. Route que nous faiſons. Avis nautique. Vue du détroit de Button. Deſcription de l'entrée. Aſpect du pays. Premier mouillage. Trafic avec les habitans. Second, troiſieme & quatrieme mouillages. Avis nautiques. Suite & deſcription du détroit. Cinquieme & ſixieme mouillages. Sortie du détroit de Button, deſcription de la paſſe. Remarques ſur cette navigation. Grande viſite que les Inſulaires nous font. Situation des Hollandois à Button. Remarques ſur cette navigation. Avantages de la route précédente. Paſſage du détroit de Saleyer. Deſcription de ce paſſage. Deſcription de cette partie de l'île Celebes. Difficultés de la navigation dans ces parages. Suites de la direction de la route. Obſervations générales ſur cette navigation. Inexactitude des cartes connues de cette partie. Vue de l'île Java. Obſervations géographiques. Rencontre de navires Hollandois. Route le long de Java. Erreur dans l'eſtime de notre route. Cauſes de cette erreur. Route juſqu'à Batavia. Nouvelle erreur dans notre eſtime. Mouillage à Batavia.

CHAP. VIII. *Séjour à Batavia; détails ſur les îles Moluques*, 350

Cérémonial à l'arrivée. Viſite au Général de la Compagnie des Indes Hollandoiſes. Amuſemens qu'on trouve à Batavia. Beautés de ſes dehors. Intérieur de la ville. Richeſſes & luxe des habitans. Détails ſur l'adminiſtration de la Compagnie. Ordre des emplois au ſervice de la Compagnie. Ses domaines ſur l'île Java. En combien de ſouverainetés eſt partagée cette île. Commerce de Batavia. Détails ſur les îles Moluques. Gouvernement d'Amboine. Gouvernement de Banda. Gouvernement de Ternate.

nate. Gouvernement de Macaſſar. Politique que les Hollandois ont ſuivie & ſuivent dans les Moluques relativement aux épiceries. Maladies contractées à Batavia.

CHAP. IX. *Départ de Batavia ; relâche à l'île de France ; au cap de Bonne-Eſpérance, à l'Aſcenſion ; retour en France*, 372

Détail ſur la route à faire pour ſortir de Batavia. Sortie du détroit de la Sonde. Route juſqu'à l'île de France. Vue de l'île Rodrigue. Atterrage à l'île de France. Danger que court la frégate. Avis nautique. Relâche à l'île de France. Détail de ce que nous y faiſons. Perte de deux Officiers. Départ de l'île de France. Route juſqu'au cap de Bonne-Eſpérance. Mauvais tems que nous eſſuyons. Avis nautiques. Relâche au cap de Bonne-Eſpérance. Détail ſur le vignoble de Conſtance. Etat des Hollandois au cap. Départ du cap. Vue de Sainte-Helene. Relâche à l'Aſcenſion. Départ de l'Aſcenſion. Paſſage de la ligne. Rencontre du Swallow. Erreur dans l'eſtime de notre route. Vue d'Oueſſant. Coup de vent qui nous dégraye. Arrivée à Saint-Malo.

VOCABULAIRE de l'île Taiti, 389
OBSERVATIONS de M. Pereyre ſur l'organe de la prononciation d'Aotourou & ſur la langue de ſon île, 403

Fin de la Table des Matieres.

ERRATA.

Page 21, *ligne* 13, quarante tonneaux de lest, *ajoutez* de fer.
Page 32, *ligne* 7, *au lieu de* days, *lisez* pays.
Page 111, *ligne* 17, *au lieu de* Guatiguafa, *lisez* Guatiguafu.
Page 116, *ligne derniere*, *au lieu de* ayant en hauteur, *lisez* ayant eu hauteur.
Page 117, *ligne* 10, *au lieu de* Quebrantaneſſos, *liſ.* Quebrantaueſſos.
Page 147, *ligne* 14, *au lieu de* diſtingâmes, *lisez* diſtinguâmes.
Page 151, *ligne* 19, *au lieu de* remarquer, *lisez* remorquer.
Page 152, *à la note* 1, *ligne* 8, *au lieu de* Deſcardes, *liſ.* Deſcordes.
Page 157, *ligne* 28, *au lieu de* bariſa, *lisez* baiſſa.
Page 183, *ligne* 29, *au lieu de* tertes, *lisez* terres.
Page 202, *ligne* 20, *au lieu de* enclablure, *lisez* encablure.
Page 205, *ligne* 23, *au lieu de* inſcrite, *lisez* inſcrit.
Page 229, *ligne* 20, *au lieu de* pend, *lisez* prend.
Page 261, *ligne* 6, *au lieu de* petire, *lisez* petite.
Page 311, *avant-derniere ligne*, *au lieu de* orencaics, *lisez* orencaies.
Page 328, *ligne* 15, *au lieu de* qu'il, *lisez* qu'elle.

Avis au Relieur pour la difpofition des Cartes.

Pl. 1. regardant la *page* 1.
Pl. 2. regardant la *page* 27.
Pl. 3. regardant la *page* 45.
Pl. 4. regardant la *page* 115.
Pl. 5. regardant la *page* 143.
Pl. 6. regardant la *page* 147.
Pl. 7. regardant la *page* 179.
Pl. 8. regardant la *page* 185.
Pl. 9. regardant la *page* 235.
Pl. 10. regardant la *page* 241.
Pl. 11. regardant la *page* 255.
Pl. 12. regardant la *page* 265.
Pl. 13. regardant la *page* 267.
Pl. 14. regardant la *page* 273.
Pl. 15. regardant la *page* 287.
Pl. 16. regardant la *page* 291.
Suite de la *Pl.* 16. regardant la *page* 297.
Pl. 17. regardant la *page* 303.
Pl. 18. regardant la *page* 321.
Pl. 19. regardant la *page* 343.

Avis pour les Figures.

Fig. 1. regardant la *page* 221.
Fig. 2. regardant la *page* 238.
Fig. 3. regardant la *page* 268.

APPROBATION.

J'AI lu par ordre de M. le Chancelier un Manuscrit intitulé, *Voyage autour du Monde*, & je n'y ai rien trouvé qui m'ait paru devoir en empêcher l'impression. A Paris, le 15 Janvier 1771,

DUCLOS.

PRIVILEGE DU ROI.

LOUIS, PAR LA GRACE DE DIEU, ROI DE FRANCE ET DE NAVARRE: A nos amés & féaux Conseillers, les Gens tenans nos Cours de Parlement, Maîtres des Requêtes ordinaires de notre Hôtel, Grand-Conseil, Prévôt de Paris, Baillifs, Sénéchaux, leurs Lieutenans Civils, & autres nos Justiciers qu'il appartiendra. SALUT: Notre amé le sieur CHARLES SAILLANT, Libraire, Nous a fait exposer qu'il desireroit faire imprimer & donner au Public *le Voyage autour du Monde* par M. DE BOUGAINVILLE, s'il Nous plaisoit lui accorder nos Lettres de permission pour ce nécessaires. A CES CAUSES, voulant favorablement traiter l'Exposant, Nous lui avons permis & permettons par ces Présentes de faire imprimer ledit Ouvrage autant de fois que bon lui semblera, & de le faire vendre & débiter par tout notre Royaume pendant le tems de trois années consécutives, à compter du jour de la date des Présentes. Faisons défenses à tous Imprimeurs, Libraires & autres personnes de quelque qualité & condition qu'elles soient, d'en introduire d'impression étrangere dans aucun lieu de notre obéissance. A la charge que ces Présentes seront enregistrées tout au long sur le Registre de la Communauté des Imprimeurs & Libraires de Paris, dans trois mois de la date d'icelles; que l'impression dudit Ouvrage sera faite dans notre Royaume, & non ailleurs, en bon papier & beaux caracteres; que l'Impétrant se conformera en tout aux Réglemens de la Librairie, & notamment à celui du 10 Avril 1725, à peine de déchéance de la présente Permission; qu'avant de l'exposer en vente, le Manuscrit qui aura servi de copie à l'impression dudit Ouvrage, sera remis dans le même état où l'Approbation y aura été donnée, ès mains de notre très-cher & féal Chevalier, Chancelier, Garde des Sceaux de France, le Sieur DE MAUPEOU; qu'il en sera ensuite remis deux Exemplaires dans notre Bibliotheque publique, un dans celle du notre Château du Louvre & un dans celle dudit Sieur DE MAUPEOU; le tout à peine de nullité des Présentes. Du contenu desquelles vous mandons & enjoignons de faire jouir ledit Exposant & ses ayans cause pleinement & paisiblement, sans souffrir qu'il leur soit fait aucun trouble ou empêchement. Voulons qu'à la copie des Présentes, qui sera imprimée tout au long au commencement ou à la fin dudit Ouvrage, foi soit ajoutée comme à l'Original. Commandons au premier notre Huissier ou Sergent sur ce requis, de faire pour l'exécution d'icelles tous actes requis & nécessaires, sans demander autre permission, & nonobstant Clameur de Haro, Charte Normande & Lettres à ce contraires. CAR tel est notre plaisir. DONNÉ à Paris le vingt-septieme jour du mois de Février l'an mil sept cens soixante-onze, & de notre Regne le cinquante-sixieme. Par le Roi en son Conseil, LEBEGUE.

Registré sur le Registre XVIII. de la Chambre Royale & Syndicale des Libraires & Imprimeurs de Paris, N. 1468 fol. 445, conformément au Réglement de 1723. A Paris ce 2 Mars 1771. J. HERISSANT, *Syndic.*

CPSIA information can be obtained
at www.ICGtesting.com
Printed in the USA
BVHW030946071022
R14116700001B/R141167PG648652BVX00009B/1